[美]约翰·托兰——著

张怀博 孙琦 张雯——译

阿登之战

希特勒最后的赌博

浙江出版联合集团
浙江文艺出版社

BATTLE: THE STORY OF THE BUL GE by JOHN TOLAND
Copyright: © 1959 by John Toland. Renewed 1987
This edition arranged with BRANDT & HOCHMAN LITERARY AGENTS, INC.
through BIG APPLE AGENCY, INC., LABUAN, MALAYSIA.
Simplified Chinese edition copyright:
2019 ZHEJIANG LITERATURE AND ART PUBLISHING HOUSE
All rights reserved.
著作权合同登记图字：11-2015-216 号

图书在版编目(CIP)数据

阿登之战：希特勒最后的赌博 /（美）约翰·托兰著；张怀博，孙琦，张雯译. —杭州：浙江文艺出版社，2019.2

书名原文：Battle: The Story of The Bulge
ISBN 978-7-5339-5494-9

Ⅰ.①阿… Ⅱ.①约… ②张… ③孙… ④张… Ⅲ.①第二次世界大战—历史 Ⅳ.①K152

中国版本图书馆 CIP 数据核字(2018)第 271731 号

| 责任编辑 | 柳明晔 | 文字编辑 | 邵 劼 |
| 责任印制 | 吴春娟 | 封面设计 | 柏拉图创意机构 |

阿登之战：希特勒最后的赌博

[美] 约翰·托兰 著

张怀博 孙 琦 张 雯 译

出版　浙江出版联合集团
　　　浙江文艺出版社

地址　杭州市体育场路 347 号　　310006
网址　www.zjwycbs.cn
经销　浙江省新华书店集团有限公司
制版　杭州天一图文制作有限公司
印刷　浙江新华数码印务有限公司
开本　710 毫米×1000 毫米　1/16
字数　390 千字
印张　27.25
插页　1
版次　2019 年 2 月第 1 版　2019 年 2 月第 1 次印刷
书号　ISBN 978-7-5339-5494-9
定价　78.00 元

版权所有　违者必究

（如有印、装质量问题，请寄承印单位调换）

作者题记

这本书记录下了美利坚合众国曾打过的最伟大的一场战役,是美军唯一于深冬之时进行的一场战役。从规模上来讲,这场战役堪比斯大林格勒保卫战——超过 100 万士兵和数千名平民都积极参与其中。与二战其他战役不同的是,这是一场完完全全由阿道夫·希特勒策划的战役,是他最后一次的大反攻,是他孤注一掷的最后一搏。

本书中所有的对话都不是虚拟臆造出来的。这些谈话都是我亲耳听战争的亲历者,或者从听过亲历者倾述的人士口中得知的。例如,麦考利夫在巴斯托涅对德军来劝降时斩钉截铁的回答,就是五个当时在场的人亲口对我说的,不过仍有许多人怀疑,这一转述是否删略了某些不雅之词。

两年多,我都在追寻"阿登之役"的足迹,这将我带向了十多个国家、一千多名被访者。为了熟识散乱广阔的战场,我在阿登地区步行考察了好多地方。我曾在散兵坑和地下室里过夜。在平民目击者的陪伴下,我也曾重走过许多以往的战场和屠杀地。常常说着说着,这些卢森堡人和比利时人就突然开始绘声绘色地讲述起许多年前这里发生的场景,场面令人动容。

如果没有美国陆军部和空军部配合支持的话,这本书是不可能成书的。他们打开档案,帮我搜寻"阿登之役"亲历者的所在,且没有向我提出任何要求,或是做出任何约束。他们只有一个请求,就是我要讲述真相。

引 言

1944年6月6日,诺曼底登陆开始,这是盟军解放欧洲、打败纳粹德国所迈出的关键性的第一步,之后发生的一连串难以预料的事件直接导致了"阿登之战"。同年8月,诺曼底之战突然戏剧性地结束,在胜利的余波中,盟国高级官员中间自然而然地弥漫着一种莫名的乐观情绪,甚至是一种忘乎所以的氛围。这次压倒性的胜利,使得盟军中有人开始认为,战争就要结束了。

德军似乎完全乱了阵脚。盟军很快就从德军手中解放了法国和比利时的大片地区,好像挺进第三帝国的领土,只是个时间问题。当时,德军遭受的损失巨大:在东线,他们损失了90万兵力;在西线,又丢了45万士兵。然而,盟军中的乐观分子忽视了一点,那就是德军尚存大约340万兵力,其中超过100万的军队都集中在西线,誓死保卫第三帝国。

盟军在二战期间经常会对德国国防军的能力产生误判。尽管盟军一次次被证明低估了德军的斗志,但他们对德国国防军于艰难局势下表现出的反抗意志和韧性,总体还是估计不足。德军抵抗的决绝有目共睹,在西西里,在萨勒诺、卡西诺、安济奥,在意大利北部和诺曼底,类似的事例不一而足。1944年9月中旬的"市场花园行动",更是充分证明了这一点。当时盟军为夺取荷兰阿纳姆处的莱茵河上的一个桥头堡,出动了大量的空降和滑翔机机降部队,然而却徒劳无功,且损失惨重。

盟军原本对西北欧的作战蓝图,是建立在德军将会从诺曼底有序撤离,然后死守于塞纳河一线的假设上的。然而没有料到的是,美国第1和第3集团军在7月末,就从科唐坦半岛冲了出去。希特勒原本试图在莫尔坦将盟军一撕为二,结果却一着失算,使得自己的B集团军群困于"法莱斯口袋",深陷险境,从而不得不从诺曼底仓皇撤出。

诺曼底登陆之后,盟军的战略计划是一个极具争议的问题。英国第21集团军群司令、陆军元帅伯纳德·蒙哥马利爵士提议,应由他的集团军群和一个美国集团军群,总共将近40个师,齐头并进,从鲁尔挺进德境。他坚信,这支队伍将会势不可当,"无所畏惧"。而美军第12集团军司令奥玛·布雷德利中将则提出了完全不同的方案,认为应由他带领的美军直入法国中部和南部,穿过法兰克福缺口,插入德国腹地。

然而,艾森豪威尔将军没有采用任何一人的方案,而是坚持盟军的"宽大正面"进攻战略。若盟军全部由一国军队组成,艾森豪威尔很可能会采取蒙哥马利的计划,但是盟军之战必须由盟军共同来赢得,而不能仅靠英军,或者美军,这是他坚定不移的一条信念。所以,最终的结果是一个折中的方案。

艾森豪威尔决定,蒙哥马利的部队应先夺取欧洲最大且设备最优良的安特卫普港,然后向东北方穿过比利时和荷兰,向鲁尔区挺进。布雷德利的部队则明显只是充当助攻罢了,他们负责向东攻向萨尔(德国仅次于鲁尔区的最重要的工业区)和法兰克福缺口,顺便也保护了英军右翼。可是这一决定,无论于蒙哥马利、布雷德利,还是美军第3集团军司令小乔治·S.巴顿中将来说,都不合他们的心意。

除此之外,盟军在诺曼底出其不意的胜利还带来了另一个直接后果,就是盟军无法在塞纳河畔停顿下来,稍微喘口气。他们必须马不停蹄地重组部队,将后勤基地往前推移,同时重新制订下一步进攻计划。英国、加拿大、波兰和美国的部队,从北海一路奔袭到瑞士边境,距离主要补给港——瑟堡港足足有400英里的距离。在登陆后的第100天(1944年11月14日),盟国部队都已经开进到了艾森豪威尔的后勤部队预期1945年5月才能到达的位置。

一旦越过了塞纳河,战事的关键就不再是战略战术,而是后勤给养了。

这点尤其体现在盟军于9月初夺取至关重要的安特卫普港,但却未能控制其与外界的通道之后。德军的封锁拦截令安特卫普港成为了死港,直到11月底才投入使用。这就导致了尽管有百分之九十五的各种补给都已经运抵法国,但盟军要攻入德国所需的燃料和弹药,只有很小一部分得到补充,其他则长时间处于短缺状态。为了不让战争机器陷于瘫痪,盟军英勇地实行了著名的"红球速递行动",但却没有起到任何作用:速递行动本身消耗的燃料就大于真正送至前线的燃料量,盟军在西北欧参与行动的65个师,每个师每天都要消耗700吨燃料。由于无法同时支持"宽大正面"进攻战略的两股进攻部队,艾森豪威尔不得不把宝贵的军需资源进行合理调配。首先得到照顾的是蒙哥马利的第21集团军群。可是,艾森豪威尔这一决定最直接的一个后果,就是令在洛林的巴顿本来大有可为的攻势止步不前。

盟军没能在1944年秋季一举攻进德国,给了德军宝贵的重整时间和抵抗时机,那时艾森豪威尔的"宽大正面"攻势遭遇上了近五十年来最为冷酷的寒冬,在第三帝国的边界沿线陷入了泥潭,停顿了下来。从萨尔到亚琛,进行了一系列的血腥战役,但除了不断增加的伤亡人数外,却没有取得任何进展。伤亡人数最为惨重的一场战役是争夺罗尔大坝要塞的战役。这场进攻是由布雷德利和美军第1集团军司令考特尼·霍奇斯中将共同策划的,目的是要夺取至关重要的罗尔大坝,从而得以于德国境内有一个立足点。在数次的进攻中,大量的美军步兵都被投入到了许特根森林,然而却徒劳无功,且伤亡数千人。对此,后来一位军事历史学家描述道,这是"一场原本应该避免、有欠思考、基本无益的战役"①。

本来物资短缺就越发严重了,如今又加上了冬装补充的问题,然而尽管如此,艾森豪威尔还是选择了继续全线作战。为了支援盟军在如此长的战线上的行动,他不得不压缩预备部队,最后只剩下了两个人员不齐、由老兵组成的美军空降师。盟军战线上最为薄弱的一环,当属崎岖不平

---

① Charles B. MacDonald *The Battle of the Huertgen Forest*(Philadelphia:Lippincott,1963),205.

的阿登高地,那里道路网破败,且森林茂密。在这个地区的东部,布雷德利对"幽灵前线"的防卫尤其稀疏,他后来称之为"可掌控的风险"。这条战线长达 100 英里,而防御这里的却只有三个初来乍到、毫无作战经验的美军步兵师、装甲骑兵团的一部分和三个受损严重、正在补充兵员的老兵师。盟军以为,天气如此恶劣,德国人是不会在这个时候发重兵偷袭阿登的。

就在盟军几乎停滞不前,而第三帝国面临入侵、濒临失败的时候,阿道夫·希特勒决定赌一把,拼死一搏,把德军的命运押在对阿登高地的闪电式突袭上,以图将盟军战线拦腰折断。希特勒的宏大愿景,就是要重演 1940 年侵略西欧的成功,那时德军就是通过阿登高地,取得了臻于完美的胜利。希特勒相信,只要渡过默兹河,开进阿登高地外的比利时的低地地区,他的部队就可以长驱直入夺回安特卫普港,一旦该港在手,就能迫使盟军求和。希特勒把这次反攻行动称作"守卫莱茵河"。

负责执行希特勒命令的德军指挥官们对此忧虑重重。当他们于 1944 年 10 月末第一次听到这一计划的时候,担任西线总司令的陆军元帅格尔德·冯·龙德施泰特和担任德军地面部队(B 集团军群)司令的陆军元帅沃尔特·莫德尔,都对希特勒的计划表示了强烈反对。两名将军都认为,夺取安特卫普港不切实际,是怎么都不可能成功的。他们试图说服希特勒缩小该次行动的规模,但希特勒对他们的建议却置若罔闻。到了 12 月初的一次会议上,莫德尔和他的两名装甲集团军司令——党卫军上将"泽普"约瑟夫·迪特里希和上将哈索·冯·曼陀菲尔一起,再一次言辞激烈地劝说希特勒,督促他重新考虑这个行动计划。希特勒又一次强硬地拒绝了。

为完成这一艰巨任务,希特勒秘密调集了多达 25 万人的部队,意图在欧洲西北部发起反攻,这是二战期间德国对这一地区发动的第一次、也是唯一一次的反攻。在寒冬恶劣天气的掩护下,1400 多辆坦克、2000 门火炮和 20 个师的部队悄悄地开进了位于阿登东部边界的崎岖不平的西尼艾弗尔山地区。

1944 年 12 月 16 日清晨,德军两个装甲集团军向美军第 1 集团军的"幽灵前线"发起了主攻,令盟军大惊失色。一时间,沉寂的阿登高地乱作一团,美军部队走投无路,竭力战斗,以求生存。进攻的德军看上去来势汹汹,不可阻挡。随之而来的,便是"阿登之战"。

约翰·托兰为美国最负盛名的军事历史学家之一。最初发表于1959年的《阿登之战》,是托兰所撰写的第一部军事历史专著。这是一部英雄传奇,讲述了美军如何抵御了希特勒的致命反攻,且将之转变为盟军的一场胜利的故事,成为了美军历史上最具标志性的时刻之一。正如托兰在前言中所写,《阿登之战》一书"记录下了美利坚合众国曾打过的最伟大的一场战役,是美军唯一于深冬之时进行的一场战役"[①]。

在他写书调研的时候,可以找到的二战文献,无论是官方档案,还是战后报告,对这场绝妙的"阿登之战"都未曾有全面详尽的记录。对战争亲历者的寻访是托兰的一大特色。他在调研过程中,跑了将近10万英里,采访了成百上千的军人,其中既有盟军成员,也有德军成员,既有列兵,也有将军,还包括平民。记录一手陈述资料,就让他写满了50本笔记本。

尽管当时美国国务院禁止美国公民去"铁幕"后的敌对国旅行,但托兰和他的妻子寿子并没有被吓住,事实上也没受到什么惩罚。他们一路旅行到东德、匈牙利和捷克斯洛伐克,去采访战争亲历者。只要有人知道"阿登之战"的任何信息,不论那个人在哪里,托兰都能想方设法找到他——有一次他甚至去了斯图加特的一个市立妓院,与前德军军官的情妇面谈,类似千奇百怪的地方还有几次。不论是希特勒的山中隐避所,巴伐利亚上萨尔茨堡山中的"鹰巢",还是维也纳、南斯拉夫、东德、西德、比利时、卢森堡、西班牙或是美国本土,都留下了托兰的足迹,这给他带来了莫大的收获。还没有哪一个军事历史学家能像他这样,为调查一个事件而如此舟车劳顿,不辞辛劳。

在《阿登之战》一书中,托兰将学术研究和一个荡气回肠的故事糅合在一起,再现了二战中最悲怆的战役之一。最终完成的作品,是从亲身参

[①] John Toland, *Battle: The Story of the Bulge* (New York: Random House, 1959), ix.

战的人们眼里看到的"阿登之战",他们的叙述充满了鲜活的人性情怀。托兰在后记中说道,"他们这些人的口述,实际上构成了这个故事的核心内容"①。

这场战役的成败,关键在于两名将军,一个是美国人,另一个则是德国人,托兰先生对这两人都做了深度的采访。布鲁斯·C.克拉克将军战时刚刚晋升为准将,于军中无甚知名度,当时负责守卫圣维特镇,匆忙安排起防务部署。小镇是阿登东部除了巴斯托涅外,最重要的道路和铁路中心。曼陀菲尔的先头部队要想到达默兹河,就必须拿下巴斯托涅那个至关重要的交通重镇,而第5装甲集团军要想攻取巴斯托涅,则必须先击溃被围的美军圣维特守军。尽管巴斯托涅之战因第101空降师的英勇抵抗,及其代理师长对德军劝降要求所给予的斩钉截铁的回答——"扯淡"——更为人所知,但托兰着墨更多的却是美军于圣维特对德军第5装甲集团军进行的牵制战。

此外,托兰也对德军第5装甲集团军司令哈索·冯·曼陀菲尔男爵进行了深度采访,来了解对方独一无二的视角。从这个以及更多其他的采访中,他逐渐勾勒出德军领导层企图拼死拿下西线战役的画面。冯·曼陀菲尔来自普鲁士,曾经做过业余骑师,获得过现代五项全能冠军,谈锋甚健。他侃侃而谈当年德国人如何策划和实施"守卫莱茵河"方案,圣维特之战又如何阻挠了这一计划。《阿登之战》一书之所以如此引人入胜,原因之一就是托兰如此不遗余力地想方设法让冯·曼陀菲尔、布鲁斯·克拉克这样的人物讲述他们的故事。

几乎就在托兰到处收集资料撰写《阿登之战》的同时,时任美国驻欧部队总司令的四星上将布鲁斯·克拉克,带领着一小队精挑细选的军官,回到了阿登高地,故地重游。而当时陪同他的正是他的前对手冯·曼陀菲尔男爵。战争结束之后,这两人出于对对方的敬重以及共同的作战经历,建立起了某种友谊。在1944年12月那次决定性交锋的发生地,两名将军从各自的角度分别回顾了那场圣维特之战。他们的这次旅行,也很有可能成为最

---

① Toland, *Battle*, 355.

值得纪念的一次战地之旅。正是由于托兰对克拉克和冯·曼陀菲尔的长篇采访，才使得他得以在《阿登之战》中重现那次事件的精髓。

《阿登之战》一书首次出版时，当时的反响毁誉参半。托兰因为这本书大量基于采访获得的细节，而非完全依靠官方文件，惹恼了学术界和知识界。其中最荒诞的责难莫过于说，托兰没有做历史学家的资历，因为他从来没有正规学习过历史或者取得博士学位。最近《纽约时报》指出，托兰使用个人采访的方法写历史，"惹火了那些喜欢用证伪法著史的人"①。

在对此书赞不绝口的人中，有一个是普利策奖获得者比尔·莫尔丁，他在二战期间，为《星条旗报》创作了《威利与乔》系列卡通。作为前美国军人，莫尔丁在《圣路易斯邮报》上撰文说道，《阿登之战》一书"比任何一本战争小说都更加引人入胜。节奏紧凑，如身临战场，犹枪声在耳，噼啪作响……里面极好地描绘出了美军战士的品性，是我读过的书中最好的"②。

在托兰的卓越事业生涯中，由他所记录下的20世纪大事记，数量之多，令其他历史学家难以望其项背。对于这些战役，他不仅叙述之，更是体认之！读者在阅读时常常被带入到他所描述的事件中，似乎成为事件的亲历者。许多作家也努力想做到这一点，但很少能像他做得这么好。例如，他曾在《无人之境》(No Man's Land)中，描绘了第一次世界大战那狂风骤雨般的最后一年。可是在他的历史著作中占主导地位的，还是第二次世界大战。托兰有关1944年至1945年欧洲西北战场的著作中，还有一部《最后一百天》(The Last 100 Days)，其中对接近尾声的二战故事的描写，摄人心魄。在我看来，至今无人超越。我仍然清晰地记得，当初读那本书的时候我就在想：军事史就应该这样写。不出所料，《最后一百天》一经出版，就立刻成为畅销书。

《芝加哥论坛报》曾对军事历史学家托兰的工作评论道："托兰将无数的细节完美融入到宏大的战争叙述中，编织了一幅恢宏的通俗历史织锦画。"③这可能是最恰当不过的评价了。任何历史叙述的最终价值，都是看

---

① Review of *Battle*, by John Toland. *New York Times Book Review*, 10 November 1997.
② See John Toland, *Captured by History* (New York: St. Martin's Press, 1997), 152.
③ Toland, *Captured by History*, dust jacket.

它是否能经得起时间的考验。虽然在他之后有人陆续出版了大量关于"阿登之战"的书籍,但是约翰·托兰的记述仍然是最具开创性的作品。我非常乐于将此作品推荐给新一代的读者。①

卡罗·德斯特

---

① 《阿登之战》这本书出版六年后,来自美军官方的历史记录才出版。See Hugh M. Cole, "U. S. Army in World War Ⅱ: European Theater of Operations," *The Ardennes: Battle of the Bulge*. (Washington DC: Center of Military History, U. S. Army, 1965)

目录
CONTENTS

第一部分　"圣诞玫瑰行动"

1　"幽灵前线"　　　　　　　　　　　　003
2　"守卫莱茵河"　　　　　　　　　　　013
3　攻袭　　　　　　　　　　　　　　　024
4　突破　　　　　　　　　　　　　　　045
5　惨败　　　　　　　　　　　　　　　060
6　克莱沃陷落　　　　　　　　　　　　079

第二部分　"放手一搏"

1　刺穿比利时　　　　　　　　　　　　097
2　刺穿卢森堡　　　　　　　　　　　　112
3　投降　　　　　　　　　　　　　　　122
4　呼唤蒙哥马利　　　　　　　　　　　134
5　迷雾战　　　　　　　　　　　　　　152
6　战争成形　　　　　　　　　　　　　166
7　小镇之死　　　　　　　　　　　　　176

第三部分　黑色圣诞节

1　鹅蛋要塞　　　　　　　　　　　　　203
2　"扯淡"　　　　　　　　　　　　　216

3　俄罗斯高压　　　　　　　　　　　　225
  4　决策之日　　　　　　　　　　　　　247
  5　"在你漆黑的街头"　　　　　　　　 269
  6　"我们无法强渡默兹河"　　　　　　 284

第四部分　众神的曙光

  1　战场上的王后　　　　　　　　　　　303
  2　直面死神　　　　　　　　　　　　　316
  3　"勇敢的步兵们……"　　　　　　　 328
  4　拿不准的战斗　　　　　　　　　　　344
  5　乌法利兹会合　　　　　　　　　　　362
  6　"全完了！"　　　　　　　　　　　　376

后　记　　　　　　　　　　　　　　　　　390
索　引　　　　　　　　　　　　　　　　　399

第一部分 "圣诞玫瑰行动"

1 "幽灵前线"
1944.12.15

2 "守卫莱茵河"
1944.7.31—12.15

3 攻 袭
1944.12.16

4 突 破
1944.12.17

5 惨 败
1944.12.17

6 克莱沃陷落
1944.12.17

1 "幽灵前线"
1944.12.15

1

1944年12月15日的夜晚,阿登前线寒冷而且寂静。

晚上10点,在卢森堡大公国古雅的中世纪城镇埃希特纳赫,当地的美军部队已经沉入梦乡,或是正要就寝。他们居住在泛黄的贵族宅邸里,双斜坡屋顶上开着老虎窗。对岸的悬崖顶上有一座破落的修道院,里面的德国人隔着湍急狭窄的绍尔河,俯瞰着他们,并没有什么异动。埃希特纳赫的美军早已没有必要熬夜站岗了。美军横扫完法国后,已于9月份解放了卢森堡,镇里的3300名居民从那时起,就一直居住在西面山丘后方的安置营里。

埃希特纳赫位于阿登前线的最南端,守护兵力仅为一个步枪连。晚上10点30分的时候,他们中的大部分人都已沉沉睡去了。

阿登前线曲折绵延达85英里,穿过的区域与伯克希尔和格林山脉的地势很像,由美军的六个师守卫。但其中的三个师都是新兵,被派遣到此地,是为了"挂点彩",也就是说,这三个师需要经历些小仗考验,再被派去参加大仗。而另外三个师呢,则个个都疲惫不堪,已经在历次作战中大伤元气,来这里是为了休整。

因为阿登前线毕竟只是个"幽灵前线"。在这个寒冷安静的地方,发射炮弹往往是为了校准,巡逻队探测敌人战线也只是为了训练。虽然都在彼此步枪射程之内，德方观察员却静静地看着美国人吃饭，美方人员则眼睁睁地看着女人在傍晚的时候，溜进齐格菲防线的碉堡里。两个多月以来，双方都在休整，相互察言观色，彼此都避免招惹对方。

从埃希特纳赫开始，前线转而向北，顺着蜿蜒的绍尔河延伸，于山峦间穿越。这段防线由第 4 师把守，它在上个月的短暂却又异常惨烈的许特根森林之战中，伤亡人数足足达到了 7500 人。而在绍尔河德军一边，城垛似的悬崖则继续延伸，齐格菲防线的前沿阵地也得以隐蔽起来。

从埃希特纳赫小镇以北 5 英里开始，第 9 装甲师就接手了防务。他们刚到达欧洲，上周才就位。实际上，这个师守卫在防线上的只有一个装甲战斗群，人手差不多相当于一个步兵团，而其他两个装甲战斗群则都驻防在镇北 50 英里的地方，作为预备部队。在前线上只待了一周后，军官们就已经开始发愁了：战场上几乎啥动静都没有，他们的人还怎么受磨砺呢？

晚上 10 点 30 分，第 9 装甲师的阵地上下起了蒙蒙细雨。"我住在地下掩体里，"克利福德·彭罗斯中尉在给妻子的信中写道，"今晚他妈的竟然漏水了。纸上有几处不清楚，你不用担心，又不是啤酒弄的。今晚吃完'斯帕姆'罐头，你的邮包到了。非常感谢，只不过下次就不要寄'斯帕姆'了。"

再过去 6 英里，就是乌尔河从北面汇入绍尔河的地方，接手的是第 28 师，这是又一个于许特根森林之战中遭受重创的步兵师。

前线继续向北，沿乌尔河延伸。这条流速极快的小河，尽管只有 50 英尺宽，但是由于两岸高耸的悬崖，而使得河上只有少数几处地方可供车辆穿过。其中一处是菲安登，处在乌尔河与绍尔河交汇处以北 8 英里。这个小镇美如画册，蜷伏在一座雄伟城堡的散乱残垣下。几个世纪以来，这座堡垒替菲安登挡住了一次又一次的进攻，而如今则成了 64 个美国士兵的观察哨。

深夜 11 点，菲安登镇上的美军大多都已睡着了。然而在海茵茨饭店的餐厅里，几个美国大兵正坐在一张曾服务过国王首脑、将相文豪的餐桌前，一边修补着一只船，一边谈论着今晚早些时候在河对岸抓到的一个德国独臂中士。一被抓进来，那名俘虏就一直惊恐地大叫："德国人今晚就来了！德国人今晚就来了！"他还请求他们快点逃往西面，并且带上他。

从这里再向北大约 15 英里,前线跨过乌尔河,穿过齐格菲防线进入了德国境内。从这个缺口开始,第 28 师的防线还要往正东 7 到 8 英里。再然后就是被称作"金毛狮子"的第 106 师的地界了。

第 106 师不仅在阿登高地上,是资历最浅的一个,而且在盟军的任何前线上,都找不出和它一样资历的。几天前,他们才来到这里,由于坐着敞篷卡车于冷雨中穿过法国和比利时,个个都浑身湿透,狼狈不堪。当换防第 2 师时,那些久经沙场的老兵们朝着他们喊道:"伙计们运气好啊!来到了个休养营地!"第 2 师的一名团长对第 106 师的一名团长说:"这里太平无事,你们的人会学懒的。"而现在,这第一批应征入伍的 18 岁新兵们,反而比老兵更加扬扬得意,坚信自己已经经受住了考验。

"你们的小家伙都已经走到这一步了,没想到吧?"19 岁的一等兵乔·谢克特曼给他在宾夕法尼亚州普利茅斯的家人们写道,"我们扎营的地方很舒服,很安全,就像我们在英国的时候一样。当然,谁也不清楚能在这个天堂待多久。但是只要还在这,我就很安全。"

在他北面几英里的地方,团参谋小艾伦·琼斯中尉躺在掩体里,仰望星空,浮想联翩,脑海里出现的都是圣诞卡上的景象:二尺长的冰凌,白雪覆盖的杉树。四周寂静无声,他安然地就想起了在华盛顿的妻子琳。妻子已经怀有身孕,很快就要生了,那将是他们的第一个孩子。

但小艾伦·琼斯的父亲,也就是第 106 师的师长艾伦·琼斯少将,却没有他这般平静安然。当天这位父亲曾来到前沿阵地这儿,找儿子谈心。

小艾伦看到父亲腰间的 0.32 英寸手枪,便开玩笑道:"爸,这枪给我用怎么样?"

"是应该给你的,但我可能会用到啊。"琼斯将军的语气尽管和他儿子一样戏谑,但心里却十分焦虑。从看到形势图的第一刻起,他就很是担心:他整个师的阵地都突进了齐格菲防线内部,深达 6 英里。这片区域名叫西尼艾弗尔山区,山林崎岖,地势起伏,溪流纵横。几处小村庄,要不点缀在光秃秃的山脊上,要不就是隐匿于山谷深处。希特勒在西尼艾弗尔山上,安置了数英里被冠以"龙牙"称号的混凝土坦克陷阱,以及数百个精心伪装的碉堡。

他得到的命令是"一人一岗,严防死守"。刚一就位,琼斯少将就抗议道,这个突出部位很容易就会被整个剪掉。他有太多防卫哨设在山谷的村庄里,士兵们对来自四面以及空中的袭击无所遮蔽。

然而霍奇斯、布雷德利以及艾森豪威尔三名将军却都坚持认为,这只插入齐格菲防线的手指头,在侵入德国时,将会是个十分有价值的桥头堡。当然,它是有被咬掉的危险的,但这个可能性不大。

琼斯少将的另一个忧虑,是西尼艾弗尔山北面那条狭长的山谷。这条山谷宽达7英里,是从德国通向比利时的一条走廊,被称作罗谢姆峡口。

仅仅这个名字本身,就让人感到不安。罗谢姆峡口这个从东向西的大门,历史上赫赫有名。德军于1870年、1914年和1940年三次发动入侵时,走的都是这条道。尽管没有哪个人觉得德国人还会来个第四次,但琼斯少将还是忧心忡忡。因为德军一旦故技重施,他在西尼艾弗尔山上的人肯定就会被困住的。

罗谢姆峡口7英里宽的地界,除了最北端的2英里之外,剩余的5英里全都由他负责。但守卫那部分峡口的第14骑兵团,他还从来没见过。那些人是之前负责西尼艾弗尔山的第2师留下来的,但直到目前为止,琼斯的军官们还没有时间去视察一下罗谢姆峡口的阵地。

在一个名叫克里温克尔的小村庄的东头,第14骑兵团的中士约翰·班尼斯特跟自己排的人,正窝在一栋房屋里过夜。一天前巡逻的时候,他发现50个德国人正把一个载满重物的雪橇,往一栋孤零零的房屋里拖。看到德军人员和设备突然集结,他立马把这一情况上报了上去,但之后就没有回音了。但是12月15日快半夜的时候,班尼斯特悄悄起身,来到窗前,紧张地望着东面那栋孤零零的房子。

第14骑兵团的阵地过后,前线则继续向北。在连续2英里的地界内,连一辆坦克或者一个散兵坑都看不到。这一区域很少有人巡逻,休假的德国兵通常可以安然无恙地从此处穿过去,回到美军防线后方的家里去。这长达2英里的缺口,就位于罗谢姆峡口的最北端。

德国和比利时之间的这个外门,尽管不是完全大开,但起码也是半掩半开,似要招引来人。尽管它的重要性于全欧洲首屈一指,但其守护兵力,却只有区区900名骑兵。他们无论是所受的训练,还是拥有的器材,都不适合静态防御。

同样令事态凶险的是,特洛伊·米德尔顿少将的第 8 军(包括第 4 师、第 9 装甲师、第 28 师和第 106 师)所负责的防线正好在此重要节点上终止,而他朋友伦纳德·杰罗的防线恰好于此处开始。所有的军人都知道,军队防线交界处是最为薄弱的。即使界线两边的战士可以互相握手,但指挥链却把他们分开千里之遥。

杰罗的第 5 军防线开始的地方由第 99 师守卫,这个师几乎跟第 106 师一样,都缺乏作战经验。

第 99 师来阿登已经有一个月了,几乎没见到什么动静,但他们还是觉得自己的境况很不理想。战场安静些他们并不在意,但整天都得住在散兵坑里,尤其是最近几天,热饭热菜为什么断供了?他们现在沦落到只能吃令人作呕的"D"棒——一种用浓缩巧克力混合而成的东西,他们有时把它称作"希特勒的秘密武器"。

这时在快到第 99 师阵地的北端处,一场复杂的排兵布阵正在进行:刚刚从西尼艾弗尔山那个突出部位赶到北边的第 2 师,正依托第 99 师阵地上一道 2 英里宽的狭长通道发起进攻。他们在过去的三天中,一直努力要从齐格菲防线上打出一个缺口来,然后穿过它,直捣北面的罗尔大坝。对于盟军来说,要想进军鲁尔河谷,这些大坝是一个很大的威胁,必须在主攻开始之前就拿下。因为大坝水闸一旦打开,就会淹了进军的部队,切断它与后方的联系。

午夜时分,第 2 师的人被防卫严密的瓦勒晒特交叉路口给挡住了去路。在静候时机的时候,杰斯·毛罗中尉跟弗雷德·阿林代尔上尉前言不搭后语地说着话,来打发时间。阿林代尔突然说道:"你知道的,毛罗,我活不过明天了。"

"可不能这样开玩笑啊。"

"我活不到 30 岁,也不知道谁决定的。"

阿林代尔语气中透露出的坚定,让毛罗不禁打了个冷战。

从第 2 师进攻通道的北边开始,防线仍由第 99 师负责,又向前延伸了数英里,终止于德国边境的历史小镇蒙绍。这里林木茂密,山峰连绵,蒙绍就藏匿于蜿蜒的山谷之内。

整个"幽灵前线"上,没有哪个地方能像它的北部端点蒙绍这般安宁与祥和。这儿离埃希特纳赫镇,弯弯曲曲,大约有85英里的路程。有传闻说,希特勒本人曾骑着自行车于蒙绍的鹅卵石街道上穿行,十分欣赏此地的洛可可风格建筑;而且还曾亲自下令,整个小镇要当作博物馆般对待,不得受战火摧残。不管传言为虚为实,蒙绍镇上迄今为止,还从未落下一枚德军炮弹。镇内为数不多的几个美国骑兵,深信将来也会如此,便早早地爬上了厚厚的羽绒床。毕竟对他们来说,明天将和今天一模一样——舒适、寂静,稍微有点寒气。

从埃希特纳赫到蒙绍的整个"幽灵前线",12月15日的这天半夜,几乎没有引起75000名美国士兵中任何一人的特别注意。那些对此留意到的,也只是觉得离异乡的圣诞节又近了一天。

2

前线后方的师指挥所和休息营地,都像极了美国国内的驻防地。离罗谢姆峡口后方5英里,有一个叫作洪斯菲尔德的比利时小村庄,很是破败。那天晚上,在村里面的第99师的休息营地里,正在放映一部电影。电影原声坏了,士兵们就在修理的当口,自创自演着对话,嗓门浑厚洪亮。过了会儿,他们正要排队退出娱乐场地时,一则火爆的消息传了开来:明天早上,玛琳·黛德丽会亲自来这儿演出。那些本该明早8点就返回前线的步兵们,立马就开始合计起拖延时间的办法,好等中午时再离开。

从罗谢姆峡口往后30英里,在盟国比利时的维尔萨姆,第14骑兵团用作预备部队的半个团,正在观看美国劳军联合组织的营地演出。演出让士兵们很是开心,有个演员边唱歌边大嚼饼干,他们也毫不在意。美国大兵们操心的事,只有食物和家书;而军官们呢?则是食物、家书,还有配给的酒。

视线再往前线方向回返,在这儿与前线中间,有个色调灰暗的比利时小镇,名叫圣维特。在镇子里一间色调灰暗的石头校舍里,第106师师长艾伦·琼斯将军正坐在桌子旁边,为事情忧虑,甚至圣维特都让他感觉不踏实。这里虽说是个重要的交通枢纽,但看上去却是如此的丑陋不堪。与卢森堡那些风景如画的小镇不同,圣维特到处都是令人压抑的石头建筑,凌乱无章,毫无装饰,连商店橱窗上的文字,写的都是德文。这里的一切都不可抗拒地显露出一种纯粹的条顿风格,甚至连教堂都无法幸免。

在过去的一百年中,圣维特及周遭曾四易其主。一半的居民自认为是比利时人,另一半则认为自己是德国人。邻居之间,相互猜疑。琼斯的指挥所也因此笼罩在一种半友好、半敌视的不祥氛围之中。

这天晚上一直到现在,他还没有从前线收到任何令人不安的报告,一切都是如此的平静。但之前的两天晚上却不是这样子的,连续两天都可以听到从敌阵那边传来的大量马达轰鸣的声音。琼斯当时曾立即将"敌人装甲车辆有大动作"的情况汇报给第8军的特洛伊·米德尔顿将军,他是自己的顶头上司。米德尔顿的参谋们一下子就被逗乐了。"别老战战兢兢的,"第8军的一名军官抢白道,"德国佬那是拿录音带,吓唬你们新来的来着。"

但异常的并不只有马达声。美军这边最近因为疏忽而引发了两次大火,烧毁了一个营级车辆调度场和一个团指挥所,这让讲究条理的琼斯火冒三丈。然而尽管火光把这两个极具诱惑性的目标都暴露了,但敌军却未曾有一发炮弹朝它们打过来。对此,琼斯再一次感到疑虑重重。但战场老手们则又一次站出来坚定地说道,德国人已经没有可以浪费的炮弹了,这就是明证!

琼斯向附近民居里自己的卧榻走去。他边走边尽力地劝服自己,这些担心都是毫无依据的:这毕竟是他第一次来到战场;第一次上战场的人老是草木皆兵,这是人所共知的。况且他又是谁,怎么能跟久经沙场的老兵争辩?一战期间,他从华盛顿大学辍学,直接参军做了一名少尉,然后在没有受过西点军校训练的情况下,慢慢地一路晋升到了师长级别。他跟巴顿将军那一类军官相比,完全不是一种类型。他手下的许多人连见都没见过他。他总是隐在幕后,以一种安静、低调的方式管理着第106师。

琼斯躺在床上,怎么都睡不着。西尼艾弗尔山上每一个年轻的步兵,都让他有一种切身的责任感。

那天晚上,差不多在圣维特与前线之间的正中央、"幽灵前线"后方6英里的地方,第 28 师几百名久经沙场的老兵正在克莱沃休养中心里尽情玩乐。克莱沃是个美得令人惊叹的卢森堡小镇,镇里蜿蜒的鹅卵石窄巷,高耸入云的修道院和巴洛克式的房屋,历来是热门的旅游景点。除此以外,镇内还有一处中世纪城堡的废墟,曾经是富兰克林·D. 罗斯福祖上的产业,然而虽说四处平静安然,镇上一个年轻人却忧心忡忡,这个人就是从德军部队逃回来的约瑟夫·盖本。纳粹在齐格菲防线后集结的传言早已经满天飞了,其中肯定有一些是真的。一旦打起来,他美丽的克莱沃小镇将是纳粹部队的必经之路。它正处在乌尔河主要渡河口的后方,且位于去往阿登重镇巴斯托涅的大路上。美国人为什么对警告视若无睹呢?

实际上,有几个美国人确实注意到了这些警告,但对德军开往这片区域这一点,他们却有别的很好的解释。特洛伊·米德尔顿刚在离克莱沃不远的地方实施了个诱敌行动:士兵们装扮成将军,骑着马在乡下到处逛荡,装出一副要为新部队寻找宿营地的样子;假坦克和假大炮到处招摇,装作又有新部队到来。目的就是蒙骗德军,把德军部队从萨尔和罗尔地区吸引到阿登来。德军显然上钩了。

那天夜里,没有一个盟军将领觉得德军会发动大规模攻击。然而,在克莱沃以西大约 20 英里的比利时城镇巴斯托涅,米德尔顿却有些坐卧不安,正是他的第 8 军,构成了"幽灵前线"防卫部队的主体。那一天上午,第 28 师的人曾送来了个女人,她说她在前一天晚上在克莱沃以东的齐格菲防线后面,看到了大量的德军部队,并且说,那些坦克的个头比美军的任何坦克都要大一倍。

米德尔顿明白,如果德军真的发动攻击的话,他手下的四个师——两个师的新兵,两个师的疲兵——将很难自保。他因此又把这名妇女送到了他的上司、第 1 集团军的司令考特尼·霍奇斯中将那里。

然而在比利时著名的度假胜地斯帕,霍奇斯却根本无暇他顾。他指挥的攻向罗尔大坝的行动进展缓慢,让他特别费神。其实在一周前,他的情报官"修士"迪克森上校就曾经预言说,德国人很快将会发起一次大规模进攻,当时把所有人都吓了一跳;过去的几天里,迪克森又到处说,德军很可能会从最意想不到的地方——阿登发起进攻,就像 1870 年、1914 年和 1940 年那样。这些言论弄得所有人都躲着他。然后在前一天晚上的会议上，迪克森对自己的预感开始坚信不疑，他一拳打在地形图上，语气坚定地说道："就是阿登！"

霍奇斯的参谋们都建议霍奇斯不要把迪克森的话当真："修士"的悲观是出了名的；而且他近来劳累过度，如果放他去巴黎休息三天，一定会振作起来的。

得到第12集团军命令的霍奇斯对迪克森的预言也很不满意。奥玛·布雷德利中将的情报官公开反驳道："目前可以肯定的是，德军在西线的实力因消耗战而不断削弱。"

盟军远征军最高统帅部也很快加入了批评迪克森的队伍。艾森豪威尔主管情报的助理参谋长发出一份报告，说德国人也快完蛋了。

甚至英国人也在嘲笑竟有人担心敌方会发起进攻。就在那天下午，蒙哥马利曾直截了当地说道，德国人是"不可能发起任何大规模进攻的"。实际上，这时的战势太过沉闷了，他还问了艾森豪威尔，下周他可不可以回英国。

上头一致的自信，让霍奇斯也放心下来，他一心想着如何推进他当前的攻势。午夜时分，他上了床，只有伤风让他感到些许烦扰。

在"幽灵前线"南端的后方、卢森堡城的阿尔法饭店里，他的顶头上司奥玛·布雷德利也准备睡觉了。他明天一大早就得动身前往凡尔赛，和长官艾森豪威尔讨论步兵替补兵员极度短缺的问题——尽管在他麾下的作战部队人数超过美国以往任何一名战地指挥官。他根本不觉得德军会发起进攻，甚至在心里还暗暗地希望德军进攻。"他们要是现在打过来就好了！"几天前他还在说，"要是他们从洞中爬出来，反过来追着我们打，我们反倒省劲儿多了，还能多杀些德国人。"

在大后方的凡尔赛军官俱乐部里，讨论的主要话题莫过于盟军即将对罗尔大坝和萨尔地区的进攻，他们说在欧洲急需兵力的时候，就把麦克阿瑟的步兵调离，实在是愚蠢。有几个人还提到了格伦·米勒少校。这个著名的乐队队长那天在英国乘飞机，要飞来巴黎，但现在已经晚了几个小时了，他还没到。

离俱乐部不远,在几个月前还为德军元帅格尔德·冯·龙德施泰特所占据的别墅里,德怀特·D.艾森豪威尔正喜上眉梢。这名盟军最高司令刚刚晋升为五星上将,但是却容不得时间去庆祝。明天他与布雷德利有个重要会面,而且他还答应说要去参加勤务兵米奇和陆军妇女军团一名女兵的婚礼来着。明天肯定是个忙乱的日子,阿登还排不上号。

到了12月15日子夜,各路迹象都已经呈现。有人报告说克莱沃以东有部队集结,被俘人员也声称将会有一场大规模进攻,前线更是传来报告说敌军装甲部队有大动作,甚至截获的德军文件里也显示说,敌军已成立一个培训学校,专门训练作战部队如何伪装成美军——这所有的一切,抑或是其中的一部分,都足以表明阿登地区即将发生变故。

然而它们却什么作用都没起到。当晚盟军负责阿登前线大小巨细的所有人员,从总设计师丘吉尔和罗斯福,到各级军队将领,没有一人不睡得心安理得,都不觉得德国有什么好怕的。希特勒已经败了,即使他自己不那么认为。

阿登高地上,已过午夜。现在已经是1944年12月16日了。除了从东边几英里外隐约传来的神秘的隆隆声外,绵延85英里的"幽灵前线"显得特别安静。

25万名德国士兵、1900门重型火炮,以及970辆坦克和突击炮,正沿着铺满降噪稻草的大路和小径向他们的最终进攻位置缓慢西移。

六个小时之后,西线战场上有史以来最大规模、最具欺骗性的进攻——"圣诞玫瑰行动"就将打响。

2 "守卫莱茵河"
1944.7.31—12.15

1

这个庞大的集结行动背后站着的那个人,就是阿道夫·希特勒。

1944年7月31日,他收到情报说,盟军已于阿夫朗什冲出诺曼底的滩头堡。从那时起,元首就明白,他必须重新夺回主动权。起初他还有些惊魂不定,显得失魂落魄,毕竟施陶芬贝格伯爵对其的暗杀行动也才过去了十一天。但仅仅几周以后,他就又开始跺着脚到处走起来,训斥总参谋部的参谋,似乎恢复了以往的踌躇满志。

9月16日,"狼穴"的每日例会结束之后,元首将他最信赖的将军们叫到内间密室,召开第二轮会议。

首先进入内间会议室的是陆军元帅威廉·凯特尔,他是所有德军部队的最高司令官。紧跟在他后头的是作战局局长阿尔弗莱德·约德尔大将。然后是负责东线战场的著名的装甲部队指挥官海因茨·古德里安,以及代表空军元帅戈林出席会议的克莱珀将军。他们低声窃语,不知道希特勒又有什么意想不到的计划。

最后希特勒走了进来。他弓着背,面色惨白,若有所思。一双蓝眼睛冷漠如潭水,嘴角松弛地耷拉着。

就和以前召开高级别会议时一样,约德尔安静地开始汇报情况,老练地介绍了一下不利的战局。虽然他级别低于凯特尔，但希特勒对其的信赖却无人能比。

从政治上来说，第三帝国已经是众叛亲离，孤立无援。意大利已经完蛋了；日本人则委婉地暗示，德方应该和苏联启动休战谈判；罗马尼亚和保加利亚人已经反水，加入到所向披靡的俄国人那边；芬兰刚刚也和德国翻脸决裂了。

虽说德国国防军名义上仍有1000万名现役军人，但其中400万已经在开战后的历次战火中阵亡，仅在最近的三个月里，就有120万人伤亡——其中几乎一半都是在西线战场。

说到前线局势，约德尔接下来的语气中略露出一丝乐观，他说俄国人的夏季总攻似乎已经收尾了，"而在西线的阿登地区，我们也确确实实好好休息了一番"。

一听到"阿登"，希特勒突然就来了精神，他夸张地举起手，大声说："停！"

两分钟死一般的寂静。然后希特勒开口说道："我已做出了一个重大决定。我要主动进攻，就在这儿——冲出阿登！"他把拳头狠狠地砸在面前未展开的地图上："跨过默兹河，向安特卫普进发！"

会议室里的其他人吃惊地望着他。他抬头挺胸，两眼放光，之前谨小慎微的病态已经一扫而光。他又变成了1940年那个活力四射的希特勒。

2

第二天，希特勒就催促他的部下加紧筹备反攻。他下令成立第6装甲集团军，同时把国防军运输局局长鲁道夫·格尔克将军吸纳进这一行动计划，让他承担重要任务。

9月25日，希特勒让约德尔起草一份进攻总方案。对于凯特尔，他派发的任务是让他计算一下需要多少军火弹药，多少补给，还有什么时候送达。同时他命令从前线撤回五个装甲师，集中在科隆以西整顿重训。这五个师将会成为进攻的主力。

到了10月上旬,格尔克的运输系统的初期工作已经做得相当不错了。他把当务之急放在了横渡莱茵河的准备上。桥柱和桥墩进行了加固,公路桥上铺设了轨道,渡船做了改装,足以运送机车和70吨重的虎王坦克;还建好了军用桥专用重型桥墩,掩蔽在莱茵河沿岸,以备永久性桥梁被炸毁的不时之需。

莱茵河东岸备好了临时堆场和仓库,用来暂存堆积成山的补给,以便后续运往西岸。但是格尔克最重要的任务则是对帝国铁路(即德国国家铁路)进行大改造。应急时刻表和应急管理办法都已制定出来。火车车厢上包了装甲外壳,以确保人员安全;还配备了轻型高射炮,以便驱离敌方战斗轰炸机。

10月11日,约德尔把阿登进攻方案的草稿呈给了希特勒。这次的军事行动代号为"圣诞玫瑰行动",需要动用第6装甲集团军、第5装甲集团军和第7集团军三个集团军,总共12个装甲师、18个步兵师的作战部队。"圣诞玫瑰行动"要取得成功,有两个重要前提:一是出其不意,二是天气情况必须让盟军空军无法起飞。该行动将坚持"宽大正面"进攻战略,开战第二天渡过默兹河,第七天抵达安特卫普。这个行动预计将摧毁英军和美军30多个师的部队。

为了做到绝对保密,这个方案只告诉了几个精挑细选的军官;每一级指挥都使用一个不同的代号指代这次行动,且每两周更换一次代号;有关这次行动的任何消息都不得以电话或电报的方式传送;通信员由发誓保密的德军军官担任,负责传达指令。

凯特尔在10月12日向西线的所有指挥官发布了一条总命令,宣布此时不能进行任何反攻,要求全体战略预备部队做好准备,以随时保卫"父国"的领土。

10月21日上午,约德尔把修订过的方案递给了希特勒。元首非常高兴,不禁开了几句玩笑,并给方案另起了个诡诈的名字——"守卫莱茵河"。

当天下午,在希特勒的召唤下,一个身着党卫军少校制服的高个儿金发男子来到"狼穴",单独与希特勒会面。这名男子就是奥托·斯科尔兹内,他被英国情报部门视为欧洲最危险的人物。他最著名的成就莫过于从盟军手里抢走了墨索里尼;最近又劫持了海军上将霍尔蒂的儿子,端了匈牙利政府在布达城堡的大本营。希特勒见到他,立马笑容满面,并伸出手亲热地招呼道:"干得好,斯科尔兹内!"

"谢谢您,我的元首。"

"坐下来,跟我说说,就是那个'米老鼠行动'。"

斯科尔兹内详细地讲述了绑架小霍尔蒂的过程,元首不时地发出大笑。讲完后,斯科尔兹内站起身,准备离开。

"再坐一会儿,"元首激动地说,"我现在要交给你一个任务,这将是你人生中最重要的一个任务。12月份德国将发动一场大规模进攻,这可能会决定我们祖国的命运。"

他说,斯科尔兹内将起到龙头作用,负责培训一批精干人员,教他们如何假扮为美国人。他们将活动于美军防线后方——身着美军军服,使用美军车辆。他们将占领默兹河上的桥梁,散布谣言,传播假命令,制造混乱和恐慌。

"我将授予你无限权限,自主组建部队。好好利用,中校!"斯科尔兹内不禁咧开嘴笑了起来,他也笑了起来,"是的,我已经晋升你为中校。"

希特勒站起身,再一次伸出手来:"再见,斯科尔兹内。我等候你'狮鹫行动'的大好消息。"

3

第二天一早,西线全部陆军部队总司令、陆军元帅格尔特·冯·龙德施泰特,和希特勒钦点的这次进攻的指挥官、陆军元帅沃尔特·莫德尔,都分别收到了"守卫莱茵河"的方案。

龙德施泰特看了一下方案,越看越惊愕,不禁悲哀地摇了摇头。"守卫莱茵河"方案,尽管别出心裁,但也太过冒进了。别的不说,就目前德方能凑齐的兵力而言,这个计划也显然过于好高骛远了。这个皮肤粗糙、饱经风霜的贵族将军命令助手行动起来,制定一个替补方案"马丁"。

莫德尔读方案时,则是一脸的热切。与龙德施泰特不同,他年轻,有活力,雄心勃勃。而且像希特勒一样,他也是个纯粹的赌徒。然而这次看完后,他却不禁咆哮道:"这他妈的也太不着调了!"

接着,莫德尔起草了自己的替补方案,叫作"秋雾"。

10月27日,元首召见了龙德施泰特和莫德尔。

他听了两人对"守卫莱茵河"方案的反对意见。

龙德施泰特呈上"马丁"计划,建议以17个师的兵力进行22英里宽的正面进攻。希特勒听得是一脸的不耐烦。

莫德尔对"秋雾"进行解释,建议以20个师的兵力进行40英里宽的正面进攻。希特勒又是四处踱步,面目狰狞。

他终于听够了,挥手让他们止住。"腓特烈大帝你们都忘了吗?"他冷嘲热讽道,"他曾在罗斯巴赫和鲁腾,击败两倍于他的敌人。靠的什么? 靠的是胆量。"他摆了下手。如今又是这个样子,他的将军们就是缺少"干大事"的想象力。"你们这些人为什么不多学些历史?"他解释道,腓特烈大胆冒险了一次,然后老天似乎是要奖励他的勇敢无畏,奇迹般的历史性事件突然从天而降——谁也没想到,与普鲁士为敌的联盟突然就分崩离析了。尽管欧洲所有的预言家都认为腓特烈注定失败,但他反倒化险为夷,转败为胜,为德国夺取了最辉煌的战绩。

"历史将会重现。"希特勒说道,"阿登将会是我的罗斯巴赫和鲁腾。历史奇迹也因此将再一次发生:与第三帝国为敌的盟军将会分崩离析!"

就这样,希特勒置将军们的意见于不顾,做出了决定。12月7日,他批准了最终方案。这个方案和他最初提出的方案几乎一模一样,甚至还保留了那蒙骗人的代号"守卫莱茵河"。

4

"守卫莱茵河"方案运作起来。

所有的军级指挥官和参谋长都被纳入了方案中来。为了保密,所有的将军被命令必须亲自草拟本部的进攻路线图,料理各自的枢密工作,并且所有的机密文件必须随身携带,日夜不离身。无线电员把加密信息发给假的司令部,把假信息发给真的司令部,把真信息发到离公告地点数百英里外的司令部。同时假消息也在部队低层、酒吧和小饭店里散播,以迷惑盟军探子。

接下来,就到了准备工作最艰难、最危险的阶段了。在之后的一周里,成千上万的士兵和成千上万吨的物资,要趁着夜色从集结地被秘密运送到前线后边的集散地。

人群车辆开动起来。12月7日夜里,第一批人员及物资已经上了车,所有的轨道运输都向一个方向——阿登流动。到了第二天凌晨3点钟,所有的列车都已经卸货完毕,并向莱茵河回返。未到天亮之前,这一趟往返就已经结束,而下一批又已开始。

第二天也是如此,第三、第四天以及之后亦复如是。

目前奥托·斯科尔兹内手上的权力,甚至比大部分上将还要大,他的"美国人培训学校"也已经进行到中期。自愿接受培训的受训人员表现得很棒。培训课程包括:美式俚语、美式举止、习俗,以及如何在敌线后方散播恐慌。

然而另一支特别部队,却仍在组建之中。这支部队的指挥官是一名男爵中校,名叫弗里德里希·奥古斯特·冯·德·海德特。男爵少言寡语,勤思缜虑,似乎更适合待在教室里,而不是战场上。事实上,1935年,他曾获得卡内基国际法教学研究员奖学金,哥伦比亚大学有意聘请他去教学。可是他婉言谢绝了,最终成为了德国最有名的伞兵部队指挥官之一。

虽然出于知识分子的本性,他也难免心存疑窦,但"守卫莱茵河"方案还是激起了冯·德·海德特心中作为战士的斗志。然而当得知迪特里希将出任他们集团军的司令时,他感到无比震惊。"泽普"约瑟夫·迪特里希在一战期间只是个中士,战后当了屠夫,成了街头打架斗殴的小混混;他充其量只能做一个师长。在冯·德·海德特的眼里,他不学无术,且本性残暴。然而当初他在慕尼黑啤酒馆暴动时的狂热追随,希特勒至今未忘,且一直以各种形式来奖赏他。如今这个巴伐利亚的屠夫成了统领九个师的司令。

迪特里希身材高大,性格暴躁,有着很粗的嗓音。他在蒙斯特艾弗尔附近的司令部里,傲慢地接待了冯·德·海德特:"你们伞兵能干什么?"

"只要合情合理,就都能干。"冯·德·海德特回答道,身体向外略倾以躲开迪特里希满嘴的酒气。

"很好!"迪特里希把一张地图摔在桌子上,"拿下这些标着 X 的地点。"

"这就不合情理了。"男爵说道。

"迪特里希将军,"他的参谋长克莱默插嘴说道,"所有的目标都是用 X 标的。"

"那你怎么不早告诉我?"迪特里希嘟囔道,"你自己挑吧,冯·德·海德特。"

男爵选择了米歇尔木屋附近的交叉路口,路口处于比利时马尔梅迪以北那片贫瘠的荒地上。

"你现在去那儿制造些大混乱来。"迪特里希说。

男爵皱起了眉头。

克莱默再一次打断了他们:"该去制造混乱的不是冯·德·海德特。您把这个和斯科尔兹内的'狮鹫行动'搞混了。"

细节确定之后,男爵要求配备一些信鸽,以防跳伞时无线电设备摔坏。

"鸽子!"迪特里希狂笑起来,"别傻了!鸽子!我管的是一个集团军,都他妈的没用鸽子!你只管个小小的战斗群,不带动物园也成吧!"

男爵努力压下了心中的厌恶感。但这却让迪特里希以为男爵害怕他。

"别担心,"迪特里希好心地拍了拍他的背,说道,"我说到做到,我会亲自到米歇尔木屋与你会面,进攻第一天的中午就能到。"

希特勒用迪特里希这个人,并非只是一时的心血来潮。他身上的毛病,元首了如指掌。但迪特里希就和龙德施泰特一样,光是名字就对部队有着神奇的效应。当然,希特勒也希望,第 6 装甲集团军的伟大胜利,将出自一个模范纳粹之手。

除此以外,希特勒还知道,迪特里希背后站着一个有脑子的人——克莱默。

5

12 月 11 日,部队集结全部完成。帝国铁路创造了轨道运输的奇迹,将

第一波部队运到了出击地点。

那天一大早,希特勒就搬进了位于齐根伯格中世纪城堡附近新设的司令部里,以便严格掌控进攻的全局。发起进攻的日期已经雷打不动,就是12月16日。现在唯一能拦住他的部队的,就只有错误的天气了——适于飞行的天气。

接着,他召集各个师长开会,传达行动方案。

当这些师长及其参谋们到达会议地点时,盖世太保的人收走了他们身上的左轮手枪和文件袋,并且要求他们必须以生命担保,决不向外界透露他们要听到的内容。他们中谁也不清楚自己为什么被叫来;每个人只知道,近几周以来,各个师都被调遣得团团转。

希特勒到了,凯特尔和约德尔一左一右,一同走进会议室。元首的左臂微微颤抖,看上去有些疲惫。然而一开口,他就滔滔不绝,大谈特谈腓特烈大帝、德国历史和纳粹党,满脸地兴奋,足足讲了一个多小时。

随后他详细地解释了"守卫莱茵河"方案。

从12月16日清晨5点30分开始,三个集团军将从蒙绍至埃希特纳赫之间的阿登前线冲杀出去。

他们将在列日和纳慕尔之间渡过默兹河,绕过布鲁塞尔,在一周内到达安特卫普。西线的盟军必将被最先的突袭吓得阵脚大乱,无从迎战,然后被打得稀巴烂,不得不祈求单方面和解。

师长们听得个个目瞪口呆。

那三个集团军分别为:泽普·迪特里希率领的第6装甲集团军,哈索·冯·曼陀菲尔男爵带领的第5装甲集团军,埃里希·布兰登贝格尔将军率领的以步兵部队为主的第7集团军。

迪特里希被分给了北翼,承担"守卫莱茵河"的主攻任务。分拨给他的部队不但数量多,而且也将是最精良的——个个都是武装党卫军中的精英,绝不逊色于曾经在俄国前线取得赫赫战功的部队。由四个彪悍的装甲师和五个步兵师组成的第6装甲集团军,将负责进攻蒙绍到罗谢姆峡口之间的地带,翻过艾森伯恩山梁,渡过默兹河,然后继续向安特卫普进发。

向南,在迪特里希的左边,是曼陀菲尔率领的第5装甲集团军。曼陀菲尔出身于普鲁士一个代代出将军的名门望族,曾做过业余驯马师,赢过德国五项全能冠军,虽然个子不高,才刚过 5 英尺,但却意志坚强,精力出奇地好,是为数不多的敢于公开反驳希特勒的人之一。这几个月以来,还没有哪个将军能像曼陀菲尔那样,说出来的话能让希特勒听得进去。偶尔,他还会讲一个忠言逆耳的故事给希特勒听,这也是其他人同样没有胆量做的。

曼陀菲尔被分给了两个目标。他右翼的两个步兵师将围住西尼艾弗尔山那个突出部位,困住第 106 师,然后拿下巴斯托涅以东最重要的铁路和公路枢纽——圣维特镇。剩下的三个装甲师和两个步兵师,将从西尼艾弗尔山南边绕过,横穿卢森堡。

布兰登贝格尔指挥的第 7 集团军,是三支部队中最弱的一支力量,他们将负责夺取菲安登—埃希特纳赫地区,然后向西推进,护卫曼陀菲尔的左翼。布兰登贝格尔这个指挥官一丝不苟,忠心可靠,不仅看着像一个科学家,治军带兵的方式也严谨得像一个科学家。他承担这个任务,也是众望所归。虽说这个使命本身没有耀眼的光环,但是整个攻势是否成功,很可能就要看他能否抵御巴顿从南而来的反攻了。

会议结束了。

"这场战役,"希特勒总结道,"将决定我们的生死存亡。我要求我的全体战士都要奋勇作战,毫不留情。这次决不能心慈手软,所有的反抗都必须强力镇压。我们的'父国'目前正处在最危险的时刻,我期望每一个战士都能勇敢无畏,绝不退缩。敌人必须被消灭——不是现在,就再无机会!这样我们德国才能生存下去!"

师长们动身回返阿登战场。

6

阿登地区,开战前的准备已经进行到了最后阶段。活动斜板已经备好,好让坦克能驶过齐格菲防线上的"龙牙"。木排道一直铺到了前沿阵地,上面还盖上了厚厚的草垫,来减轻坦克和半履带车的哐当声。为了节省燃料,也为了减少马达噪音,首次弹幕要用的炮弹都是一发一发由人工搬运的。

各个环节都有着最严格的保密措施。无线电静默全面实行，战线后方的民用电话也受到严格监控。每个村庄都被派去一名便装军官。一支特殊警察部队到处巡视，制止任何非必要活动。侦察活动全部叫停，炮兵任务全部取消。为了最大限度地减少逃兵风险，阿尔萨斯籍、比利时籍以及卢森堡籍士兵全部从原部队调往了国内；一天五到六次的点名制度也已开始实行。各个部队甚至都分发给了木炭，唯恐他们拿木头来生火做饭，暴露行踪。

"守卫莱茵河"方案的最后阶段，即将开始。

7

12月13日，从"守卫莱茵河"已蓄势待发的部队那边，传来了最后的报告。

约德尔将军呈报，77000名替补兵员已并入三大集团军。进攻开始时参与人数为20个师，但很快就会有另外五个师加入进来。

凯特尔元帅报告，317万加仑的燃料已经运抵前线，还有211万加仑在运去的路上，另有79.2万加仑的储备油量。每辆坦克的燃料都足以行进90到100英里。

至于弹药供给，凯尔特说已经备好了15099吨，足够八天之需。另一批八天之需的弹药随时都可运往前线。

克莱珀将军禀报，德国空军已经聚集起350架战机，其中包括将近80架新型喷气式飞机。并且在天气放晴之前，还将会有更多的战机。

那天夜里，德军三个集团军开始分步骤行动起来，试图穿越与敌人间那10英里长的寂静树林，移向最终的进攻阵地。步兵师开到了离前线仅6英里，马拉火炮和榴弹炮则被运到离炮台仅剩5英里。

第二天夜里，德军一边派出飞机低空飞行掩盖动静，一边命令坦克和半履带车开到距前线仅6英里，命令步兵潜行至距前线3英里以内。马拉火炮和机动火炮则悄悄开到各自的炮台。

现在终于到了12月15日的晚上，由25万人和上万台装备组成的20个德军师已经完成调度，抵达了进攻的出发线。

接近子夜时分，所有的德军士兵都已经于突击位置各就各位。他们侧耳倾听着，站立的身体因寒冷而轻微地颤抖。各军官把陆军元帅格尔德·冯·龙德施泰特的话宣读如下：

> 西线的全体士兵们！你们的伟大时刻到来了。大批部队已开始对英美联军发动攻袭。我不用多言，你们自己就能感受得到。这一战我们赌上了一切！你们肩负神圣的职责，必须背水一战，夺取超越凡人的目标，这是为了我们的"父国"，也是为了我们的元首！

旧日的辉煌仿佛就在眼前，士兵们个个亢奋不已。他们再一次踏上了进攻的征程。德意志高于一切！

已经过了子夜，现在是1944年12月16日。"幽灵前线"沿线85英里，万籁俱寂。

3 攻 袭
1944.12.16

1

12月16日早晨,西尼艾弗尔山上浓雾笼罩。希特勒的"御林师"——党卫军第1装甲师下属的装甲炮兵团的人,兴奋得摩拳擦掌。

"炮兵连已做好开火准备!"有人报告道。

在附近的公路上,这个师的坦克排成长队,像一条巨龙般蜿蜒曲折。一名指挥官正向站在后面一辆坦克炮塔上的人挥手。

"再见,中尉,咱们美国见!"

中尉哈哈大笑。

测距仪又最后再检查了一遍。士兵们喉咙干燥,双手抓在拉火绳上,两眼紧紧盯着手表。

坦克长队前后,炮长的胳膊都举了起来。

现在是早上5点30分。

"开炮!"

火焰和烟雾在"幽灵前线"全线蹿了起来。在85英里长的前线上,迫击炮哐哐哐咳个不停,火箭弹嗖嗖嗖蹿出发射台,88毫米坦克炮哒哒哒咆哮。大地都不禁颤动。顶着雪的枞树颤抖着,抖落下阵阵白幕。成百上千辆坦克马达轰鸣着,哐当哐当地行进。与此同时,车队后方也传来低沉的隆隆声,那是列车炮正将14英寸炮弹打向美军防线后方数英里的目标。

在阿登前线的北端附近,尖声飞过头顶的炮弹把窝在散兵坑里的安托尼·蒂博给吵醒了,他是美军第99师的一名列兵。接着是深水炸弹似的声音——"啸声炮"①,一秒后,两颗迫击炮弹在几码外闷闷地坠落。这之后各种爆炸声急骤地混在一起,就听不出是哪种炮弹了。

往他身后半英里,军官们跌跌撞撞地奔进营指挥所。突然炸响的连绵不断的炮火声,让他们吓了一跳,迷惑不已。根据情报,防御区对面的德国人只有两门马拉火炮。

"上帝啊!"副营长叫出了声,"他们这么干,可要累死那两匹马了。"

再往后,在第99师的餐棚里,五六个战士正席地而坐喝咖啡,一个叫泰格的炊事员正在搅拌煎饼糊。就在这时,炮弹开始在头顶嗖嗖飞过。

"伙计们,给他们点厉害瞧瞧!"一名美国大兵喊道。

一枚炮弹在一百码外落了下来。

"是朝我们来的!"泰格惊得大叫道。

然后头顶一声炸响,泰格飞了出去。其他人目瞪口呆地看到,帐篷已经被弹片炸得千疮百孔。泰格嫌弃地慢慢从瓦罐碎片堆中抽出脚,开始踢腾起来。

在南面的罗谢姆峡口,第14骑兵团的约翰·班尼斯特中士已经起了床,正透过晨雾向东面张望。他所在的克里温克尔村并没有受到炸弹侵扰,但他左边的人却已经深受其害。他想起来了半英里外那栋住着50名德国兵的房子。若他们全面出击,自己的这个团将很难挡住他们。

从班尼斯特向右,在西尼艾弗尔山那个突出部位的尖端,第106师师长的儿子——艾伦·琼斯中尉的指挥所里,人们乱作一团。电话线已经断掉,且美军所用的所有波段都已被德国音乐干扰,这使得小琼斯完全与其他部队失去了联系。他只知道炮火很密集,也知道目前伤亡不多;但也仅此而已。

在南边,在第28师防线的中段,德军火炮正沿着处于乌尔河西侧2英

---

① 啸声炮(Screaming Meemies),指六联装150毫米火箭炮。——译者注

里、与河道平行的"长空大道"轰炸沿路的小村庄。然而没过多久,弹幕就移远了,炸弹开始落在后方梯队的城镇。其中最重要的小镇就是克莱沃。

在那里,约瑟夫·盖本那个被德军抓壮丁攻伐俄国、后来又逃回来的年轻人,被爆炸声给吵醒了。他穿上衣服,叫醒母亲。"哦,只是美国人开火罢了,"她含糊地咕哝道,"回去睡觉吧。"

盖本下了楼。就在打开前门的那一刻,他听到一声刺耳的尖叫声,立马就卧倒在地上。爆炸震得房屋晃动,灰尘烟雾罩住了他。等再站起来时,门已经被炸烂了,前窗也炸飞了。借着街对面房屋燃烧的火光,他看见母亲和两个姐妹摇摇晃晃走下楼梯,眼睛睁得大大的,满是恐惧。现在已经毫无疑问:德国人又要回来了。

在第28师的南面,在索尔河沿岸一个挨着一个的散兵坑里,第9装甲师的新兵们紧张地等待着人生中第一次炮火的洗礼。情形比他们原来想象的要糟糕得多。这样的炮火,人怎么可能活下来?

再向南几英里,第4师的前沿阵地已被炸得粉碎。埃希特纳赫及其附近的哨岗已被摧毁,电话线也全部被切断。

2

一个小时后,炮火声停了下来。出现了一阵可怕的寂静,但那也只是一小会儿罢了。然后在前线全线的重要节点上,巨型探照灯灯光从东而来,刺穿了晨雾。被炸得冒烟的美军前线阵地,瞬间被照亮了。美军士兵们瞪大了眼睛往外看,在死寂般的灯光下,一个个被照得面色惨白。这是他们第一次体验到纳粹的新式恐怖武器——"人工月光",他们惶恐万状,茫然不知所措。

接着,披着白罩衫的身影鬼魅般地从雾霾中闪现出来,12或14人一排缓缓地向他们移动,让人不寒而栗。

在整个阿登前线上,所有的美国兵、比利时人和卢森堡人,都被这声粗暴的起床号给唤醒了。然而在通讯系统瘫痪所造成的混乱中,每一个群体都以为这只不过是一场局部进攻,不值得大惊小怪。

在北面，泽普·迪特里希第6装甲集团军的步兵们冲向第99师的前沿阵地。就在他们冲锋的同时，东方的天空出现了一群新式战机，伴随一种奇怪的爆裂声，以不可思议的速度飞了过去。德国士兵仰头看着，突然意识到那是他们新式的喷气式战机，不禁欢呼起来，欣喜若狂。希特勒所说的"神奇武器"果然造出来了。就连那些在俄国战场上一败涂地、又被追得屁滚尿流地逃离法国的老兵们，也陡增信心。他们欢呼雀跃地冲向前方，挥舞着手中的步枪。

面对德军狂热凶猛的突袭，美军新兵部队被临时拼凑起来，进行了顽强的抵抗。炊事员和面包师，文书和鼓乐手，还有伐木工和司机，都被一股脑地拉进阵地，以抵挡敌军的攻势。有部分人逃跑了，但大多数人都奋起抵抗。尽管迪特里希曾夸下海口，他在第一轮突击中就将击溃这个乳臭未干的美军师，然而从蒙绍一直到罗谢姆峡口，盟军防线只是震颤了一下，但却没断。

可是峡口的情形，却大不相同。在这里，根本没有什么可以抵御德军的进攻。德军已经在混凝土"龙牙"的特定地方铺上了木板，然后立马把它固定在前晚就秘密造好的支撑结构上。从这些简易桥梁上，从早前步兵已从美军疏松的防线上捅开的缺口处，德军的坦克、装甲车和突击炮轰隆隆地开了出去。

天还没亮，第99师和琼斯将军附属的第14骑兵团之间的薄弱环节就已经断开了。第99师的情报侦察小队本来应该每隔一小时，就开吉普车巡查一下他们师和骑兵团之间那2英里宽的缺口的，但他们这次执勤时，被渗透进防线内的德军给挡住了去路。侦察小队只能报告说，他们负责的那部分岁谢姆峡口"爬满了德国佬"！然后就没任何音信了。

从这支巡逻队往南不远，在罗谢姆峡口的心脏地带，第14骑兵团的约翰·班尼斯特中士看到有好几百名德军士兵，正向克里温克尔村涌来。

他的班已把机关枪全部搬到所在民舍的二楼，集中火力向一波波攻来的人开火。德军大部队绕过他们，继续向西行进。

班尼斯特今年22岁，身材高大壮硕，几乎碰上什么事都喜欢开个玩笑。可是在那天清晨的危险情形中，他却一句笑话都讲不出来。

在薄雾和蒙蒙细雨中,又影影绰绰地出现一拨披着白床单的鬼影,但却被挡了下来,并到早上 7 点 30 分时撤了回去。尸体在院子里面到处都是。

"给你们十分钟休息,"一个德国人用英语喊道,"我们会回来的。"

"死去吧!"班尼斯特向他喊道,"我们会在这儿等你们的。"

在后方 25 英里外的威尔萨姆,铃声早已响个不停。第 14 骑兵团充当预备队的一半兵力就在这里休息。现在是早晨 7 点 30 分,鲍勃·雷帕中尉刚惬意地吃完早餐,就收到了从罗谢姆峡口传来的情报。情报说,他们前线的战友遭遇了敌军五辆坦克所造成的大麻烦,不得已退却了。

雷帕的好心情一下子没了。他用铺盖卷起分到的烧酒,跳进自己的装甲车里。镇里的预备部队原本为芝加哥著名的"黑马"骑兵队的一部分,这次将不得不前去化解这场危机。

虽然这条情报是假的,但是班尼斯特骑兵中队的 900 名骑兵,恰恰正十万火急地需要增援:他们不仅是迪特里希左翼部队的攻击目标,而且曼陀菲尔第 5 装甲集团军的右翼也正朝他们打来。

曼陀菲尔的步兵部队已经绕过了罗谢姆峡口南部的骑兵据点,试图打进一根深入到勋伯格村的楔子。村子处于西尼艾弗尔那个突出部位的正后方。与此同时,曼陀菲尔的其余步兵则正从西尼艾弗尔山的另一侧揳入美军阵地。两支部队像一把大冰钳的两个钳臂,都向勋伯格村而去。那时候,琼斯的第 106 师也将被团团包围住。

但这并不是曼陀菲尔最关心的行动。此时此刻,他正亲自指挥五个师的坦克和步兵部队,全力攻打由身经百战但却筋疲力尽的第 28 师据守的"幽灵前线"的中段。

离清晨的炮火还有几个小时的时候,曼陀菲尔就已经派步兵乘橡皮艇渡过乌尔河,为接下来的坦克清理道路。第 28 师的左翼部队立即做出了反应,尽管丢了几辆炊事车,但还是很快就击退了进犯人员。如今炊事车周围躺着几十具脸庞消瘦的德国人的尸体,有的嘴里还塞满了没咽下去的法兰克福香肠。

但是德军主要矛头所针对的第 28 师的防线中心,却面临着严峻局面。"长空大道"沿线的各个村庄据点都已经被包围了,并受到猛烈攻击。德军步兵在这里的表现不错。通向西面克莱沃、巴斯托涅和默兹河的道路,已经敞开。

然而本应在这个时候从这个口子冲进去的德军虎式和黑豹坦克却没有出现。德军第2装甲师在达斯堡出了些岔子,它们还在那里渡乌尔河。

直到早晨7点40分,德军工兵还没能在河上搭起一座桥。但这个时候,鲁道夫·希伯特中尉和他的装甲连车队已经沿着蜿蜒的山路来到了这个边境小镇。也不知哪个笨蛋,先把罩面运到了过河地点,而把60吨重的桥体落在了半路。狭窄的山路上是一片混乱。希伯特无可奈何,便先行坐着自己水陆两用的大众汽车过了河。他身后的乌尔河的德国一侧,坦克和装甲车辆挤成一团,绵延数英里,并且还有更多的车辆不断涌来。

尽管德军犯下了这个错误,但是对美军防线的中心部位来说,灾难仍然一触即发。德军的75000名士兵和200多辆坦克,马上就要冲过乌尔河。

这些德军的主要障碍只有一支由5000人组成的团级战斗队,主要路障是可爱的古堡小镇——克莱沃。小镇就在达斯堡过河地点以西6英里,镇上的百姓都已经惶恐不安。他们在街上到处乱跑,抓住过路的军人就吵吵嚷嚷地打听战情。然而此时的美军也不比老百姓知道的多多少。他们来克莱沃只不过是休息的,在此危急时刻,更想回到自己的部队去。

城堡的城垛前面有一条街道,顺着这条街道往南,有一家旅馆叫作克拉拉瓦利斯饭店,里面的赫尔利·富勒上校此时正为从"长空大道"沿线村庄传来的报告费神,那些报告相互矛盾,让人糊涂。他的第110团的阵地就横亘在克莱沃前方。他知道,第110团整个阵地的局势已经越来越危险,但具体情况到底怎样,他却只能靠猜测。那开始时的炮击已经破坏了他所有的通讯手段;不仅电话不通,无线电也受到了干扰。

早上7点45分,他北营的一名通信兵上气不接下气地跑来报告说,"长空大道"沿线的所有据点都受到敌军步兵的猛烈进攻,但目前还没见到德军坦克。

几分钟后,南营一名神情更为慌张的通信兵来报告道,敌军坦克已经渡过乌尔河,朝西开来了,甚至连马拉火炮也都往山谷下奔过来了。

克拉拉瓦利斯饭店里的人立马就开始恐慌起来。然而赫尔利·富勒所在的那间小办公室里,却依然很是镇静。他发出各种命令,言辞简短而又犀利。很显然,应对目前的情况,他正是得心应手。他镇定自若的消息,很快就一间一间地传开了。最初的恐慌没有了。这"老家伙"的铰刀可比德国佬更让人害怕。

在富勒那个团的南面,埃里希·布兰登贝格尔将军的第7集团军正在向"幽灵前线"进攻,锋头甚至直逼前线端点的埃希特纳赫。步兵们花了一个小时的时间,才总算全部渡过绍尔河。如今他们正在浓雾和密林的掩护下,偷偷摸摸地向河谷上爬去。

美军南部的所有前沿阵地,要不已经被德军绕过,如埃希特纳赫;要不已经被德军大潮完全淹没,如菲安登。一队队的德军就像蚂蚁军团一样,乌压压地越过峡谷低地向西进犯。在战场上空的一架小型飞机上,一名美军炮兵观察员用无线电报告道:"我的老天,这个地区简直是个弹球机!靶子密密麻麻,到处都是!"

到了上午9点,德军的"守卫莱茵河"方案进展很是顺利。罗谢姆峡口已经扫荡而过,并且"幽灵前线"的中心——那通往巴斯托涅的大门,也已经有数十处被刺穿。

战局已经呈现出某种形态,但盟军方面却没有任何人能看到这点。电话线全都断了,无线电也受到干扰,他们便只能以班、排和连为单位单独作战;团部联系不上前线的各营,也联系不上后方的师部;师部得知情况并从军部得到指令之前,就会有许多战士不明所以地死去。整个指挥系统全都短路了。

到了10点左右,各路报告终于兜兜绕绕地到达了军一级,可是这些情况牛头不对马嘴,相互矛盾。巴斯托涅的特洛伊·米德尔顿被搞得晕头转向,不知所以。一不想那些杂乱的报告,他就担心起西尼艾弗尔山来;不管有多少德军,也不管他们的目的又是什么,德军的进攻肯定会让琼斯和他的第106师大吃苦头的。

北方的第5军军长伦纳德·杰罗正面临更为棘手的问题。他不仅受到敌人的攻击,他本人也正带领麾下的一个师向罗尔大坝方向进攻。如果德军这次进犯是个大规模行动,那么他的第2师很快就会被围堵歼灭。

报告中的北部前线每时每刻都变得越发严峻。到上午11点的时候,杰罗终于把电话打进斯帕的第1集团军司令部,联系上了自己的长官考特尼·霍奇斯。

"我想中断原本的进攻。"他说。

霍奇斯思考了一会儿。那天上午早些时候,第2师采取渗入战略,成功漂亮地夺取了齐格菲防线上的一只马蜂窝——瓦勒晒特交叉路口。向罗尔大坝的进攻总算有了些许进展。

"继续你的进攻。"他对杰罗说。目前得到的情报杂乱无章而又互相矛盾,德国人发动的可能只是一次骚扰性行动。

与此同时,霍奇斯的长官奥玛·布雷德利却连这些情报都还是一无所知;他此时正坐在指挥车里向凡尔赛疾驰,要去见艾森豪威尔;两个小时前,他才离开卢森堡城,但却浑然不觉德军那时正在20英里外发动进攻。

而在凡尔赛,艾森豪威尔暂时放下繁忙的公务安排,此时正忙于写信嘲讽蒙哥马利。一天前,他被这名陆军元帅催讨5英镑,因为他之前曾打赌说,战争在圣诞节前就能结束。

"我还有九天。"他写道。

3

到了中午,罗谢姆峡口的每一个村庄要不已经失守,要不被围,要不即将受到进攻。不论是峡口内的道路还是通往峡口的道路,都是车水马龙,混乱不堪。

第14骑兵团团长马克·迪瓦恩上校来到前沿阵地,想亲眼看看到底是怎么回事儿。12点刚过几分钟,他就向自己在曼德菲尔德的指挥所返回了。

刚进城,他就看到狭窄的街道上挤满了各种车辆,补给车、火炮车都朝着西面的圣维特方向逃生。惊慌失措的平民也随着车流逃亡,祈求军人们带上他们。而另外一些自认为德国人的人,则沾沾自喜地站在路旁,摇头晃脑。

迪瓦恩走进指挥所的时候，里面是一片狼藉，他的参谋们正在收拾东西。这让他不禁火冒三丈。迪瓦恩为人强硬，治军严苛，对军纪是一板一眼，决不容半点差池。很快，其他人就在他的命令下，又卸下了行装。

从这儿往前线方向 2 英里，在克里温克尔村，约翰·班尼斯特中士的 C 骑兵小队整个上午都在疲于奔命，打退了敌军一轮又一轮的猛攻。然后在下午 1 点的时候，弹药要打光了，还活着的人便受命上了五辆吉普车和三辆装甲车。这一小支车队刚刚向西驶离，披着白斗篷的德军就从三面攻进了这个残破的村子。

班尼斯特的车队从东面进了曼德菲尔德，正好遇上鲍勃·雷帕的 A 骑兵小队带着预备中队由西而来。预备部队的人相信了之前的假消息，以为前线的人一枪都没开就逃回来了，所以在和他们擦肩而过的时候，免不了一番奚落和嘲弄。

然而 C 小队的人却好像听不见这些嘘声。他们满脸憔悴又脏兮兮的，跟随军官们来到一座山丘的西面，开始动手挖散兵坑。

下午还未过一半，德军的步兵就紧跟着突击部队通过了罗谢姆峡口，美军的处境也随之急剧恶化。在慌乱中，迪瓦恩上校的副官打电话给琼斯在圣维特的指挥所，报告说："德国人从我们西南面过去了！他们朝乌尔河方向去了！"他坚信，第 14 骑兵团若不立刻撤退，必将会被断了后路。

上面同意了撤退的请求，班尼斯特的部队随即就在"黑马"骑兵队的火力掩护下，开始从曼德菲尔德撤出。"黑马"骑兵队说是给他们掩护，但实际上却紧跟在他们屁股后面就撤退了。这支威名远播的骑兵部队的上校已经把指挥权交给了副官，据说是因为他神经过于紧张，要赶去后方"筹办弹药"。

为了抢在德国人到来之前就撤出曼德菲尔德，美国人单单为了销毁重要文件，就放火烧掉了好几幢房子。等到鲍勃·雷帕的 A 小队于暮色时分，最后一个向西北方向奔去的时候，整个曼德菲尔德都已经成了一片火海。

奔出 7 英里后，雷帕来到了脏乱的霍尔茨海姆村，这里是他应该设防的地方。一支反嗡嗡弹①的炮兵连正从村里撤离。

"德国佬!"一名中尉喊道,"他们切断了去勋伯格村的大路,随时都可能来这儿。我们要去北面的洪斯菲尔德,你们最好和我们一起走!"

"我没接到撤退的命令。"雷帕说。他走回无线电设备旁,再一次试图联系中队指挥所。他最开始时收到的命令就有些含糊其词,除非现在能够确认一下,要不然不管怎么做都是错误的。

中队这次给出了确认,说已经收到了雷帕的信息。可是他请求的命令还是无人给出。

雷帕只好把自己的小部队扎在了村东头的高地上。由于没事儿可干,他们便坐在地上,望着暮色中的霍尔茨海姆村发呆,但心却老是悬着。村民们的态度都很冷淡,可以说带着些许敌意,他们现在正忙着清理家里的美国人的痕迹。

"再过几分钟,"有人冷冷地说,"他们就要挂出德国国旗了。"

4

黄昏时分,凡尔赛的盟国远征军最高统帅部正在召开一个重要会议,商议补充步兵兵员的问题。参会的有艾森豪威尔、他的参谋以及布雷德利。

会开到一半的时候,一名上校走进会议室,悄悄把一份电文递给了担任艾森豪威尔情报官的英军少将肯·斯特朗。斯特朗看了一下电文,然后打断会议大声读道:"今晨敌军发动反攻,从五处攻击了第1集团军的防区。"

布雷德利猜这只是一次骚扰性进攻。"那家伙晓得,巴顿给他的压力,他必须采取措施减轻,"他用平缓的中西部口音说道,"倘若进军阿登高地便能迫使我们让巴顿放弃萨尔,另派其应对反攻,那他就得逞了,就又赢得了一些时间。"

"布雷德利,这可不是局部进攻,"艾森豪威尔说,"德军对我们最薄弱的

---

① 嗡嗡弹(Buzz Bomb),即德国的V-1导弹,是世界上最早出现并在战争中使用的导弹。——译者注

地区发动局部进攻,这不合乎逻辑。"

"若不是局部进攻,那又是什么?"

"这还要看看才知道。但在搞清楚之前,我们不能坐视不管。"

"那你看我们应该怎么做?"

"给米德尔顿一些援手。先派大概两个装甲师。"

"我觉得,"布雷德利说,"那样的话,当然更稳妥。可是你知道,其中一个师就必然要从巴顿那边调过来。"

"然后呢?"

"乔治过几天就要大举进攻萨尔了,他肯定不希望这时候少一个师的兵力。"

"你告诉他,"艾森豪威尔情绪稍显激烈地说道,"这混蛋战争是艾克①在指挥!"

一分钟后,布雷德利已经和乔治·巴顿中将通上了电话,巴顿那时正在位于南希的第3集团军指挥所里。"乔治,"他说,"你把第10装甲师派到卢森堡去。"

巴顿听后反应强烈,电话被他的抗议声震得噼里啪啦作响。若从他那儿偷走第10师,他可能就打不到萨尔去。况且他们再要一个装甲师,又能干吗?

布雷德利耐心地把情况给他解释了一下。

"去他妈的!"巴顿用他尖细的声音说道,"那儿没什么大威胁。就是他妈的一小股骚扰性进攻。他们是想让我这儿根基不稳,让我的进攻停下来。"

"见鬼,我也不想这么做,乔治,但是我要定这个师了。特洛伊·米德尔顿必须获得援手。"

然后布雷德利把电话打到自己在卢森堡的总部,让他的参谋长立刻命令第9集团军把第7装甲师从荷兰调往南面。

他挂上了电话。担任艾森豪威尔参谋长的沃尔特·比德尔·史密斯把

---

① 艾克(Ike),艾森豪威尔的小名。——译者注

手放在布雷德利的肩头上。"布雷德利,"他说,"你一直盼望着敌军反攻。现在看起来你如愿了。"

"反攻,对,"布雷德利不自然地笑道,"但我期盼的若是这么大规模的反攻,那我的脑袋肯定有坑。"

不到一小时,布雷德利的命令就从卢森堡传到第9集团军司令部,又从司令部传到了蒙绍以北27英里处的德国小城艾巴赫,第7装甲师就驻扎在这里。

在艾巴赫,第7装甲师B装甲战斗群的布鲁斯·C.克拉克准将正在整理行装,准备动身前去巴黎度假。尽管这已经是他连续执勤的第五个月了,但去度假却并不是他的主意。新上任的那个师长罗伯特·哈斯布鲁克准将,坚持让他去休息三天。

克拉克刚刚穿戴整齐,就有人请他去接听电话。

"布鲁斯,"哈斯布鲁克说,"恐怕你去不成巴黎了。师部刚刚接到命令,我们要向南开拔,去巴斯托涅。"

"巴斯托涅!那就是个休息的地方啊。我们去那里干什么?"

"我也不清楚。辛普森将军让我去那里,向特洛伊·米德尔顿报到。你先出发,去看看到底是什么任务。也可能他们那里碰到了点儿麻烦。"

克拉克出发了。可是几分钟之后,师部就发现,哈斯布鲁克刚给他的指令是错的。第7师应该开往维尔萨姆才对,而不是巴斯托涅。不过不久,这条新指令也已经滞后了。急需第7师增援的,是再往东12英里的圣维特。不幸的是,无论信息或者命令更新与否,战势都不会因此驻足。

在阴冷忧郁的石头城圣维特,街道上已经暗了下来,家家户户也都关了灯。美军感受到了部分当地居民对他们的敌意,而且今天比前一天还要强烈。那一半自认为比利时人的居民已经惊慌失措地开始收拾东西,而另一半自认为德国人的,他们心里的高兴劲儿则是满脸都是。圣维特城不久就又是德国的了。

在校舍内的指挥所里,艾伦·琼斯正在等候军长特洛伊·米德尔顿的命令。琼斯了解,德国人已经冲进罗谢姆峡口,很快就会断了他在西尼艾弗尔山上的人的后路,但他不知道的是,第14骑兵团现在已经近乎全军覆没,而且圣维特城本身也早已被德军在地图上标好了，作为第二天的主要目标。

尽管信息不全，但校舍内的人还是感觉到要大难临头了。他们个个忧心如焚，疲惫不堪，都拥挤在大厅里，紧张地互相议论着。

在乱哄哄的喧嚣中，一名表情严肃的准将走了进来，这是第9装甲师B装甲战斗群的威廉·霍格。他身子硬朗，在军中是有名的硬骨头。可是此处跑来跑去的都是一些军士，扯着嗓子争论的也只是一些下级军官，他除了谣传外，问不到什么有用信息。一气之下，他便跑上楼来到琼斯的办公室。

"你都听到了？"琼斯问道。

"我什么也没听到，"霍格直直地说道，"我之前在蒙绍侦察的时候，杰罗将军让我放下手上的任务，来向你报到。所以我就直接来了。"

"情况很糟，"琼斯说，"我在西尼艾弗尔山的整个战线都受到了打击。我的两个团几乎都被围住了。"

"我要干什么？"

"立刻把你的装甲战斗群搬过来。我要你们明天一早就向勋伯格村进攻。把我的两个团都救回来！"

一句话没说，霍格就走出了办公室。他找电话联系自己指挥所的时候，撞上了第14骑兵团的马克·迪瓦恩上校。

"那里到底是怎么回事？"霍格问道。

然而尽管目睹了自己小股部队被德军两个师夹击的惨状，但他也说不出个子丑寅卯。

与此同时，琼斯终于和米德尔顿通上了电话。两人说起话来都特别小心：敌人很有可能在监听他们的通话。

"我的一部分人让我很担心。"琼斯说。连接信号很差，琼斯这些话几乎是喊出来的。

"我知道，"米德尔顿意识到琼斯指的是他在西尼艾弗尔山上的那两个团，"他们现况如何？"

"不好，而且孤立无援。"

"我立刻把大块头'车间'派去。他们大概明天早上7点到你那里。"

"车间"，琼斯知道，是第7装甲师的代号。他长长地舒了一口气。"那么我的人,"他说,"我是否可以把他们叫回来?"

由于信号不好,米德尔顿没有听到刚才那句话。"你比我更了解前线的情况,"他说,"但你不觉得应该把你的人撤回来吗?"

这次换了琼斯没听到。"我想知道你那里怎么看?"他坚持道,"我再等等?还来得及吗?"他坚信米德尔顿是想让他的人继续守在西尼艾弗尔山上。他觉得他应该再争取一下,可是最终还是犹豫了。也许是因为他带兵打仗太少,过于小心谨慎和担心了。他决定全听身经百战的米德尔顿。他挂上了电话。

琼斯叹了口气,抬头看到了炮兵军官马林·克莱格上校。"哎,就这样了!"他紧绷着嘴说道,"米德尔顿说应该把他们留在上面。请霍格将军来。"

克莱格往门外走去,心里默默自语道:那两个团完了,永远完了。

琼斯转过身,脸色好了起来。他对米德尔顿借调给他的第8军军官斯雷登中校说:"但是还是有好消息的。第7装甲师就要来助我了。他们明天一早就到。"

斯雷登张了张嘴,想告诉琼斯,北面的第7师离他们太远了,中午之前都到不了,但他什么也没说。

门被推开,霍格走了进来。

"第7装甲师要来了,"琼斯说,"他们明天早上7点左右到。"他走向一张挂在墙上的地图。从圣维特往东,有两条路通向西尼艾弗尔山。他指着北路上的一个村庄。"我准备让第7师代替你进攻勋伯格,你要负责拿下温特尔斯佩尔特。"他又用手指着南路上的一个村庄,这个村就在圣维特和被困人员的位置之间。

琼斯紧绷数小时的神经终于开始舒缓了下来。德军之前的一记重击,让事态十分危急,但明天一大早,第7装甲师和霍格的装甲战斗群便会拨开敌军,冲向西尼艾弗尔山。他的人肯定能坚持到那个时候的。他当初训练他们可是花了很大心血,8000人中的每一人都让他感到自豪。他尤其喜欢的当数小艾伦·琼斯中尉。

在巴斯托涅,一名参谋来到米德尔顿的办公室。

"我刚刚跟琼斯通过话,"米德尔顿说,"我让他把他的两个团从西尼艾弗尔山上撤下来。"

5

过了晚上 8 点，交火声逐渐稀疏下去，整条前线都开始为第二天的战斗做准备。然而在德军攻击的两个主要区域——罗谢姆峡口和克莱沃东面，战局仍在不断变化。

在古雅的城堡小镇克莱沃，这一夜可算是动作频频。东面远处突然响起轻型武器声音的时候，赫尔利·富勒上校正在给第 28 师师长诺曼·科塔少将通电话。

"但你必须把我的第 2 营给我。"他说。虽说自从一战就开始服役，但到现在富勒还没学会对上级恭敬客套。

"很抱歉，"科塔说道，语气也是同样的暴躁，"但我的回答还是'不'。他们是我唯一的预备部队。我还要顾及另外两个团，你知道的。"

富勒恼火地又说了一次。

科塔再一次回绝了他。"不过，"他补充道，"克莱沃休息的军官和士兵，我倒可以让你使用。"

富勒挂掉电话，立马就把那 300 名来克莱沃找乐子的人集合了起来，然后给他们配好步枪、卡宾枪和手榴弹之后，就仓促派往了城东郊。之后他又把炊事员、文职人员和勤务兵都集中在全城的各个旅店，帮助宪兵守卫城堡。

有一名炊事员手里拿着手榴弹，脸上的泪水止不住地流，吓得哆哆嗦嗦。"我来军队三年了，"他说，"可我一直就是做饭的。我会被炸得连渣都不剩的！"

这支临时凑成的队伍战战兢兢地向城堡开去，就在这时，城中又开始落下炮弹来。

晚上 9 点 30 分，富勒又接到一个电话。

"我正在考虑要不要把 2 营给你，"科塔说，"你要是能拿到 2 营，准备派他们干什么？"

"我就反攻!"他立马回答道,"我将去解救被围的马尔纳赫。"马尔纳赫是乌尔河和克莱沃之间的军事要镇,"若此举成功,我将沿马尔纳赫—霍辛根路,继续攻向霍辛根,把我那儿的人救出来。"

科塔咕哝了一句:"你可以拿走第2营,但是G连我必须留着当预备队。"

富勒挂了电话。他现在手上有了些兵力,可以派人去克莱沃城东的山梁上了。

然而富勒的盘算,对曼陀菲尔攻打他的方案而言,还是相差太远。德军精锐部队第2装甲师全师以及一个掷弹兵师,都将在第二天拂晓发动进攻。曼陀菲尔决意一定要在第二天中午前拿下克莱沃。

在克莱沃东北25英里的罗谢姆峡口,情况则更加复杂,更加紧迫。

迪特里希与曼陀菲尔肩并肩,已经在峡口上撕开了一个大口子,即将冲出到"走廊"的比利时段。一旦成功,曼陀菲尔将会奔向西南方的圣维特城,而迪特里希则会插向正西。

然而此时,无论是受曼陀菲尔威胁的盟军军长特洛伊·米德尔顿,还是位于迪特里希进军默兹河必经之路上的军长杰罗,都丝毫没有意识到,罗谢姆峡口已经大开。

第14骑兵团也已经被打得七零八落,晕头转向,无法给米德尔顿发回正确报告。

尽管第99师知道他们一大早就和骑兵团失去了联系,可是这个情报也不知是哪个环节出了差错,一直都没有传递到杰罗那里。

实际上到了晚上9点30分,这名第5军的军长反而感觉相当安稳。白天第99师防线全线确实都很艰难,但是由于反应及时,杰罗用上了第2师的两个预备营,缺口和薄弱地段都得到了及时的兵力补充。现在整条防线看起来都相当不错。

但他这样的评估,却是建立在一个疏漏之上的。前门上了锁,然而他战线南端的边门却大开着。

洪斯菲尔德就处于这个南端附近,是一个宁静的小村庄。从这里往正西有一条大道,可以通往前线,交通井然有序。第99师的前沿阵地仍然完整，还看不出值得担心的迹象。可是从正南 2 英里的霍尔茨海姆村通往这里的大路上，第 8 军从罗谢姆峡口败退下来的人把道路挤得水泄不通。这一股包含防空部队、补给人员和炮兵部队的人流，轰鸣着从南面涌进了宁静的洪斯菲尔德村，然后停也没停就又向大后方滚滚而去。那些在娱乐大厅里看电影的士兵们，心里暗暗希望闹哄哄的车流能快点安静下来。

第 14 骑兵团由鲍勃·雷帕中尉负责的 A 小队，也即将加入这逃亡的队伍。雷帕在霍尔茨海姆村，一直等待着总部的指令，可是焦灼不安地等了整整两个小时，都没有任何消息。尽管没有命令，他现在还是要离开那个充满敌意的小村了，心里也不存丝毫遗憾。显然，德国人很快就将到来。他希望他和他的人能在敌军追上之前，就能抵达洪斯菲尔德。

此时此刻，他们是没有危险的。因为对于罗谢姆峡口之战，德国人几乎和美国人一样，都是丈二和尚摸不着头脑。到了晚上，迪特里希对他第 6 装甲集团军的推进速度极其不满意，大动肝火。因为按照计划，那些乳臭未干的第 99 师新兵那天早上就应该土崩瓦解了。

最让他恼怒的抵抗是在罗谢姆格拉本，这个村子位于罗谢姆峡口比利时一侧的开口处。国民掷弹兵怎么打也清除不掉村里的美军士兵。那些美国人虽然人数少，但只要坚守住村子，就挡住了通往西面的大道。更加让人气恼的是，村东面 1 英里处的铁路高架桥也被炸毁了。德国工兵尽管早已到达那里，却也无能为力，因为一辆载着桥梁关键部件的卡车不见了。

党卫军第 12 装甲师本来在中午之前，就应该通过这座桥的，可是到了晚上 7 点 30 分，它还在与拥堵的交通搏斗，而不是与美军奋战，阻塞的车辆从西向东绵延数英里。坦克加大油门，卷起泥浆石块，试图在一堆纹丝不动的步兵车队中挤开一条路来，但也只是白费力气。

在这些堵着的坦克后面，跟着奥托·斯科尔兹内中校带领的着美军制服的特勤队。斯科尔兹内知道，"狮鹫行动"要想成功，必须以德军取得突破为前提，可是他也看出来，在这条路上怎么都不可能再推进了，于是便气哼哼地把他的三个战斗群拉到树林里，静待其变。他派出三辆坐满穿美军制服的人的吉普车，去寻找美军防线上的缺口。但每分每秒，"狮鹫行动"的成功率都在下降。

在拥堵的车队长龙的最前面,也有一个心情暴躁的中校,他就是党卫军第1装甲师先头部队的指挥官约亨·派普。派普作为派普战斗群的指挥官,年轻气盛,是个狂热的纳粹,因为常常跟上司对着干,更因为他在俄国战场上骁勇的坦克突袭,早已是个传奇人物。

派普能跑到最前面,也是全靠之前把一个马拉大炮部队给推下了公路。他带头乘着一辆装甲车,终于来到了堵塞的源头——那座还没修好的高架桥。他毫不迟疑,立马让司机把装甲车拐下公路,沿着陡峭的铁路路堤颠簸地开了下去。派普战斗群的其他坦克和车辆也跟了上去。

这个时候,他接到了军部的一个无线电电话指令:"向西转往兰泽莱斯。第3伞兵师被挡住了。赶去帮忙,让他们继续前进。"

去兰泽莱斯的路既颠簸又很危险。前头领路的坦克,有好几辆都被炸了。早前的伞兵没有排除干净几个月前自己埋下的地雷。但派普没那个耐心等地雷探测器慢慢探测。

"直接从雷区开过去,清出一条路来。"他命令道。

尽管六辆坦克和半履带车都毁于己方的地雷,但等派普到达兰泽莱斯的时候,还是已经差不多半夜了。这个前沿地带,有些出奇地安静。负责指挥伞兵的上校告诉派普,西面的林子里——就是那片把洪斯菲尔德与他们隔开的树林里,到处都是地雷,还躲着一些美军,抵抗异常勇猛。

派普感到彻底的凉意。这意味着要聚齐他带领的先头部队,又要耽搁几个小时。但这次的拖延却毫无意义。因为前面的树林里,连一枚地雷、一个美国人都没有。

往西北2英里,在洪斯菲尔德,娱乐大厅外等候着好多卡车,正准备把已经休假三天的美国兵送回前沿阵地。有消息说,前线出了些麻烦,但局面现在已经控制住了。卡车启动的时候,第99师的一名下士朝着一个胖墩墩的比利时姑娘挥了挥手,她也挥手给了回应。他给她一记飞吻,大声叫道:"再见了,小丑妞。"

姑娘兴高采烈地用德语回道:"谢谢,先生!"

当最后一辆卡车向东开去的时候,第14骑兵团的鲍勃·雷帕中尉带着他的小车队从南面开进了沉闷的村庄。

洪斯菲尔德完全是另外一个世界。他看到一个美军士兵从容地站在一个常在歌舞喜剧里看到的条纹岗亭里；之后又遇到一名第99师的上尉，他笑眯眯地告诉他，不要紧张——这里是第394团的休息地。到了这里，相互见面就说：放松。

在上尉的建议下，雷帕把指挥所设在了红十字会总部。之后他安排一个排挡在村南头，又让两个排在周边守卫。可是等回到指挥所，他还是感到惴惴不安，上尉见到他紧张的样子，更是不停地打趣。

"可是人都哪儿去了？"雷帕问道，"怎么会就剩我们了？"

为了给他讲明白，上尉打电话给自己的团部，然后把电话筒递给雷帕，让他直接和参谋说。

"我还没见到德国佬，"雷帕说，"但我知道他们要来了。"

"小伙子，根本不用担心，"那个参谋说，"你离前线还远呢。但既然你明天黎明就归我管了，那你就做一下准备，会一会敌人。"

"黎明，"雷帕自言自语道，"德国佬会自己主动来会一会的。"

"你说什么，小伙子？"

"什么也没说，长官。晚安。"

接着，第99师的上尉笑了，叫他不要再发傻了。尤其不要再往村南派车做路障了：防空部队和坦克歼击车部队正从罗谢姆峡口涌来，道路必须保持通畅。

雷帕的担忧减轻了些，努力想让自己放松心情。这一天听到了太多的警报，跑了太多的路，还老是提心吊胆地等待。他真希望会发生点什么。

6

子夜，阿登前线的交火终于差不多全部停歇了。

埃希特纳赫，这个防线南端的堡垒，虽然被德军包围了，但是还在美军的手里。

在克莱沃的指挥所里，赫尔利·富勒上校守在电话机旁打盹儿。

在洪斯菲尔德，鲍勃·雷帕中尉睁大着双眼等待黎明的到来。中队的指令终于到了,让他天一亮就向西南方向进发。看起来,危机已经过去了。然而,他不知道,就在他南面几英里的地方,约亨·派普正在纠集他带领的先行部队,准备攻打洪斯菲尔德。

希特勒偏爱的蒙绍镇,也就是这前线的最北端,暂时还没有任何德军炮弹落下;这里的小股美军卫戍部队早早地就已经睡下了,对于他们来说,那一天的"幽灵前线",好像什么也没有发生过似的。

蒙绍往北很远,第7装甲师正在装载卡车,给谢尔曼坦克和半履带车加油,并研究阿登地区的地图。圣维特的人期盼着他们七小时后就会到达那里,但他们却是朝着维尔萨姆而去。

另一支救援部队也已经在路上了。尽管扑朔迷离的情报洪水般涌到了斯帕,可还是无法搞清楚德军进攻的全部情况,考特尼·霍奇斯这时采取了一些相应措施来确保稳妥。他已经从北面紧急调来了第1师那些善于攻坚克难的老兵,万一实际情况比看上去糟糕的话,可以有备无患。

向西很远,凡尔赛被接连不断从前线来的电报淹没了。其中80%的电文都是一样的内容——"完全失控了!"即便如此,盟国远征军最高统帅部里谁也没想到这会是一盘由希特勒亲手操作的最大赌局,一场以夺回安特卫普为目的的全面进攻。

盟军正站在灾祸的悬崖边上,风雨飘摇。

早已过了午夜,在阿登以南很远的德军G集团军群的司令部里,电话铃声响了起来。电话那一端的人自称是元首,他要总指挥官亲自接电话。

装甲部队上将巴尔克急忙赶来接电话。

"从今天起,巴尔克,"希特勒说,"不能让出一寸土地。今天,我们出击!"

"是,是。"巴尔克应道,拉过来一把椅子坐下来。

希特勒告诉他,他们在阿登取得了开门红。他讲述了迪特里希——那忠心耿耿的老迪特里希——如何把罗谢姆峡口打开一个缺口,又说他现在离洪斯菲尔德仅有几英里,马上就将和派普战斗群一起冲出去。他还讲到了曼陀菲尔如何用一个军就迅速围住西尼艾弗尔山,而且正用另外两个军攻向默兹河;他已经占据了克莱沃东面的制高点,允诺在明天中午之前就撬开通向巴斯托涅的道路。

而且现在的天气,仍然是"希特勒天气"。大雾、小雨、雾霾,再加上阴天,盟军的飞机仍然无法起飞。

希特勒滔滔不绝地给巴尔克讲了五分钟,中间没有丝毫停顿。亲历过东线战场的巴尔克坐在椅子上,静静地听着,内心也禁不住兴奋起来。

最后,希特勒情绪激动,声音发紧,大声地喊道:"巴尔克,巴尔克,西线变天了!胜利——全面胜利——就在我们的股掌之间了!"

4 突　破
1944.12.17

1

午夜刚过几分钟,敌线大后方的盟军特工发出了一条信息:"15架容克-88和80架容克-52将于0145从帕德博恩—瓦恩区域起飞。目的地为亚琛以南10英里。预计0530返回。"

这条情报,除了具体时间和地点有误外,其他信息都是准确的。盟军情报处小心地记录了下来。它的信息非常明确:敌人即将空降一支主力伞兵,其目的极有可能是阻止美军从北面调兵增援阿登地区。甚至当这条情报还在往盟军上层传递的时候,1200名德军伞兵就已经在帕德博恩和利普施普灵格两个地方,正往大型容克运输机上登机。

他们的指挥官是冯·德·海德特男爵。尽管比较仓促,但他已经做好了准备:随时都可空降在马尔梅迪北边的林子里,设法拦下所有南下增援阿登的盟军部队。

12月17日凌晨大约1点钟,第一架飞机从利普施普灵格起飞,机上坐着冯·德·海德特男爵。半小时后,最后一架飞机也已离开帕德博恩。冯·德·海德特战斗群飞赴战场。

这群容克飞机轰隆隆向阿登飞去,男爵看到那些刚征召入伍的伞兵们个个都坐立不安。这支队伍他也是五天前才第一次见到,之前带过的部队还没有哪支能让他如此无奈。

容克飞机现在以轰炸阵形飞行,地面上一长串己方的探照灯给这些稚嫩的飞行员指引着方向。在冯·德·海德特的那架飞机上,伞兵们窃窃私语,先是咒骂了一阵美国佬,接着又抱怨起德国空军来。跳伞组长为了他们的安全,不厌其烦地又一次查看了一下行动方案。

凌晨 3 点 15 分,冯·德·海德特最后一次检查了自己的降落伞,这是一款新型俄式三角形降落伞,据说具有防摆功能。他将是第一名在实战中使用它跳伞的德国人。他紧了紧绑在打着厚厚绷带的胳膊上的吊带,突然想到,说不定他还会是第一个断着胳膊,就去跳伞的人呢。

他暗想,但愿降落区域至少已经标识好了。之前应该已经抛下四枚轻油弹,画好了十字标记。其中三颗是白色弹;第四颗是红色的,应该指向正西方向。

这时空中炸响了高射炮弹,他们现在正从前线上空经过。高射炮火十分浓密,美国人好像事先就知道他们要来。

现在没有德方探照灯和照明弹为他们导航了,这些菜鸟飞行员便转变成了最简单的中队飞行阵形。飞机上的红绿灯光闪烁得满天都是;要是没有这些灯光,他们早就撞在了一起。

然而被照亮的容克飞机也使得自身很容易被击中,美军的炮火也变得更加密集。不一会儿,冯·德·海德特后头的那架飞机就翻个跟头,一头扎了下去,掉在地上时升起了一团青橘色的烟。

男爵控制住情绪,看了一下周围。他机上那刚入伍的 10 名伞兵——其中只有两人以前跳过伞——都被吓得哆哆嗦嗦。他站起身,下了最后几个命令。然后耀眼的十字形火光出现在了左下方远处——三道白色光,一道红色光。他们到降落地点的上空了。

早上 3 点 30 分,一分不差,冯·德·海德特翻身跃下头一架飞机,他的人接二连三跟着跳了出来。后面的飞机也飞了过来,夜空中到处撒满了浅白色的降落伞,一团团飘浮在黑暗之中。然而飞机似乎有点少,降落伞也不够嘛。出了什么事?

夜很冷,风很大。有那么一刻,冯·德·海德特都感觉自己又被吹了上去。然后风减弱了些,他把自己又调整到指定区域的上空。

一个林子朝他迎面而来,最后时刻才勉强滑了过去。他的双脚重重地落在一片田野的泥地里。怕风再鼓起伞篷,他便快速按下胸前的两个按钮,解开大腿上的伞带。

在他头顶上空,借着曳光弹擦出的红黄绿光,他看到伞兵还在往下飘落,但是疾风已经把他们吹得七零八落。他现在明白,伞兵数量严重不足。

实际上,105 架容克飞机中只有 10 架跟随冯·德·海德特到达了降落区域。其余大多数都被猛烈的防空炮火打散了。还有大约 15 架飞机上的人由于飞行员过于心切,而被投放在了德国的波恩。

到了凌晨 3 点 50 分,天空中已经没有降落伞了。冯·德·海德特只聚拢起了四名受惊了的列兵、一个崴了脚踝的中士,还有一名叫嚣着立即进攻的年轻的纳粹中尉。

一个小时后,在一个泥潭沼泽与一长排软杜鹃花之间的浓密灌木丛中,又有 20 名伞兵加入了冯·德·海德特的队伍。他知道自己也许还能再找到几个人,但要完成任务,这几个人是绝对不够的。冯·德·海德特战斗群将成为一小盘祭品,献祭给一场已经输掉了的战争。要是他表兄菲利克斯·冯·施陶芬贝格伯爵①的炸弹密谋得逞的话,他现在也不会蹲在这荒无人烟的高地上,等一个"前屠夫"。

四天前,泽普·迪特里希就已经夸下海口,说他进攻第一天的中午就会到达米歇尔木屋。可是现在已经是第二天早上 5 点整了,却还看不到迪特里希的影子。

又过了十分钟,男爵听到许多车辆隆隆开过来,心中瞬间就燃起了希望。然而来的一长队卡车上,步兵的衣服上却都印着大红的"1";而且这些卡车上标着的都是美国星星,而不是黑十字。这让他的心瞬间又凉了。

他知道,这是美军的精英部队第 1 师,很难对付。他应该前去拦截他们,但用什么拦截?

---

① 他曾密谋暗杀希特勒。——译者注

2

远未到黎明之时,第 7 装甲集团军的一小支先遣队就已经开进了巴斯托涅,仍然不知道圣维特才是他们的真正目的地。B 装甲战斗群的布鲁斯·克拉克将军挤在梅赛德斯-奔驰车的前座里,车还是师长哈斯布鲁克将军借给他的。从艾巴赫过来的路上,他的手得一直抓着变速杆,才能让它保持在最高挡上。这一路距离很长,也很冷,在列日的时候差点因为一发嗡嗡弹而提前结束了。

奔驰车和随行的吉普车开到米德尔顿设在比利时军营里的第 8 军司令部,克拉克坚持要见一见米德尔顿。参谋长把他带到将军的私人拖车,这辆拖车架在一个 6×6 英尺的底盘上,里面装了固定床、洗脸架和厕所。

米德尔顿这一阵发黏液囊炎,折磨得他睡不着觉。克拉克走进来的时候,他正在看书。"你好,克拉克,"他和蔼地说,"你应该去圣维特帮琼斯将军的。他在西尼艾弗尔山上碰到麻烦了。第 106 师的两个团被围在那儿了。"

"我只带了四个人。"克拉克说。

米德尔顿这时找到眼镜,戴了上去。"我知道。你的师分三路往南来了。"看到克拉克一脸惊讶,他笑了。

特洛伊·米德尔顿来自密西西比州,1910 年以列兵身份应征入伍,而现在已经是美军新一代的将领之一了。他领兵风格稳健,办事高效,好像是在运作一个企业,这点和考特尼·霍奇斯一模一样;他指挥战役时有板有眼,绝不受情绪影响,并且毫不留情。

克拉克疲惫地跌坐在一个折椅上。

"去睡吧,克拉克。"米德尔顿说。他知道睡眠对指挥官的重要性:"你明早再去圣维特见琼斯。"

米德尔顿脸上的从容,让克拉克以为形势不怎么严峻。他来到军官宿舍,在一个行军床上躺下。这将是他以后六天里睡的唯一一次好觉。

在黎明前的黑暗中,三支美军部队正冒着冷风行军。

第7装甲师都没开车灯，正在朝南面的阿登行驶。有传言在坦克间传开来，说战争在欧洲已经结束了，说他们这是要去太平洋。坦克兵们拿起粉笔在坦克的侧面写道：开往太平洋方向。

在第7装甲师经过的几个小时之前，就在同一条公路上，第1师的一个战斗队恰好从冯·德·海德特的一小撮伞兵的眼前驶过。这些筋疲力尽的老兵大半夜被人从被窝里拽出来，塞进敞篷卡车里，他们是一肚子的不痛快。在开往阿登的一路上，他们冻得发抖，满腹牢骚。

往南很远，从巴顿手里"借来"的第10装甲师没有丝毫着急的样子。看情形要到午后的时候，先头部队才会动身前往北面的卢森堡城。

这三支增援部队的到达时间将会晚于美国守军的期望，但却要早于德军总参谋部的预料。

3

凌晨4点，从破开的罗谢姆峡口往洪斯菲尔德逃来的车辆，仍然络绎不绝：其中有跟炮兵连走散良久的火炮；有突然发现自己身在前线阵地的防空部队；有坐满被吓坏了的炊事员、工兵和文职人员的吉普车和半履带车；还有装满"201"文件、健身器材、服装和弹药的卡车。

在这个慢慢爬行的车队后头不远，行驶着两辆坦克，它们底盘很低，车身宽大，体积大于任何谢尔曼坦克。坦克后面跟着装甲车、半履带车和更多的巨型坦克。所有这些车辆都标着一个黑十字，车上的士兵穿着黑色皮夹克。

约亨·派普就坐在第一辆装甲车里。

派普把他的先头部队重组后，冲进了兰泽莱斯西面的树林，但却没遇到任何抵抗，这让他既惊讶又愤恨。之后，他转向雷帕中尉之前去洪斯菲尔德时驶过的道路，现在正悄悄跟在美军车队后方，丝毫未引起对方察觉。

偶尔有炮弹在空中炸开，借着这瞬间的光亮，前方影影绰绰可以看到黑乎乎的一片建筑，那就是洪斯菲尔德。

在洪斯菲尔德，第14骑兵团的鲍勃·雷帕中尉正四仰八叉地躺在椅子上,头歪着打瞌睡。他忽地坐起来,完全清醒了。红十字会总部外面过往车辆的轰鸣声,忽然变得不一样了。

"听上去不像我们的车,"他对二级军士长威廉·洛夫洛克说。他跳到前门,一把拉开门。外面车辆行进速度很慢。一枚炮弹在附近爆炸,照亮了公路。

"看!"他指着一辆半履带车倾斜的侧面。美军半履带车的侧面都是垂直的。接着咣当咣当开过来一辆60吨重的巨型虎式坦克,比谢尔曼坦克要大一倍。"我的天哪!"他倒抽了口冷气,小心翼翼地关上了门。

"是德国人。"洛夫洛克小声说。

雷帕的震惊变为了愤怒:"那个团长太不靠谱了!该死的,克里尔为什么没有给我们预警?"

正当他开始骂起那个负责村南路障的中士时,克里尔中士本人进来了。

"你有什么说的?"

"当时我在装甲车里,"克里尔镇定地说,"一个家伙晃着手电从路那头走过来,身后跟着个大坦克。真他妈大,我从没见过那么大的。上头有个卐字。"

"那你他妈的为什么不开枪?"

"我想最好先来提醒一下大伙儿。所以我就来了。"

"让所有人做好准备,"雷帕命令道,"我们要离开这儿。趁天黑混入他们的队伍。等下一个交叉路口,我们便右转跑开。"

传令兵跑了出去,让车队做好准备。

屋外轰鸣声大作。雷帕从百叶窗下偷偷往外看,一辆载满德军伞兵的坦克停在了房前。德国伞兵拿枪对着房子,往前门冲来。

"出来!"一个德国兵喊道。

雷帕看了一下其他人,然后又看了一眼通往二楼的楼梯,楼上躺满了伤病员。顷刻间,他感到自己宛若一个老人。

他走上前拉开门,用德语叫道:"朋友!"

天亮的时候,洪斯菲尔德已经沦陷了;如今通往默兹河的大道已开,派普战斗群开始肆意大行其道。时间仿佛又回到了1940年。

派普目前面临一个沉重的抉择。在指定路线西北 2 英里,有一个美军大仓库,叫布林根。他的车辆这次又快没油了。但正如其他先头部队指挥官一样,他也被严令必须严格按照指定路线走,否则将以军法处置。

一般的德国军官通常会固守"教条",继续朝南走,然后很快就会耗尽燃料。但派普则不然。他选择转向西北方,并在打退一些工兵后,开进了布林根。他加燃料的时候,时不时紧张地朝东面张望,以为会看到党卫军第 12 装甲师。但他这个担心是多余的。如果没有断了和后方的无线电联系的话,他就会知道,尽管刚才借用了第 12 师的路,但那个师现在还被美军的第 99 师挡在罗谢姆格拉本呢。

然而派普向南转回自己的路线后没几分钟,他自己师一支强大的装甲侦察队就开进了布林根。他们在那里暂作停留,就又向北开去。他们的任务是探察敌情,目的地是往北 2 英里的维尔茨费尔德村。

就在这个村庄里,第 2 师特动队的指挥官麦特·考诺普上校,正在一个农舍里走来走去。早上 6 点 53 分的时候,有人叫他接电话。

"听我说,考诺普!"上校听出来了第 2 师师长沃尔特·罗伯森少将的声音,但还从来没听到他这么紧张过,"我要你立即通知所有部队,让他们进入待命状态。建立指挥所前的最后一道防线!敌人坦克已经于布林根冲破我们的右翼,而且有情报说,敌人伞兵也已降落在我们西北方。我们必须守住这些阵地。一旦冲破这里,就没什么可以阻挡他们一路冲到海岸去了。我要你用上每一件武器,死守到最后一个人。懂吗?"

"懂了,长官。可是我就剩下炊事员、文职人员和帮厨的了。"

"全拉到防线上去!"

炮弹开始落了下来。考诺普安排防线的时候,两名记者梅耶·莱文和莫利·卡西迪来了。他们昨天晚上来过这间农舍,现在是来问发生什么了。考诺普叫他们别想什么报道了,让他们赶紧收拾行李,往后方逃命去吧。再过五分钟,就有可能来不及了。考诺普说话的时候,机关枪就已经咔嗒咔嗒地响了起来。

两名记者留了下来。

半英里以外的一幢石头房屋里,罗伯森正在给第 5 军打电话。他解释了自己的现状：维尔茨费尔德正受到南面的威胁；前方的第 99 师防线也正在分崩离析；而在北面、蒙绍南边，他的师三分之二的兵力仍在攻向罗尔大坝。

第 5 军要他立即撤回仍在进攻的那两个团，然后在处境艰难的第 99 师后面，布设一道紧急防线。

军部那边电话一挂断，罗伯森就立即打给了切斯特·赫希菲尔德上校，上校最近刚带兵拿下了齐格菲防线上的瓦勒晒特交叉路口。他让赫希菲尔德于上午 9 点左右开始撤退。

就在他说话的当口儿，步枪和迫击炮的声音响了起来。在维尔茨费尔德以南不到 800 米的山脊上，突然冒出来了六辆德军坦克，后面还跟着半履带车和步兵。

"天哪！"罗伯森向电话里喊道，"德国人来了！"

他从窗口看出去。考诺普上校的三门 37 毫米反坦克炮分别在他司机、炊事员和另一名司机的操作下，给冲过来的敌人队伍以致命的火力打击。15 分钟后，所有的德军车辆就都被摧毁了。紧接着，这支由炊事员和文职人员组成的临时队伍冲向了没被打死的德军步兵，将其歼灭。

看到考诺普能守住维尔茨费尔德，罗伯森将军就放心了。他跳进一辆吉普车，向东驶去。他现在主要关心的是如何把那些刚在齐格菲防线上捅了一个口子的部队给撤下来。

在驶往前沿阵地的路上，他遇上了撤下来的第一批部队。军官和士兵都被弄糊涂了，一路骂骂咧咧的。他们不理解为什么他们拼尽力气把瓦勒晒特攻下了，而现在却又要撤出去。他们已经把那个地方叫作"心碎交叉路口"了。

每有一批部队撤下来，罗伯森就把他们立即部署在这道新的防线上。明眼人都看得出来，第 99 师那些新兵们已经快招架不住那三个德军师的进攻了。

那些报告并不是在危言耸听。大队大队的国民掷弹兵，在迪特里希党卫军第 12 装甲师坦克的掩护下，已经冲破防线，正向科林克尔特与罗切拉斯两个兄弟村齐聚。从美军第 99 师防线中段往后只需 5 英里，就到了这两个毗邻的村庄。它们横跨几条大路,相夹数英里,是西去的唯一通道,因此也是德军当天的主要攻击目标。而对于美国人来说,这两个兄弟村是第2师和第99师士兵撤退的必经之路,穿过这里才能到达后方的安全地带。再过几个小时,这两个破旧的村庄就会成为世界上最重要的地带。

4

在南面,冯·曼陀菲尔男爵想把第106师在西尼艾弗尔山上的两个团一口咬掉的"铁钳",就要在勋伯格合口了。勋伯格是一个山谷小村,处在那个山区突出部位和圣维特之间。

再往后方3英里,在圣维特,艾伦·琼斯将军正在作战室里,研究墙上的一张大地图。愤怒的红色箭头完全包围了他在西尼艾弗尔山的两个团。

琼斯感到万念俱灰。第7装甲师在哪里啊?他们今天一早就应该到圣维特,然后去勋伯格的。要是知道第7师不能准时到达,他当初就不会把霍格的装甲战斗群派到南边的温特尔斯佩尔特,而是把他们派去勋伯格了。

然而尽管忧心如焚,琼斯表面上却不动声色。他素来注重章法,喜欢在幕后默默治理部队,认为感情外露不是军人应有的本色。

德军离他们只有6英里,前面也几乎没有什么美军阻拦,琼斯只好把最后一些人组织起来,交给了托马斯·里格斯中校。里格斯不仅是第81战斗工兵营的营长,而且还是伊利诺伊大学的前橄榄球明星。他带着这支由500名工兵、一个排的步兵和三辆老旧的坦克歼击车拼凑起来的部队,向东走去。他的任务是牵制住第18国民掷弹兵师,直到救援到来。

仍然相信第7装甲师随时都会出现,琼斯便给被困的两个团口述了一个命令:"增援部队下午到达。现有阵地一旦守不住,便立即撤退。"

他的命令由师炮兵无线电网络传了出去,直到下午3点左右才被人收到。

一个小时之后,在上午10点,第7装甲师B装甲战斗群的指挥官布鲁斯·克拉克将军驶进了圣维特。从巴斯托涅来的路上,车辆极其拥堵;而且在离圣维特还有几英里的田野里,奔驰车还坏了。克拉克一进城,就径直来到宏大的圣约瑟夫教会学校,这里现在是第 106 师的指挥所。走廊里,人们横冲直撞,忙乱喧嚣。他挤过人群,向琼斯报到。

"谢天谢地!"琼斯说,"我从 7 点钟就盼着你来!"

"7 点钟?"克拉克皱起了眉头,"米德尔顿将军没给我说你的情况有这么糟。"

"我想让你立刻进攻勋伯格。我的两个团被困在西尼艾弗尔山了。你必须把他们救出来!你什么时候能进攻?"

"我说不上来。"

琼斯看着他,脸上满是不可思议:"你什么意思?"

"我自己先来的,我的人还不知道什么时候到。"

盼了这么久援兵的琼斯,此时一句话也没说。

5

上午 10 点 30 分,斯帕的不列颠饭店内的第 1 集团军司令部收到了令人震惊的报告。东面数英里的地方,发现了成群的德军伞兵;美军防线后方很远也发现了敌军的侦察活动。

报告从前线潮水般涌了过来,信息依然歇斯底里,凌乱片面,相互矛盾。尽管如此,考特尼·霍奇斯如今还是意识到自己遇上大麻烦了。显然,他的战线已经被捅破多处,且缺口又宽又深。这有可能是敌人的一次全面进攻。

霍奇斯仔细研究了一下最新的战局报告,下结论道,最凶悍的攻击出自泽普·迪特里希的第 6 装甲集团军之手。迪特里希造成了两个威胁:向正西进发,直逼默兹河,或者突然北转,隔断第 1 集团军以及荷兰所有盟军部队与南面的联系。

向西进发,霍奇斯倒不十分担心,可是若迪特里希从据报已落入德军手里的布林根直插向北,这倒让他忧心忡忡。必须尽快建起一道防御大坝,阻拦德军大潮涌向北方。但是哪儿才最适合呢?一旦选择失误,他将没有第二次机会。他对着地图冥思苦想,目光一次又一次地在科林克尔特与罗切拉斯两个村子后方打转:那里有一片蜿蜒起伏、林木茂密的小山。这些小山和通向默兹河的大路并行,在路北面几英里,虽然不是很高,但足够给防御方一个极大的优势——这个优势甚至可以决定这场战役的胜败。霍奇斯决定就在这几座小山上了。

这些小山叫作艾森伯恩山梁。

上午11点,霍奇斯把电话打进凡尔赛的盟国远征军最高统帅部,要找布雷德利将军。据说昨天晚上,布雷德利是在艾森豪威尔的圣日尔曼的石头别墅里过的夜。

"布雷德利,"霍奇斯说,"我要那两个空降师。"

"可是考特尼,第101师和第82空降师是艾克手上唯一的预备部队了。"

"必须得给我。"

"好吧,我问问。"

虽然霍奇斯还没有为自己在斯帕的司令部担心,但战斗已经离它不远了。距不列颠饭店东南方不到15英里,有一个孤零零的地方叫包格涅兹,这里有五条路相交,一些极具军事意义的事件即将在此发生。它被两股装甲部队标在了行进的路线上:其一是第7装甲师三分之一的兵力——预备装甲战斗群,他们为了某种连他们自己也不知道的缘由,正从北而南朝阿登进发;其二是派普战斗群,他们正满怀信心地冲向默兹河。这两股部队——一个从北向南,一个自东向西——即将在这个交叉路口不期而遇。

然而在包格涅兹村里,现在却什么事儿都没有。这里也很少发生什么事情。村里的人去教堂了,都在几英里外的马尔梅迪。只有两个人没去。一个是亨利·乐洛里,他在喂牛。100码之外,在布达维咖啡店里,阿德尔·布达维太太站在吧台后面。

往北20英里,两个美国人正开着吉普车往包格涅兹而来。唐·波伊尔少校和他的司机是第7装甲师预备装甲战斗群的先遣队。他们的部队是全师三个装甲战斗群中最后一个出发的,天刚亮时才离开德国的艾巴赫,但是由于走了最短路线,且一路上畅通无阻,所以就跑在了前头。

波伊尔看上去不像一名坦克指挥官,反倒更像一个教授。1938年从弗吉尼亚军事学院毕业后,他认定自己更适合对外事务,因此就进了弗莱彻法律与外交学院。然而珍珠港事件的爆发，又让他再一次改变了想法。

第7装甲师突然被拉出来行军，他完全不知道为什么。他只知道自己要去维尔萨姆报到，那个地方位于圣维特后方20英里，是一个重要的道路交汇处。

因为维尔萨姆离前线很远，所以他琢磨他们师可能是要充当第8军的预备部队。

一名宪兵用冲锋枪示意他停下吉普车。"谁是米老鼠的女朋友？"他盘问道，用冲锋枪的枪口顶住波伊尔的肚子。

波伊尔想这人肯定疯了，但还是回答道："米妮。"

"'那些流民'是谁？"

"布鲁克林道奇队。"

"你通过了，"宪兵说，"不过我们不得不多加小心。昨晚德国佬的伞兵部队降落到这一片了。他们穿着美军制服，开着我们的吉普车，英语还和我们说得一样溜。"

波伊尔把司机夹在挡风玻璃架子上的M-1步枪拿在手里："加大油门。我们开到车队前头，看看到底出了什么事。"

20分钟后，吉普车驶进了简陋的马尔梅迪城。大街上站着人，都盯着波伊尔看，有人诡异地笑着，有人黑着脸。

到了中心广场，一名宪兵给他指了指去包格涅兹的路。"少校，这里是怎么回事？"宪兵说道，"有点不对劲。您看看那些人，真他妈的无礼。"

"你把我问住了，士兵。"可是待再次动身的时候，他想起来了：这个不幸的地方在比利时和德国之间易主多次，所以看到又要出现变动，他们就十分愤懑。

吉普车匆匆驶向包格涅兹的那个五岔路口。在一家沉闷的咖啡馆前，他查看了一下地图。这个咖啡馆有个奇怪的名字，叫作"布达维"。他让司机走往南去的那条路。

半小时之后，两人来到一个只有十几幢房屋和谷仓的居民区。他又看了一下地图，发现这个地方叫波托。从这儿，他们那条路就并入了连接圣维特与西面的大路。

吉普车穿过波托，突然就上了一条东西走向的柏油碎石路。卡车、吉普车、火炮、坦克、半履带车和牵引车等各种各样的车辆都在向大后方驶去。这单向车流慢慢停了下来。汽车喇叭毕毕叭叭地响，司机们呜哩哇啦地大叫；一辆坐满了军官的指挥车驶出车流，沿着没有车的东向车道，向西奔去。一辆载着三名秃头、衣冠不整的人的卡车，在周遭的喇叭声中，也跟着指挥车开到东向车道上；紧接着是一辆装甲车、一辆起重车和一辆没安火炮的牵引车。车流终于又开始涌动起来了。长长的车流延伸出去，不见首尾。然而却没有一辆是朝东开的，没有一辆是去前线的。

波伊尔感到十分震惊。这可不是一支行军的车队，这明显是混乱的大逃亡。他让司机插进汹涌的车流，跟着开向后方几英里的维尔萨姆。

有那么一小会儿，队伍速度快了起来，可紧接着就又慢了下来。波伊尔的吉普车快到一个小村庄的时候，队伍完全停了下来。喇叭声、怒骂声、发动机的轰鸣声，全都交织在一起，沸反盈天。

波伊尔爬出吉普车。他看到前面堵着一大堆的车辆。一长列的装甲车队从对面开来，想从车流中通过，可任凭驾驶员如何叫嚷，都毫无作用。往后撤退的车辆已经把双向车道都密密匝匝地堵死了。

波伊尔走向一名戴狮子头肩章的军械官。"你们是哪个部队的？"他问道。

"第106师。"

"从哪儿来？"

"圣维特。"

"战况如何？"

"昨天两支装甲集团军——至少六个装甲师——突袭了我们。"

"你们准备怎么办？"

"我吗？我要离开。"

"谁在守卫圣维特？"

"我不知道。大概是骑兵团吧。但也可能没人了。所有的人都在撤退。天哪，一团糟！"

波伊尔挤到前面，很快得知从西面来的那支装甲部队是布鲁斯·克拉克的B装甲战斗群。这些人迂回绕到维尔萨姆之后，被命令继续往东，和克拉克在圣维特汇合。

这时候，波伊尔才明白，自己的部队也应该去圣维特，而不是维尔萨姆。但是他必须确保无误才行。他跑回吉普车，让司机坐到一旁，开着吉普车拐入路旁泥泞的田地里。也许他还来得及在维尔萨姆得到新指令，并及时返回波托让预备装甲战斗群掉头，以免他们走错路，陷入这交通堵塞中。

在圣维特，琼斯将军对那困于西尼艾弗尔山的两个团越发担心起来，忧虑开始写在了他的脸上。他想现在的他们定是弹药短缺、缺粮少药。必须采取紧急措施了。

他打电话给第8军空军军官。那边同意应该立即空投物资，并把这一信息传递给了第9战机指挥部。琼斯的请求经过无数司令部，先传到第9战术空军指挥部，再返回第1集团军进行核准，然后到达盟国远征军最高统帅部。终于，几个小时之后，它到了联合空运调度室手里。即便如此，最终将派飞行员执行这次任务的第9部队运输指挥部，也是直到第二天上午才收到命令。

然而在当天下午1点30分，琼斯就用无线电通知了被困的两个团，说补给将在当天夜里空投给他们。

这时他才把全部注意力转回到圣维特城本身。首先令他大吃一惊的是迪瓦恩上校把第14骑兵团的残部已经快撤到圣维特了——而这事先根本没征求他的同意。

然后在下午2点，有人报告说德军车辆出现在东面2英里处。琼斯和布鲁斯·克拉克正就这最新的事态进行商讨的时候，迪瓦恩满脸通红地冲进办公室。

"德军就在我们身后了！"他大声叫道，"他们从北面突破过来了。我的部队几乎全军覆没了！"

"你还是叫上校回巴斯托涅吧？"克拉克建议道。他觉得迪瓦恩现在的精神状态，留在前线也没有用："他可以给米德尔顿将军报告一下前线的情况。"

琼斯还没来得及回答，就收到里格斯的信息。那支由工兵组成的特遣队在敌军强势火力的逼迫下,已经被迫从圣维特以东1英里的阵地撤了出来。

就在这时,密集的炮火在北面爆发了,这次是美军巨型火炮的声音。一架童子军侦察机发现一队德军坦克和步兵正向圣维特集聚。

一发155毫米炮弹炸在领头的德军坦克上,车队停了下来。紧接着又有50发炮弹轰了过去,德军随之溃散了下去。

"遭遇强烈抵抗!"德军指挥官无线电道。

进攻部队重新聚集在了一起,但却唯唯诺诺不敢往前。他们怎么也没想到,阻挡他们进入圣维特的只是一小群工兵,这些工兵对巴祖卡火箭筒和机关枪几乎一点都不懂。

在纽约市,人们吃着周日的早餐,几乎没有人读到阿登地区的大规模进攻。德军进攻的报道刊登在《纽约时报》第19版一个不起眼的地方。读到这篇报道的人中也只有一小撮人会感到担心。因为尽管文章主标题是"德军猛烈突袭第1集团军",可是副标题则让人们放下心来,"敌人付出惨重代价,无法阻止霍奇斯的进攻"。

5 惨 败
1944. 12. 17

1

整个上午,要赶往默兹河的派普战斗群都在朝着包格涅兹进发。整个上午,要赶往圣维特解救琼斯将军第106师的第7装甲师预备装甲战斗群,在朝着包格涅兹进发。到了中午时分,他们之间相距仅有10英里了,都在向那个孤零零的交叉路口逼近。

下午12点5分,预备装甲战斗群开过马尔梅迪,急转向东,然后爬上一个陡坡。十分钟后,他们在包格涅兹的交叉路口慢了下来。

在布达维咖啡馆前面,一名宪兵引导他们上了往南通向波托的那条路。然后等最后一辆车于12点45分消失在视野中后,宪兵就上了吉普车,向马尔梅迪开回。在下一支从北方来的队伍——师炮兵部队到来之前,他还有一个小时的空闲时间。

十五分钟后,一小支由吉普车和卡车组成的美军车队从马尔梅迪慢慢向坡上爬来。这是第285野战炮兵观察营的B炮兵连。它目前由于不附属于任何一个师,所以相对来说对自己的处境一无所知,也没有什么防御能力。它阴错阳差间,挤入了第7装甲师的行军路线上,夹在预备装甲战斗群和炮兵部队的车队之间。

这支独立车队行到布达维咖啡馆前时,其中的一辆吉普车驶出车队,停在店前。三个男人走进咖啡馆。

店里除了布达维太太以外,只有从路对面农场来的亨利·乐洛里。

"维尔萨姆?"第一个走进来的美国兵指着南面问道。

布达维太太和善地点了点头。尽管她丈夫眼前被迫在德军服役,她仍然自认为是比利时人。

美国兵又转向乐洛里,用法语问道:"你见着德国兵了吗?"

乐洛里敷衍地摇了摇头。尽管他名字不为德国名,但他却自认为是个德国人。不管是不是,反正他啥也不说。

就在这时,交叉路口东面的高坡上出现一辆半履带车,后面紧跟着两辆半履带车和三辆坦克车。这是派普战斗群的先头部队。

在后面100码外,年轻的指挥官正坐在一辆刚刚缴获的美军吉普车里,盘问一名美军中校。派普从中得知,附近的李格诺维尔有个重要的美军司令部。它很快就要落入他的手掌了。

派普这天的心情比前一天好了许多。自从离开布林根后,他没见着几个美国人,只偶尔看到一辆吉普车,但也是在逃命。他的突破取得了全面胜利。

突然间,前面爆发了88毫米炮低沉的砰砰声和机关枪尖厉的哒哒声。先头部队发现了布达维咖啡馆前慢慢向南开去的美军车队。派普健步奔到前面,命令先头部队停止攻击。他告诉他们,任何别的响动都可能引起李格诺维尔美军司令部的注意,打草惊蛇。

亨利·乐洛里大胆地站在咖啡馆的门口,朝向南拐去的派普的先头部队招手。不一会儿的工夫,就见大约125名美军士兵举着手,原路走了回来。炮兵观察营的小车队整体都被俘虏了。

德军看守把这群美军士兵赶到咖啡馆附近的空地上。尽管仍然举着手,但他们却相互聊着天,脸上一点也没有担心的神情,这让乐洛里十分不解。

接着派普战斗群的大部队也陆陆续续从东面开过来,于咖啡馆前拐向了南面。一辆半履带车停下来,后座上的一名德国兵站起来,拿起手枪对着那群俘虏开了一枪。有一人倒了下去。

"站好!"一名美军军官喊道。俘虏们被吓坏了,都相互挤在一起。

一辆装甲车一个急刹车停了下来。然后是第二声枪声,接着机关枪也干巴巴地响了起来。

美军俘虏呻吟着,尖叫着。

乐洛里看着他们一个个倒下,吓得面无血色。

机关枪终于停止了射击。

几个美国人挣扎着要爬走,被用手枪射杀了。还有人痛苦地扭动着,也被用手枪射杀了。只有两分钟,125名美国人就成了一堆鲜血淋漓、横七竖八的尸体。

乐洛里看到德国人一把火烧了他朋友布达维太太的咖啡馆。他悄悄摸过公路,回农场去了。

包格涅兹往南3英里,第7装甲师预备装甲战斗群的最后一批车辆正从李格诺维尔开过。这是个怡人的小村庄,村里最出名的当属磨坊旅店,店里做的鲑鳟鱼和阿登火腿以及和善的老板皮特·鲁普引来了不少游客。鲁普是一名忠诚的比利时人,虽然年纪大了,但却仍然坚决反对纳粹。他在德军占领期间,共帮助22名盟军飞行员逃离出境。

卡车上的士兵都已经睡着了;有几个人站在坦克炮塔里,向身着周日盛装的姑娘们挥手吹口哨。

最后一辆车开了过去,尘埃落定,浓重的烟气也消散了。小村再一次静了下来——静得瘆人。村里的人开始猜度:美军士兵自从一大早就开始不停地往南逃跑,然后几分钟前远处又传来低沉的炮火声。德国佬是不是又要来了?

他们拽住那几个在村里露营的士兵,问他们怎么回事儿。这几个士兵昨天晚上很晚才开车进的村,卡车上装的是第9装甲师威廉·霍格将军的B装甲战斗群的补给。他们无奈地耸了耸肩膀,也不清楚是怎么回事。

带队的西摩·格林上尉只知道自己是受命来到李格诺维尔,并与另外两支补给车队汇合的。但他丝毫没有意识到,半英里之外就有一名狂热的德军中校。

突然间,一个推土机模样的怪物从包格涅兹方向冲下山来,速度是安全速度的两倍。"德军坦克!"司机向站在磨坊旅店旁的格林上尉喊道。

"上尉,德军坦克在向我开火。"工兵喊道。

"让所有的人准备出发!"格林对他的二级军士长大叫道。然后他跳上吉普车,向北往山上驶去,道路曲曲折折通向包格涅兹。他要看看德军到底离得有多近,才能制订行动计划。

到一个急转弯时,格林让司机停下车。"我到前面探察一下。要是出事儿的话,你就立即返回。"他拿着一把卡宾枪,伏着身子转过急弯。

就在25码之外,一辆德军侦察车正向他开来,后面一辆接一辆地跟着长长的装甲车车队。格林站住脚。车队也停了下来。

格林呆住了。回过神来后,感到了自己的滑稽:一人蹲伏在那儿,手里只拿着一把卡宾枪。

一个德国军官挥手让他到公路对面。车队开过时,几名党卫军成员举起冲锋手枪对着他大笑。

不一会儿,派普战斗群打头的车辆就小心地转过急弯,往山下开去。在他们下方远处,格林的后勤卡车刚有第一辆爬出李格诺维尔,向南驶去。派普的装甲车和卡车朝山下冲去,想把它们全歼。一场射击场打靶表演赛即将上演。

突然间,一辆领头的德军车辆燃烧起来,打个转儿堵住了道路。派普的车队停了下来。

磨坊旅店旁边,孤零零地停着一辆谢尔曼坦克,尽管一条履带已经拆下拿去修理了,它仍然一发接着一发地打向德军车队,想为逃跑的美军车辆争取尽可能多的时间。

最终,一发88毫米炮弹击中了谢尔曼坦克。派普战斗群迅速穿过村子,摧毁掉格林车队落在最后面的几辆卡车。这支前卫部队继续沿大路往南开了1英里,越过昂布莱沃河,然后向西拐到一条泥路上,翻山越岭地向下一个目标——斯塔沃洛镇而去。

在李格诺维尔,德军很快就在磨坊旅店设了一个指挥所。俘虏都被赶进旅店大厅里,而店主皮特·鲁普则拉住一名德军中士,用胳膊抡打他。几分钟前,他看到中士在旅店后头枪杀美国人。

"杀人犯！你杀了八个人！我看到你把枪塞到他们嘴里！"

中士一拳打在老人的下颌，打掉了他两颗牙齿。

一名军官走过来。"全都毙了，"他说，"还有这头比利时猪。"

中士推着美国人和鲁普出去。

"别碰他们，中士！"另一名军官挤到前面，身上也戴着党卫军肩章。他手搭在鲁普背上。"你说的没错，先生。一些人对待俘虏的方式确实很无耻。"他厌恶地看了一眼另一名军官。然后转过身来，他厉声命令道："中士，把他们关在那间屋子里。你希望美国佬怎么对待你，你就怎么对待他们。"

往北3英里，派普车队的半履带车仍然有几辆还没开过冒着黑烟的布达维咖啡馆废墟。有些车上的步兵看到了那堆美军尸体，拿起步枪朝着上面就射击，纯粹当练习取乐。

然而并非所有人都死了。肯·阿伦斯背上中了两枪，但还活着。他长时间一动不动地躺在那里，浑身都麻木了，但疼痛感依然强烈。

然后他听到了些低语声。其他人也活着！

他们压低声音，制订着逃跑计划。大概有20人说自己应该还能走。他们不愿把其他伤员扔下不管：德国人显然会再来细看的，然后就会把伤员都杀光的。可这也正是他们必须立马逃走的原因。

"走！"有人喊了一声。

20人挣扎着站了起来。从旁经过的德国人不禁惊讶地大叫起来。步枪声响了起来。美国人四处逃散。阿伦斯跑向200码外的林子，但却感觉那有1英里远。在他身后，幸存的人一个个又倒下了，都是背后中弹。

最终，阿伦斯和另外两人跑进了安全的树林。他们喘了口气，然后跌跌撞撞地继续在灌木丛中向西走去，身后留下一串串血迹。他们向西走去的这个镇子马尔梅迪，不久就将成为大屠杀的代名词。

在李格诺维尔，14名美国俘虏蜷缩在磨坊旅店一楼的一间屋子里。西摩·格林上尉发觉德国人的脾气很难捉摸。有的人对待他怯生生的，有的人大大咧咧的，还有的人就好像随时都要把他拉出去毙了。

那个枪杀了上士亚伯拉罕·林肯和第14坦克营另外七名战士的德国

中士走了进来,生硬地朝格林点了点头,把他带到另一个房间。在这里,那个刚刚救了他们的党卫军军官递给他一支烟,客气地用英语问他:"你觉得我们的坦克怎么样,上尉?"

格林耸了耸肩。

"你是犹太人吗?"

"不是。我家是美国原住民后代。"

德国人把手放在嘴上,学印第安人高叫了几声。然后他问师指挥所在哪里。见没有什么回音,他又说道:"从你们军官嘴里,我们还从没挖出过什么东西,倒是有些列兵,老是把我们想知道的告诉我们。"他拿起一本书。"那我就看会儿书吧。这本书的题目简直太贴切了,你说呢?"他露齿笑着,拿起书让格林看。

书名是《美国悲剧》。

旅店老板皮特·鲁普还在为14名俘虏的安危提心吊胆:德国人情绪很不稳定;一旦出了什么岔子,他们可能就又会大开杀戒。这时,他突然想到一个主意。他在自己的秘密酒窖里,藏着几百瓶上好的干邑白兰地和香槟酒。他要用它们款待德国佬,让他们开心。

他爬进地窖抱了满怀的酒瓶子,回到厨房。

"玛丽,"他对女儿说,"给守卫上点好酒,我好有机会跟俘虏说几句话。"

二话没说,她就走出了房间。过了片刻,鲁普来到俘虏的房间,守卫让他进去了。他递过去两瓶酒。

"等一等,"格林疑惑地说,"你是比利时人还是德国人?"

"比利时人,那还用说!"

一名美军士兵把酒藏了起来。

"谢谢你的白兰地,"格林说,"但我们很饿。"

鲁普走出房间,回来的时候端着一个大托盘,上面有八盘饭。等他又一次端着六盘食物回来的时候,一名恼怒的党卫军军官在走廊里拦住了他。

"什么意思?"

"啊,你们不给他们吃饭,我就不得不这么做了。"

鲁普的妻子巴尔比娜正好在这个时候走进旅店,听到了他们刚才的对话。她就像她的祖国瑞士，虽然娇小，但却意志坚强而独立。

"看这儿，"她抬起头看着德国军官说道，"我是瑞士红十字会的，受命照看所有的俘虏。保证他们不挨饿！"

鲁普的圆脸堆满笑容，连忙钻进了俘虏的房间，而他的妻子则继续向党卫军军官慷慨陈词。

送完了饭，他就在大厅里站岗，同时偷偷摸摸地给德国人递酒，一瓶接着一瓶，不管什么军衔。渐渐地，磨坊旅店的气氛变得和气了，甚至有些许欢快。鲁普知道危机已经过去了。那14个美国人的命保住了。

2

当天下午在西尼艾弗尔山，第106师被围的战士们所关心的并不是自身的安危，而是令人莫测的战局。因为到目前为止，除了两翼之外，他们都没见到有什么动静。

第422团团长小乔治·狄尚农上校，是美军最年轻的团级军官之一，并不比手下的兵更了解当前的情况。从敌人刚发起进攻时起，他就几乎和师部失去了联系。

下午2点，狄尚农打电话给他右侧那个团的团长查尔斯·凯文德上校，这条电话线是他们之间唯一的通讯方式。

"你打算怎么办？"年轻的狄尚农问道。

凯文德这个参加过一战的老兵，说他也不太清楚。他刚刚接到琼斯几个小时前发出的指令：现有阵地一旦守不住，便立即撤退。

"哦，"还没有接到命令的狄尚农说道，"在师部明确让我撤离之前，我还是原地不动。"

电话线那边略一停顿。然后凯文德说："我也是。"

在圣维特，第106师指挥所里弥漫着大祸临头的气氛。石头校舍走廊里的喧嚣声是停了下来，但不远处却又响起了尖厉清脆的步枪声。琼斯和克拉克走上校舍的顶层，注意到附近林子的边界有一些小灰影，它们曲曲折折地排成一排，正往前推进。

琼斯牙关紧咬,面无表情,目光越过正在逼近的德军望向西尼艾弗尔山。那里有他被困的两个团,还有他的儿子。昨晚他真该不顾米德尔顿的命令,直接把他们撤回来。他真应该听从自己的直觉。可现在一切都太晚了。

"克拉克,"他声音低沉地说,"我已经无能为力了。圣维特的防守,你接手吧。"

克拉克明白琼斯现在的心情;在不到两天的时间里,他的整个师都被打垮了,他的职业生涯也差不多随之终结。除此之外,他还承受着一名父亲的痛苦。克拉克自己有三个儿子,他发誓绝不会把他们安排在自己的部队里。

"好的,"克拉克简单地答道,"我会接手。"可是,拿什么接手呢?

无论是圣维特的状况,还是第7装甲师的驰援速度,都要差于克拉克的想象。镇子左翼的防守就要消失不见了。马克·迪瓦恩上校再一次在没有请示琼斯的情况下,又一次让第14骑兵团往后撤退了。一整天来,这些骑兵一枪也没放,只忙于往西面跑。

目前城里唯一的防守力量就是里格斯的少量工兵,他们唯一的希望就是克拉克的B装甲战斗群能够及时赶来。

然而这时,B装甲战斗群还没到达波托。在圣维特—维尔萨姆公路上,他们仍然拼命地在和西去的车辆争抢通道,车辆堵了近20英里长。

在维尔萨姆,唐·波伊尔少校气得脸都发青了。他是下午2点5分来到这儿的,从那时起,他就一刻不停地在疏通交通,同时询问消息。到了下午2点40分,他只好作罢。他开着吉普车绕过被堵在路上的B装甲战斗群,拐进泥泞的田地,费了好大劲儿才往前线方向行了4英里。他从那儿了解到,克拉克将军曾在今天中午刚过时,下令让第31坦克营在圣维特东面发动进攻。可是现在已经是下午3点15分了,而第31营的营长却仍然还在忙于解救自己那些陷入泥淖的车辆。

波伊尔主动站出来,组织清路通车。他征用了一辆30吨重的坦克,一边挥舞双臂,一边大叫着开上了公路。慢慢地,一条空隙开了出来。一辆西向的军械车拒绝让路,波伊尔就命令坦克直接冲过去。那辆车连忙拐到路边的沟里面,才侥幸没有被轧到。

波伊尔的坦克向前开了100米就停了下来。一辆往西撤退的指挥车钻进了波伊尔刚刚开出来的空当,车上坐的都是上校。

他跳到指挥车的前面:"回去!我不管你他妈是谁!除了去前线的外,其他人都别想过去!"

"上!少校!"一个美国大兵叫道,"揍他们!"

终于,B装甲战斗群的坦克和装甲车向圣维特方向动了起来,抱在车身上的士兵们大呼小叫地帮忙开路。有人告诉他们:"任何军官的指令都不要听,不管他是什么级别,除非他戴着第7装甲师的臂章。如果有人胆敢挡路,就轧死他个狗娘养的。"

然后他们就开上了一段坦途。听到第7师马达的轰鸣声,看到他们朝圣维特奔去时身后飞起的泥土,波伊尔不禁颤抖了一下,心里满是自豪。他们在奔赴战场,而其他人却从那里逃离。

从炮兵部队一辆开往后方的吉普车上,跳下来一名二级军士长。"我要跟着这帮子坦克走了!"他向自己的伙伴们喊道,"我参军是来打仗的,可不是逃跑的!"他爬上一辆东向的坦克,抱在炮塔后头。

"嗨,老兄,"一名坦克兵说,"欢迎加入第7装甲师。"

在圣维特,布鲁斯·克拉克还在等待。离他从琼斯手上接过守城任务起,已经过去了两个钟头。他知道,如果自己的B装甲战斗群几分钟内还来不了,且第7装甲师的其余兵力不能随后跟上的话,他就无兵可用了。

一个传令兵冲进他校舍一楼的办公室,报告说,往西几百码的交叉路口交通非常混乱。克拉克的交通管制员,已经被往后逃跑的高级官员给推到了一边。

几分钟内,克拉克亲自站到了交叉路口上,狂乱的车流很快就得到了控制。东向车道被清理了出来。

暮色渐浓,东面的步枪声越来越响。甲格斯的工兵还能坚持多久,很难判断出来。第7装甲师在哪里啊?

"他们来了!"他的司机叫道。

西头拐角处出现了一辆溅满泥浆的吉普车,后面跟着一队肮脏泥泞的谢尔曼坦克,个个都冒着热气。

"朝勋伯格走!"克拉克冲着坦克兵指挥官喊道,"一直向东,与工兵们会合。"

几分钟后,三辆谢尔曼坦克哐当哐当地开下城东的山坡。从渐浓的夜色中,一辆黑豹坦克突然冒了出来,胡乱地打出了一炮。领头的谢尔曼坦克调整好炮管,轰了出去。那辆德军坦克立马就燃烧起来,它后面的坦克慌忙掉头逃跑了。

第 7 装甲师的圣维特保卫战开始了。

在城西,克拉克还在指挥交通,他的部队一有人来,他就立即把他们部署到相应的位置去。第 87 侦察中队的 B 小队被派到了工兵路障的北面。第 23 装甲步兵营的 B 连被紧急调往了城南。他一边调兵遣将,一边做着规划,慢慢地于曼陀菲尔和圣维特之间建起了一道稀疏的流动弧形防线。

在城里,B 装甲战斗群的军官和士兵开始接手校舍。第 7 装甲师的一名下士在上楼梯的时候,迎面碰上了第 106 师的一名中士,两人都背着铺盖卷。

"你们这些家伙脑子有病吗?"步兵中士说,"你们不知道德国人都到城边上了?"

"当然知道。可是,伙计,我们急行军 65 英里,可不是为了打个弯儿就回去的啊。"

唐·波伊尔少校快走到圣维特西郊的时候,天已经黑了。整个下午,他都在帮坦克开路去前线,得罪了不少急于逃往后方的高级军官们。现在他正带领一个迷了路的连队去城里,于迎面而来的车流中逆流而上。第 14 骑兵团的两个中队组成了这股迎面而来的车流的主力军。

到了圣维特城边,波伊尔从吉普车盖上跳下来,沿着队伍往后边走边重复指令:"如果有人胆敢挡路——",常常,他一说到这儿,坦克兵们就接着喊:"就轧死他个狗娘养的"。他挥手让车队继续往前开,这时一辆轻型坦克奔过来,履带板挂住他的裤子,屁股那片的全给撕了下来。

天色已黑,这小支队伍离圣维特城还有最后 1 英里。在阴冷的大教堂旁，波伊尔跳下车。"啪"的一声脆响，一颗子弹从他耳边擦了过去。他一下扑倒在泥地里。趴在地上，他一眼瞥见了街对面二楼窗户里的一张白脸。那是个平民狙击手。

波伊尔叫住一辆路过的突击炮车。车上的0.50英寸口径机枪转过头来，开了火。一个看上去像是人上半身的东西从窗户里跌出来，掉在了街上。

然后一辆摩托车从北面呼啸而来，一个急刹车停在了波伊尔旁边。一名宪兵跌跌撞撞地向他走来，脸上的伤口还流着血，军装也是破烂不堪。波伊尔认出他是丘奇·马修斯上校的摩托车护卫。

"有埋伏。"宪兵口齿不清地说，还是惊魂未定，"这条路往北几英里，遇上了德国佬的一支部队。他们天杀的怎么跑我们后方了？我爬到一个沟里，上校往山上跑，他们就用机枪扫射他。"

波伊尔简直不敢相信自己的耳朵。他们不仅失去了自己的参谋长，而且圣维特也被从北面给封锁住了。

这消息已经糟糕透了，但他还不知道，圣维特城的南面也快要被曼陀菲尔的第2装甲师封锁住了。一个比西尼艾弗尔山那个突出部位要大得多的第二个口袋正在酝酿之中。

3

哈索·冯·曼陀菲尔男爵对部队向圣维特的推进速度很不满意，因此就决定当天夜里和他的右翼军队待在一起。确实，这个城的北面和南面都已经被侧翼包围，但这还不够。因为，圣维特并不在希特勒明确指示要绕过的那些重兵把守的城镇名单里。圣维特一定要拿下：五条要道就像车轮上的五根辐条一样，从圣维特辐射开来；而且更重要的是，这里是莱茵河以西唯一一个能够支持第5装甲集团军行军的铁路枢纽。

曼陀菲尔选择在第18国民掷弹兵师设在勋伯格的司令部里过夜，希望自己给他们坐镇，能够给他们次日清晨的进攻鼓鼓劲。

大约晚上八九点钟的时候，他披上军大衣，走出自己的住处。他在外面呆立了会儿。旁边的交通十分拥堵,走路都比车快。他穿过泥泞的田地,向第18国民掷弹兵师的司令部走去。

他边走边想着心事,从勋伯格东面的交叉路口拐过来的时候,撞上了另一个行人,那人身材几乎和他一样矮小。这是陆军元帅莫德尔。

"晚上好,元帅。"

"元首万岁。"莫德尔说道,"你的情况怎么样,男爵?"

"大部分都不错。"

"然后呢?我感觉你们有点拖拉,尤其是在圣维特这块儿。"

"是的,但我们明天就能拿下它了。"

"希望你能如此。我明天让你用上元首护卫旅,助你快点拿下它。"

曼陀菲尔有些犹豫。他原本的计划是要等深入西方后,才用上元首护卫旅这支精锐装甲旅的。但是莫德尔也有他自己的理由:先事先为;有了兵力优势,打仗就成功了一半。

"你不同意吗?"莫德尔随和地问道。

"也不是。我们明天必须拿下圣维特。然后……"他犹犹豫豫地又说道,"护卫旅的加入将打破目前的僵局。"

他们一同走了一段。他们之间有点奇怪,但关系还是很好的。曼陀菲尔尊敬莫德尔,是因为后者十足的干劲儿以及大将风度,莫德尔钦佩曼陀菲尔也差不多出于同样的原因。但他们之间也就到此为止了:莫德尔孤傲清高,做事不夹杂私情。除了战争事务外,他们之间没什么交集。但这却正对男爵的胃口。说到底,莫德尔的父亲不过是一名教师而已。

"我这里要拐弯了,元帅。"曼陀菲尔说,"晚安。"

"希特勒万岁。"莫德尔说,"祝明天好运。"

在往北数英里的曼德菲尔德,泽普·迪特里希正咚咚咚地捶打着桌子,给他的五位师长立规矩。他对自己军队的进展非常不满。党卫军第12装甲师应该向默兹河奔去,然而它现在还滞留在科林克尔特与罗切拉斯那两个村子的前面。另外,虽然派普战斗群已经开过了李格诺维尔,但党卫军第1装甲师还远远地落在后头。

他恼火地命令党卫军第12装甲师要不惜一切代价,一定要在明天冲破敌人防守,但具体怎么才能做到,他却没给那名师长讲出个头绪来。他话音未落,两人就争吵起来。

他们争执不休,互相指责要挟。奥托·斯科尔兹内中校听了一会儿,最后提高嗓音讲起话来:如果他的"狮鹫行动"没有德军的大规模突破为前提,就无法取得成功,既然他们目前又没有大规模的突破,那就应该放弃原有的计划,把他的三个战斗群用到正规作战行动中去。

他的建议被大家接受了,尽管每个人都快快不悦。

当然,斯科尔兹内还不知道,自己麾下七辆吉普车中穿着美军制服的突击队员们实际上已经制造了大混乱。一支队伍的队长把美军的一个团引向了错误的道路,队员们则忙于更换路标,拆除电话线。另一支队伍被一支美军部队拦下来询问消息时,装出吓破胆的样子,让那些美军以为前面有危险,就把他们都吓得掉头逃跑了。还有一支队伍拆掉了霍奇斯和布雷德利间的电话主电缆。

但是,造成最大破坏的却是一支被俘虏的突击队。当这四个被俘的德国兵跟一名美军情报官坦白了自己的任务后,这条消息很快就传了出去:有成千上万的德军穿着美军制服在防线后方秘密活动。这个信息马上就跟那许多有关空降兵的报告联系起来了:冯·德·海德特的人散播得四处都有,盟军自然就以为至少有一个师被空降过来了;不仅如此,有人还认为,所有这些人只是一个大阴谋的一部分。

两次失败行为,却造就了一个惊人的成功。希特勒制造恐慌、散布纷扰的梦想还有可能实现。

4

到晚上八九点钟的时候,霍奇斯为了抵御敌人可能的北进行动而在艾森伯恩山梁上构建的防御大坝基本成形。第1师已经奔到比辰巴赫,并已做好防御准备。要是他们稍微晚到一会儿,德军部队就可能开过去了。

仅仅靠这一小会儿,霍奇斯就赢得了一个重大胜利。

在比辰巴赫的东北面,工兵们正拼命加长艾森伯恩山梁上的防御工事,与此同时,第99师剩余下来的士兵陆陆续续地往后溃退回来,个个憔悴不堪,失魂落魄。

这些人之前于科林克尔特与罗切拉斯村前搅乱迪特里希的作战计划后,下午晚些时陆陆续续回到了那两个兄弟村里。后来在村里,第2师的宪兵又指引他们往后方撤退。

黄昏将至之时,两个兄弟村的街道上仍然拥堵不堪。第99师的人要往西撤退,第2师的人则是要临时组建一条防线牵制德军,好让艾森伯恩山梁上的防御工事有时间建好。

夜幕开始降临,第2师的一个营在弗兰克·米尔德伦中校的带领下,正在朝两个兄弟村靠近,是要去填补第2师在科林克尔特的另外两个营之间的缺口。

米尔德伦手下的人显得闷闷不乐,充满抵触情绪。他们昨天才攻下瓦勒晒特——"心碎交叉路口",然而今天又被命令转身撤出来,放弃那个付出那么多鲜血才夺下来的要塞。

他们脚步沉重地往南行进,家人寄来的圣诞礼物有些拴在皮带上,有些吊在来福枪枪头上,晃晃荡荡的。他们边走边猜测着上头这次又要给他们扯什么淡。

德军第227国民掷弹兵师的一名侦察兵躲在树林里,看着他们从面前走过去。在他看来,这些兵与其说是战士,倒更像是邮差。

然而此刻,当科林克尔特与罗切拉斯模糊的轮廓于快速暗去的光线中显现出来后,这些"邮差"顿然又变成了警惕的战士。一种说法迅速传遍整个队伍:南面正在打一场硬仗,要进兄弟村的话,他们可能不得不一路打进去。

多云的天空已经黑下来。越过起伏不平的田地,可以看到兄弟村——罗切拉斯在北,科林克尔特在南——浮起在莽莽雪地上的一团雾气里。科林克尔特村里教堂的塔楼那令人惊悚的黑影,高耸在天边。

米尔德伦的人应该在那座不祥的教堂附近挖掩体防守的,他已经把自己的副营长派到前面去侦察了。可是,要在黑暗中进入阵地,那真像蒙起双眼去抓人。

没有一丁点儿预兆地,凶猛的炮火突然就罩住了他们。卡车着了火,不受控制地拐向人群,吉普车和军械车发疯似的冲向两边的田地。一发发的迫击炮弹精准地落在步兵中间炸开,士兵们无助地倒在地上。然后又飞来了啸声炮——多联装火箭炮,让这场屠杀更为惨烈。

"阿林代尔!"米尔德伦对自己的助理喊道,"你去殿后,掉队的都拉进来。我到队伍前面去。"

阿林代尔上尉跟跄着走向米尔德伦,被人拉到了旁边的沟渠里。他的胸口被炸开了,一个美国大兵笨手笨脚地给他包扎。

12月15日晚上,阿林代尔曾跟他的战友杰斯·毛罗说自己明天就会死。他只说错了一天。

米尔德伦挤开哀号的人群,避过燃烧的车辆,奋力向前挤去。他必须进到科林克尔特村看看究竟是怎么回事儿。

一颗炮弹在他旁边炸开,把米尔德伦撂倒了。他努力站起来,跌跌撞撞地走进第一个村子罗切拉斯的村郊,然后又顺着村里弯曲的污秽街道走向毗邻的科林克尔特村。他到处找自己的副营长,但却找不到。街上是一片混乱。掉队的士兵们连滚带爬地从田地里往科林克尔特村爬,有的拿着武器,有的不仅没有武器,甚至连头盔也丢了。耀眼的光照亮了东边的夜空,每一缕光亮后都跟着一声低沉的轰响。从村外的树林那边,也传来机枪扫射的咔咔声。

十五分钟后,米尔德伦终于在科林克尔特村的南郊找到了团指挥所。

"看在老天的分上,"他问,"这是怎么回事?"

第38团的助理指着科林克尔特村前的一片阵地,米尔德伦应该去那里就位。

"可是谁在我左边?谁又在我右边?"

没有人知道。也没有人知道敌人从哪儿来。

敌人来自东面的林子里。

从林子里来的,还有从前线逃回来的第99师的幸存者。他们三五成伙,七八成帮,踩着容易打滑的雪地,绝望地寻找着庇护处,互相拽着彼此的弹药袋才勉强避免走丢。逃到现在,迫击炮班已经扔掉了炮筒、炮盘和弹药；步兵们丢掉了圣诞包裹、行李卷、帐篷、军大衣，甚至口粮和步枪。

有几队人发觉他们几个小时以来一直在绕圈。有的发觉自己不是朝西，反而是朝东走。稍微有点声音，都把人吓得不轻，因为他们知道四面八方都有德军。

他们走不动时，就窝在雪窝或者浅的散兵坑里，但饥寒交迫，又睡不着觉。他们希望明天早一点来，可是又害怕天亮。

许多人对撤退感到羞愧，但这样的愧疚是毫无道理的。这些新兵们已经把强大的党卫军第 12 装甲师牵制住了足足一天半。他们的任务已经完成了，尽管他们还不知道这点。从现在起，重担要由第 2 师的老兵们来挑了。

黑夜带来了浓雾，但却没有给兄弟村的第 2 师守军们带来任何喘息的时间。就在罗切拉斯的东边，美国总统的侄孙威廉·D. 麦金利中校正在视察自己的防线。罗伯森将军把麦金利的营部署在一个土墩上，让他守住下面东侧的大路，并事先警告他道，若他坚持不到艾森伯恩山梁上建起一道稳固的防线的话，整整一个军的部队可能都会被冲垮。

大约晚上 8 点 30 分的时候，三辆巨型坦克突然从浓雾中钻了出来，坦克上还坐着一个排的步兵。等冲破了麦金利的路障后，人们才反应过来他们是德军。他们很快就冲进了罗切拉斯村，开始在大街小巷上扫荡。

半小时后，更多的德军坦克轰隆隆地顺着大路开来，但是这一次，麦金利的人已经等着他们了。头两辆坦克压响了地雷，接着的两辆急转冲下路面，成了巴祖卡火箭筒的俎上肉。正当德军步兵晕头转向，一片混乱的时候，美军的炮弹开始轰在了公路上。德军被如此激烈的抵抗打蒙了：他们的情报部门说，美军第 2 师整个师都在大后方充当预备队呢。于是，剩下的坦克仓皇逃走了。

然而，德军又重新集聚起部队，以坦克和步兵部队联合再次发起了进攻。麦金利的散兵线被刺穿了，德军坦克碾压过他们，冲进第二道防线。麦金利慌忙打电话请求救援。

三分钟不到，七个刚部署到艾森伯恩山梁的炮兵营，开闸放洪般地向路这边轰炸起来。许多德军向东逃去。

但是仍有十几辆黑豹和虎式坦克以及几百名步兵继续向前冲,然后穿过浓雾转向南去。

最前头的三辆德军坦克很快就到了科林克尔特村,在阴沉的老教堂前停了下来。坦克甲板上的士兵跳下车,点燃了一大堆篝火,给他们的炮兵发信号。等到篝火火焰烧得老高的时候,坦克哐当哐当地在城里扫荡,有几条街火光一片,正在混战,也有几条街看不到一个人影,鸦雀无声。

之前曾拿下"心碎交叉路口"的弗兰克·米尔德伦中校,此刻还在寻找他的先遣队。终于在晚上大约9点30分的时候,他在科林克尔特教堂东面的交叉路口,瞥见了一个熟悉的身影——他的副营长。

"还能见到你,真他妈太好了!"副营长说。

"都发生了什么?"

"上帝啊,还有什么没发生?A连刚要进驻村前的阵地,哇地就炸开了锅。德国佬已经在那儿了!"

"你把A连放哪儿了?"

"我把他们放在了村郊的农舍里。我们的阵地已经和第3营连接住了。要是B连和C连也能到这儿就好了。"

"营指挥所在哪儿?"

"我把它安在教堂旁边了,那儿有栋农舍、屠宰场兼用的房子,味道真是难闻极了。"

两人疾步向教堂走去,B连的一名年轻中尉从街那头奔过来,身上没带枪,也没戴钢盔。副营长伸手一把抓住了他。

"坦克!"中尉含糊不清地说道,眼睛睁得大大的,里面满是恐惧。"坦克直冲过来,我们都没来得及挖掩体!车上坐满了步兵,冲进我们的灌木篱墙!我的人都被压死了!"

"不要说了,孩子!"副官使劲晃了一下他。

"死了!我整个排的人全死了!"

米尔德伦看向东面,那边看起来相当平静。他猜这名中尉就像大多数新兵一样,被几声枪响就吓得六神无主了:"回去,找你的排去。"

"可是他们都死了!我是唯一活下来的!"

"回去,找你的排去。"米尔德伦又说了一遍,嗓音并没有提高。

年轻的中尉立马平静了下来。"是,先生。"他驯服地说道,然后转身向东面的前线跑去。

米尔德伦赶到自己的新指挥所。

"情况很乱。"作战参谋汇报道,"我控制不住 B 连和 C 连。就位的只有 A 连,他们在东面几个街区以外。"

一个传令兵对米尔德伦说,第 2 营收编了 C 连的残余兵力。然后又有一个传令兵跑进来,报告说 B 连在冻土上挖散兵坑的时候,十几辆德军坦克突袭了他们。德军用坦克碾压,用机关枪扫射,他们整个连的人只剩下了一个排。米尔德伦痛苦地皱起了脸。当初那名年轻中尉惊慌失措,看来是有缘由的。

现在整个营的状况,终于拼凑出个模样了。米尔德伦总结了一下:"B 连损失惨重。第 2 营收编了 C 连的残部。所以我们现在的全部兵力只有一个连、一个机枪排和几门迫击炮。我们防线上有个大口子,那大口子往后两个街区就是我们这里的指挥所。"

"不过,"一名刚升任中尉的年轻人乐观地说道,"我们右面还连着第 3 营。"

"没错,"米尔德伦苦笑着说,"我们左面也连着德国佬。"

所有的人都沉默了。这天晚上将很是不平静。

与此同时,米尔德伦的通信官杰斯·毛罗中尉正努力铺设连通各连的电话线。毛罗刚和龙兹格中士、卡特中士离开 A 连,然后在抄近路从田地里走的时候,机关枪响了。龙兹格倒在了雪地里。

"我中枪了。"龙兹格呻吟道。

机关枪继续朝这一片扫射,带起阵阵雪花。龙兹格人太重了,背不起来,毛罗就把他拖到附近的一个小谷仓里。

"叫医护兵,"毛罗对卡特说,"带个担架过来。"

一分钟后,他听到了德国人的说话声。他把龙兹格拉到谷仓后面,把他贴着后墙放下。说话声更大了。一支冲锋枪朝粮仓里哒哒哒地开了几枪,子弹穿透了墙壁。其中的一发擦破了毛罗的小臂,但他也顾不上这点伤口。

脚步声渐渐离开粮仓,咯吱咯吱地走远了。

在黑暗中,杰斯·毛罗把手伸进龙兹格的外套下,抚摸龙兹格的前胸。他手指碰到了他的伤口,伤口很大,很湿,很圆。他听了听他的心跳;它乱跳了几下,就逐渐弱了下去。

卡特带着医护兵回来了。

"我想你还是确认一下,"毛罗说,"但我想他已经死了。"

医护兵搭了搭龙兹格的脉搏,然后一句话没说,就伸手摘掉了他的"狗牌"。

毛罗摇晃着站起来。他感到内心深处有一股怒火在燃烧。

6 克莱沃陷落
1944.12.17

1

12月17日晚上的阿登地区,是五所城镇的故事。

科林克尔特与罗切拉斯那两个兄弟村处于一场大规模攻势的边缘地带;与李格诺维尔隔着一座山的工业城镇斯塔沃洛,第二天早上将成为派普战斗群的首攻目标;阴冷郁闷的圣维特镇的三面都受到威胁。

虽说这四个比利时小镇都很重要,但当天最关键的战斗则发生在阿登前线的正中央——在那风景如画的卢森堡小镇克莱沃镇内以及镇附近。

克莱沃之所以重要,是因为它是曼陀菲尔的坦克大军进军巴斯托涅的主要障碍。它成为障碍的缘由,是因为它正好处在德国巴斯托涅公路上一个特殊的战略位置。

这条路在达斯堡跨过乌尔河后,向西延伸8英里穿过风景壮观的山区,然后就突然出现了更为壮观的景色。在正前方一个蜿蜒的小山谷里,坐落着克莱沃镇,镇内高耸着一座爬满苔藓的残破的中世纪城堡。

要到达古堡和小镇,这条公路必须往下急降1英里,并同时拐过三个发夹形的急转弯。

在山脚下,公路过了窄窄的克莱沃河。在河对岸,公路和小河掉头平行向东,绕过一个崎岖的豚背山梁。在山梁的东端,在那克莱沃的店铺、人家和旅店之上，高耸着那座有八百年历史的古堡，规模宏大而又塔楼嶙峋。

一转过这道山梁的尖头，公路又向西延伸下去。之后不到 1 英里，公路突然爬上一个陡坡，眼前又出现一片令人惊叹的美景：田野连绵起伏，一路伸展到巴斯托涅——这真是坦克兵的梦想。

12 月 17 日拂晓时分，就在克莱沃以东几英里的地方，数百名情绪高昂的德军坦克兵，身穿皮夹克，满怀期待地坐在黑豹和虎式坦克里。在他们的时间表里，克莱沃那把打开山梁的钥匙，中午之前就将陷落。

克莱沃的黎明寒冷而阴沉，带着一丝不祥的兆头。在美军第 110 团设于克拉拉瓦利斯饭店的指挥所里，赫尔利·富勒上校的心情和天气一样灰暗。他刚刚受到一记重击。1 英里外，他沿豚背山梁东面部署的第 2 营，受到敌人一个步兵团的猛烈攻击。他本计划在早上 8 点发动进攻去解围克莱沃东面的数个村庄据点，现在看来也要落空了。他已经打电话给维尔茨的第 28 师师部，向"荷兰佬"诺曼·科塔将军求援；科塔已经答应给他派来一些坦克。

接着，坏消息开始传来，起初还只是断断续续的，但不久就一个接着一个，应接不暇了。德军已经占据了克莱沃小河对岸的一家旅馆，开始用机枪扫射城堡，而驻守古城堡的只有一些炊事员、文职人员、特勤人员和宪兵，总共也就 200 人。如果古堡不保，城东郊的部队就将断了与后方的联系。

但是富勒倒不担心这支杂牌守军。他已经命令他们要不惜任何代价死守城堡；他总是相信最好的结果，十有八九也不会失望。他的手下尽管有人怕他，也有人不喜欢他，但却都相信他是个好样的指挥官。

这正合富勒的心意。这个一战的老兵从不煞费苦心地讨好手下的人，对待高级将领也是直来直去，结果一直没有得到将军的那颗星。不屑于玩弄军界勾心斗角的那一套，他于职业能力无可挑剔，只顾埋头苦干。此刻他知道，他的肩膀上担负着阻止一支敌人大军东进的重担。

为了夺回主动权，富勒命令邻近的蒙斯豪森村里的一个坦克预备排载满步兵，前去马尔纳赫解围。马尔纳赫坐落在克莱沃以东几英里的高地上。

可是"荷兰佬"科塔的援兵在哪里呢？没有援兵，他就只能坐着干等，什么也做不了。他干等着。

一小时后,富勒被叫到无线电设备前。蒙斯豪森的那个年轻的坦克指挥官已经到达马尔纳赫,但是无法冲破敌人的包围,解救被围的卫戍部队;此外,他们坦克上的步兵也伤亡惨重。他请求返回蒙斯豪森。

"不行,"富勒粗暴地说,"继续前往克莱沃。沿马尔纳赫—克莱沃公路打击敌人。"

接着从古堡那边传来了消息:德国人设法把一门轻型加农炮拽上山头,刚刚干掉了女巫塔里的一群神枪手。

克莱沃东面村庄据点的消息也不断涌来:大多数都被包围了;海涅施莱特眼瞅着就要失守了。

富勒干等着,但仍然没有援兵的影子。蒙斯豪森那个经停马尔纳赫的坦克排,现在又在哪儿呢?

它正哐当哐当地转过第三个发夹形的急转弯,开着火冲向克莱沃的东郊。那些正对豚背山梁东面的第2营进行攻击的德军士兵,突然背后受袭,一时张皇失措,乱成一团。

"很好,"富勒收到消息时说道,"立即出击!"

然而在上午9点30分,就在疲惫的第2营开始出击的时候,30辆德军坦克穿过马尔纳赫满是碎石瓦砾的街道,开始小心翼翼地沿着蜿蜒的公路缓缓向克莱沃驶来。

五分钟后,守护左翼据点的第1营营长给富勒打来电话,说他的整个防线都摇摇欲坠了,说他不得不撤出了指挥所。如果援军再不来,海涅施莱特就将沦陷了。

然而根本没有援军。

上午10点20分,科塔派来的援兵——16辆中型坦克——终于从西开进了克莱沃。富勒当即派出五辆谢尔曼坦前去海涅施莱特解围,并让其余的坦克全都去守卫豚背山梁的东侧。

与此同时,克莱沃的边门却是大开。这就是乌尔斯佩尔特,克莱沃以北2英里的一个小山村,它跟克莱沃有一条二级公路相连。若干辆德军坦克绕过了乌尔斯佩尔特的几名美军,如今正与几百名步兵一起,向克莱沃逼近。他们的目标是火车站的桥梁。一旦攻下它,富勒的指挥所、古堡以及古堡东边的第 2 营都将被封锁困住。

等到上午 11 点 30 分的时候,富勒右翼的据点——霍辛根、胡兹特乌姆、康斯图姆、魏勒、梅尔沙伊德——都在快速陷落。左翼的情况甚至更糟:两个据点已被德军占领,还有一个炮兵连被俘。那派去海涅施莱特解围的五辆坦克还未抵达被包围的村庄,就有两辆在一场小规模激战中被击毁,其余三辆则被迫躲了起来。在豚背山的东边,马尔纳赫的 30 辆德军坦克已经到达,不仅粉碎了第 2 营的进攻,还摧毁了那增援的 11 辆谢尔曼坦克。富勒的援兵连一点效果都没产生,就这么在战斗中消耗光了。

中午时,他再次给维尔茨的科塔将军打去了电话。"再给我些炮兵和坦克。"他说道。

"我会派给你一个自行火炮连,"科塔说,"我只能抽调出来这些了。"

"这不够。"

"我还有其他两个团嗷嗷待哺。"

"我这边有 12 辆虎式坦克,就在城东高地上,个个都盯着我们的咽喉。"

"抱歉,富勒,我只能给你一个炮兵连了。"科塔重复道,"牢记给你的命令:死守阵地,不许撤退,打到最后一个人。"

两边都沉默了一会儿。

"你听懂了吗,富勒?"

"懂了,长官。打到最后一个人。"

克莱沃往正东 8 英里,曼陀菲尔的坦克部队正源源不断地开过达斯堡大桥,向克莱沃驶来。有一阵子,曼陀菲尔亲自站到桥上,指挥坦克通过乌尔河。他时不时地拦下拼命往前挤的部队。不是他赶着自己的部队上战场,而是他们在赶他,这让他十分自豪。

运气好的话,这些坦克一两个小时内就能碾过克莱沃。

达斯堡大桥以南 7 英里处的推进速度同样也很顺利。他的装甲教导师最终在格明德开过了乌尔河。昨天,这些坦克兵们在河东岸堵成一长溜,都不耐烦得怨气冲天。那时把路堵住的是几千辆马拉车辆,赶车的大多都是"自愿"应征的俄国人,他们一句德语也不会;等到有人来疏导交通的时候,俄国人个个都慢吞吞的,好像有的是时间供他们磨蹭。

但现在装甲教导师终于开动了起来。他们明天要拿下巴斯托涅。师长弗里茨·拜尔莱茵少将告诉他手下的军官,这次进攻将对战局产生决定性作用。他走在前卫部队的领头位置,说道:"我死不死,不要紧。"装甲教导师有一种疯狂劲儿,一种不顾一切的求胜意志。

2

到下午 3 点,包围克莱沃的铁环几乎合口了。德军步兵和坦克绕过"长空大道"沿线最后一批行将崩溃的盟军据点,正从三面向小镇集聚。一辆从克莱沃边门乌尔斯佩尔特过来的黑豹坦克,已经过了火车站附近那座桥,并摧毁了邮局前的一辆谢尔曼坦克;德军一支铁拳(反坦克火箭筒)小组在没人察觉的情况下,也已经过了河,并且烧毁了一辆停在克拉拉瓦利斯饭店前的谢尔曼坦克。

在克莱沃的东头,德军步兵已经突破第 2 营的防线,此刻正大步奔向高踞在进城道路上最后一个急转弯上方的大疗养院。疗养院的女院长和一名护士在前门看到这一切后,便急忙跑过长长的走廊,转过一个弯,然后进入了地下室里。地下室里挤满了避难的人,总共有 150 人。

一个德国人紧跟着他们穿过走廊,他的冲锋枪"空空"的枪声在楼里回荡。他们听到他从头顶上走了过去。然后是更多人的脚步声,和一连串的大叫声。这一刻漫长得好像一个小时。接着奔跑的脚步声渐渐消失了,枪炮声也一点点地从山上飘到城里去了。

到了下午 3 点 30 分,克拉拉瓦利斯饭店的防守力量打得只剩了半个排的步兵和一门反坦克炮。剩下的人琢磨着,如果富勒再不立即撤出去的话,他们就都要死在这里了。

在他的办公室,第 3 营营长刚从受损严重的右翼打来了电话。

"喂,现在怎么样?"富勒呵道。

"请允许我把剩下的人撤离。我带他们回维尔茨。"

"师部了解你的处境,也了解我们克莱沃的处境。但是指令仍然不变——坚持!"几分钟后,左翼阵地的第 1 营营长报告:"乌尔斯佩尔特,我们四面受敌。速派援兵!"

"没有援兵给你。带上你的坦克往南打,去找第2营。"

富勒刚挂上电话,科塔将军中午答应给他的自行火炮连就进了城。炮兵连连长被令爬上山梁,消灭掉克莱沃城外制高点上的那12辆德军坦克。

到了下午4点,克莱沃前剩下的少数几个据点一个接一个地失守了。在东南方1.5英里的蒙斯豪森,那里的卫戍部队报告,他们东面和北面都受到猛烈袭击。村子由两个连守卫,现在已经是一片瓦砾。排一级的组织早已经不存在了,现在只是班一级的指挥作战。加农炮连连长欧文·沃登上尉告诉富勒,如果援兵再不快点来,他们就死定了。

然后富勒的后勤军官来了电话:"德国佬的侦察队已经到了维谢当。我的卡车很难保住啊!"这简直是雪上加霜,现在就连那几个没被围的地方,他也提供不了支援了。

实在没办法了,他把注意力放在了眼前最迫在眉睫的问题——蒙斯豪森。这个村庄一旦失守,克莱沃的生死就只能以分钟计算了。

他凑集了五辆坦克,让带队的排长——一名紧张不安的年轻中尉以最快的速度顺后路赶往蒙斯豪森,105毫米的榴弹炮他们能带多少就带多少。随后他用无线电联系加农炮连。

"沃登!你还在吗?"

"就差一口气了。"

"喂,坚持住!坦克带着弹药已经在路上了,一共五辆。"

"你从哪儿搞到的五辆坦克?"

就在富勒说话的时候,旅店前面传来了隆隆声。他从窗口看出去,正看见那支刚到的自行火炮连匆忙奔向后方。

富勒嘴里一连串的诅咒,不重样地脱口而出。

3

德军第2装甲师侧翼包抄了圣维特南面,这也同时封锁住了克莱沃的北面。在克莱沃的南面,曼陀菲尔的部队径直向西面的维尔茨进发,把赫尔利·富勒上校的第110团完全隔绝了起来。到了黄昏时分,"荷兰佬"科塔将军的第28师已经不再是一个师了,而只是三个彼此隔绝的团,每个团的防线都濒临破裂,在德军大潮中勉力支撑。

中间的那个——也就是富勒的那个团,也不再是一个团了。只是几群被打散了的人,不断地退向最终的防御地点克莱沃。富勒非常清楚,他东面的所有据点要不已经陷落,要不濒临失守。很快,克莱沃将成为唯一的抵抗阵地。而这里却有着太多的伤员,太少的枪支弹药,根本看不到胜利的希望。

富勒了解这一切。他只是在为后方争取时间罢了。现在唯一的问题是:克莱沃什么时候失守?

与富勒遥遥相对的,是一个身材矮小、面孔瘦削的男人,有着一双喜欢打量别人的眼睛,他就是哈索·冯·曼陀菲尔,他也在问着同一个问题。根据计划,克莱沃前面的据点中午之前就应该早已拔除的,可是到了现在,还有几个据点仍在坚持抵抗。马尔纳赫和蒙斯豪森尤其不好对付。

克莱沃以东3英里,德军第2装甲师的鲁道夫·希伯特中尉站在自己的装甲车旁,等候再次进攻马尔纳赫的命令。上午的时候,30辆重型坦克冲进了村里,但美军的神枪手让他的装甲车连动弹不得。

上午坦克突破进去的时候,海因茨·诺瓦克上尉决定跟在后面步行进村。他挥舞着那把留作纪念品的美军刺刀,如同一个乐队指挥般得意扬扬地进了村。他再也没有出来。所有的人,甚至包括营长,都迫不及待地想去把老好人海因茨救出来。

下午5点,进攻马尔纳赫的命令到了。士兵们立刻大呼小叫地发动起车,排好队,开动起来。领阵的坦克直接冲破路障,坦克和装甲车紧跟其后冲进了村里。他们清除狙击手的时候,有人向希伯特喊道:"他们在教堂那边找到海因茨了!"

希伯特跑到教堂。海因茨,曾经那么活蹦乱跳的一个人,现在仰面朝天地躺在门口,头盖骨打烂了,牙齿也掉了,喉咙上插着他那把留作纪念品的美军刺刀。

希伯特失声痛哭。

接近下午 6 点时，在克莱沃的克拉拉瓦利斯饭店里，赫尔利·富勒上校正给第 1 营营长打电话。保罗中校说他带着自己指挥所的几个人已经打到豚背山梁东侧，和第 2 营汇合了。

"马尔纳赫的 B 连怎么样了？"富勒问道。

"他们可能还在战斗，"保罗疲惫地说，"但是我猜我所有的据点都已经毁了。"

"不要只是猜！"富勒说，"要去弄清楚。你手头所有的人，都派去第 1 营左翼的交叉路口。现在你让第 2 营的人跟我说话。"

休斯中校接了电话。他是镇前防卫部队的副指挥官。

"看上去如何？"富勒问道。

"我想我们能坚持到天亮。"

"很好！继续坚持。"

但是仅仅几分钟之后，富勒就听到东面枪声大作。他希望第 2 营能坚持住，但从越来越密集的炮火声来看，他猜测城郊的所有阵地不久就会被全部包围，或者冲破。

他走到窗前，朝外看去，然后立马就退了回来。一辆虎式坦克正缓缓开过下面的街道。几分钟前，它从北面的乌尔斯佩尔特开下山，过了火车站附近的桥，然后转向东来。此刻它正小心翼翼地开过克拉拉瓦利斯饭店，向古堡方向回返。一颗步枪子弹砰的一声，不疼不痒地打在炮塔上。

"下城区没有抵抗，"虎式坦克指挥官无线电报道，"只有古堡有轻型武器攻击。"

曼陀菲尔第 2 装甲师的其他坦克听到这个消息后大受鼓舞，加大马力从乌尔斯佩尔特冲下山来，准备大干一场。

4

从克莱沃往南很远，在南希，乔治·巴顿将军仍然在为布雷德利把他的第 10 装甲师派去阿登而愤愤不平；他一时还不想吐掉这口恶气。然后他突然想到一个主意。他打电话给自己下辖的一名军长——艾迪将军。

"麦特,"他说道,不禁为自己的主意感到兴奋,"赶快命令第4装甲师进入战斗。我可不想再失去他们。"

在他挂上电话的时候,他的第10装甲师正在正北70英里的卢森堡城,行进在古老的街道上。第10师师长小威廉·莫里斯少将走进第4师师长"小胖子"巴尔顿的办公室。

巴尔顿这时身患小恙,心情十分焦灼。他双手抱住莫里斯的肩:"谢天谢地,你终于来了!"

几条街区外,奥玛·布雷德利的指挥车刚刚从凡尔赛返回。他们没开车灯,穿过漆黑的街道,来到赤褐色的国家铁路局大楼,这里是前进战术司令部。

布雷德利走进作战室,他的情报官赛伯特将军正在巨大的作战地图上,标示敌军师级部队在阿登前线的位置。可以确定的有14个师,其中一半为装甲师。布雷德利看了看地图,转身惊愕地对自己的参谋长说:"利夫,这狗娘养的从哪儿搞来的这些兵力?"

"我不知道,"利文·艾伦少将说,"但这些德国人肯定够我们忙了。"

他们正讨论最新的战况报告时,布雷德利被叫去接电话。那是考特尼·霍奇斯打来的,他从一大早就不断从斯帕打电话来,请求把艾森豪威尔手里的两个预备空降师给他。

"我正要打电话给你,考特尼,"布雷德利说,"我终于有好消息给你了。艾克刚刚松手了,第101和第82空降师,你要他们去哪儿?"

"巴斯托涅一个师,另一个师去再往北30英里的韦尔博蒙。"这头可以听到霍奇斯长舒了口气,"越快越好!"

那天晚上,这两个空降师的人还在法国的兰斯尽情地喝酒寻欢。

来自墨西哥尤卡坦的一等兵爱德华·佩尼谢,正和一群第101师的人坐在一个酒吧里。"往那桌甩一听啤酒,佩尼谢。"一个伙计建议道,点头指了指一群戴着"AA①"臂章的第82师士兵,"AA——全美废物!"

---

① AA(All American),是美军第82空降师的绰号,该师初建时的官兵全部来自美国所有的48个州,因此它获得了"全美国人"的称号。——译者注

佩尼谢照着做了。

那听啤酒砸中了第82师的一个大个子。他捡起来,走到佩尼谢面前:"喂,谁扔的?"

一个法国姑娘指了指佩尼谢。

"从他手上不小心滑出去的。"佩尼谢的伙伴打着马虎眼。

那个第82师的从打了佩尼谢一拳,然后混战就开始了。

不久,哨子就吹响了,但并不只是为了阻止这两个师之间的摩擦。

"听好了,第101师,立即返回穆尔默隆!"一名宪兵大喊道,"卡车等在外头了!"

第82师的人也被命令立刻返回叙普的营地。

兰斯各处,在角角落落的夜总会、小酒馆和妓院里都有士兵被拉出来。有的喝得酩酊大醉,有的仍在打架,还有的衣服还没穿好,就都被扔上卡车,运回军营。怎么回事?他们要去哪儿?每个人的猜想都不一样:去空降?去法国南部的休息营地?回英国?总之,他们要开拔了,而且上面的头儿们急着要把他们送去目的地。

在几英里外的叙普,第82空降师的一些人仍在观看一场芭蕾舞表演(他们年轻的师长詹姆斯·加文少将是个芭蕾舞迷)。晚上9点30分,演出被叫停,看表演的人都被令跑步回各自部门报到。

所有的兵营,突然间灯火通明。睡觉的士兵被叫醒了,个个一肚子的火气,有的拎起鞋子砸向内务值班的,有的连忙去穿衣服。军官来了,指令传了开来:"准备好出发。带上弹药和补给。几个小时内就要开拔。"

在穆尔默隆,第101师的参谋们只知道德国人突破了圣维特附近的盟军防线。他们这个师出发可能要去一个叫韦尔博蒙的小镇。

晚上11点的时候,师情报官保罗·达内伊中校开完参谋会议,回到他的营房。《布法罗晚报》的记者弗雷德·麦肯齐,这周末来看望他,此刻正等着他。

"出事了,弗雷德。"达内伊说,"我们一早就要出发了。"

"和你一起去,怎样?"

"好呀。我们欠你一个好报道。"

H. W. O. 金纳德中校也加入了他们的谈话。他很年轻,但已经是师作战参谋了。

"这一次啃的可是块硬骨头啊。"达内伊说,"我敢打赌,这一回我们在自己的司令部里,就能直接打德国佬。"

金纳德指着自己战斗衫上刚缝的臂章问道:"你觉着这白线好看吗?"

"非常显眼。"达内伊说。两个中校哈哈大笑起来。

5

随着夜色越来越深,德军对克莱沃的攻势达到了高潮。

赫尔利·富勒上校早已和他右翼的第3营失去了联络。他知道,左翼的第1营已经七零八落了。而克莱沃豚背山梁前面第2营的防线在敌人的不断攻击下,也已内陷严重。

往克莱沃东南不到2英里,蒙斯豪森也已濒临失守。C连的人都被打散了,正在向西逃跑。

蒙斯豪森的另一支队伍——加农炮连,仍在村边界勉力支撑。连长欧文·沃登上尉跟他们失散了;他打光了子弹,躺在一个灌木丛后头,周围围着一个连的德国人。

就在这时,他听到一阵微弱的哐当声。一辆谢尔曼坦克冒了出来,紧跟着又出现了四辆。它们缓缓转过身子,穿过黑乎乎的路面往他这边开来。它们是富勒派来的援兵。

沃登看到自己连的一名军士跑下山来,挥手引领坦克就位。一个德国人站起来,用铁拳火箭筒向领头的坦克轰去。尽管这发火箭弹没打中,但那辆谢尔曼坦克却掉转车头,全速向山下逃去,后面紧跟着其他的四辆。

蒙斯豪森的守兵站起来,冲着他们的背影挥舞着拳头,大声咒骂。

那支援军的指挥官在惊恐地往西南逃窜的路上,给富勒上校无线电报告道:"蒙斯豪森烧着了,已经落入德国佬手里了。我正往回撤!"

"回蒙斯豪森去!"富勒命令道。

坦克指挥官没有回答。

"你听到了没有?"富勒大发雷霆道,"回到蒙斯豪森去!"

还是没有回答。五辆谢尔曼坦克直接奔向后方。

富勒跌坐下来。他感到全身无力,头晕脑涨,似乎半条命都没了。

蓦然间,一种不祥的寂静笼罩住了克莱沃。克拉拉瓦利斯饭店里的几个步兵已经做好了准备。他们知道,敌军的下一次进攻将是他们的最后一场战斗。

时间一寸一寸地走过。

随着作战室的电话响起,一切又最后一次运作起来。富勒抓起电话,那是第2营的休斯从不到1英里外的豚背山梁的另一侧打来的。

"我被德军大量装甲部队袭击。"他听上去有气无力。他也是昨天才离开医院,"有六辆刚经过我的指挥所,正往你的指挥所开去。"

富勒挂上电话,又打给师部,但那边没有立即接听,让人等得发狂。那六辆德军坦克现在很可能已经开过城堡了。终于,科塔的参谋长吉布内上校来到了电话跟前。

"我这里没希望了。"富勒说,"请允许我撤出所有能撤走的人员,沿城西面的高地设防。""不可能。"吉布内呵斥道,"给你的指令是就地防守。不能让出一寸土地,你听懂了吗?"

"让我跟科塔将军说话。"富勒强压着怒火,说道。

"将军在吃饭,电话接不过去。"

一名军官冲进来,大叫道:"上校!德国佬的六辆坦克从城堡那边来了!"

"好吧,吉布内。"富勒说,"你只是转达将军的命令,我不得不服从。但我告诉你"——这时坦克的轰鸣声传来,他不得不提高嗓音——"这里即将成为下一个阿拉莫①!"

楼下一声巨响,整个饭店都为之颤抖。很快又是两声爆炸声。在15码外,一辆德军坦克正向富勒楼下的一间房间开炮。

---

① 阿拉莫(Alamo),美国得克萨斯州圣安东尼奥的天主教方济各会传教区,在得克萨斯独立战争中被墨西哥军队包围,美国叛军遭到了屠杀。——译者注

"你那里怎么回事?"吉布内问。

"德国佬的坦克刚朝我助手的办公室放了一炮!"富勒大叫道,"我要离开这里了,省得他们下一炮打到我怀里!"

"等一等——"

"我没时间跟你闲聊!"富勒砰地一下扔下话筒,随即又抓起电话,"帮我接第2营指挥所。"

一架机关枪在楼下扫射起来,灰泥被打得掉了富勒一头。低沉的爆炸声连续炸响了十几下,淹没了机关枪的声音。墙壁在震颤,电灯也灭了,但街上坦克射出的照明弹仍把房里照得恍如白昼。

富勒摆弄了一下电话机。但电话机已经坏了。

他急忙离开房间,撞上了作战参谋。

"上校,我们被包围了!"

"看起来像是。"

"我们到底该怎么办啊?"

"我要试着冲出去。"富勒说,"我们需要活着的士兵。我去城后面,把所有能找到的都集合起来。"

这时他们听到一楼传来德国人的吼叫声。

地下室里,40名美军伤员挤成一团,缩在女厕所旁边。在一个角落里,两名军官正急急忙忙烧毁资料。他们身后有一间小地下室,里面坐着饭店的老板让-皮埃尔·基朗-阔涅,以及他的妻子和女儿。炮弹的轰鸣声,机关枪的嘎嘎声,浓烟的气味,还有德国鬼子刺耳的大叫声,把他们完全吓呆了。世界末日就是这般模样。他们跪在地上,向上帝祈祷。

富勒跑到三楼,拿起卡宾枪和军用上衣,然后注意到黑暗的房间里躲着些人影,大概有十一二个。

"谁在那儿?"他大声问。

一发铁拳火箭弹从窗户飞进来,炸开了,撂倒了几个人。富勒把一名受伤的军官扶到床上,给他盖上毯子。

"我瞎了。"地板上一个声音说,"我两只眼睛都看不见了。"

富勒拿起自己的急救包,摸索着给他包扎了眼睛。

"富勒上校。"有人在大厅里喊他,"我找到从楼里出去的路了。你要来碰碰运气吗?"

"见鬼,当然要。"富勒说,"有人要一起走吗?"

"我。"所有的人一起说。

眼瞎的那个紧紧抓住富勒的手。

"是的,还有你。"富勒说,"抓住我的腰带,跟我来。"

厅里的人带他们来到饭店后面的一个窗户跟前。他们顺着一个很窄的铁梯,一个一个地爬到对过的山崖。富勒领着瞎眼士兵到了对面,然后顺着山崖上的石阶往上爬。要爬上去很费劲。富勒终于爬到顶的时候,不禁跌倒在地上——实在太累了。

他稍微喘了口气,这时又有 12 个人从饭店里逃上来了。富勒一手拿着指南针,一手抓着瞎眼士兵的手,说:"好,伙计们,我们去艾森伯恩,跟我走。"

他们排成一列,一个接一个地爬上豚背山梁山顶,走过本笃会修道院,进到一个伸手不见五指的密林里。在走进去前,富勒转身看了一眼下面的小镇。克莱沃正毁于一场浩劫。它活不到午夜了。

这时候的克莱沃,德军步兵泛滥成灾。他们身着温暖的长皮衣,个个全副武装,三五成群地在街道上游荡,用子弹或枪托撬开了一扇又一扇紧锁的门。平民们人心惶惶。

当约瑟夫·盖本家前门传来哐哐声时,他迟疑了半天才开了门。然而一跳进来的,却是一个老朋友——又一个从德军中逃出来的卢森堡人;他身后还跟着一个脚步不稳的受伤的美国军人,是他在休养中心时认识的。盖本关上门,并从里面闩上了。

"盖本,"他朋友叫道,"太可怕了!"

"该死的德国佬。"美国大兵喘着气说,"他们想渡过默兹河。"他脸色发黑,站在那里摇摇晃晃的。步枪从他手里滑落下来,人倒在了地上。

"看,你的手。"盖本对他说。

三人都看向美国大兵的手。他的手已经成了了团血糊糊的肉酱。盖本帮他包扎起来。

原来断断续续的坦克隆隆声,现在都搅和成了一片。

"我们得走了,盖本。"他朋友喊道。

盖本帮大兵扎好绷带,一把抓起步枪。

"不,"美国大兵喊道,"你不能用枪,你是平民。把它给我,赶快离开这里,否则就晚了。"

"你不跟我们一起走吗?"盖本问。

"我走不了了。"美国大兵说。

他们握了握他完好的左手。

"祝好运。"盖本说。

"也祝你们好运——你们需要好运。仁慈的上帝,我们都需要好运!"

两个年轻的卢森堡人跑了出去。四处都有炮弹在爆炸,城堡的火焰飞起了老高。他们跑过科莱特别墅时,它也在燃烧。

一辆德军坦克歪歪斜斜地从街那头开来,不住地疯狂扫射。他们躲开它,顺着通向修道院的那条窄路跑去。他们爬过断折的树木,抖掉炸断的树枝,不顾一切地拼命往前跑——上了山,绕过修道院,还继续往前跑。

突然间,他们就来到一片空地,跑出了炮弹的射程。他们瘫倒在地上。盖本双手颤抖着,点燃了一支骆驼牌香烟。然后他望了一下四周。东面的夜空被火光照得通红。乌尔斯佩尔特、马尔纳赫、蒙斯豪森和霍辛根都在燃烧。脚下的克莱沃也在燃烧。整个山谷的上空都浮着一层黑烟,一层比夜色更黑的油烟,德军的探照灯光犹如魔鬼的手指般,在这层烟幕上摸索。从克莱沃吹过来的风里带着些无烟火药和腐烂的臭味。

烟幕逐渐消散。克莱沃城堡里,在德军火炮炸出的碎石块上,大火又往上添了一层烟灰和几根烧黑的横梁,但是古堡厚重的城墙却仍然屹立如初。城堡内的美国守军——就是那些前一天晚上才第一次拿起枪的炊事员和文职人员——也仍然没有丝毫退却。

有几个卢森堡青年在帮助这些美国人。其中有一名叫让·瑟尔福的,一整天都在帮美军运送弹药,传递消息。

他想到古堡最后的守卫竟然是一群美国人,不禁觉得好笑。因为这里曾经的一个领主是克劳德·德·拉努瓦伯爵——富兰克林·德拉诺·罗斯福的一位先祖。

现在是晚上 11 点 30 分。德军的炮火攻击愈演愈烈,坦克在下面的街道上不住地轰响,地牢里的妇女和儿童尖声哭泣,拼命地祈祷。城里年长的居民来到城堡守军的指挥官前,乞求他投降。他摇了摇头:富勒命令他坚持到底。

从城堡的深处,传来了钢琴的演奏声。瑟尔福还以为自己有了幻听。他跟随着音乐声,来到宽大的"骑士厅"。在那里,他看到一个美军士兵坐在钢琴前,正淡定地弹奏,一副若有所思的样子。一发炮弹在女巫塔上炸响了,碎石如雨般飞落在瑟尔福的脚下,可是那个士兵却未弹错一个音符。是肖邦吗?噢不,是德彪西——《水中倒影》。

城堡下的街道上堵满了坦克。他们有的从乌尔斯佩尔特抄小路而来,有的从马尔纳赫沿着蜿蜒的道路赶来。先到的是德军第 2 装甲师的黑豹坦克。然后伴随着让大地为之颤抖的隆隆声,庞大的虎式坦克开了过来,最后是怪物级别的虎王坦克。整整一个晚上,都不停地有坦克开来,一辆接着一辆,它们在腾挪转移之间,把街道两旁的阳台栏杆、门廊和山形墙撞得梆梆直响。

德军的步兵部队和装甲部队,都处于一种极度的亢奋状态。他们不顾一切地奋力向前,不想浪费一分一秒。他们终于突破了防线。敌人已经被打得重心不稳,不能给他们丝毫喘息的机会。

第二部 "放手一搏"

1 刺穿比利时
1944.12.18

2 刺穿卢森堡
1944.12.18

3 投 降
1944.12.19

4 呼唤蒙哥马利
1944.12.19

5 迷雾战
1944.12.20

6 战争成形
1944.12.21

7 小镇之死
1944.12.21

1 刺穿比利时

1944. 12. 18

1

截止到 12 月 18 日上午,阿登地区已经有超过 50 支德国部队探进了埃希特纳赫到蒙绍之间的地界。几支部队只行进了 1 英里;另有一半已刺入足足 10 到 12 英里,还有一支队伍甚至狂奔了将近 30 英里。

在战线的南端,布兰登贝格尔的步兵部队于埃希特纳赫附近取得的成果甚微。然而往北一些,在乌尔河和绍尔河的交汇处附近,他们却向迪基希方向差不多推进了 3 英里。在菲安登附近,第 5 伞兵师则向前插入了 10 英里,几乎抵达维尔茨郊区。

再往北一些,也就是曼陀菲尔的部队开始接手的地方,曼陀菲尔男爵的三个装甲师向前推进的幅度则更大。装甲教导师从维尔茨和克莱沃中间穿过,向东行进 10 英里,没有遇到任何抵抗;第 2 装甲师则开过了克莱沃,现在已爬上郊区的山脊顶;第 116 装甲师下属的一个营,先是徒劳地花了一天的时间想从西尼艾弗尔山南边打出一条道来,后来取道南边,顺着第 2 装甲师的路线穿过达斯堡、马尔纳赫和乌尔斯佩尔特,于二十四小时内向前推进了 15 英里。

曼陀菲尔在西尼艾弗尔山的成就也差不多同样丰厚,同样引人注目。他把美军第 106 师的大部分人都包围在了这里,正从三面向圣维特逼近。

在西尼艾弗尔山北面，迪特里希部队的突进幅度则更是无人能比：派普战斗群狂奔30英里地，已经抵达斯塔沃洛的外围。但他麾下的其他队伍却磨磨蹭蹭，仅行进了一两英里路，这让元首司令部很是担心。

尽管总体进展缓慢，迪特里希却仍然坚称，自己马上会在自己的战线中心取得重大胜利。党卫军第12装甲师和第276国民掷弹兵师已经撞开顽固的第99师，抵达科林克尔特和罗切拉斯近郊，而且现在已集聚起来，准备联合向那两个兄弟村发起进攻。这些重镇一旦被拿下，迪特里希向希特勒保证说，目前的僵局就会迎刃而解，党卫军第12装甲师也可直奔默兹。

守卫这两个村子的是第2师的一半加上一个团。若这些人守不住，他们身后自己师的其他人员以及第99师的幸存者们，就会没时间在艾森伯恩山梁上修筑工事，而德国人就会朝西北方向长驱直入。

第1营米尔德伦中校的通信官杰斯·毛罗中尉如今明白，没有人知道科林克尔特是怎么个情况；关键是几乎没人在乎那个村子，这点让他很是不满。

拂晓不久，在米尔德伦的指挥所外面，他正躲在一辆翻转的吉普车后面张望。突然，一辆德军的虎式坦克朝这边开过来，车上还坐着十来个掷弹兵。他一直等它开近到50码时，才拿起冲锋枪朝坦克扫射。一半的掷弹兵被干掉了，剩下的则跳下车逃向后方。毛罗抓起M-1步枪，装上枪榴弹，朝着驶来的虎式坦克射了出去。坦克从他旁边开了过去，然后猛地掉过头，寻找叮它的小虫子。毛罗向前跑近些，从5码开外又射出一发枪榴弹。

坦克失控拐进了一条沟里。它挣扎着要往后退出来，毛罗瞄准好又开了火。这次击中了弹药架，坦克立马熊熊燃烧起来。几个头戴黑色无檐帽的坦克兵从应急舱口跳了出来，衣服上都是火。

在路对面米尔德伦的指挥所里，参谋们以为自己马上就会被擒获，正忙于焚烧文件。米尔德伦自己则因刚截获的一则消息而心神不安。这则消息是由他下属的一名团长发往师部的："第1营混乱无序，没有支援。交火逐渐平息。"布斯上校人一直在罗切拉斯，他会知晓科林克尔特的情况吗？在过去的八个小时内，米尔德伦的将士们从未停歇过，用巴祖卡火箭筒和枪榴弹摧毁一辆又一辆的坦克。每次他打电话给布斯少校，说科林克尔特的街上有很多德国佬的坦克时,上校都只是稍微安抚他一下,好像他只是见鬼了似的。外面的交火声骤然猛烈起来,坦克的轰隆声震耳欲聋。

"联系布斯上校,请求坦克歼击车支援。"米尔德伦于喧嚣声中叫道。

一名低级参谋用无线电联系上布斯上校:"长官,我们急需歼击车。德国佬的坦克我们应付不过来!"

"多少辆?"布斯平静地问,"它们离你们有多远?"

一声巨大的轰鸣声响起,房屋震颤了一下,灰泥跟着大块大块地掉下来。

"这么说吧,上校。"无线电旁的军官说道,"我到二楼往窗外随便撒泡尿,至少就能尿到六辆!"

在往东北半英里的罗切拉斯,离布斯的指挥所不远,威廉·麦金利中校带领的一个营被早晨的浓雾笼了个严实。这支部队的阵地就在罗切拉斯东边,这时正受到敌军坦克和步兵的猛攻。美国兵们先放德军坦克从散兵坑上开过去,想从后面用巴祖卡干掉它们。但敌军的掷弹兵尾随得太紧了,狭小的前线阵地上到处都在上演肉搏战,有用刺刀的,有用匕首的,甚至还有只靠拳头的。

突然间,浓雾就如同剧场的帷幕一般,升腾起来不见了。三辆虎式坦克沿散兵坑阵线轰隆着行进,把麦金利的人一个坑一个坑地给炸掉。

"我方遭敌军碾压。"A连连长用无线电喊道,"请求火炮炸向我方阵地!"

在接下来的半小时内,美军的一个炮兵营把这个连的阵地给炸翻了天。

在北翼,B连和C连的防线也有些动摇。几个人被吓破了胆,往后方奔去。但麦金利在半路上截住他们,用手枪把他们给逼了回去。防线暂时保住了。

伪装成白色的德军坦克这时正在罗切拉斯的街道上扫荡,它们身后跟着一群群着白衣的步兵。坦克之间的决斗,遍布各条街道;步兵的厮杀声,响彻各栋房屋。

在麦金利的后方,布斯上校正催促第2营做好防守准备。他目睹了罗切拉斯的激战,很是心急火燎。"我需要一个小时。"他无线电联系麦金利道,"你们最好撤回来。"

"我两个连都被包围了。"麦金利回答道,"其他人都动弹不得。我自己能出去就算个奇迹了!"

他身后突然传来了隆隆声,奇迹发生了。北方出现了五辆谢尔曼坦克,体形庞大且棱角分明。

它们一副天不怕地不怕的样子,朝被围的几个连冲过来。没过几分钟,那三辆在散兵坑上横行霸道的坦克就有两辆燃烧起来,成了堆废铁。两个被围的连剩下的23个美国大兵,从散兵坑里爬出来,奔向罗切拉斯与战友们会合。原本的一整个营,只剩下了240人。

在邻近的科林克尔特,米尔德伦指挥所之战仍在激烈进行。守军由于巴祖卡弹药不足,不得不自制炸弹:他们往酒瓶里装满汽油,塞入布芯。纳粹坦克一向他们驶来,他们就点着"莫洛托夫鸡尾酒"①,把它扔向炮塔。

杰斯·毛罗中尉正处于此场混战的中心地带,不断奔跑穿梭于各个房屋之间。他从这个地下室跑到那个地下室,把吓坏了的士兵一个一个地拉出来。他把他们安排在门道,并威胁说,一旦离开岗位,就开枪打死他们。

一辆虎式坦克从他旁边开了过去,一辆吉普车这时也恰巧从小巷拐出来,与坦克来了个照面。两名美国兵当即跳下吉普车,随后就是一阵刺耳的金属断折声。坦克直接从吉普车上轧了过去,吉普车成了堆扁平的垃圾。

坦克的炮塔卡住了。它开向道路右侧,拿88毫米炮的长炮管朝电线杆撞过去,电线杆咔地一下就断了。那头受折磨的史前巨兽,又用炮管朝另一根电线杆扫过去,第二根也咔的一声断了。终于,卡住的炮塔给震开了。它掉转过头,朝米尔德伦的指挥所直冲过来。

毛罗抓起巴祖卡,对准坦克的后面发射出去。坦克随即变了个向,朝街尾的房屋撞去,然后滚落到壕沟里,躺在那儿动不了了。

一个脑袋从炮塔上冒了出来。坦克的88毫米炮管在人力的转动下,缓缓转向指挥所的方向。毛罗拔出0.45英寸手枪,奔向那辆虎式坦克,朝炮

---

① "莫洛托夫鸡尾酒"(Molotov Cocktail),土制燃烧弹的别称,由西班牙内战中苏联支持的共和派人发明。——译者注

塔上的人连开了两枪。

炮塔上的德国人看着他傻愣了会儿，然后便大声向坦克内的同伴下达命令。毛罗在15英尺外停了下来；他的手枪没子弹了。恼羞成怒下，他把手枪砸向德国人，然后跑进了小巷。

小巷里，第99师的一辆吉普车恰好驶来，车上装备着一个巴祖卡。

"等一下。"毛罗命令道。他抓起巴祖卡举到肩上，从房屋墙角跳了出去。让他惊愕的是，那辆虎式坦克的88毫米长炮管就在他鼻子跟前。他猜自己看到一发炮弹从炮管里飞了出来，随后就是一声巨响。一层厚厚的黑幕把他罩住了，让他几乎喘不过气来。

当恢复意识后，他看到敌方坦克就在几码开外，粗大的炮管口还对着他，一缕烟正从中冒出来。他要死了，这是肯定的。他瘫了下去，将身体放松开来。他要好好享受自己最后的几分钟。然而虎式坦克却将炮管缓缓移到了别的方向。毛罗随即意识到，自己暂时安全了。他向角落爬去。几分钟后，他跟跄着回到营指挥所。

米尔德伦看了一下他，摇了摇头。之前毛罗拿手枪大叫着朝虎式坦克冲过去，他是亲眼看到的。然后几分钟后，虎式坦克的88毫米炮又零距离朝毛罗开了一炮，他也是见证人。毛罗怎么都不可能活下来。

"我伤得很重吗？"毛罗问，鲜血从他的脖子中喷涌而出。

"没什么事儿。"米尔德伦撒谎道。

"不要糊弄我。"

在团部救护站，医护兵对毛罗的伤口进行了包扎。"我的天。"一人对新来的说，"这位中尉被一发88毫米炮弹给刮到了，竟然还活着！"

他被抬进一辆救护车里，里面还有三个烧伤严重的德军坦克兵。

"那辆朝你开炮的坦克，"一名医护人员对昏昏沉沉的毛罗解释道，"就是那几个人开的。一个美国兵把一枚铝热剂燃烧弹扔到了炮塔里。"

几个德国人身上都绑着绷带，其中的一个朝毛罗笑了一下："你有香烟吗？"

"香烟？"毛罗咒骂起来，要从担架里挣脱出来。然而尽管他的手指还抓着那个德国人，他却又跌了回去，失去了意识。

2

派普战斗群向斯塔沃洛极具威胁的突进,让霍奇斯很是惊慌。他急忙调遣增援部队以遏制德军攻势。第 82 空降师正从法国疾驰而来,以阻止派普继续往前;第 9 师和第 30 师则从北方并排南下,好防止敌军北转攻向荷兰。

德军对美军的这些行动可谓了如指掌。在对美军士兵的晨间广播节目中,爱克西斯·萨莉讲述了纳粹在阿登的巨大胜利。"现在呢,"她说,"还是让你们这些穿卡其制服的小子做个明白人。你们的行动我们一直都在跟踪监视。下面是你们部队的最新动向。罗斯福的第 30 师正手忙脚乱地走在南下拯救第 1 集团军的路上。"

然而直到拂晓时分,美军增援部队对派普战斗群还没构成任何威胁。派普战斗群目前位于斯塔沃洛南郊,离目的地默兹河只有 25 英里的距离。

昨晚,派普的部队在昂布莱沃河南边的高地上宿营。他们首先要穿过一座古老的石桥到达北岸,行进至斯塔沃洛这个有着 3000 人口的工业城镇的中心地带。再走 100 码,就会到达集市和一条向西的主干公路。他们将会在那里左转上道,继续向路途中的另一个目标特鲁瓦蓬行进。

派普最为担心的还是那座石桥。昨天晚上他们意图过桥的时候,遭到了猛烈的步枪抵抗。但无论石桥是怎么固若金汤,他们都必须尽快拿下它,以防美军把它炸毁。昂布莱沃河正值涨水,既深且急,足以挡住他坦克的去路。

天亮之前,派普就已做好了向默兹河冲锋的准备。他还记得临行前迪特里希的参谋长克莱默将军对他的最后指示:"急速前进,放手一搏,派普。"

他坐进自己的装甲车里,挥手示意一个坦克排先行。没过几分钟,先头部队就已绕过那个俯视斯塔沃洛的陡峭山丘的顶部,开过一个古堡的残迹,并轰鸣着朝石桥而去。

他看到美军的两辆坦克歼击车探头探脑的,在朝他的头一辆坦克瞄准。领头的虎式坦克轰地发出一道橙色的光亮,美军的一辆坦克歼击车就燃烧起来。随之又是一声爆炸,又是一团火光。

接着,派普看到几个美国步兵向桥对岸爬去。他命令体形庞大的黑豹和虎式坦克追上去。坦克兵们小心操作着,让宽大的车体上了桥面,一个一个轻松地过了桥。

桥上竟然没有发生任何爆炸,这让派普很是惊讶。(美军工兵没想到得把桥给炸掉。)他通向下个目标的路途,如今就没什么障碍了。但当他的坦克接近斯塔沃洛中心地带时,突然就遭到猛烈的巴祖卡阻击。第一辆坦克失去控制,撞进一栋房屋里面。紧随其后从集市那边也传来反坦克炮的开炮声,又有两辆德军坦克燃烧起来。派普气急败坏地命令一支特遣队脱离大部队,让他们把集市那边的抵抗力量给炸掉,以保证右翼的安全。

然后他命令大部队向西朝特鲁瓦蓬和默兹行进。然而截至现在,已经白白耽误了一个多小时。

守卫集市的是一个步兵连和一个坦克歼击车排,由保罗·J.索利斯少校指挥。凌晨4点他们就开进了斯塔沃洛。他们的任务:守住这个镇子,直到第30师从北面赶来。

索利斯在敌方特遣队的攻势下,又坚守了一个小时,并摧毁了两辆坦克。当德军准备来个正面强攻时,他发出了撤退的命令。他剩下的两辆坦克歼击车沿着主干公路,向东朝8英里外的马尔梅迪开去。索利斯和步兵则向北爬上一条陡峭的盘山公路。几英里之后,一名比利时军官挥旗让他的吉普车停了下来。

"这条道沿路都是石油!"比利时军官激动地解释说,他和几名平民守卫着1300万升的燃油。

他们还正在说话,索利斯听到山脚下德军坦克低沉的轰鸣声。他无助地看了一下四周。他已经没有反坦克炮了,唯一的一个步兵排也已筋疲力尽。德军坦克继续顺着陡峭的山路往上爬,发出震耳欲聋的轰鸣声。索利斯突然就想到个主意。他的兵士和那几个比利时人在几分钟内,就把成堆的燃料堆放在了山路上的一个急转弯处。

领头的黑豹坦克一出现,汽油马上就被点燃了。黑豹试图从大火旁边绕过去,结果差点从峭壁边给摔下去。它立马退离燃烧的路障,掉转了头去。另外 14 辆坦克也掉转过头,朝斯塔沃洛驶去。毕竟对派普战斗群来说,这道路障没有什么明显的威胁。

就在刚才,约亨·派普的那支特遣队与一个大燃料库擦肩而过,但他对此却毫不知情。这个燃料库足以支持他的整个师抵达默兹河,且继续向前行进好远。目前派普已经快要抵达特鲁瓦蓬镇。现在是上午 11 点 30 分。

他知道,这个镇子有可能会是他的最大障碍:昂布莱沃河和萨尔姆河就是在这里交汇。但只要能通过两条河上的公路桥,他就差不多可以长驱直入,直取默兹河了。

在一条通往城郊的地下通道前,几个微小的人影正在路上埋地雷。他下令予以攻击。

充当德军开路先锋的工兵们,不顾一切地冲上去,扫除了地雷。然后,派普的坦克车就继续向前开去。领头的坦克刚到达地下通道,它的炮塔就爆炸了。那辆坦克急转个弯,停了下来。它身后是紧跟着的 19 辆黑豹和虎式坦克。

刚才开火的是一门 57 毫米的反坦克炮。它出现在那儿,也完全是个意外。那天早上,运载它的半履带车在去斯塔沃洛的路上坏掉了。特鲁瓦蓬的守军,也就是第 51 工兵营的 C 连随即征用了这门反坦克炮,把它放在了地下通道附近。一听到派普的坦克从不远处传来的轰鸣声,这门炮的四名炮手便得到命令:要延缓德军的步伐,坚持到昂布莱沃河上的桥被炸毁。

有十五分钟之久,德军纵队都被这门不起眼的 57 毫米炮拦阻得无法前进,搜寻它具体位置的努力也是徒劳。然后从那几名守兵后方传来一声巨大的爆炸声,地面震颤不已,岩块和碎石也都如雨点般滚落下来。等烟雾最终消散后,那座横跨昂布莱沃河的公路桥已经只剩两端,中间是一个巨大的断区。那几个美国士兵刚刚获得一个重大胜利。

派普听到爆炸声后,猜测两座桥中的一座已经炸毁了。他气急败坏地要求他的坦克部队加强攻势。不久,一发 88 毫米炮弹就击中了美军火炮,炮手全都丢了命:麦科勒姆、霍伦贝克、布坎南和希金斯。

派普急速穿过地下通道,然后看向左侧。几百码开外,昂布莱沃河桥的废墟上还在冒着烟。通向西面的主要道路已经断了。仅被耽搁了几分钟,就造成了灾难性的后果，而这全都是拜一门火炮和几个美国兵所赐。但派普还是抑制住了自己的怒气。他看一下地图，发现可以通过一条狭窄的山路绕到北面。尽管运气不好，但也许只比原来慢没几个小时呢。

派普和先头部队向北出发之后，一小队德军向南来到了已被炸毁的公路桥前。正如之前在包格涅兹和李格诺维尔时一样，他们背着长官，在这里采取了野蛮的手段来发泄内心的失意感。他们将平民从房屋里拽到河边，在昂布莱沃河对岸悲痛欲绝的朋友和亲人无助的目光下，杀害了包括男人、女人和孩子在内的总共 22 人。

派普以北仅仅 10 英里，就是著名的水城斯帕，美国第 1 集团军司令部的所在地。这座城派普翻手就可拿下。他派出的侦察队渐近的炮火已经引起了城里居民的恐慌。甚至在不列颠饭店的大堂里，都能觉察出不加掩饰的恐惧感。然而在楼上考特尼·霍奇斯的办公室里，一切却显得很是平静。霍奇斯性格从容，慌乱不起来。他已经经历过太多了。

第 7 军军长 J. 劳顿·柯林斯少将走进了这个房间。

霍奇斯温文尔雅地站了起来，和他握了握手。"很高兴见到你，乔。'大个子'辛普森把你借给我，让你帮我们摆平这里的乱局。德国人已经突破我军前线多处。"他用平静的语气慢吞吞地说，"战局很不明朗，很混乱。"

一名蓄着八字须的上校匆忙走进房间，凑在霍奇斯肩膀上说："将军，您如果不想被抓住，最好现在就离开城区！德国人只有 1 英里远了。"

"等会儿，等会儿。"

轻型武器的声音已经可以微微地听到了。

"但是，将军，""修士"迪克逊上校继续说道，"已经没时间了！"迪克逊是上校的情报官。

霍奇斯礼貌地挥手让迪克逊离开了房间。"乔，"他平静地继续说道，"你要充当我的战略预备力量。"

3

在德国，午间广播声正萦绕于每个人的耳际。"我们的部队重又踏上了征程,"一名播报员说道,"圣诞节前,我们就把安特卫普呈献给我们的元首。"

在"狼穴",派普战斗群的一系列胜利和克莱沃的成功让希特勒大为高兴。正如他所预料的,他们在多处取得了重大突破。

在巴黎,法国许多政府部门几乎都陷入了恐慌状态。1940年的闪电战仍让他们记忆犹新。在凡尔赛的盟国远征军最高统帅部里,一支以朱安将军为首的法国高级军官队伍刚刚到达,他们个个神情激动,想搞清楚阿登到底发生了什么事情。艾森豪威尔的参谋长比德尔·史密斯将军正引导他们往作战室走,去看战场地图。

在走廊里走过时,史密斯注意到,那些法国人看到间间办公室都安静整洁,眼睛里满是不解。

"我不明白,"一名焦灼不安的法国将军惊呼道,"你们竟然没有收拾行装!"

在安静的办公室中的一间,艾森豪威尔正在做一个决定。尽管当时很多人都不认同他的观点,但他还是深信,德军发起的是一场大规模进攻。

他下定了决心。他将会取消巴顿原定于下一天对萨尔的进攻。取而代之的是,他将会让巴顿转而向北,以六个师的兵力攻击德军的侧翼。他让人传话给布雷德利和巴顿,让他们于下一天早上在凡尔登见他。他们会在那里商定出美军反攻的细节。

而这个决定,希特勒之前就已预料到,至少得让丘吉尔和罗斯福花上一周时间才能做出。

4

12月18日中午时分,圣维特之战正处于如火如荼的阶段。那天清晨,为了拯救西尼艾弗尔山上琼斯的部队,布鲁斯·克拉克本来正要对勋伯格村发动攻势,然而德军坦克和步兵却突然袭击了圣维特以北仅1英里的一个村庄——胡林根。

克拉克于是便取消了对勋伯格的进攻,急派援军赶往胡林根。在那里,经过一番激烈交战后,德军被打退了。但他明白,这只是麻烦的前奏罢了。他可以听到从北方更远处传来的大量车辆行进的声音。圣维特显然已经被德军绕了过去,很快就会变成一个突出在敌方阵线内的半岛。

将士的士气也让克拉克很是担心。他还不了解他们,他们也不了解他。他们被调动太多次了,人心不定,勋章往常的激励作用已经失效,甚至提拔晋级这件事也都没人理睬了。

还有第三件事让克拉克很是担心:琼斯将军。尽管第106师和霍格的装甲战斗群还在琼斯的管辖之下,但他已经把圣维特当前的防御任务转交给了克拉克。克拉克不喜欢一直被军衔高于自己的人指指点点,让他去攻击勋伯格村,以便把琼斯被围困的部队给带回来。克拉克理解琼斯将军心之所急,但现今是不可能发起进攻的。守住圣维特是他唯一的任务。

琼斯的参谋们甚至试图说服将军把第106师的指挥所给撤回到后方的维尔萨姆。如今与所辖部队的联系已被切断,他们正好处于前沿阵地。然而琼斯依然坚称,他应该尽量与他被围困的部队离得近一些,这是他的职责。下午2点42分,他人仍在维尔特。他叫来作战参谋,要求他继续向他西尼艾弗尔山上的将士投放弹药、食物和医疗物资。

琼斯当然不知道,迄今为止连一件物品都还没空投出去。第9部队运输指挥部直到那天早晨才收到盟军最高统帅部的命令。

23架C-47军用运输机之前在英格兰装载完毕,现在已经快要到达比利时的弗洛雷纳。他们将会在那里聆听简令,并被派给战斗机为他们做掩护。天空已然布满阴云,一副咄咄逼人的姿态,但只要稍微有点运气,他们还是能在天气变坏之前将物品空投到西尼艾弗尔山上的。

他们盘旋在上空,等待着着陆的指令,但却没有接收到任何相关指示。弗洛雷纳对空投的事情毫不知情。"太忙了,没时间管你们,"信号塔无线电说道,"你们要不飞去列日?"

在西尼艾弗尔山上,凯文德上校刚向年轻的狄尚农上校传达了琼斯将军对被围困的两个团的共同命令。命令要求这两个团掉转过头,对一股强大的活动于勋伯格—圣维特路沿线的德军装甲部队发起进攻,然后再打回圣维特。

因此，还未到正午，狄尚农的这一个团就开始向西北移动。炊事车被砸毁了，太重不便于携带的武器也扔掉了，地面上到处都散落着一个团的个人用品和军事物品。虽然离新集合地点只有3英里，但那儿却是个崎岖的山岭地带。士兵们拖着武器和弹药蹚过泥地，爬过滑溜的山丘，穿过茂密的森林。劳累的路途让人很容易出汗。没用多久，走过的路径后便都是扔掉的外套。

狄尚农亲自带领着部队。他处在队伍行列的第一个。

"你疯了，上校。"作战参谋抗议道，"你会丢了命的。"

"我必须确保行进方向正确。"他说。他有一种奇怪的兴奋的感觉。他整个军事生涯似乎都在指向即将到来的这个行动，他迫不及待地希望它能早点到来。

在狄尚农身后，他的兵士们步履艰难地跋涉在浓密漂亮的森林之中，树木上堆着成吨的积雪。"为什么老是到处跑，却什么打斗都没有？"他们发牢骚道。他们还从未在任何一个阵地被敌军压迫过，为什么要撤退呢？

然后一个传言传开来，说第331卫生营在勋伯格被俘虏了。缓慢的步伐加快了些，他们想去营救自己的战友。走在前面的步兵一颠一颠地跑起来，重物从一个人的肩上换到另一个肩上，他们没有丝毫停歇。然而勤务兵还是不断地倒在路边，一个个筋疲力尽。

下午3点，从西南方传来交火声。狄尚农从树林里钻出来，来到一条路上。战斗的声响更大了些。他判断在日间继续行动太过危险，便让兵士们隐蔽在树林里，直等到天黑。

西南方的声音是凯文德那个团发出来的。中午时分，带头的第2营开始出发，碰上了一道坚实的德军路障。凯文德命令第3营绕过战斗区域。过了一会儿，一个振奋人心的传言开始在队伍中传播，从这个人传到那个人，从这个连传到那个连：盟军某支装甲部队已经从南面突破进来。他们的担忧很快就会不复存在了。

但事实却是：西尼艾弗尔山上不会有任何援军，也不会有任何空投物资。他们完全得靠自己了。

傍晚的时候，凯文德收到了琼斯将军另一条被延误已久的消息："攻击勋伯格,给敌军制造最大伤亡,然后向圣维特方向进攻。此次任务事关国家命运。祝你们好运。"

凯文德向参谋们宣读了命令。几个人有些愠怒:那一句爱国主义的说辞既是一种侮辱,又没有丝毫必要。没过多久,炮兵部队就用牵引车拖曳着榴弹炮,开始向勋伯格进发。步兵在他们身后跟上。他们最后的征程已经开始。

往东北方 1.5 英里,狄尚农上校正给营长们下达有关明早进攻的最后指示。"勋伯格地区敌军的兵力部署和方位我都不清楚,"他说,"但我知道,第 423 团将会在我军左侧发动进攻。我们将以三个营的梯队,攻击右后侧。现在你们各营各自利用指南针到达最终集合地点,准备于 7 点发起攻击。祝你们好运,同志们。"

三个营在黑暗的森林中移动开来,只靠指南针给他们指点方向。因为巡逻队会在前方探寻是否有德军,所以他们也就会经常停下步子来。天气转冷了,那些丢掉大衣的人开始瑟瑟发抖。步兵、炊事员、文员和迫击炮兵在黑暗的林地里步履艰难,又困又累,又饿又冷。临时救护站里的伤员们,默默地听着他们的战友出发并消失于黑暗之中。他们,还有一些救护兵志愿者,都被留在了后面,完全听天由命了。

狄尚农带领自己团穿过一片开阔的田野。突然间,他听到德军车辆的声音,所有的人立马便都卧倒在雪地上。空气一下子安静下来,狄尚农甚至可以听到他身后人的呼吸声。等车辆声音停止时,天已经大暗,没有办法继续行进了。他命令士兵们隐蔽在最近的林地里,等待明天天亮时分的进攻。

狄尚农没有挖掘掩体,直接就躺在了地上。他实在是太累了。即使穿着厚厚的风雪大衣,他也一辈子都没感觉这么冷过。在他身后,各营的士兵在一小片树林里挤成一团,也是累得没有力气挖掘散兵坑。他们直接跌坐在雪地上,努力想休息一下。

从狄尚农处往西北方 6 英里,在勋伯格的另一侧,狄尚农手下的一名炮兵军官小埃里克·伍德中尉正在浓密的树林里游荡。就在前一天,尽管他手下其他三门火炮都得以逃脱,他和最后一门榴弹炮还是在勋伯格被伏击了。炮手们躲在一个壕沟里,结果被抓了。伍德则直接逃走了。

他和另一名走散的美国大兵离梅耶罗德村只有不到1英里的距离。这个村子建在大山中，孤立隔绝，位于圣维特东北5英里。德军于前一天占领了这个无任何守卫的村子，把村子里的52栋房屋全都用作了泽普·迪特里希个人指挥所的兵舍。

村民们尽管说的都是德语，但却个个都有着热忱的比利时心。

彼得·马莱特的房子位于梅耶罗德村的外围，就在浓密的树林旁边。临近傍晚的时候，他走到树林里，想找一棵圣诞树。尽管战争肆虐，他仍想庆祝一下这个节日。他沿着通向树林里的那条道路走去，这条路曲曲折折，路面上方都是浓密的冷杉树。他快走到一个六岔土路路口时，两个模糊的人影从树林里走了出来。他们朝他招了招手。他看到他们是美国人，不禁舒了一口气。

"我能帮到你们什么吗？"他用德语问道。他邀请他们到他家里去，他的房屋还没有被德国佬侵占。

他们听不懂。他便用手势向他们说自己是他们的朋友。两名士兵互相看了下对方，然后个子高一些的埃里克·伍德点了点头。他们全身又湿又冷，还很饿，只好跟着马莱特穿过树林朝村子走去。三人偷偷地从树林里跑出来，从房屋后面溜进了马莱特家。

"唔，"马莱特对他25岁的女儿伊娃说道，"我给你带来了两个美国人。"

"但愿他们真的是美国人。"她说道。最近有不少德国佬穿美军制服的传言。伊娃示意他们坐下，然后给他们拿来了面包、黄油还有咖啡。然后马莱特想起来，一个叫让·施罗德的村民会讲英语，便跑出去找他去了。两个美国人则一边擦子弹夹，一边互相开玩笑。伊娃虽听不懂他们说话，但伍德的手势和表情却让她不禁哈哈大笑。

最终，马莱特带着施罗德回来了。

"勋伯格的16个人中，我是唯一逃出来的。"伍德告诉施罗德，"我必须赶去圣维特。我会从那儿要到援军，然后再赶回勋伯格。"

"不可能的。"施罗德说道。他是在一个英国旅馆当行李生时学的英语。"圣维特到处都在打大仗，从我家窗户就能看到那边的火光。"

伍德看向他的同伴："这样看来，我们必须得回到树林，完全靠自己战斗了。"

此时，在200码外的一栋房子里，泽普·迪特里希正坐着喝当地产的烈酒。有传言说南面取得了重大胜利，那是曼陀菲尔打下的功劳，而他却还耗在艾森伯恩山梁以东，停顿不前。

他所在前线唯一的亮点就是派普战斗群，它现在游荡在斯帕的霍奇斯指挥所附近。

此时此刻，斯帕的街道上到处都是从第1集团军司令部撤出的吉普车、卡车和指挥车。尽管有灯火管制，然而许多建筑物里还是高亮着灯。

除了几名激动地在走廊里走动的军官以外，不列颠饭店里几乎已经没有美国人了。然而霍奇斯将军的办公室却还犹如一个运作良好的图书馆，一片安静平和：霍奇斯这时正在检查报告文件。他把重要文件收拾好，从容地走过二楼的大客厅。就是在这间客厅里，威廉皇帝于第一次世界大战后签署了退位书。现在也该他离开了。然而即使处在如此混乱的局面下，他离开时仍旧保持着一副尊严、庄重的样子。

这一混乱局面的直接推手约亨·派普，却对斯帕没有任何兴趣。尽管身在斯帕西南方仅仅10英里开外的山村斯图蒙附近，他还是又朝西而去，意图夺取一个要大得多的战利品——默兹河。

那一天的失意并没有止于特鲁瓦蓬。一架从斯帕飞出的美军联络机通过一个偶然的机会，在从云中飞出来的一刹那发现了他们队伍的首端。派普的部队还没来得及躲到树林里，第9战术空军指挥部的战斗轰炸机就摧毁了10辆坦克和半履带车。

尽管这一天连遭不顺，派普还是又向前推进了15英里。他决定于第二天上午攻下小村庄斯图蒙，它就坐落在往前不到1英里的黑色山丘上。若有周日的运气的话，他在天黑之前就能到达默兹河。

他在不同人群之中来回走动，给他的兵士们注入新的生命与希望。他们年轻、强壮而又富有激情，只需几句鼓励的话语就足够了。没过多久，他们就兴奋地讨论起了安特卫普、巴黎和伦敦。他们边吃东西边饮酒，同时还唱起了故国的歌曲。

2 刺穿卢森堡
1944.12.18

1

卢森堡大公国这个小国的最北端,就像一堵夹在德国和比利时之间的墙。

截止到 12 月 18 日白天,曼陀菲尔的多支坦克队伍已经深深插入卢森堡的这堵墙内,全部攻势都对准了墙另一侧的比利时城镇巴斯托涅。巴斯托涅是阿登地区最重要的铁路和道路中心。

曼陀菲尔的第 2 装甲师这时已经爬上了克莱沃郊外的山脊。从这儿到巴斯托涅之间是 20 英里起伏开阔的土地,外加两道美军路障,路障分别为无所不在的第 9 装甲师派出的罗斯特遣队和哈珀特遣队守卫。

向南大约 7 英里,曼陀菲尔麾下的步兵队伍正向维尔茨奔去。这座城镇——第 28 师指挥所的所在地——一旦被拿下,通往巴斯托涅的南面通道就将彻底打开。

守卫维尔茨东南方门户的第 707 坦克营带着仅剩的八辆坦克,已然向维尔茨退去。第 44 战斗营的工兵们则被部署在一条曲折的从北到东的防线上,成了当前主要的防守力量。

维尔茨自身陷入了一种极度的踌躇不定之中。孩子们还犹如往常一样被送到了学校里,但是人们却不免心怀恐惧地到处张望,已然做好了逃离的准备。战斗的声响越发响亮时,镇长约瑟夫·西蒙便走上街道,让人们躲到地下室里。德国人会被拦下来的。

然而药剂师、当地童子军的领袖尤金·韦伯却不相信他的话。韦伯被一名附属于第28师的法国军官告知,那天早晨正有个参谋会议,来判断这座城镇是否能守得住。韦伯现在正往阿德勒别墅赶,等着会议散场。

亨利·内森中士在戈贝尔烟草店上方的卧室里穿衣、刮胡子时,就已经听到了枪声。然而等走到维尔茨的主街道格兰德大街上时,他才意识到了事情的严重性。他旁边不断有居民跑过,有迎面而来的,也有同向而去的。他看到镇长就在前方:他不断地把行人拦下,猛烈地做着各种手势,而他的同伴则在激动地晃着铃铛。内森脑袋中冒出的第一个想法是他们遇到紧急情况了,正在找他;他昨天晚上置现行命令于不顾,离开了军营,和那两个打理烟草店的中年未婚女士戈贝尔姐妹们待了一晚上。他晚上睡在了她们给他留的软和的民用床铺上。

内森顺着曲折的主街道,走过维尔茨上层民众的店铺和房屋,来到了古堡跟前。城堡依一座岩石山脊而立,从山脊上可以俯视维尔茨下城区。城堡一翼如今已被一家野战医院占据,另一翼则是一所天主教会女子学校。然后他顺着陡峭的道路向下走去,进了师指挥所。

在战斗序列研究组小小的办公室里,东西已经被翻得乱七八糟。中士莱斯特·克里茨正在烧毁截获的德军文件。三人小组的指挥官是一名上尉,他的主要职责是监控敌军的兵力状况。他也在收拾东西。

"发生什么事儿了?"内森问道。

"亨利,我们要撤走了。"上尉说道,"德国人已经突破防线!他们随时都可能到这儿。"

"上尉,"克里茨疲倦地说道,"司令部里可没人走啊。"

"快去开吉普车,不要说了!"

"那我们最好也带上拖车。"克里茨说道。他们大部分的设备和文件都在拖车里。

"没时间管那些了。把吉普车停外面,让发动机转着!"

几分钟后,三人就开车爬上陡峭的道路,开过城堡,然后驶上了格兰德大街。内森和克里茨说他们想在烟草店门口停一下,给戈贝尔姐妹警个醒,但上尉却听不进去。除非抵达巴斯托涅,要不然他们是不会停下来的。

克里茨坐在后座上,看着后面的房屋和店铺一闪而过。第28师是在许特根森林战役后来到这里的,当时是皮开肉绽、伤痕累累;居民们把他们当成儿女一样欢迎他们,给予他们安慰、热情和友谊;而一个月后的现在,离开他们就宛如又一次离开了家。他永远都不会忘记善良的戈贝尔姐妹们,永远都不会忘记与卢森堡人一起在小咖啡馆里聊天、唱歌的夜晚。

上午11点的时候,他们已把那个小城抛在身后,继续朝巴斯托涅奔驰而去。但他们与维尔茨的缘分还未尽。

第28师指挥所的前面,药剂师尤金·韦伯还在等他的朋友。会议终于结束了,军官们从阿德勒别墅里蜂拥而出。那名法国军官朋友摇了摇头:维尔茨,美国人是守不住的。

韦伯跑到红十字会大楼,警告他的童子军成员赶紧离开,然后就赶回家让他父母收拾好几件衣服。他抚摸了家里的猫一会儿,然后把它放到一个桶里,并往里面扔了块蘸着医用麻醉剂的棉布,盖上了盖子。他现在已经准备好离开维尔茨了。

2

截止到下午3点30分,曼陀菲尔那个已开过克莱沃的第2装甲师,离巴斯托涅只有10英里远了。美军第9装甲师罗斯特遣队的几百名士兵,尽管奋力死战,但战局还是呈一边倒的态势,最终被击溃了。德军的坦克队伍现在正向第二道路障哈珀特遣队逼近。这支特遣队是横亘于巴斯托涅前方的最后一道路障。

德军另有两个师也在向巴斯托涅集聚。德军装甲教导师目前正沿南面数英里开外的几条泥泞的支路,不遗余力地往前翻腾。和他们使用这同一条道路的第26国民掷弹兵师,是他们前进途中的唯一阻碍。

尽管行进相对比较缓慢,统管这三个师的军长海因里希·吕特维茨将军还是觉得很满意。他时年56岁,挺着一个啤酒肚,戴着的单片眼镜与他形影不离,是个典型的傲慢的普鲁士人。但他实际上却对自己的部队十分体谅。尽管外表比较粗鲁,内心却大胆无畏。这也是曼陀菲尔让他负责主攻的原因。

吕特维茨刚刚截获一条无线电消息,能截获显然是美军通常的粗心大意使然。消息说美军的第82师和第101师两个空降师正从法国向阿登赶来。了解到美军的精英空降部队被用作步兵,他感到很开心。这意味着美军的预备部队人数处于岌岌可危的低水平。

他猜第82师和第101师是要赶往他自己的目标巴斯托涅去的,但他却一点都不担心这个。他相信装甲教导师一定会在他们之前到达那里。阿登地区最重要的铁路和道路中心很快就会不战而得。

无论付出多少代价,都必须拿下巴斯托涅。"否则的话,"他对手下的指挥官们说道,"它将会成为我们沟通线路上的一个脓肿。"

对这些援军,吕特维茨只猜对了一半儿。只有第101空降师是朝巴斯托涅去的。考特尼·霍奇斯那天早晨已下了命令,让先出发的第82师绕过巴斯托涅,前往韦尔博蒙,以阻止派普向默兹进发。

然而,还有另外一支美军队伍也在向巴斯托涅开去。它是第10装甲师的B装甲战斗群。前一天晚上,他们正准备在大前线最南端的卢森堡市进入战斗时,他们的指挥官威廉·罗伯茨上校被叫到了电话机前。

"做好准备,罗伯茨,"他被告知道,"你们要开往北方,去比利时一个叫作巴斯托涅的小镇。"

刚过下午3点,罗伯茨就先于他的部队之前,开着吉普车向巴斯托涅的特洛伊·米德尔顿报到了。罗伯茨身材威武高大,见识过不少战争。他对第8军军长说道,他的首批部队随时都可能从南方到达这里。

米德尔顿感到轻松了不少。"已经有部队朝巴斯托涅打过来了。"他解释道。然后他又说,城镇东面仅有的两道路障——罗斯特遣队和哈珀特遣队,很有可能已经被碾压了过去。"你能组织多少战斗队,罗伯茨?"他问道。

"三个。"罗伯茨回答道,心里有些担心。要把他的部队拆开来,这让他不怎么喜欢。

米德尔顿指着一张地图:"你立即派三个战斗队到达这几个位置,应对敌军威胁。"他指的是三个村庄，一个在北面5英里，一个在往东同样距离的圣维特路，还有一个处于东南方的维尔茨路，这样的话，巴斯托涅前方就会有一个半圆形的盾牌，"能行进多快就多快。罗伯茨，不管付出多少代价，都要守住这些阵地。"

罗伯茨心中十分不乐意。他的部队被分散到了地图上的各个地方，装甲部队可不是这样用的。但他还是没有说什么；很显然，米德尔顿遇上的状况急迫且不寻常。他赶向城中心，他三个战斗队中的一个刚刚到达。他让这支战斗队的队长詹姆斯·奥哈拉中校前去堵住维尔茨路。没过几分钟，奥哈拉战斗队的30辆坦克和500名士兵就向东南而去。巴斯托涅保卫战开始了。

与此同时，第101空降师的代理师长安托尼·麦考利夫准将已在米德尔顿处报了到。他原本是这个师的炮兵军官，由于麦克斯韦·泰勒少将人在华盛顿特区，因此就暂时代行师长的职责。在霍奇斯变更第101师目的地的新命令到达之前，麦考利夫就已在那天早晨，先于他的部队离开了法国，心里还以为他的目的地是韦尔博蒙。但当到达巴斯托涅西边的一个交叉路口时，他突然就有了个念头，要来米德尔顿的司令部打听一下消息。

米德尔顿说他有这个念头很是走运。"你很有可能不用去韦尔博蒙，而要在这儿战斗了。"然后他解释说，他现在对麦考利夫还没有明确的计划，因为他还不清楚自己是不是可以任意使用第101师。在他把事情搞清楚之前，麦考利夫都必须得等着。

巴斯托涅往东10英里，第二道路障——哈珀特遣队正在心神不安地等待自己将面临的第一次冲击。从第一道路障逃回的步兵跑进他们的防线里，讲述着各种夸张离奇的故事，说敌方的坦克和步兵是多么的势不可当。

夜幕刚降临，黑豹和虎式坦克就向哈珀特遣队冲过来。攻击来得太过突然，只有三辆谢尔曼坦克得以摆开架势，但没过几分钟，就被摧毁了。敌军的曳光弹乱窜出来，美军的半履带车和装甲车很快被击中，燃烧起来；防守的步兵更是被粉红色光照出了轮廓，很容易就被击中了。

路障很快就垮塌了。幸存者挤上剩下的几辆车，惊恐地朝巴斯托涅前方的隆维利逃去。隆维利距巴斯托涅仅5英里，是第9装甲师预备装甲战斗群的阵地。指挥官吉尔布雷斯上校把剩下的所有资源——包括一个直属连、他被击溃的两道路障的散兵和赫尔利·富勒上校那个团的少量幸存者——都聚集起来,在剩下的几个炮兵营前面摆了一道散兵线。这支拼凑起来的队伍为从东而来的攻击严阵以待,村里的气氛也越来越不安。

然而那个刚击溃两道路障的德军第2装甲师,却没有任何要从隆维利通过的打算。在离隆维利还有不到1英里的地方,他们突然转而向北,沿着那条通向巴斯托涅以北5英里的诺维尔村的道路驶去。

隆维利真正的威胁来自东南方。吕特维茨麾下的其他几个师——第26国民掷弹兵师和精英部队装甲教导师——正在急速逼近,意图在美军做好防御工事之前就把巴斯托涅拿下。

晚上8点,罗伯茨的第二支队伍——彻里战斗队的指挥官来到了吉尔布雷斯忙乱的指挥所里。亨利·彻里中校已把自己的先头部队部署在隆维利以西1000码的一个路边的神祠旁边。彻里很快就明白,这里根本没人知晓确切的事态,且村里的恐慌越来越严重。于是他便让自己的先头部队原地待命,自己则赶回巴斯托涅向罗伯茨上校报告这里的危险形势。

等他到达城区时,巴斯托涅的街道上拥挤不堪,到处都是从米德尔顿司令部里涌出来的卡车和吉普车,它们都向西南方驶去。满城都传着一个消息:第8军司令部要依据霍奇斯的命令撤出去。东面许多城镇的慌乱已经蔓延到了巴斯托涅。

卡车、火炮和人员源源不断地从前线撤回来,这更是加剧了人们的不安。失魂落魄的散兵们,个个有着一张熏黑的脸,双眼也因缺乏睡眠而红肿不堪。他们嘴里不断诉说着失败。东面有什么?坦克,坦克,坦克。

罗伯茨上校是蒂耶里堡大溃败的亲身经历者,他看到这些在城中游荡的憔悴身影,便向米德尔顿将军请求授予自己使用这些人的职权。

米德尔顿正在撰写授权书时,麦考利夫进来了。这名空降师师长给米德尔顿说,他认为巴斯托涅的所有部队应该由一人统管。

"长官,"他说,"我认为应该把罗伯茨上校的B装甲战斗群附属给我管辖。"

罗伯茨昂起头:"你好像对装甲部队很了解似的?"

矮壮的麦考利夫抬起头看着罗伯茨，说道："你还想让我整个师都附属到你的装甲战斗群？"

米德尔顿立马制止了争吵。他们各自管理独立，他说道。他们的互相配合是巴斯托涅唯一的希望。

会议以此种勉强的和解而结束。罗伯茨回到自己的临时指挥所，指挥所就在巴斯托涅以南 1 英里的一处农舍内。还有一些别的问题让他很是担心。他的第二支队伍——彻里战斗队已经到达，且已在隆维利就位。但最后一支队伍却迟迟未来。那支队伍的目标是往北 5 英里的诺维尔村；有传言说，德军的一个装甲师，很可能是第 2 装甲师，正急速向这个重要的交叉路口逼近。

一名年轻的少校走进农舍，向罗伯茨报到。这是第三个战斗队的指挥官威廉·德索布里。他们是数年的好朋友了，德索布里把这个年纪大些的男人当成父亲来看待。

上校指着地图。"你要守住诺维尔，比尔。你很年轻，到明天早晨很可能就会感到紧张，然后可能就想要撤出了。你一旦开始那样想，"他用一只胳膊放在年轻人的肩膀上，"就要记住，我让你不要撤退。"

他们握了握手，德索布里便往北而去。罗伯茨的首个任务如今算是完成了。他的三个战斗队都已到位，下一步就得靠彻里、奥哈拉和德索布里了。"记住，"他经常对他们说，"我是前线年纪最大的上校之一。我出力的是脑子，不是身体。我需要好好休息。你们得保证我可以休息好。"

他躺到了床上，相信他的三名指挥官是能让他休息会儿的。

巴斯托涅往西几英里，一辆弹痕累累的旧指挥车正在浓雾中爬行。司机有些紧张兮兮，他旁边坐着的是一名少将，显得很不耐烦。在过去的一个小时内，司机有五六次都差点撞到前面卡车的尾门上去。

这名第 18 空降军的军长马修·里奇韦那天早晨还在英国。他先是飞到法国的兰斯，却得知他的两个空降师已经前往阿登高地。事态到底怎样没人知道，唯一确切的就是美国人猝不及防地被打得满地找牙。这种事情吸引住了里奇韦这名与生俱来的战士。他已经在制订进攻计划了。他的作战理论十分简单：你若被打趴下，就应立马站起来击倒对方；否则的话，你就没戏了。

车猛地一震,又停了下来,里奇韦的额头几乎撞到了挡风玻璃上。"怎么了,孩子?"他厉声问道,"你看不清路吗?"

"有点,长官。"

见不得任何拙劣行为,里奇韦不耐烦地移过身子,说:"让我来。"

从这辆车往后几十英里,380辆敞篷大型"运牛"车正载着第101空降师的11000名士兵,也在向巴斯托涅赶去。这里没有浓雾,星光璀璨,甚至所有的车都开着大灯。

这支光彩熠熠的车队对德国空军来说,可是个诱人的靶子。但这种风险必须得冒。若第101师不能在上午之前到达巴斯托涅,那就有可能太迟了。

另一支车队也在朝着同样的目的地行进,只不过大灯没开,且从相反方向而来。晚上10点钟,车队抵达了卢森堡边境村庄尼德瓦姆巴赫,村子就在巴斯托涅以东8英里。车队前头的一辆半履带装甲车内,坐着德军装甲教导师的师长弗里茨·拜尔莱茵将军。

他停下车,身后师里的前卫部队也慢慢停了下来。拜尔莱茵研究了一下地图。整个白天,他都在泥泞的支路上挣扎。军长冯·吕特维茨将军还期望着他,那天晚上就能突袭拿下巴斯托涅。

拜尔莱茵有三个选择。他可以向北走1英里,通过圣维特铺面道路抵达隆维利;向南走到同样平坦的维尔茨路;或者向前直行,顺着一条支路抵达玛格丽特。

他又看了看地图。根据地图,往前直行的道路还是相当不错的。这条道可以节省里程,且很有可能没有任何防御力量。"向前直行。"他对司机说。

拜尔莱茵在15辆坦克和四个搭乘半履带车的步兵连的跟随下,朝着玛格丽特开去。1英里过后,铺面道路就变成了土路。他以为这只是一小段罢了,然而又过了半英里之后,土路已经退化成一条牛马小道。

现在掉转回头已经太晚了;他必须继续向前行进。车子熄火了一辆又一辆,都被落在了后面。但拜尔莱茵还是强迫司机往前开,继续向玛格丽特行进。

往北1英里越过崎岖不平的山丘,吉尔布雷斯上校正在艰难地维持着临时拼凑的隆维利美军防线。目前,德军第26国民掷弹兵师正从西面捅刺他纤细的防线,他也早已被德军第2装甲师从北翼包抄。此装甲师目前已快抵达诺维尔。而且,他自己还不知情,拜尔莱茵正自南面而来,即将把他与后方的联系切断。

开火声从不远处传来。然后有传言说,德军现在要么已经在玛格丽特了,要么马上就要抵达。吉尔布雷斯下令让他已经力竭的残部退回巴斯托涅。他将把阻挡雪崩的重任,托付给今晚驻扎在隆维利西边的彻里战斗队。

恐慌仍在持续。

3

午夜渐渐来临,阿登战场还是一片扭曲与混乱。这些已被卷入数百次战斗的人们,有一种无以名状的混沌感。

没有人知晓真实的情况,不管他是德国人还是美国人,是列兵还是将军。

在北面,尽管派普战斗群离默兹河仅有实打实一天的路程,迪特里希的主攻部队却在艾森伯恩山梁前停滞不前。希特勒对第6装甲集团军的缓慢进展十分不满。他要求迪特里希,把党卫军第2和第9装甲师两个预备师调往南方,从曼陀菲尔在西尼艾弗尔山上和山南豁开的大口子中穿过去。

曼陀菲尔下一天的任务安排很是繁重。他命令自己的部队把围困在西尼艾弗尔山上的第106师彻底消灭掉,并向三个重镇发起冲击:圣维特、巴斯托涅和维尔茨。

维尔茨也是布兰登贝格尔麾下一个师的攻击目标。第5伞兵师正朝舒曼咖啡馆进发。舒曼咖啡馆在一个小居民区内,处于维尔茨西南方3英里的一个交叉路口旁。这一群房子以及其间的四条道路,很快就会成为世界上最重要的半英亩地之一。一旦这个居民区被拿下,从维尔茨向巴斯托涅的主要疏散路线将会被拦腰切断。

维尔茨的美国人根本没想到,他们最大的威胁会来自这个方向。守卫舒曼咖啡馆的只有几个安闲的美国大兵;他们的八门火炮都对着北方。

实际上,连德军最高统帅部也一点不知道,维尔茨正被自己第7集团军的部队所威胁。第5伞兵师的新任师长海尔曼上校对此也毫不知情。他已明确要求自己的部队要从维尔茨南边绕过去,直接向西进发。

但海尔曼却管不了这么多。第5伞兵师那群饥饿、狂热的年轻人自己有自己的打算。他们知道,维尔茨是个大仓库,里面食物、衣服应有尽有。他们打算经舒曼咖啡馆从后方打入仓库里。

那天晚上,他们在树林里大步行进,身体因衣服单薄而瑟瑟发抖。他们这是奔跑在寻找食物、衣服和温暖床铺的路上。

4

德国现在已经是午夜了。兴奋的民众一遍又一遍地读着大进攻的振奋消息。他们的广播里充斥着胜利的报道:

> 盟军组织起的防御全都迅速垮塌,大大减轻了我们的工作量。
> 我们一直都在问自己,我们的元首为何如此沉默?他是不是病了?如今我们可以告诉你们,元首的身体非常好,但他最近一直在为这轮新攻势做准备,为每一细枝末节绞尽脑汁。他的沉默是值得的。敌人已经受到了沉重的打击!
> 我们必须逼迫敌人投降。他们必须意识到,继续反抗是没有意义的!

盟军防线内和防线后的许多人也怀揣着同样的想法。不仅卢森堡和比利时的数百城镇大为恐慌,而且这种氛围还蔓延到了法国和荷兰。这些人对1940年的闪电战仍然记忆犹新。

他们向自己问道:一轮新的更猛烈的闪电战就要开始了吗?

3 投　降
1944.12.19

1

12月19日,西尼艾弗尔山上,天正要破晓。第106师的第422团在狄尚农上校的带领下,开始向西北3英里的励伯格发起最后的攻势。

打头阵的是威廉·穆恩少校,他让自己密林中的第1营往一个起伏的雪山上爬,上到一条与山脊并行的铺面公路上。穆恩刚送头一个连穿过公路,四辆德军坦克就沿公路从东开来,发现了这个营聚集在树林里的其他人。它们的88毫米坦克炮立马运转起来,弹片雨从树上飞下,砸向受惊的士兵。

穆恩跑回树林里。"向左出发。"他喊道。士兵们奔向一小峡谷,躲避起来。他们唯一的希望就是爬上山丘,穿过山脊公路,与头一个连会合。

在头一批士兵正穿过道路时,其他德军坦克和步兵又从另一侧奔上来,把他们给压制在了公路上。山脊公路上的四辆坦克喷射着炮火,继续向前行进。穆恩的人被两股火力夹击在开阔地带,唯一能做的就是趴在地上祈祷了。

D连架起一挺重机枪,向从左攻来的德军步兵扫射,但还不到一分钟,机枪和机枪手就被一发88毫米坦克炮弹给干掉了。

接着一个巴祖卡组冲到前方,向领头的坦克瞄准,然而第一发火箭弹还没射出去,机枪子弹就把他们的身体撕开了。尽管形势已无望,被压制的步兵们还在不停射击。然后一名美国兵挥舞着白色手帕站了起来,慢慢地朝德军坦克走过去。接着其他美国人也举起双手站了起来,炮火声随之停了下来。

穆恩站了起来,然后突然快速跑过山脊路,参谋和几名士兵也跟了上去。他们消失在了树林里。

再往西1英里,凯文德上校的那个团已穿过山脊公路。离天亮还很远时,凯文德就已经去探察过自己的三个营,检查过了士兵们的情况。现在,他正准备和各个营的营长开个会。他抬头看了看天,乌云正在消散。今天他们肯定会收到许诺已久的空投物资的,然后他就能攻破勋伯格,并继续打向圣维特。

"各营以纵列阵形在10点发起进攻。"他告诉各营长。然后他转向第3营的克林克中校:"你们营的状况最好,要担起进攻的担子。"他看了一下表:"同志们,现在正好9点整。"

营长们刚要转身返回,树林便似乎崩裂开来,树枝纷纷落下,大地都在颤抖,弹片雨肆虐扫荡开来。第1营营长威廉·克莱格中校倒在地上,受了重伤。

致命的炮火袭击倏地停住了,就犹如当初倏地开始一样。凯文德单膝跪在地上。"不要紧张。"他对克莱格说。

"只要能喘过这口气,"克莱格上气不接下气地说,"我就会返回营队的。"

"没关系的。"凯文德回答道。

克莱格挣扎着要站起来,但还是倒了下去。他很快就死了。

几分钟后,第3营的L连替凯文德带头发起了攻击,顺着勋伯格路向前推进。没过多久,领头的人看到一辆谢尔曼坦克朝他们开来。他们以为是第7装甲师最终突破了进来。

但谢尔曼坦克里却是德国人。它突然就开了火。与此同时,步枪子弹也从后方射来。L连两面受敌,便边打边跑上一个山丘,隐蔽了起来。剩余的几个连则继续向勋伯格推进,行进到了村郊,然后在这里等待炮火支援。

但他们却不晓得，自己身后 1 英里的第 590 野战炮兵营已被最近的坦克弹幕彻底摧毁了，成了一片冒着烟的垃圾。

这时第 1 营也发起了攻击。但他们的营长威廉·克莱格刚刚阵亡，他是当时参与凯文德会议的唯一一人。副营长在不清楚进攻方案细节的情况下，还是带人朝勋伯格冲去。他还不知道，德军坦克和步兵正从两侧逼上来。

接着，第 2 营冲下峡谷，尽管他们昨天才在拉德沙伊德之战受到重创。突然，从他们右侧爆发了猛烈的轻武器射击。他们先是被吓了一跳，然后便恢复队形，向敌人回击。与他们交火的是他们的姐妹团——狄尚农的第 422 团。

西尼艾弗尔山上是一片混乱。

2

在后方的圣维特，布鲁斯·克拉克对自己的将士们越发感到有信心了。在前线视察的时候，他发现了一种执着的抵抗精神。士兵们并不是自大。他们只是觉得，只要弹药没用完，他们就能守住圣维特。克拉克听到了些第 275 装甲野战炮兵营的奇闻。这个炮兵营由罗伊·克莱中校指挥，隶属第 8 军，当初大撤退时曾拒绝撤出圣维特。它在过去的两天中，一直是克拉克唯一的炮火支援，负责朝三个方向开炮。

唐·波伊尔少校带着一支两个连的特遣队，就守在圣维特的前门外。上午 10 点 30 分，他利用交火的间歇期，带着一群由军官组成的侦察队走进前方的树林里。他想亲眼目睹一下昨天敌军三次猛攻的遗迹。

往前潜行的路上，堆满了德国人的尸体。他们中的许多人临死前，都奋力在地上挖了个浅浅的坑：有的用头盔，有的用刺刀，还有人甚至徒手去挖。一处防火带上，昨天的屠杀场景尤为触目惊心：19 名伞兵的尸体横躺在地上，人与人之间都整齐划一地隔着 5 码的距离，就如同阅兵式上一样；但他们的喉咙和胸膛却都已经被机关枪子弹给打烂了。

让波伊尔惊讶的是,在伞兵迷彩夹克下面的肩章上,写着哥特体的"GD"①——这是著名的大德意志师的标志。这支部队应该在俄国前线才对。

波伊尔数了一下,面前总共躺了249具尸体。然后他便带着侦察队回去了。这一切只是开始罢了。不祥的隆隆声已经又从东面传来。

在圣维特后方的维尔萨姆,罗伯特·哈斯布鲁克准将正努力想从当前的混乱局势中理出个头绪来。整个地区的防御大约呈一个大弧形,正好罩在圣维特前方,开口端对着维尔萨姆。

弧形的北半部分由哈斯布鲁克的第7装甲师守卫,防线坚实严密,他并没有什么现时之忧。但从圣维特南边开始的南半部分,却是另一番情形。

尽管艾伦·琼斯将军负责这半部分,但他却没有什么可以运作的资源。他的左翼和布鲁斯·克拉克在圣维特相接,由霍格带领的第9装甲师B装甲战斗群守卫。霍格的右侧,与他隔着几英里宽的大口子的,是琼斯唯一的另一支部队——第106师的第424团。尽管这个团原本的阵地就在西尼艾弗尔山上那两个连的南边,但曼陀菲尔的铁钳还是以毫厘之差,没有把它和其他部队一起给围困住。幸好团长亚历山大·里德上校没有干等上面指示,而是直接将部队从即将合紧的虎口给拉了出来。

这个时候,里德的粮食、弹药已经快用完了,但大弧形的右翼仍由他负责守卫。他的南面没有任何已知的美军部队,只是一片模糊的无主之地。简而言之,整个圣维特-维尔萨姆地区完全暴露在从南而来的威胁之下。

昨天米德尔顿对哈斯布鲁克作指示时,说的最后一句话是:"你和琼斯要在那儿继续坚持下去。"换句话说,就是他和琼斯要平等相待,谁也不担总责。琼斯是个少将,他的司令部现在也在维尔萨姆。而哈斯布鲁克虽是一名准将,但却掌管着部队的主体部分。将来的陆军手册,肯定会为这事而产生指挥权上的困扰。

但在那天上午,哈斯布鲁克面临的首要问题则是德军可能从南面而来的攻击。一支侦察队报告说,一支实力强劲的部队正在攻击一个名叫古维

---

① GD(Grossdeutschland),大德意志。——译者注

的村庄，它就在维尔萨姆以南仅 10 英里的地方。

尽管弧形防线的这片区域由琼斯负责，哈斯布鲁克的安危却与之息息相关。他命令一个坦克连奔向南面，暗自祈祷这只是一次小型攻击。

上午 11 点，他正在考虑万一敌军突破古维该怎么办时，一名筋疲力尽的上校被带进了办公室。这名新到的说他叫古斯汀·纳尔逊，是第 28 师第 112 团的。

哈斯布鲁克大吃一惊。"你们在这边干什么？"他问，第 112 团隶属第 28 师，应该在赫尔利·富勒北边才对，"你们师的其他人都上哪儿去了？"

纳尔逊一脸倦色，耸了耸肩："不要问我。今天早上碰到你的巡逻队的时候，我才知道我在哪儿。"

他解释道，自从 12 月 16 日起，他的团与赫尔利·富勒的团之间的联系就被切断了，与第 28 师的所有联系也很快失去了。之后他的部队就一直独自往西和往北游荡。他的部队尽管伤亡不大，但由于长时间的行军、寒冷和挨饿，已经筋疲力尽了。

纳尔逊在地图上指了一下自己部队的大概方位——卢森堡的北端。哈斯布鲁克心中涌起了希望。纳尔逊就在里德以南仅 5 英里的地方。如果这两支部队能够相接，并一起往西北方退，直到与霍格相接，那么原本不稳定的弧形防线就会变成一个坚实的马蹄铁形状。他打电话给琼斯，给他说了第 28 师援军突然而至的事情。"要不把纳尔逊也归到第 106 师去？"他建议道。

琼斯马上就接受了这个建议。这是自从 12 月 16 日以来，他收到的第一条好消息。如今他已有三支队伍——霍格、里德和纳尔逊。况且他西尼艾弗尔山上的两个连还是有可能打出一条出路回来的。

快到中午的时候，在圣维特以东仅 5 英里的瓦勒罗德磨坊，有三个人正在为拿下圣维特制订计划。

"必须立即拿下它，"莫德尔气愤地说，"这块绊脚石阻碍了我所有的攻势。"

"我知道。"曼陀菲尔说。他扭头看向直接负责圣维特的军长卢赫特："包围这个镇子，着重向其北边和南边施压。要尽快！"

卢赫特点了点头。这件事起初看起来很容易,而如今却几乎要变成一场噩梦了。

"二十四小时内,我们必须拿下圣维特,"莫德尔继续说,"迪特里希打报告都打到'狼穴'去了。他说连他的党卫军第1装甲师都被拥挤的交通束缚住了手脚。"

"迪特里希!"卢赫特抑制不住自己的愤怒,"从昨天开始,他的部队就一直占我的路。他在我后方搅和着,我怎么可能发动攻击?昨天我不得不自己跑到外面,把他的几个军官给抓了起来。"他看向曼陀菲尔,曼陀菲尔的脸色沉了下来,"今天早上我的马拉火炮开不过去,就是因为迪特里希的人占了我的路。而且他们现在还占着!"

"踢开他们,让他们一边去。"曼陀菲尔突然插话道,"没有火炮,你怎么都攻不下圣维特。"

莫德尔站了起来。如同其他人一样,他对迪特里希没什么敬意。"这件事我来办。"他说。

这名个子小小的陆军元帅大步走出会议室,很快就来到了交通拥堵中心。成千上万的车辆都无可救药地纠缠在一起。每个人都身负重任,都必须立刻完成。

莫德尔戴着单片眼镜,站在马路中间。他挥舞臂膀,发了一通号令。终于,那乱糟糟的一团麻逐渐变为一支缓慢有序前行的队伍。两天前,在圣维特西面,布鲁斯·克拉克将军充当了交通管理者。今天,在城区东面,一名陆军元帅不得不站了出来。

3

下午3点30分,西尼艾弗尔山上的一切都行将终结。这个时候,有将近1万名美军士兵都被围困在勋伯格附近仅几平方英里的地方。德军的火炮和迫击炮炮火集中在这片狭小的区域内,被围困的士兵惊恐地四处躲避,混乱不堪。他们派出了侦察员寻找逃跑路线,但却发现四面都是德国人。他们是逃不了了。

一场史诗级别的灾难迫在眉睫。

狄尚农的那个团离目的地勋伯格还有 1 英里的距离。这名年轻的上校和参谋们正在树林边上一个狭窄的战壕里开会。战壕有 25 英尺长,他们蹲伏在里面,要从互相矛盾的报告中找出点头绪来。这时,坦克的隆隆声从北面传过来。人们再次猜测说,第 7 装甲师终于到了。人们心里燃起了一阵希望。

然后几辆坦克从山脊公路上把鼻子探了出来。即使从远处看,它们也显得太大了,不像美军的坦克。这些坦克是元首护卫旅的,射出的 88 毫米炮弹很快就在树上爆炸开来。林子里弹片飞散,成了数千美国人的停尸场。

狄尚农把手下的军官叫在一起。指挥所旁边就是急救站,同在战壕里,那边人满为患,不断有伤员的哀号声传来。

"我们现在就像池塘里的鱼。"狄尚农说道。他正在与自己辩论。食物、水、绷带都没了,弹药也几乎用尽了;但去投降怎么都无法接受。有人抬着担架从战壕旁经过,狄尚农看到上面是 M 连的连长珀金斯。他的一条腿被打掉了,鲜血喷涌到雪地上。

他感到恶心。"我的天哪,"他说,"我们正被屠杀啊!"他的喉咙已经干了。"做什么都没有用。"他看向一起蹲在战壕里的其他人,"如果战斗啥作用都没,还有什么荣誉可言。看来我们得放弃了。"

虽然很是勉强、难过,但他们还是同意了。

之后是一阵尴尬的沉默。然后弗雷德里克·内格尔中校说道:"你看我来拿白旗怎么样?"狄尚农点了点头。

由于背后有伤,内格尔显得有些虚弱。这是他不得不做的最艰难的一件事。他接过白旗,选了个会说德语的士兵,两人举着白旗小心翼翼地向山下走去。

T. 潘恩·凯利中校是埃里克·伍德的炮兵营的营长。听到狄尚农要投降的消息时,他正在挖散兵坑。他立马赶到指挥所的战壕里。

"哎呀!狄,"他说道,"你不能这样做!再过一小时,天就黑了,我们就可以从西面突围出去了。"

狄尚农慢慢地摇了下头。

凯利看着他,眼里满是怨恨:"狄,你不能投降!"

"不能?"狄尚农很是愤愤不平,"我还能做些别的吗?你说。"

"但是——"

"从我来说,"狄尚农说,"我选择挽救生命,能救多少算多少!即使上军事法庭,我也一点都不在乎。"他从战壕里走出来。"毁掉你们手中所有武器,"他叫道,"步枪和手枪都砸烂。"

几名年轻的军官冷冷地看着他,这让他感觉很不好受。他不知道那是怜悯,还是厌恶,但他哪种都不喜欢。西点军校的教室里是没人投降的。但在这里,情况则不一样。你终于来到了那个阶段:你不能再让别人流出一滴血。

一名列兵看着狄尚农,眼里满是不可思议。在过去的三天里,上校的个人勇气早已成了他们心中的传奇。哪里战斗最激烈,哪里就有他的身影。

"你们听到了,步枪和手枪都砸烂。"

那名列兵举起自己的 M-1 步枪。"我背着这该死的家伙有几个月了,我从来没在愤怒的时候开过枪。"然后他愤恨地把枪抡起来,砸向一棵树。

狄尚农哭了起来。他用手遮着脸回到了战壕里。

不久之后,一名年轻的德军中尉和几名掷弹兵跟着内格尔一起回来了。他用法语解释了一下他的要求。狄尚农是个法裔加拿大人,用法语做了回答。他看到掷弹兵从自己士兵身上抢夺香烟和手表。"我的人要一人留一盒,"他坚持道。

德军中尉点了点头:"一切都会按规矩来,上校。"

不久之后,几百名美国人排着队向坡下走去。旁边围着成群装备精良的掷弹兵,一个一个兴高采烈的;此外,周围还放着数十门迫击炮和轻型野战炮。狄尚农扭过头,看着围在山周围的武器和兵员。

身后的凯利沮丧地点了点头。"你刚才说得没错,狄,"他说,"你确实没别的可做了。"

往西不到 1 英里,在这挤满人的树林的另一处,凯文德的士兵们和狄尚农的一样,没有食物,没有水,也没有弹药。

下午 3 点 45 分,凯文德召开了会议。

"除了几发 M-1 子弹外，"他说，"弹药已经不剩什么了。""我参加过第一次世界大战，"他继续说道，而有几人已经开始嘀咕了，"我想从他们的角度来看待问题。一整天来，穿这身军装的人，没人吃过东西。而且从一大早到现在，我们也没沾过一滴水。"他看了看面前的几个人："那么对投降你们有什么看法？"

一半的军官想从西面突围出去。

"敌人的炮火打击估计在 16 点 30 分开始。"凯文德说。

"我明白，战斗下去没有用，"一名军官沮丧地说，"但我还是不想投降。"

凯文德沉默了。他知道，自己团剩下人的性命全都系于自己的决定，他的名声也是如此。他说道："同志们，我们将在 16 点投降。"

这个消息在不同人群间传了开来。I 连连长回去的时候，副连长"小旋风"柯林斯中尉正在挖掘战壕。

"我们被断了后路。"上尉说道，"十分钟后，我们团就会投降了。让士兵们毁掉武器。"柯林斯惊呆了。这太不可思议了。"有人害怕了？"他问道。他越想就越觉得生气。他把 I 连的人叫在一起。"毁掉武器。"他愤恨地下命令道。

投降这事儿，一些人很乐意，而另一些人则很是愤慨。中士道林走到柯林斯跟前。"我手下所有的人都想突围出去，"他说，"您愿意带我们走吗，中尉？"

柯林斯默默与自己争论了一番，然后说道："对不起，中士，我们得到的命令是投降。"

不远处，师长的儿子小艾伦·琼斯中尉对要投降的传言，怎么都不肯相信。他聚起来的 50 名散兵围着他来回走动，脸上满是错愕。

一名黑人中士来到琼斯身边，脖子上还挂着一把汤姆逊冲锋枪。"我们还没怎么打过仗呢，中尉。"他说，"要不我们冲出去，杀他几个德国人！"

就在那时，一个传令兵来向琼斯报到。"所有的武器都要毁掉，长官。"他通报说，"所有的单位都必须服从命令。"

不一会儿，德国人就列队上到山上，开始聚拢起满脸错愕的士兵们来。琼斯内心满是一种不可思议感。这事儿是真的吗？他无法看向自己士兵的脸。

德国人严整、有序,步伐轻快。他们的命令很简短,美军的回答也很短促。况且也没什么可说的。

西尼艾弗尔山上的悲剧结束了。

8000 名美国士兵,又或许有 9000 人都被收入了囊中。毕竟战斗太过混乱,很难精确计数。

除了巴丹半岛战役①之外,这是美国人有史以来最大规模的投降。

现在,德国人已经完全控制住了圣维特以东的道路网。车辆一辆挨着一辆,无所顾忌地向前行进。德国人边行进,边兴奋地大声讲话。当经过排成长队、一脸沮丧的俘虏们时,他们随手就把手表、戒指和外套给拽走了。年轻的纳粹军官们则东奔西跑,和别人握手,彼此祝贺。他们看着似乎永无止境的俘虏队伍向东走去,眼睛里闪耀着光芒。

狄尚农是拖沓地走在后面的人之一。"我做的对吗?"他一直向自己发问。答案是:"如果再选一次的话,我还是会投降。"但他感觉内心还是被愤恨所侵蚀。走在俘虏群中间,他有一种冷冷的孤寂感。

一名俘虏认出了他,叫道:"嘿,狄尚农上校!"狄尚农转过头,看到一个胡子拉碴的步兵看着他。那个步兵双眼红肿疲惫,说:"我有一条消息给你,上校。"

那名美国兵伸出舌头,轻蔑地向他吹了吹舌头。

在维尔萨姆,除了几名固执的乐观主义者之外,所有的人都对西尼艾弗尔山上的两个团不再抱有任何希望了。

下午 4 点,有人递给艾伦·琼斯将军一条无线电报,是米德尔顿发来的。他看了一下,然后就让字条飘落到了桌子上。不管是口粮也好,医疗物资也好,还是弹药也好,连一丁点东西都没有空投给他西尼艾弗尔山上的士兵们。

琼斯现在明白,自己的两个团没了,他的儿子也没了。

---

① 巴丹半岛战役,为日本侵略菲律宾时与美菲联合守军之间的一场战争,以美菲守军共约 78000 人投降、日本获胜而告终。——译者注

4

在维尔萨姆北面,派普战斗群于傍晚时分,又一次即将取得全面的突破。它已经冲破斯图蒙,击溃了第30师的一个营和10辆支援坦克。

美军步兵们这时正惊恐地跑下山往西面逃去,不住地大声叫喊着:成堆的德国佬坦克就跟在他们屁股后面。

派普战斗群行进的队伍前数英里,第740坦克营的贝里上尉刚刚得知这次突破。从勒穆尚附近的军械库里,他带出来14辆拼装好的坦克,正向斯图蒙赶去。他希望最近才安上的坦克炮能转动起来,之前还没时间去测试它们。他自己知道,坦克内的无线电设备用不了。设备是英国的,他的坦克兵们不懂怎么操作。

贝里的14辆坦克冒着浓雾和小雨,向斯图蒙火车站开去。其他美军坦克与它们擦肩而过,撤往后方。

"我们快没弹药和燃料了!"一名撤退的坦克兵喊道。

"勇气也快没了吧。"贝里嘟囔道。

如今全都得靠他们第740营了。由于无线电用不了,他便用手势示意鲍尔斯中尉带他的五辆坦克打头阵。鲍尔斯冒着浓雾开去,几乎立即就发现一辆黑豹坦克,就在路前方150码开外的拐弯处。他开了一炮,打中了坦克的炮盾,炮弹随之弹到下面,干掉了驾驶员和前机枪手。黑豹坦克燃烧起来。

鲍尔斯继续慢慢地向前开去,对前方一无所知。又一辆巨型坦克隐约露出头来,但还没来得及开火,鲍尔斯就将一发炮弹打到那辆虎式坦克的正面装甲上。炮弹直接弹了开来,虎式坦克毫发无伤。

鲍尔斯的炮管卡住了。无线电用不了,他便打手势给身后的坦克歼击车,让它向前来。虎式坦克被鲍尔斯的头一发炮弹给打得慌了神,又胡乱打出了两炮。然后美军坦克歼击车的90毫米炮怒吼一声,虎式坦克就着火了。

鲍尔斯的坦克炮管这时已经好了。他绕过燃烧的坦克,又发现一辆黑豹坦克,它对鲍尔斯毫无察觉。鲍尔斯又一次先发制人,打断了黑豹坦克的炮管。黑豹奋力要往后撤,但还是被击中,燃烧了起来。

德军这次可挨够了。德军其他坦克借着浓雾的掩护,掉转头,往通向斯图蒙的陡坡上爬去,躲在了一座石头疗养院后面。

美军的这次胜利极大地鼓舞了第 30 师的步兵们,他们回过头来,向山上冲去。但三十分钟后,几个顽固的坦克兵就遏制住了涌去的人潮。派普战斗群再次停顿了下来。此外,尽管他不知情,但他已被完全断了后路。在他后方 15 英里,他留在斯塔沃洛的守军刚被第 30 师的另一个团给逼回到了昂布莱沃河的另一岸。

5

斯塔沃洛以东 25 英里,科林克尔特和罗切拉斯这两个兄弟村的守军已经筋疲力尽了,食物没有了,弹药也快用完了。

在他们身后,第 2 师和第 99 师的其他人正在艾森伯恩山梁的冻土上,挖掘炮台和散兵坑。为了寻找栅栏柱、木棍门、木板等任何可以用作沙袋支架的东西,临近的田野和农庄都被翻遍了。这些人狂热地劳动着,期望前线的战友们能够多坚持会儿。

直到天黑时,他们才把东西给挖好、建好。最后的一道防洪大坝已经建成,准备应对德军的任何攻势。

消息传到前线:撤退。

科林克尔特和罗切拉斯的守军已经完成了任务。他们目前的新任务是要尽自己所能,保住自己的性命。人员和车辆排成长队,缓缓撤出两个兄弟村。在他们身后,房子已毁,街道上堆满了德军坦克的残骸,小巷里则是腐烂的尸体——德国人的、美国人的都有。现在已经到了各自逃命的时候了。

向艾森伯恩山梁的撤退,很快就变成一场与死亡的赛跑。领头的部队为了躲避火炮和啸声炮,加快了行进的脚步。每走 1 英里,套鞋和大衣都变得越发沉重。尽管天还冷得彻骨,路边还是很快就落下了很多的外套、靴子,以及枪炮。到了这个时候,战争已经来到阿登很久了。严寒与死于纳粹手中相比,根本算不了什么。

4 呼唤蒙哥马利

1944.12.19

1

阿登战场的南半部分,在离 12 月 19 日的天亮还很早的时候,当天最重要的事件就已经于巴斯托涅附近开始上演了。

直到凌晨 2 点的时候,德军装甲教导师的前卫部队才开进了巴斯托涅以西 5 英里的玛格丽特村。拜尔莱茵在地图上看起来很好的那条道,实际上连一条小径都算不上。

刚到玛格丽特村不久,拜尔莱茵的部队就碰上了美军的卡车和救护车。枪声响了起来,然后德军发现,自己俘获的是一个医疗队。

一名受惊的比利时人被带到拜尔莱茵跟前。"你看到过其他美国人吗?"将军问道。

"几个小时前,一支很长的队伍刚刚过去,"这名平民顺着通向隆维利的主干公路向东指了指,"至少有 50 辆坦克和 40 辆装甲车。领头的是个少将!"(这支队伍是彻里战斗队,由一名上尉带着 30 辆坦克。)

拜尔莱茵往常的闯劲一下子就没了。从好几个方向,他都听到传来微弱的隆隆声。他担心美军的装甲部队已经断了他的后路,正向他集聚过来。然而实际上,他听到的是两支不同的队伍:他自己从后面跟上来的坦克;还有一些往回撤的美军车辆,它们恰好在拜尔莱茵切断隆维利-巴斯托涅公路之前,开过了村子。

直到早上5点30分的时候,拜尔莱茵才开动起来,沿公路向巴斯托涅驶去。他们小心翼翼地走了1英里,然后领头的坦克碰到地雷,被炸毁了。坦克兵扫除掉地雷,队伍便又一次挪动起来。等先锋部队终于到达纳菲火车站的时候,东方已经隐约显现出了灰光。

尽管一枪还没打,拜尔莱茵却再一次犹豫不决起来。周遭密不透光的浓雾,还有他后方"很长"的坦克队伍,都让他很是担心。他决定停下来,想等天稍微亮些再行动。

在往西4英里的巴斯托涅,朱利安·尤厄尔上校刚带上自己第501伞兵团的第1营,上了前往纳菲的路。尤厄尔的人刚从法国赶来,大半个晚上都在敞篷车里赶路,到达巴斯托涅的时候,是又冷,又累,又饿。由于他们是第101空降师最先赶到的队伍,第一个和最危险的任务当然也就落到了他们身上。

"尤厄尔,"麦考利夫将军指着通向隆维利的公路,彻里战斗队昨晚走的那条道,"顺着这条路走,找到敌军,进攻敌军,扫清道路。"

尤厄尔的脸古怪而又面无表情,常会让自己的士兵们想起内德·斯帕克斯①来。他只说了句:"好的,长官。"几分钟后,他的随军教士桑普森神父来报到,问他情况如何。"嗯,神父,"尤厄尔慢吞吞地说,"了解太多会让我糊涂的。"

破晓时分,尤厄尔的人正走在路上。很多人没有头盔;一些没步枪的被从队伍里拽了出去;外套更是几乎没有人穿。但他们走起路来却透着一股轻快和自信劲儿,行军的步伐也毫不拖沓。他们这是要前往一个未知的目的地,与一个未知的敌人作斗争。

伞兵队伍成两纵队向前行进。一些撤回来的装甲车、火炮和半履带车缓缓地与他们擦肩而过。这些就是恰好在拜尔莱茵把道路切断之前,安全通过玛格丽特的车辆。几个第28师的步兵一屁股坐在路旁边,他们双眼红

---

① 内德·斯帕克斯(Ned Sparks),著名演员,拥有一张面无表情的脸和沙哑浑厚的嗓音。——译者注

肿，面容憔悴，还脏兮兮的。

"你们这些人到底要干什么?"一人问。

一个伞兵朝东方拿着棍子威胁性地挥舞了几下，这根棍子是他唯一的武器。"我们要去打德国人。"他说。

"我们苦头已经吃够了，"那名步兵说，"你们不会白白去一趟的。"

尤厄尔上校走在队伍的中间。11月份的时候，他恰巧在巴斯托涅度了两天的假，曾在城外这些光秃秃的山丘上散过步，山周围都是些零零落落的松树林。他对这片区域的熟悉，如今派上了用场。领头的在浓雾中拐错了路，尤厄尔慌忙跑到前面，把队伍拉回到正确的道路上。

突然，一架德军机关枪嗒嗒嗒响了起来。在浓雾中，尤厄尔和拜尔莱茵的部队迎头撞上了。

尤厄尔把指挥官们都叫来，下令将一个连部署到右侧。左侧的话，他记得应该是比泽利村，村子坐落在一个起伏的山丘旁边，很容易就能防守住；他传话给身后的第 2 营，让他们拿下那个村子。

"扫清道路。"他学着麦考利夫的语气，干巴巴地说道，"但是同志们，我可不是要你们把敌军全都打死。"尤厄尔决意上前迎战，将会使巴斯托涅整个的防守形势产生逆转。他这样做决定，是基于一个假设的：他面对的只是一小股德军路障罢了。

拜尔莱茵听到尤厄尔伞兵部队的回击，以为自己碰上了一整个师。滑翔机专用榴弹炮 M-3 的喧嚣声更是让他坚信，自己面对的是一大股装甲部队。硬闯不仅代价很大，而且很危险。

尽管拜尔莱茵平时勇气十足，但他如今无论看向哪儿，却都是草木皆兵。他命令他的人做好隐蔽。

巴斯托涅往北 6 英里，在树木稀少、沉闷单调的诺维尔村里，罗伯茨三个特遣队中最后被派出的那个德索布里战斗队，度过了一个未眠的夜晚。早晨也零零星星不断有坦克攻过来。

自从破晓时分开始，这个低洼地带的村子就一直被浓雾笼罩，整个阿登地区也就这儿的雾最浓。但上午 10 点刚过，浓雾就突然消散了。德索布里上校一下子就惊呆了：周围全都是德军的坦克。

在北面，14辆坦克沿山脊疾行，急于寻找掩护，一个个宛如射击场里的移动靶。德索布里的炮手挨个把它们给干掉了。西面的山上，也有坦克冒了出来。

弹药已经不多了。德索布里用无线电联系罗伯茨上校，请求后撤几英里。

"是否要撤退，你可以自己判断。"罗伯茨说，他想起昨天晚上自己对这个年轻人说的最后几句话，"但我还是会派一个营的伞兵增援你。"

德索布里答道："我会做好反击准备。"

罗伯茨希望的正是这样的回答。装甲战斗队争取的每一分钟都对第101师非常重要。

在巴斯托涅东南面，上校派给奥哈拉战斗队的区域内，尽管气氛很紧张，但迄今为止，却还没有什么大的动静。奥哈拉让三人开一辆吉普车，去北面探探情况。

吉普车爬到浓雾弥漫的瓦尔丁村时，已经快中午了。开车的是约翰·德鲁·德弗罗中尉，来自美国最著名的演员家庭。村民从门口慢慢走出来，看到车是美军的，便成群围在了周围。

"周围到处都有德国人。"一个老头高声说道。

距德弗罗上次在百老汇剧场参演《和父亲的生活》这部剧，还是没过多长时间的事儿。他跳到前车盖上。"不要害怕，"他用法语说，"我们美国人来到这儿，就不会离开了。躲到地下室里，但无须害怕。"

这个年轻人的自信让村民们的情绪稳定了下来。他们不禁欢呼起来。德弗罗回到驾驶室里，穿过瓦尔丁向东面驶去。浓雾偶尔散开的一个间歇，德弗罗看到一辆半履带车和一辆装甲车朝他开过来，似乎是美国人的车。他把吉普车停了下来；那两辆开来的车让他感觉有点不对劲儿。

"我的天，是德国佬！"德弗罗旁边的人叫道。"美军"的半履带车突然一闪，吉普车被打到尾部，差点翻过去。德弗罗急拐个弯，奔向瓦尔丁。村民们还在广场里站着，讨论着那个年轻的美国人，说他让人感到很安心。

"德国人要来了，"德弗罗减慢速度，叫道，"回到地下室去！"

德弗罗把油门踩到底，消失不见了。瓦尔丁的村民们急忙赶回地下室里。

那辆把德弗罗的车屁股打了个洞的半履带车,是装甲教导师的一个侦察队的,但如今教导师的大部队已向东开去。拜尔莱茵以为自己碰上了盟军的大部队,已经暂时从巴斯托涅转过了身去。他要首先除掉自己后方——隆维利的美国人,然后再去攻取巴斯托涅。

下午 2 点,他从西南面对隆维利发起了进攻。与此同时,德军第 26 国民掷弹兵师也在独立打击其东南面。第 2 装甲师的一个 88 毫米炮兵连此时已经绕到了隆维利北面,它听到声音后,也开了火。

这次突然进攻的直接目标是一个混杂的美军队伍,队伍从隆维利一直延伸到了玛格丽特。德军的斩获巨大。

彻里战斗队的前卫部队,此时就在隆维利以西 1 英里的圣迈克尔洞室。他们作战非常勇猛主动,以至于第 26 国民掷弹兵师都报告说美军发起了反攻。但是这支长队中的其他人——那些第 9 装甲师两道路障的散兵,以及其他从前线逃回的士兵——却被猛烈的轰炸和坦克开近的隆隆声给吓得慌了神。他们连做做抵抗的样子都没有,就四散开来,徒步逃向巴斯托涅。

截止到下午 3 点 30 分,尽管有彻里战斗队的孤军奋战,那支长队伍中的美军车辆还是几乎全被炸毁抑或抛弃了,公路上堆满了车辆残骸。车辆损毁数最多的地方是路边的圣迈克尔洞室,这里堆积着大量被烧得发亮的美军坦克、装甲车、自行火炮、卡车和吉普车。此外,还有几十名美军士兵的尸体摊散在石头受难像和圣画中间。

总之,超过 200 辆车被毁坏或者完好无损地被截获。但德国人也为此付出了高昂的代价。巴斯托涅又多了一天的宽限时间。

2

那天上午晚些时候,艾森豪威尔的指挥车已经快到达凡尔登郊区。整个旅途中,将军都在思索着阿登的问题。这场战斗太过诡异了,有着太多让人吃惊的地方。最让人惊讶的事情之一,莫过于突然在美军防线后方冒出来的一种奇怪的歇斯底里感。

这种歇斯底里感已然远远地蔓延到了巴黎。那天早晨他正要离开的时候，一名负责安全的上校激动地坚持道，他应该乘坐一辆防弹车。"我有确切的消息，"他被告知，"奥托·斯科尔兹内已经派出穿美军制服的突击队特别小组，来刺杀您。"有人在埃珀攻看到了五名德军伞兵，他们据说现在正开着一辆民用车朝巴黎奔来。

战史上赫赫有名的凡尔登城已在眼前。艾森豪威尔的车开到街道上，向威严的凡尔登兵营开去。上午11点，他走进一间寒冷的兵舍里面，兵舍是今天开会的地方。他看了看面前围成半个圈的人，他们个个表情严肃。"现今的形势，"他说，"我们应该把它当作机会，而不是一场灾难。"他又扫了一下参会人员："会议桌上，可不能老有人板着脸啊。"

巴顿将军立马就咧开嘴笑了，短短的暗色牙齿露了出来。"真他妈见鬼，"他说道，"我们就放开手，让那些狗娘养的打到巴黎试试。我们非断了他们的后路，把他们嚼碎不可！"

严肃的氛围立马被打破了，每个人脸上也都露出了笑容。

艾森豪威尔摇了摇头："不，怎么都不会让敌军过了默兹河的。"霍奇斯的形势很严峻，这点必须正视。必须立马发动一个牵制性进攻，要不然的话，第1集团军的防线很可能会完全崩溃掉。"乔治，"他对着巴顿说道，"我要你接管卢森堡，你什么时候能去？"

"现在。"巴顿干净利落地答道。

"你说今天？"

"我是说开完会就行。"

"那多久后你能发动进攻，乔治？"奥玛·布雷德利问道。

"四十八小时后。"

艾森豪威尔皱了下眉头。巴顿将不得不让手下的部队来个九十度大转弯。"别犯傻。"他说。

"不用在意日期，"巴顿豪爽地挥了挥手，"我会准时到达的。"

人们兴奋地低语了一阵。一些人觉得巴顿在吹牛；而另一些人，就拿布雷德利来说，则对他的傲慢自信感到高兴。

巴顿怡然自得地点着一根烟，指着阿登地图上的那个巨大的"突出部"。

"布雷德利,"他解释道,"德国佬这次可把头伸进了绞肉机里。"他举起拳头:"我这次可抓住了把柄。"

艾森豪威尔也不禁咧开嘴笑了。"好了,乔治,"他说,"你进攻既不要在22日前,也不要在23日后。"然后他又伸出一根指头警告道:"记住,这次的进攻要扎实,一定要扎实。"

巴顿不在意地挥了一下手。"我在圣诞节之前,就会到巴斯托涅了。"他说。艾森豪威尔告诫他说德军来势汹汹后,就又看向德弗斯,德弗斯是布雷德利以南的那个集团军的司令。"雅克,"他说,"你必须得把你的部队散开来,好接手乔治留下来的大洞。你若被攻击的话,就撤退,即使完全撤回到孚日山脉也没关系。"

会议一结束,巴顿就叫一参谋打了个电话给自己的参谋长"嗨皮"盖伊将军。那天早晨离开南希之前,他就已勾勒出了三个方案来解决阿登危机,并给每个方案起了个代号且告知了盖伊。几分钟后,仅依据电话里说的一个词,巴顿的部队就开始转向,向北朝阿登进发。

艾森豪威尔走近了些,指着自己身上新添的第五颗星。"你知道的,乔治,"他笑着说,"每次我一晋升,就有人攻击我。"

"确实,"巴顿说道,"每次一有人攻击你,我就得前去把你救出来。"

往东北方75英里,尽管德军部队早已远远驶过,且已抵达巴斯托涅城郊,但第28师还在坚守着维尔茨。"荷兰佬"科塔将军已把维尔茨的防务转交给丹·斯特里克勒中校,并承诺会送来弹药并补充兵员。他不情愿地坐上一辆吉普车,撤向巴斯托涅以南2英里的新的师指挥所。

斯特里克勒的杂牌部队共有1500人,他们知道自己面对的将是一场苦战。然而对敌军已然开始对镇子合围这件事,他们却毫不知情。曼陀菲尔的一支部队从北面而来,已经切断维尔茨后方7英里的主干公路;另有一支布兰登贝格尔的部队正从南面而来,要与之相会。两支队伍一旦会合,维尔茨就会被包围了。两支队伍之间的距离,目前只剩下几个小时的路程。

从维尔茨往东北方数英里,赫尔利·富勒上校和他的四个士兵这五个克莱沃的部分幸存者,正蹒跚穿行在一个遍布荆棘和灌木丛的密林里。自从克莱沃陷落之后,富勒就和自己打散的团里的很多其他人一样,独自在敌军的后方战斗。但这时的他已经明白,德军要围逼上来了。

突然间,他听到有人用德语发出了一声命令。他们不小心闯进了一个敌军聚集区。富勒把身体靠在一棵树上,其他人紧张地蹲伏在雪地里。雪地的嘎吱声越来越响。

毫无预兆地,富勒的一名士兵惊恐地站起来,用德语大声喊道:"朋友!"

其他四人往西面奔去。然后富勒感觉有东西打中了他的后脑勺。等恢复意识后,他发觉自己躺在一个壕沟里,四个士兵正焦虑地看着他。他感到腹股沟很是疼痛,这才意识到自己被刺刀给捅了。一名德国人在看守着他们,脸上满是厌倦。

"你有受伤吗,上校?"一名士兵问道。

"我在流血。"他压低声音,示意其他人贴近些。"记住,"他轻声说,"这些狗娘养的什么都别告诉他们。"

富勒身后的一名德国军官,愤怒地拿枪托甩向他的脑袋。然后富勒被带到德军的一个指挥所里,被一名中士押送到一间小屋子里,德军第2装甲师的一名军官就坐在里面。

"你感觉怎么样?"德军中士操着英式英语关切地问道。

"头上被砸了一下,大腿根又被捅了,你说能怎样。"

"我们稍后会帮你处理的,"他指着地图,"你知道自己现在的方位吗?"富勒点了点头:"拿起这根笔,上校,在地图上标出第28师司令部的位置。"

富勒坐在那里看了一下,一声也不吭。

"你听不懂吗?"

"当然听得懂,但我他妈的什么都不会给你指。"

中士和军官交谈了会儿,然后转向富勒道:"上校,我有一条坏消息。我们要枪毙你。"

"为什么?"富勒答道,装出一副满不在乎的样子。

"霍辛根的德军俘虏是你下令杀的,我们找到了他们的尸体。我们的救护人员上前想要搬走尸体,你的手下又杀了他们。这是我们要枪毙你的原因。"

维尔茨往南5英里,那个于前一天仓皇离开的战斗序列三人研究组,正在回去取被抛弃的拖车的路上。几个小时前,克里茨和内森两名中士终于说服了上尉,说他们应该返回维尔茨取回机密文件和设备,来为自己赎罪。

他们顺着海德晒德哥伦特村的大桥,穿过了绍尔河,根本不知道德军第5伞兵师的人就藏在几百码开外,准备发动攻击。

二十分钟后,他们沿陡峭的山丘疾驰而下,向维尔茨开去。或许情况并不像所有人想象的那么糟糕。他们连一个德国人都没见到,也没听到任何枪声。除了美国兵之外,如今的维尔茨已成了一座鬼城。城里没有任何慌乱感,几个班的士兵正在战略要处挖掘散兵坑,坦克车们则在练习各种机动动作。三人急急忙忙去挂拖车。

他们很快就向南驶去,还是沿着刚才来时的路。他们开下山坡,前面就是海德晒德哥伦特的大桥了。

吉普车拉着拖车转过一个急弯。突然间,开车的克里茨看到,一长队着蓝色制服的德军士兵正在前面的路边休息。

这些人是德军第5伞兵师的。他们拿下大桥后,就分成了两支。一支向正西的哈朗基而去,准备在那儿与从北面而来的曼陀菲尔的队伍会师,然后再包围维尔茨。

眼前的这支——也就是第二支,则直接向维尔茨而来。他们的师长海尔曼上校已经明确命令他们绕过这座城镇,直接向西进发。但这些头脑发热的年轻伞兵们则在前一天晚上就私自决定对维尔茨发动袭击,好抢夺些战利品。

美军吉普车的突然出现让他们目瞪口呆,看到吉普车冲过去,不禁惊讶地大声叫喊。克里茨用脚踩下油门:他唯一的机会就是从两侧的士兵中间冲过去。路前方的伞兵抓起步枪和冲锋手枪,开起火来,子弹从路两旁飞过来,克里茨立马把自己头压低。吉普车各种急转,危险非凡。后座上的内森一边用一只手拿卡宾枪射击,一边前倾身子用另一只手帮克里茨掌握方向盘,以避免吉普车行动幅度太大,不慎跌到河里去。

克里茨看到前面还有德国人。他知道他们是过不去了。"抓紧了,"他喊道,"我要把车撞到雪堆上去!"

吉普车从桥的一侧冲下去,但却没有沿曲线而下。克里茨把车对准了雪堆。撞上之前他的最后一个想法是:"吉普车不能便宜了他们。"

他睁开眼时,看到一群德国人正盯着他看。他从吉普车残骸里爬出来,惊讶地发现自己一点伤也没有。他看了看周围。上尉坐在那里,用手按着前臂。内森则一动不动,鲜血从他的一条腿上喷涌而出。

一个年轻的圆脸德国人把克里茨的0.45英寸手枪从皮套里抽出来,拽掉他的腕表,然后问他要巧克力吃。

傍晚的时候,维尔茨已经被包围住了。随着夜幕降临,德军从三个方向发动了大规模进攻。美国守军早已与设于巴斯托涅附近的赛布勒的新的师部指挥所断了联系。弹药几乎用完了,剩下的几名坦克兵已经精疲力竭。

师部的一名侦察员溜过几道敌军路障,在晚上10点时一瘸一拐地走进斯特里克勒的指挥所。他带来的消息特别简单,近乎无情:援军是不会来的;维尔茨于他们来说已经是沦陷区了;一切补给和所有增援都要派往巴斯托涅。

几分钟后,有人报告说德军从南面攻来了。斯特里克勒立马找来所有的指挥官,告诉他们,必须立即向巴斯托涅撤退。"我们已经尽力了。现在我要你们将手下分为10人小组,各组独立地从德军部队中渗透出去,前往赛布勒。记住,只需带上必要的装备和弹药,其他的都毁掉。有什么问题吗?"

"有的,"弥尔顿少校咧着嘴笑着说,"我们什么时候吃饭?"少校是赫尔利·富勒那个团剩下的几名步兵的指挥官。

斯特里克勒继续说道:"撤退将在二十分钟后开始。"他又把目光转向莱纳斯·T.霍本中校。霍本原是斯克兰顿的一名资深律师,现在是一个临时营的营长,整个营由包括炊事员、文员、防空兵和音乐家在内的700多个各色人员组成。斯德里克勒接着说:"霍本,你之前已经勘察过道路。你在前面带路,大部队跟着你走。"

会议到此结束。各个指挥官都一脸严肃地回到自己的战斗单位,将撤退的命令传达了下去。

探照灯灯光将城镇东郊和北郊都照得通亮。霍本律师领着指挥组上了格兰德大街。街道于城镇的西端分叉开来,形成了两条支路,两条支路最终都通向舒曼咖啡馆交叉路口。霍本的指挥车选择了左边的支路。他在第一个交岔路口停下来,等待大部队的到来。然而过了十五分钟后,他意识到其他人肯定选择了另一条支路。

"掉转过头,拜尔斯。"他对司机说道。指挥车朝维尔茨疾驰回去。

这个时候,指挥组的大部队已经沿着右边的支路走了数英里,停在了一道路障前。

"我们冲过去。"一个开防空半履带车的人说。他开动几挺 0.50 英寸口径机枪,喷射着火焰,闷头朝路障冲去,结果碾到一颗地雷,然后就是一声巨大的爆炸。

半履带车的残骸被推到路边,队伍就继续往前走去,一路特别地小心。不一会儿,就快开到了这个地区最重要的一个交叉路口——舒曼咖啡馆旁。在这里,一群房子围着一个旅馆而建,往巴斯托涅去的主干道路继续向西。此外,还有两条路分别通向南方和西南方。

指挥组向舒曼咖啡馆驶近的同时,也拉近了与德军第 5 伞兵师一个排的劫匪之间的距离。劫匪们已经在路两侧做好了防御工事:北边一挺机关枪,南边一门自行火炮。

领头的美军装甲车辆刚到达交叉路口,就传来一声刺耳的爆炸声。那辆装甲车被击中侧面,整个翻转过去,被大火所吞噬。

一名上尉从一辆半履带车里跳下来。"除掉他们!"他叫道。一个排的黑人士兵从卡车上蜂拥而下,从路两侧同时向前推进。路南边的士兵行动起来井然有序,毫不迟疑,一个一个清理掉散兵坑,然后用手榴弹把自行火炮给炸掉了。路北边的则冒着德军机关枪的烈焰,匍匐行进,然后突然冲过去,拿刺刀干掉了敌人。

交叉路口安全了,队伍便沿着通向巴斯托涅的道路开去;然而还没走几百码,就又碰上了第三道路障。

路两侧突然响起密集的枪声。士兵们惊慌地从车上跳下来。很多人阵亡,一些人被俘虏了。只有少数人得以逃脱。

往后 1 英里,他们的长官霍本律师这时已经快到达舒曼咖啡馆,对前方的灾难毫不知情。但一听到交火声,他就让司机停了下来。

他下了车,走到交叉路口。

这儿似乎已经被人遗弃了。他走了回去。一辆装有0.50英寸口径机枪的半履带车停在他车后面,第110团的三名步兵跳了下来。

"中校,"一人说,"我们充当您的火力,和您一起走。"他们跳进律师的指挥车里。

"我们跟在后面,"半履带车的驾驶员说道,"掩护你们。"

两辆车全速驶过舒曼咖啡馆,继续向西朝巴斯托涅开去。突然从霍本背后传来一声爆炸声,他感到肩膀上和颈后一阵剧烈的疼痛。他确信自己要死了。然后就是轮胎的响声,继而是巨大的撞击声。霍本知道的下一件事儿,就是自己被一群德国人围着。或许是因为某种奇迹,他竟然还活着。他看向自己的左边。他的司机后背上有个大洞,正在痛苦地呻吟着。后座上的步兵们则两死一伤。霍本忍住左腿上的抽痛,费力地下了车。

律师的战斗结束了。

现在几乎午夜了。维尔茨的街道上不断有炮弹爆炸,殿后的守军边打边往城区内后退。工兵们涉过维尔茨河,跑进东边的石头房子里进行最后的抵抗。军乐队的幸存者已经和军需处的人员会合在一起,这60人的队伍如今正从维尔茨下城区往上城区撤退。他们跌跌撞撞爬向陡峭的山脊,走过师指挥所。"我们逃脱的唯一希望,"他们的首领说道,"就是沿道路北上到达舒曼咖啡馆交叉路口。"

丹·斯特里克勒中校现在还在指挥所里销毁重要文件。他从墙上撕下一片地图塞进口袋,烧掉剩下的,走了出去。外面不断有人跑过,一边逃一边朝身后射击。他的吉普车——"危险丹",正在街上等着他。司机鲍勃·马丁高兴地给他打招呼。

"鲍勃,"斯特里克勒说,"我想最后再看一眼。"为了避过堵满车辆和步兵的格兰德大街,吉普车拐进一条小巷,爬上维尔茨西部的高地。当从一个长满树木的山谷中经过时,枪声响了起来。吉普车被机关枪打得满是弹孔,歪倒在一条沟壕里面。

斯特里克勒看到一辆德军坦克慢慢开来,它的88毫米炮调整着角度。他们急忙躲进树林里。他们现在只有一个选择了:在树林里穿行,绕过德军路障。斯特里克勒检查了一下自己的指南针，便走在前面带路。

如今在他们身后，维尔茨已经几乎被抛弃了，几名工兵是它最后的守卫者。四面八方涌来的德军迟疑了，他们会在破晓时分发动最后的攻势。

3

10辆从维尔茨来的卡车没开大灯，此时正缓缓向巴斯托涅靠拢。那天下午，他们沿着乡间小道狂奔，勉强避开了要包围维尔茨的德军部队。

领头的是一个载满信件的0.5吨卡车。司机旁边坐着的是沃尔特·格罗根中尉，他和第28师的许多人一样，性格倔强，脑袋只有一根筋。有人对他说，这些信件可以极大地鼓舞士气，让他把信件安全运回来。

格罗根引导司机把车开到巴斯托涅警察局。在那里，一名宪兵建议他继续向西行进，从城镇的另一侧开出去。那名宪兵以为，28师的指挥所就在那个方向几英里外的地方。

10辆卡车朝西驶去。开到一个交叉路口时，格罗根让车队停了下来。"看起来有点不太对劲儿。"他说道。这条路是通向后方的，他们也太傻了。但他心中还是有一种预感。他带上两个人，走到交叉路口。有人从壕沟里跳出来，把这三个美国人给制服了。

"稍等一下，"格罗根严肃、庄重地说道，"我们是美国邮局的。我相信，你们肯定知晓《日内瓦公约》对信件是怎么说的。"

那些德国人的首领是一名中士，他被搞得有点困惑。他带着格罗根走下公路，来到一辆装甲车前，车里坐着一名军官。

"我只是运送美国信件，"格罗根解释道，"它们对你们没有用。"他又再次提了一下《日内瓦公约》："你们现在把我们放了的话，也就没什么了。"

格罗根那段义愤填膺的论词让军官很是困惑。突然间，交火声从主干道上传来。格罗根听出了一架美军机枪低沉的声音。他们离开已经有一段时间了，车队里的一些人显然起了疑心。

德军队伍立马就活跃起来。还没过几分钟，美军的卡车就都着了火。格罗根把信件运回的任务已经失败了。但是他希望，这支燃烧着的车队能给巴斯托涅的守军们提个醒:他们的后方也有危险。

在临近的巴斯托涅,从西面传来的格罗根卡车的火光并没有引起任何人的注意。大部分城区都笼罩在恐惧和忧郁之中。隆维利附近灾难性伏击的幸存者们仍在街道上游荡,脸上的表情无不诉说着德军的战无不胜。

罗伯茨上校的散兵防线把这些人中的大部分都截了下来,但很快到手的就又不在了。他们被给过食物后,大部分就都又溜向了后方。他们根本不清楚发生了什么。他们唯一知道的,就是他们被成群的德军坦克接二连三地攻击。要去抵御这么势不可当的力量,简直就是精神错乱。然而他们中还是有人留下来,自愿加入了麦考利夫和罗伯茨的队伍。

尽管白天失利,但第10装甲师和第101空降师的人还是未感到丝毫恐慌。隆维利伏击并不是今天唯一一次重大打击。部署于巴斯托涅以北的诺维尔村的德索布里战斗队,在敌军白天的进攻中受到了重创。拉·普拉德中校刚带领一个伞兵营踏入村里,要为这些坦克兵助力,战斗的高潮就来了。他们决定让拉·普拉德担任联合部队的总指挥,然而几分钟后,一发88毫米炮弹就打中了指挥所。拉·普拉德阵亡,德索布里受了重伤。

尤厄尔上校的那个团也受到了很大冲击。在瓦尔丁,也就是前演员德弗罗发表了一通演讲的地方,I连先是被多辆皇家虎坦克①轰击,然后又被一个步兵营攻击。整个连只有83人幸存。

那天晚上,在尤厄尔设在巴斯托涅那座宏伟的五层石质神学院的指挥所里,人们个个都很沉默,表情阴郁。尤厄尔的随行教士桑普森神父注意到,一群差不多有50人的男孩紧张地在一条大走廊里打转。

一名比利时神父认出了桑普森的徽章。"我是院长穆思提,"他说,"我该把这些男孩怎么办?所有的人都说巴斯托涅会有一场大仗。我该把他们带出城吗?"

桑普森有些犹豫。"我必须得问一下尤厄尔上校。"他说。

他走进尤厄尔的办公室,团长正坐在一张桌子后面。他听到I连几乎被全歼之后,尽管外表上没有什么表现,内心却还是很受冲击。他现在正从

---

① 皇家虎(Royal Tiger),即虎王坦克(King Tiger),英国人的叫法。——译者注

这番震惊中缓慢恢复。他从口袋里拿出一包茶,蘸入一杯热水里,然后把水递给他的朋友。

桑普森虽然个子高大,但人却很是瘦削,长得有点像欧文·S.科布①。他了解尤厄尔因这些士兵的阵亡,内心所隐藏的折磨。他花了一段时间,才理解了尤厄尔。现在他们这两个人——一个沉默怪异,另一个热忱爽朗——已经成了很亲近的朋友。桑普森问他该拿神学院的男孩们怎么办。

"那得看师部了。"尤厄尔说道,"我能告诉你的,就是让他们隐藏好。"

在神学院外面,一辆前线的吉普车停下来,三名骑兵跳了下来。其中一名是第14骑兵团的约翰·班尼斯特中士。那天早晨,这三名骑兵被第7装甲师征召入伍,以应对圣维特之战。然而在白天的混乱中,他们与自己的新单位走散了,便决定往西边这边来了。

一名宪兵拦住三名骑兵。"顺着街道向北去那栋建筑。"他命令道。三人走进那栋建筑物里,发现里面都是些散兵,他们分别来自第106师、第28师还有十几个炮兵和工兵单位。

"这到底是怎么回事儿?"班尼斯特向一个脏兮兮、两眼模糊的第28师的步兵问道。

"他们把我们叫作'窝囊战斗队',我们也的确是这个样子,"那人沮丧地说,"但有一件事你们是可以确定的:不管发生什么坏事儿,背锅的总是我们。"

他轻推了一下自己的朋友们。这个城镇可不是个好待的地方。三人走出去,在主街上看到一辆2.5吨的卡车慢慢开过来。

"你去哪儿?"班尼斯特问道。

"离开这儿。"司机答道。

三人跳进自己的吉普车,跟着这辆卡车向北驶去。

一个小时后,向导向右拐了个弯,吉普车也跟了上去。吉普车上的人丝毫没意识到,他们又朝战场驶了回去。那辆卡车是给第7装甲师运送物

---

① 欧文·S.科布(Irvin S. Kobb),美国著名作家、记者、演讲家、好莱坞演员等。——译者注

资的。

它的目的地：圣维特。

4

在巴黎，盟国远征军最高统帅部每晚都会定时为战地记者们召开发布会。今天的发布会显得尤其热闹。记者们愤怒地要求公关官员发布阿登攻势的详情。

统帅部发布会官员詹姆斯·休斯少校努力解释道，封锁消息是出于安全原因。

"你下去，让我们问艾伦将军，"一名记者大声喊道，"应该是他来回答这些问题。"

统帅部公关主管弗兰克·艾伦准将立即上到讲台上。"我们之所以封锁消息，"他说，"是为了防止敌人获知我方的未来动向。"

美国战争情报局驻统帅部代表乔治·里昂斯站了起来："你说，盟军统帅部这方面的政策蠢不蠢啊？这句话不是针对您，长官。方圆40英里地，连鬼都知道发生了什么。美国人民有权知道发生了什么。"

会议结束了，记者们依然满腔愤慨，却还是未被告知任何信息。

几英里之外，艾森豪威尔正为阿登危机费神。自他从凡尔登回来之后，有关德军进一步进展的惊人报告就接踵而至：圣维特和维尔茨快沦陷了；巴斯托涅很可能在几个小时之内就会被拿下。

应该怎么应对德军的此番攻势？卢森堡城的布雷德利与比利时的霍奇斯之间的正常通讯已经被切断了，美军前线北部与南部之间的协调是不可能完成的。

他看着巨大的战争局势图。然后他在头脑中，从巴斯托涅北边开始，穿过阿登战场中部，画了一条线。

这条线就是解决答案。两名指挥官：布雷德利负责南半部分，一个声望差不多的人负责北半部分。北面最合乎逻辑的人选当然是蒙哥马利。但艾森豪威尔心里很清楚，自己的很多将领都不会喜欢这个选择。英国这位陆军元帅在过去的几个月,一直在批评美军的领导层,坚持认为取得最终胜利的唯一方法就是集中兵力为一路,对德国发动攻击。

许多美国人都会把蒙哥马利的任命看作是对布雷德利的羞辱;许多英国人则会趁机进一步要求,应任命蒙哥马利为盟军最高统帅部的副司令。

然而艾森豪威尔明白,他必须得这样做。除了军事上的考量外,还有一个其他原因。他和为数不多的几个人明白,德国科学家有可能已经快研制出原子弹。或许德军此轮整个攻势都是为了给那些科学家多争取些时间。不管代价有多大,都必须把战场分割开来,以加速迈向最终胜利的步伐。

几分钟后,在卢森堡城里,布雷德利被叫到电话机跟前。

"艾克觉得这样可能是个好主意,"艾森豪威尔的参谋长比德尔·史密斯说道,"就是把你北面的两个集团军转交给蒙蒂①。"

布雷德利大为惊讶。他犹豫了会儿,然后说道:"我怀疑这样的变动是否有必要。"

"这样做应该是合乎逻辑的,"史密斯说道,"蒙蒂可以处理'突出部'以北的一切,你负责南部的一切。"

"比德尔,我很难做出反对。"布雷德利缓缓答道。这样子虽然会让美军领导层丢面子,但却也是合乎逻辑的。"如果我们按你说的做,"他承认道,"我们就会从英国人那里得到更多的预备部队。"

为了避免听到更多的反对意见,他挂断了电话。

在荷兰的宗霍芬,一个很瘦的男人正和两只金丝雀一起,在一个拖车式活动房屋里睡觉。这个人就是伯纳德·蒙哥马利,他是英国最高级别的军官,总是让美国高级军官们感到不快。

一段时间以来,一贯坦率的蒙哥马利一直在直言不讳地反对艾森豪威尔对德国的钳形攻势。他坚持认为,人员和装备都缺乏的情况下,却对敌军两处发动猛攻,这样是不明智的。他想让主要力量从北方进攻,由他自己的第 21 集团军群作为先头部队。

拖车里的电话响了,是艾森豪威尔打来的。阿登目前形势很是严重,这

---

① 蒙蒂(Monty),蒙哥马利的昵称。——译者注

名陆军元帅要承担起战场的北半部分。

蒙哥马利挂了电话。他希望美军之前就听他的,那样的话,他们就不会陷入如今这般糟糕的境地了。但已经没时间互相指责了。他叫来自己的六名联络官。这些军官都很年轻,活力满满,全都忠诚于他们的"大师①",负责获取前线的即时信息。蒙哥马利这是借用了拿破仑的点子。

他让这些年轻人联系上卷入战斗的各个美军单位,收集信息,然后在第二天下午1点,于霍奇斯设在绍德方丹的新指挥所里与他见面。他又派出另一队军官前往默兹地区,然后就又回到了床上:他久经沙场,知道休息的价值。他很快就又睡着了。

在凡尔赛,艾森豪威尔的电话响了,是丘吉尔打来的。他想知道战斗打得怎么样。

艾森豪威尔向他告知了最新的指挥安排。

丘吉尔很是高兴。"我可以向你保证,"他说,"英国军队肯定会以与美军并肩战斗为荣。"

艾森豪威尔感到很是宽慰。事态的发展本来很容易让人不快,如今竟然如此平稳地就成功了。或许蒙哥马利和某些美军将领能在当前的危机下,暂时停止彼此之间的摩擦。艾森豪威尔对今晚的成果很是满意,终于上床睡觉去了。

---

① 大师(Master),蒙哥马利的昵称。——译者注

5　迷雾战
1944.12.20

1

12月20日上午，圣维特往北几英里，布鲁斯·克拉克在视察一个前线作战单位的时候，被抓了。

"我是B装甲战斗群的布鲁斯·克拉克将军。"他不停地说。

"鬼才信，"抓他的一名美国宪兵说，"你是斯科尔兹内的手下。有人让我们留意一个扮作一星将军的德国佬。"

克拉克激烈地为自己辩解。接下来几个小时的决定将会对圣维特之战产生决定性的影响。宪兵对他的抗议置之不理，把他锁在了一栋大楼里。只有德国佬才会坚持认为，芝加哥小熊队属于美国联盟①。

阿登整个地区，不管是在荒凉的道路上，在浓密的松林中，还是在废弃的村庄中，50万名美国人都在互相盘问。口令和"狗牌"一点意义都没有了。只有你知道宾夕法尼亚州的首府，知道"梅干脸"的身份，或者知道贝比·鲁斯击出了多少本垒打，你才是一个美国人。

布鲁斯·克拉克不是一个唯一遭到盘问的将军。每到一个路口，奥

---

① 芝加哥小熊队（the Chicago Cubs），属于国家联盟（National League），而非美国联盟（American League）。——译者注

玛·布雷德利都会被宪兵们拦截住：宪兵们似乎尤其喜欢拦截将军。第一次停下来时，他被问伊利诺伊州的首府在哪儿；第二次时，美式足球前锋所处的位置；第三次时，贝蒂·格拉布尔的新任老公。布雷德利根本不知道该怎么回答第三个问题。

"哈里·詹姆斯。"那名宪兵得意扬扬地说道。他挥手示意将军可以走了。

记者也在被盘问人员之列。离绍德方丹那个霍奇斯于默兹河西面的新指挥所所在地不远，《纽约先驱论坛报》的刘易斯·甘尼特和《巴尔的摩新闻邮报》的卢·阿兹雷尔两名记者被一名紧张的宪兵拦了下来。

"你哪个州的？"吉普车司机被问道。

"马里兰州。"

"首府是哪儿？"

"巴尔的摩。"

"好的，"那名宪兵说，"走吧。"

"嘿，"阿兹雷尔抗议道，"可不能这样子。那——"但吉普车已经从宪兵旁开了过去。

在巴黎，对奥托·斯科尔兹内和他手下的恐惧已经达到顶峰。成千上万张希特勒最喜欢的突击队员的照片都被分发了出去。他被描述为"最危险的纳粹"，并被给予匪帮的外号——"刀疤脸"奥托·斯科尔兹内。（那个启发这个外号的大伤疤是他在维也纳求学时获得的，当时他为了一名芭蕾舞者与别人决斗。）

根据法国警察的说法，斯科尔兹内麾下一股数目不清的伞兵已经降落在盟军最高统帅部附近的马雷港。另一份报告则声称在博安附近有200名伞兵。第三份疯狂的警告则来自瓦朗谢讷：斯科尔兹内的手下扮作修女和修道士刚刚飘落到地面上。

根据一名被抓到的"狮鹫"的说法，这些人的目的地都是平和咖啡馆。他们会在那里会合，然后绑架艾森豪威尔。

美国安全官员对这个臆造的故事深信不疑。盟军统帅部周围都被围上了带刺的铁丝网，守卫人数也增加了三倍。坦克停在各个门口，通行证一遍又一遍地查看。如果哪个房门"哐"的一声关上了,艾森豪威尔的办公室就会不断有人打去电话,询问他是否还活着。

唯一一个不为所动的人却是这次行动的目标人物。尽管艾森豪威尔不全信这个暗杀故事,想取消这些复杂的保护性措施,但是安全官员和他的参谋竭力请求他从"冯·龙德施耐特"的房屋里搬出来。他们争辩道,这栋房屋与特里亚农隔绝,而且德军对这片区域很是熟悉。

艾森豪威尔最终向压力屈服了,很不乐意地搬到了被围起来的场地里面,成了个事实上的囚徒。"除非,你们忘记这档子事,投入到战争中去。"他说道。

斯科尔兹内28个手下的工作做得相当不错。

2

一辆英军指挥车正从荷兰向比利时度假城镇绍德方丹疾驰而来。后座上坐着头戴贝雷帽、身穿伞兵迷彩夹克的蒙哥马利,还有他的代理参谋长大卫·贝尔彻姆准将。

在过去的好几周里,蒙哥马利都很是萎靡不振。但自从昨天晚上艾森豪威尔打电话过来,让他负责战场的北半部分之后,他就恢复了以往的认真和沉着。"大师"又显得活力四射起来。

他这种样子,贝尔彻姆也在其他紧张情况下见到过。比如那次他在非洲接手被打败的英国军队。

"真是悲哀,"蒙哥马利那时对丘吉尔的参谋长伊斯梅勋爵说道,"一名职业军人升任为将军,达到事业的顶峰,然后突然来了一个大反转,葬送了自己的事业。"

"不要灰心,"伊斯梅说道,"你有可能会赢的。"

"我亲爱的伙计,"蒙哥马利答道,"我说的不是我。我说的是隆美尔。"

在绍德方丹,考特尼·霍奇斯将军正在等待蒙哥马利。霍奇斯有一种天生的庄重气质,但大多数战地记者却认为他没有什么特点。与热情奔放的乔治·巴顿、手拿手榴弹的里奇韦和有着"公鸭嗓"的哈蒙相比,很难写出点有关他的什么来。霍奇斯是故意这个样子的。他避开了公众。

也正因为如此,第1集团军的成就与巴顿的第3集团军相比,就很少出现在公众的视野中。他和布雷德利一样,都是个骨子里的军人。很少有平民意识到他是美国最优秀的将军之一,在品性和战略技能上可与罗伯特·E. 李媲美。

和他的朋友乔治·巴顿一样,他的军事生涯之始十分黯淡。在1905年的西点军校新生考核中,两人都没有及格。巴顿最后延期了一年,才得以毕业。而霍奇斯则因为数学上"有缺陷",又从底层开始,以一名列兵的身份入了伍。

正如其他所有的人一样,霍奇斯完全被阿登地区的攻势给欺骗了。直到12月17日的早上,他还深信这只是一次骚扰性进攻。然后他就改变了想法,并丝毫不为自己找借口,立马将进攻态势转换为了防守。在几个小时之内,成千上万的人员和机器被调遣到了危险区域。这次车轮上的调动起到了关键性的作用,一条坚固的北部防线如今已经在蒙绍和斯塔沃洛之间建立起来。

然而那天早上,霍奇斯又再一次开始考虑发动进攻了。正如其他美军将领一样——他们全都毕业于莱文沃思指挥与参谋学院或者美国陆军战争学院——他所接受的军事教育深深植根于不断进攻、无情进攻的美国军事信条。他决定让里奇韦的一个军打向东南方,朝维尔萨姆方向进攻,硬碰硬地撞向德军的"突出部"。

过了一会儿,蒙哥马利轻快地踏进了霍奇斯的司令部。他自信满满,步履轻快,十分高兴。用一个被逗乐的英国军官的话来说,他就像"耶稣基督去洁净神殿一样"①,大步踏进了大楼里。

"同志们,"他走进霍奇斯的会议室,审视了一下他们严肃的脸庞,然后简短干脆地说道,"我猜出现了个棘手状况。"他如鸟儿般迅速坐下来:"现在给我讲讲是什么情况。"

别人给他介绍情况时,他派人把自己的午餐盒送了过来,边若有所思地

---

① 详见《马太福音》第21章。——译者注

嚼着三明治,边听着战争形势被一点点讲开来。他突然就犹如玩偶盒中弹出来的玩偶一般,一下子站了起来。"同志们,"他说道,"请允许我离开几分钟。"

蒙哥马利和贝尔彻姆走进另一个房间,那几个年轻的联络官之前就是被要求在那里集合。六个人全都到了。由于他们不知道任何口令,也不知晓美国漫画中的任何人物,因此好几个都被当作斯科尔兹内派出的间谍或者冯·德·海德特的伞兵给抓了起来。但他们最终都说服宪兵,从监狱里被放了出来。他们一个个轮流向他报告一手的战斗消息,报告唯一没涉及的就是圣维特。

蒙哥马利回到会议室里,给出了个总体方案。他预测,由于德军已经开过斯塔沃洛,他们将会转向北方,从列日附近越过默兹河。因此,盟军是不可能立即发动反攻的。"我建议,霍奇斯,"他说,"你把一个军的兵力集结在马尔什西北方,好进行反攻。但我们首先要做的,就是理清战场,整理防线。"他最后说道,最主要的任务就是把所有的人都从圣维特大口袋里给拉出来。

霍奇斯不敢相信,陆军元帅是认真的。他争论道,圣维特那个突出部位对于反攻来说,将会是一个十分有价值的桥头堡。

然而蒙哥马利还是不为所动。那个突出部位太过混乱,也很危险。派里奇韦的一个军去圣维特,简直就是浪费。

就在这时,一名衣服上戴着第7装甲集团军标识的军官被带进房间里。这人是弗雷德·施罗德中校,哈斯布鲁克的化学战军官,脸上满是倦色。他递给威廉·基恩准将一封信。

霍奇斯的参谋长扫了一眼。"同志们,"他说道,声音越来越兴奋,"这条圣维特的消息,我想你们会很感兴趣的。"他大声读道:

亲爱的比尔:

我与第8军已丧失联系,知道第18空降军就要来了。我的师守卫着圣维特到波托沿线。我的右边是第9装甲师的B装甲战斗群(霍格)、第106师的第424步兵团(里德)和第28师第112步兵团(纳尔逊），他们守卫着从圣维特（不包括圣维特）到霍尔丁恩的防线。两个步兵团都已经不成样子了。除了一些侦察兵、坦克歼击车和我们从远到舍尔姆交叉路口收集来的散兵之外，我的右翼处于大开的状态。德军的第116装甲师和第560国民掷弹兵师两个师，刚开始向西北进攻，他们的右翼对准古维。我今天或许能把他们给拖延住，但明天我肯定就会被围住了。第8军已经下命令要我死守，我会这样做的，但我需要援助。若有人从巴斯托涅向东北方进攻的话，我的形势将会大大缓解，同时那些混蛋与后方的联系也会被切断。我也需要大量的空中支援。失去了与第8军的联系，便只好将这封信送给你。知道第82空降师正赶往我的北边，因此我的北翼并不危险。

鲍勃·哈斯布鲁克

霍奇斯清了清嗓子。"鉴于这个新信息，"他礼貌但坚定地说道，"里奇韦的第18军将不得不继续向圣维特进发，支援哈斯布鲁克。"

蒙哥马利迅速做出了决定。"我同意，圣维特的伙计们我们必须要帮。"他让步道。但具体怎么帮得按他的方式来。里奇韦将一直朝东南方行进，直到抵达维尔萨姆，打出一条疏散通道来。然后等圣维特的人一撤到西南方，防线就必须大刀阔斧地缩短。"毕竟，同志们，"他总结道，"自身态势没条理，是赢不了重大胜利的。"

3

到了傍晚的时候，圣维特之战即将到达危急关头。德军第18国民掷弹兵师和元首护卫旅正从东面靠近；第62国民掷弹兵师在南面；还有党卫军第2师和第9师两个新来的装甲师也急不可耐地逼来。这两个装甲师原本是要借助迪特里希原定的突破发挥效力的，但希特勒已经下令让他们掉转到了曼陀菲尔负责的区域内来。

在布鲁斯·克拉克单薄的防线上，全线压力都在增加。在城区以东1英里，唐·波伊尔少校正在视察自己由450人组成的特遣队的散兵坑，这支队伍之前受到了重创。又有两个工兵单位已经被收入他的麾下。由于他们被任命的指挥官迟迟不来,因此喜欢多担责任的波伊尔就直接把他们拉了过来。

"我们处境艰难。"他对一名步兵说道,步兵独自一人处在树林深处一个孤零零的前沿位置,"我想我应该让你知道这些。我们就像一根戳在弗里茨喉咙里的大拇指。"波伊尔爬向另一个坑。他们的食物和弹药都不多了,冻疮也让他们饱受剧痛,但却没有一人后退。

波伊尔正要回自己的掩体时,70个人从东面溜进了他的防线里。这些人是凯文德上校的第423团的残部,是西尼艾弗尔山溃败的幸存者,他们稍微被盘问了一下,就被带到圣维特的校舍里,给了些食物,安排了睡的地方。

几英里之外,一名美国人要被释放了。在五个小时之后,那些"俘虏"布鲁斯·克拉克的宪兵们终于被说服了,相信了他是一个美国人。

"您能给我签一下名吗,将军?"一名宪兵问道。

克拉克不耐烦地在一片纸上签了一下名,然后让吉普车司机立即赶向他在诺因多夫新设的指挥所,指挥所处在圣维特西南方几英里处。

克拉克走进被用作自己司令部的旅馆的时候,天已经黑了。他的参谋快速向他汇报过情况后,他就向候着的各单位指挥官讲话。"消息很模糊,"他说,"我们必须节省补给和弹药,两者都不多了。每天发放三分之二的口粮,情势危急时再使用火炮。"

会议结束后,克拉克走到外面。一名中士拖着脚步从旁边走过去,脸上被火药渣弄得全黑了。

"今天怎么样?"克拉克问,"很艰难?"

"嗯。"中士沮丧地说道。

"情况会好起来的,"克拉克用自信的口吻说道,尽管他内心感觉不到这份自信,"巴顿将军要从南方打过来了。"

中士的脸上浮现了个大大的笑容。"如今,"他说,"就是另一番情形了。老乔治要是一来,我们肯定就势在必得了!"中士敬了个礼,继续沿着道路走了下去。

在西面的维尔萨姆,哈斯布鲁克还在担心他派往霍奇斯的信使施罗德那边怎么样了。晚上8点刚过几分钟,门外面传来一阵声响,同时还有因惊讶和高兴而提高的说话声。门开了,刚结束他军人生涯中最繁忙、最重要的一天返回的施罗德走了进来。

哈斯布鲁克紧握了一下他的手,让人送来咖啡和食物。施罗德递给他一条霍奇斯的消息:

> 里奇韦正带装甲和步兵部队从西面进发与你会合。一旦接上头,你就听从里奇韦管辖。第106师(第112团战斗队)和第9装甲师B装甲战斗群仍归你指挥。

这真是一条极好、极好的消息。然而指挥设置却变得越发复杂了。哈斯布鲁克作为一个准将,现在却管辖着职位高于自己的霍格和拥有两颗星的琼斯。

几个街区外,有人递给艾伦·琼斯少校一条特洛伊·米德尔顿发来的消息:

> 巴斯托涅遭遇从乌法利兹方向来的大规模攻击,那支部队已抵达巴斯托涅以东0.6千米处。你能否派出一小股部队袭击敌军后方?第112步兵团有一个营在古维附近。如果这支部队现时没有参战,请让营长带他们向巴斯托涅进发,从后方袭击敌人。

琼斯把这条命令转交给纳尔逊上校。尽管古维自身正被两个师攻击,纳尔逊仍然把G连抽离出来,派他们向西南方朝巴斯托涅进发。G连就犹如大卫迎击歌利亚[①]一样,奔袭而去。

晚上8点55分,琼斯收到了米德尔顿的另一条消息。这条消息是在一天前发出的,传达了正在加固圣维特—埃希特纳赫防线的第1集团军的命令:"对发现于防线后方的敌人,当场隔离并全部消灭。不允许撤退。"

---

① 大卫迎击歌利亚,《圣经》中一个著名的以弱胜强的故事。——译者注

4

那天的巴斯托涅是南半部分战场的风暴中心。下午 3 点 30 分的时候,守护它北面门户的诺维尔村已经被完全抛弃了。两天苦战的美军幸存者,凌乱地向巴斯托涅退去。

神父弗朗西斯·桑普森那时正坐着吉普车离开巴斯托涅。他获悉,那个设在后方几英里一个交叉路口处的师部医院被德军俘获了,还有大约 15 名伤员躺在伏击地点附近。

一个小时后,桑普森发现前方有车辆残骸。

"我们应该已经开过了最后一个岗哨。"司机紧张地说。

"继续往前。"

他们来到了伏击现场。路上都是散落的医疗物资,三具美军尸体横躺在壕沟里。德军的两辆装甲车装满死人,车已经被烧成了黑色。桑普森和他的助手开始捡起物资来。医院如今已经没了,每一条绷带,巴斯托涅的士兵都用得着。

一个比利时人跑过山丘来。"那边有伤员。"他指着低洼处的一个村庄说。没过多久,神父的吉普车就开到了村口。

他们抵近一辆停着的车时,司机说:"那辆车应该不是我们的。"

"开进村去。"桑普森说,一门心思地专注于寻找伤员。突然间,德国人从旁边的小巷里涌了出来。"掉转头,踩紧油门,"他叫道,"不,停下来!"荷枪实弹的德国人已经包围了他们。"对不起,"他窘迫地说,"我们被俘虏了。"

"没事的,神父。"司机厌倦地说道。

桑普森现在才看到,旁边的街道里堵着很多德军的坦克和汽车,一辆接着一辆。校舍里的士兵们叫嚷着把乐器从校舍里扔出来,其他人则从窗户里往外一袋又一袋地抛粮食。

一人把桑普森的腕表给抓走了。"我是一名教士,"他愤慨地说道,把东西拿了回来,"一名天主教神父。"

一名负责检查吉普车的德国军官打开桑普森的行装，把东西倒在路上。他拿起一个圣餐杯和一盒饼干。

"还我的圣餐杯。"桑姆森说。他被推搡进一辆半履带车里。一名比利时老教士在旁边看着，满脸惊恐。"我是一名美国教士，"桑普森用拉丁语喊道，"你如果有机会的话，请告诉巴斯托涅的那个教士穆思提院长，说我被抓了。"

"把那个教士也带走。"德国军官说。

比利时教士摆动双臂，惊恐地叫了起来。军官哈哈大笑起来。"不用了，让那个老家伙走吧。"他看向桑普森，"把这个带到后方。"

不到1英里之外，桑普森的朋友穆思提院长正带着巴斯托涅神学院的男孩们往相反的方向——向西走。他整个上午都在巴斯托涅跑来跑去，从这个办公室跑到另一个办公室，最后终于获准可以离开城镇。男孩们都很兴奋：这次要来一次真正的冒险啦！如今巴斯托涅已被他们抛在了身后，他们不会有什么切实的危险了。穆思提善意地训斥着他们，催促他们往前赶。他想在天黑之前，就从奥托维勒过桥。

下午4点，巴斯托涅往西南方20英里，第8军设在诺堡的新指挥所内正在展开一场对巴斯托涅命运的讨论。

"德军有三个师在你境内，"特洛伊·米德尔顿对安托尼·麦考利夫说，"德军第116装甲师也在去你那儿的路上。你的日子会很不好过。"

"去他的。"麦考利夫答道，"我们现在撤退，肯定会被嚼成稀巴烂的。"

"我当然想守住巴斯托涅，"米德尔顿说道，"但鉴于最近的形势变化，我不确定还能不能守得住。"

"我们应该至少还能坚持四十八小时。"麦考利夫坚持道。这名矮壮的炮兵站起来，走到门口。巴斯托涅的指挥权在理论上仍由他和罗伯茨共同执掌。迄今为止，罗伯茨的装甲部队一直承担着主要的担子。但彻里战斗队已经被打坏了，德索布里战斗队也正从诺维尔仓皇撤离，现在已经到第101空降师接手的时候了。炮兵来守城，肯定会是一次独特的经历。

"祝你好运，安托尼。"米德尔顿微笑着说，"不要让人给包围了。"

没过多久，麦考利夫的吉普车就沿着诺堡—巴斯托涅公路，向北驶去。

这条路是通往巴斯托涅的道路中，唯一一条没在德军掌控下的。还没到一个小时，他就走进了自己设在比利时军营内的指挥所里。

他刚才差一点就被俘虏了，然而他对此毫不知情。他刚下诺堡公路没几分钟，那条路就被德军切断了。如今的巴斯托涅已经被完全包围了。

晚上10点，气温已经下降了好多。第10装甲师的罗伯特上校在棕情饭店的指挥所里，看着飞旋的雪花落在巴斯托涅。土地越发坚硬，预兆着一个新的危险：用不了多久，迄今为止只能沿道路而行的德军坦克，就能自由地在田野中驰骋了。

罗伯茨的电话响了，是米德尔顿打来的。他刚获悉巴斯托涅被包围了。他说："我准备让安托尼全权指挥。"

然后是一阵尴尬的沉默。

"你的表现一直很令人满意，罗比，但我手下有太多个师了。我没时间为同一个地区，读两份报告。"

"我明白，"罗伯茨说，"是应该这么做。"他停顿了会儿，说："但我希望麦考利夫使用B装甲战斗群时能明智些。大多数伞兵都以为坦克是堡垒，他们只想把我们当成路障来用。"

然后他就挂了电话。他收拾好东西，向比利时军营赶去。他想一步不离地待在麦考利夫身边。

5

巴斯托涅后方20英里，神学院院长穆思提和他的学生刚刚通过奥托维勒的贝雷桥，跨过了乌尔特河。这座大桥是阿登地区最重要的一座桥。它之所以重要，是因为德军一旦跨过它，德军与默兹河之间就只剩下了几个连的美军工兵、防空和反坦克部队。

德国人就在穆思提身后不远。曼陀菲尔的第2装甲师——这个整场侵略的先头部队就躲在河东岸的树林里。这支部队先是攻克克莱沃，后来横扫巴斯托涅前方的两道路障，之后更是攻下了诺维尔。

现今他们正准备攻击贝雷桥，直奔默兹河。这是他们的第二次进攻。

那天清晨,由于美军埋在桥下的炸药引爆失败,他们曾经短暂地占领了大桥。然而第一辆坦克刚要过桥,美军隐蔽于西岸的八辆坦克歼击车中的一辆就把它给摧毁了。德军唯恐有诈,便撤回来,隐蔽在了树林里。

晚上 11 点 30 分,德军的坦克又再次向大桥靠近,德军步兵也跳入冰冷的河水中。乌尔河对面的一名美国工兵按下了引爆器。

这是今天的第二次引爆,但依然什么都没发生。

虎式和黑豹坦克向桥对岸开去。那些由少数美国工兵和加拿大第 9 丛林连组成的守兵们,抵挡住了第一轮进攻。然而局势很快就很清楚了,敌军数量对他们呈压倒性优势。他们依照命令撤退了。

桥头堡一被占领,年轻的德军中尉恩斯特·哥特斯坦就得到指示,让他带两辆装甲车沿主干公路向前方巡逻,一直巡逻到那个重要的交叉路口——珊普隆屏障。在那个路口,五条重要的道路交汇于一大片树林旁。

但头脑发热的哥特斯坦并没有直接沿主干道路行驶,而是直接从田野中穿行,很快就抵达了目的地。看到一间酒吧,他便拿出手枪,独自一人走了进去。酒吧里挤满了后方梯队的美国兵,边吃边喝酒。

美国人一看到哥特斯坦,大多数便从窗户跳出去逃跑了,另有两人束手就擒。整个过程连一枪都没开。这次胜利让哥特斯坦很是得意,他用无线电联系大桥旁的长官道:"交叉路口的敌人已扫清。"

6

在北面,迪特里希唯一一支进攻队伍正在为自己的存亡而战。派普战斗群现在明白,自己已经被完全包围在了斯图蒙附近这个风景秀丽的山区内。在它后方 15 英里,党卫军第 1 装甲师还是未能越过昂布莱沃河,进入斯塔沃洛,并送来急需的燃料、食物和弹药。

自从上午开始,派普战斗群就一直三面受袭。美军第 3 装甲师的乔丹特遣队已经从北面打到斯图蒙 500 码以内。往南 2 英里,在昂布莱沃河的另一侧,第 82 空降师经过一整天艰难、血腥的战斗,已经把党卫军部队逼回余诺村。但最主要的威胁却来自西面。傍晚时分,美军第 30 师的一个营和贝里上尉带领的一个坦克连沿着一条陡峭的山路，慢慢向圣爱德华疗养院爬去。这座疗养院是座宏伟的石质建筑，就像一座堡垒般耸立在城郊。

在疗养院的地下室里，两名教士和几名戴着大翘帽的修女正在努力安抚200名惊恐的罹患结核病的儿童。炮弹的爆炸声、机关枪的咔嗒声、士兵们的呼喊声和尖叫声，不绝于耳。

神父汉勒带着孩子们在做祷告。突然间，一切安静下来。孩子们停下了祷告。一声枪响响起，随之是一人的呻吟声。然后又安静下来。地下室沉浸在一种难以忍受的紧张感之中。

地下室的门被推开了，楼道里响起一阵枪响声。

"平民！平民！"孩子和修女们叫道。

一个大块头男人"咚咚咚"地走下台阶。孩子们跑到他跟前，高兴地叫道："山姆大叔！山姆大叔！"

其他美国人也来到地下室里，受到了同样热烈的欢迎。为了让孩子们兴奋的情绪稳定下来，女修道院院长念了十几次玫瑰经来做感恩祷告。然后她祈祷陨落于战场上的所有人，不管是美国人还是德国人，都能永远安息。

美国人接管底层的同时，两名教士和修女们给他们拿去了热水、咖啡和巧克力。

"今天可真艰难。"一个疲倦的步兵说。

"确实。"另一人答道，他的脸上被炸药弄得全黑了。"但他们也挨得不轻。明天，"他又说道，"我们就去斯塔沃洛、马尔梅迪，然后——德国。"

然而没过多久，敌军猛烈的坦克炮火就又爆发开来。美国兵们躲避炮火的当口，德国人冲进地下室来，喊道："希特勒万岁！"他们让美国人排成一排，搜了身，并把他们的武器给砸烂了。

"哎哟哟，"他们的首领挥舞着一名俘虏的身份证件，用嘲笑的口吻说道，"咱们这儿有个中尉。"

32名美国人手放在头上，被押到了隔壁的面包房里。一名右臂受了重伤的美国兵还躺在地上。一个修女想用止血带止住流血不止的伤口，却怎么都不起作用。汉勒神父跪了下来，给他主持临终圣礼。

伤员无力地抬起头,看着神父。"谢了,"他说,"虽然我不是天主教徒,但我妻子是。她会很高兴的——要是我死的话。"

德军首领把一根香烟放到伤者的嘴里,点燃了它。美国人虚弱地笑了下,吸了几口。那根香烟似乎让他一下子有了精神。他用左手往口袋里摸索了一阵,将一小块巧克力递给神父。"给德军同志的。"他说。

那个大块头德国人收下巧克力,简短正式地鞠了个躬,然后笑了。"这块巧克力我吃不了,"他抱歉地向神父轻声说,"上面沾满了血。"

6 战争成形
1944.12.21

1

截止到 21 日上午,战场局势已经呈现出一个可以辨别出的形状。那是一个巨大的"突出部"。

在布雷德利所负责的南部战区,悬念和威胁远大于实实在在的战斗,但军队的动向却在不断改变。巴顿的第 3 集团军正向北进发,准备对 20 英里的战线发动攻击。卢森堡城的街道上,不断有卡车和坦克穿行。市民们刚开始还以为是德军进了城,等看到这些车辆后,才舒了一口气,上前迎接去了。

"巴顿!巴顿!"他们叫道。

在这整个地区里,就乔治·巴顿最忙。他正忙于安排第 3 集团军进入进攻阵地。他一个个地视察各师和各军司令部,提醒各指挥官发起攻击或者休息待命。他大衣外挂上一把珍珠柄左轮手枪,腰间也塞上一把,完全和士兵们打成了一片——和他们一起大笑,一起说俏皮话。他驱使自己的军队向北移动,乘着吉普车着了魔似的奔向一个又一个地方。

在车流中等待的当口,司机米姆斯中士扭过头说:"将军,政府雇了这么多参谋,真是浪费钱。您和我两个人就管住了第 3 集团军,还比他们干得好。"

2

在比利时军营内的指挥所里,前炮兵军官安托尼·麦考利夫正在评估巴斯托涅的形势。经过一系列变动之后,他发现不仅第101空降师,就连巴斯托涅的全部部队都在他的管辖之下。

那天早晨,巴斯托涅毫发无损,这主要是因为往东1.5英里的第501伞兵团挡住了昨晚的猛攻。伞兵前方的一个山坡上,堆满了装甲教导师步兵的尸体。那些人昨晚被困在了带刺的铁丝围栏内,也就是那些用来喂牛的栏棚中,倒下的时候尸体一排排很是规整。

驻防地被包围这个事实,并没有让麦考利夫感到压抑;在某些方面上,反而使得他的工作简单了些。他唯一要做的事儿就是坚守不动。

炮兵部队的情况则有喜有忧。除了他自己的炮兵和第10装甲师的火炮之外,他又将几个游荡的炮兵单位收入了自己麾下,包括一个炮手全为黑人的"长脚汤姆①"炮兵连。大清早时,所有的火炮就都已经就位,可以三百六十度向任何一个目标开火。这是让人欣喜之处。而忧虑之处则在于炮弹很快就将打完了。

另有两支部队于前一天晚上到达了城内:其一是第705坦克歼击车营,它已经在诺维尔和蒙特捅开了几个口子;其二是第9装甲师的14辆谢尔曼坦克。这些坦克之前从隆维利伏击中逃脱,逃到了诺堡,在那里重新补充物资后,便在意志坚定的约翰·德罗什中尉的带领下,回到了战场。

麦考利夫最重要的盟友当然是罗伯茨上校。如今指挥权的敏感问题已经得到解决,他们的私人感情也放在了一边,他们两人正密切地合作。

除了给麦考利夫在炮兵使用问题上提建议外——他总是毫不迟疑地说出自己的想法——罗伯茨还掌管着驻防地的预备部队。他将彻里和德索布里两支战斗队剩下的八辆坦克组成一个战斗队,又将15辆轻型坦克和四辆坦克歼击车编成另一支部队。两支部队可被随时派往任何受到威胁的

---

① 长脚汤姆(Long Toms),指155毫米加农炮。——译者注

地段。

　　除此之外，罗伯茨还有第三支部队。这支部队由16辆各配有四架0.50英寸口径机枪的半履带车组成，也可用于快速反击。但是他故意没有告诉麦考利夫这个单位的存在。他这个老兵，想留一张王牌在手。

　　与巴斯托涅的守军相比，哈索·冯·曼陀菲尔男爵调动的部队数量也大体相当——第26国民掷弹兵师和装甲教导师的一个团。尽管他明白，巴斯托涅若掌握在敌人手中，将会影响到他所有的兵力调动，但他更无法承受推迟向默兹河发动主攻的后果。

　　装甲教导师的其余两个团正沿巴斯托涅南边扫荡，几乎没有碰到任何抵抗。那天早上，他们俘获了一队要前往被围困的美军那儿的车队，总共有53辆卡车和15辆吉普车，且都完好无损。但在这次轻松取胜过后，拜尔莱茵领头的几辆坦克的步伐就慢了下来，最后在美军工兵仓促建立的原木障碍前停滞了下来。

　　曼陀菲尔获悉这个情况后，立马赶到了前线。他大为震怒："你们只是需要多一点决心和冲劲儿。"他爬进停下来的五辆坦克中的一辆。"绕过路障，"他命令司机道，"向圣休伯特进发。我告诉你，前方的路没问题。"

　　司机绕过原木障碍，继续往前行驶。另外四辆坦克也跟了上来。曼陀菲尔带领巡逻队有一个小时的时间都行进在应该是"重兵把守的敌军区域"内。然而却连一声枪响都没有，一个美国人都没见到。最终，他们停在一片高地上，俯视着圣休伯特。这座城镇离巴斯托涅25英里远，地位非常重要，几乎唾手就可拿下它。

　　德军第2装甲师终于拿下巴斯托涅西北20英里的奥托维勒大桥后，反而没有当初在马尔纳赫和克莱沃时那般勇猛了。他们也由于自己的胆怯而停顿了下来。

　　前一天晚上，年轻的恩斯特·哥特斯坦在珊普隆交叉路口单枪匹马地大败美国人，然后用无线电说通往默兹河的路途已经畅通了。拂晓时分，这个师开始前进，以为路上不会有阻碍。然而1英里后，领头的部队就撞上了一道仓促建成的薄弱路障。德军被吓了一跳，十分失望，用无线电联系后方道："我们遇到敌军强劲抵抗，被迫停了下来。"

年轻的哥特斯坦错过路障这件事，也是不难理解的。他之前是直接横穿田野而行的。他的大胆举止不仅没有给他带来骑士十字勋章，反而让他面临着军事法庭的审判。那个让先头部队停下来的指挥官，也会由于自己的过分小心而面临同样的惩罚。那道路障只有100名倔强的美国人在把守。

3

在蒙哥马利负责的北方前线上，震天动地的行动在那天上午爆发了。天亮之前，迪特里希就开始向比辰巴赫到马尔梅迪沿线发起一系列猛攻。他这是要在北部防线上寻找一个薄弱点。

这个薄弱点并不在马尔梅迪。天刚亮的时候，奥托·斯科尔兹内对这座城的进攻就已经以彻底失败而告终。他这次将"狮鹫们"用作常规的坦克兵和步兵，从两面向马尔梅迪进攻，然而掩护进攻的浓雾突然消散了，之后美军第30师彻底击垮了第150旅。

斯科尔兹内不得不下令全员撤退。然后他走向司令部，司令部就设在李格诺维尔的磨坊旅店里。

旅店老板皮特·鲁普看到他走过来，头稍微向下低着。突然间就响起一声大爆炸。等烟雾消散后，他看到斯科尔兹内有些站立不稳，还用手捂着一只眼睛，有鲜血从他手指间渗了出来。那个大个头男人朝要上前帮忙的士兵挥了一下手，踉跄着走进了旅店。

尽管敌军对马尔梅迪的进攻以失败而告终，但东面的美军第1师为了能守住比辰巴赫前方的阵地，却不得不进行殊死搏斗。自从凌晨1点30分开始，虎式和黑豹坦克就向艾森伯恩山梁前的这个要地发起了一波又一波的冲击。

刚一破晓，党卫军第12装甲师的五辆坦克就突破了美军防线，开始破坏起连级和营级指挥所。有一个小时之久，迪特里希看起来都似乎找到了薄弱点。然而尽管有越来越多的坦克和掷弹兵冲向突破口，那个口子还是被封住了，而且防线内的坦克也被一辆一辆地摧毁了。

这场战斗十分胶着。已经可以听到,德军又有一个装甲团正在树林后集结。

那天上午,整个北部战场都全然感受到了伯纳德·蒙哥马利的个性魅力。许多美国军官闻悉这名久经沙场的专业人士被叫来重整秩序时,都感到十分高兴。其他人,尤其是将领们,则满腹狐疑。在他们看来,蒙蒂太过谨慎了。然而对于普通士兵来说,当他没带任何护卫,坐着敞篷车从他们的散兵坑前驶过时,几乎每个人都很受鼓舞。他戴着红色贝雷帽、穿着伞兵夹克的样子,给人一种志在必得的感觉,他走到哪里就将自信带到了哪里。

更高层的人也感受到了他的影响力。他已经设计出了一个防守方案。他命令"闪电乔"柯林斯掌管的第 7 军绕到德军"突出部"的后面,在马尔什地区集结,同时避免与敌军发生任何接触。然后等敌军攻势一旦缓和下来,柯林斯就会对敌军"突出部"的尖端进行打击。

然而曼陀菲尔麾下一个装甲集团军作战计划的突然变动,将会彻底打乱蒙哥马利的战略。德军第 58 装甲集团军的军长克鲁格将军为人理性、沉稳,但由于他缺乏吕特维茨的冲劲儿,曼陀菲尔便只把第 116 装甲师和未满员的第 560 国民掷弹兵师给了他。

克鲁格于 12 月 16 日发动了首轮攻击,目标是西尼艾弗尔山南边的一个区域,由纳尔逊上校的第 112 团把守。正如第 28 师的其他团一样,第 112 团进行了顽强的抵抗,把克鲁格的整个军拖住了有两天之久。然而到了 12 月 18 日,纳尔逊就被迫向西北方转移,最后加入了圣维特守军的队伍。

纳尔逊一被推搡到一边,克鲁格的路就畅通了。他沿圣维特这个突出部位的南边向西进发,于 12 月 19 日拂晓开进了巴斯托涅以北 12 英里的乌法利兹。然后他继续向西,于中午时分抵达了默兹河这一岸最后一道重要的天然屏障——乌尔河。

但美军工兵已经把桥给炸毁了。一支侦察队被派向西南方 8 英里的另一个过河地点。他们在那儿发现一座贝雷桥,桥身安然无恙,能承受最重的机器。然而这条消息却没有使谨慎的克鲁格高兴起来。据他推断,当他的大部队抵达的时候,那座桥肯定就已经被美军给炸掉了。那样的话,不仅浪费了时间,还损耗了燃料。

他做出了一个影响到整个战局走向的决定。他将自己的两个师扭转向北,命令前卫部队向一个叫作奥通的村子进发。

这个决定来自谨慎的推断,然而战场上的胜利却经常会避开谨慎之人。那桥正是奥托维勒处的那座贝雷桥。一天之后,德军第2装甲师正是沿着它过了河。事实上,那座桥自始至终都没被美军炸掉。

12月21日上午8点,一辆吉普车急匆匆地奔到罗伯特·豪兹上校的指挥所。豪兹的指挥所位于圣维特正西25英里的索伊村。一名情绪激动的军官从吉普车上跳下来,跑进豪兹的办公室。他气喘吁吁地报告说,他听到奥通附近有激烈的交火声。这让豪兹大为震惊。奥通在自己西面3英里,谁又会从南面攻击他的后方呢?

一天前,他的第3装甲师预备装甲战斗群被派给了最为重要的一个任务。由于这个师的其他两个装甲战斗群分别于斯图蒙和马尔梅迪参加战斗,且柯林斯忙于集结第7军,因此它必须独自拦截从东而来的任何德军部队。

豪兹意识到,如果这支突然出现的德军部队攻破他后方的奥通,并继续向北,柯林斯就无论如何都无法就位。他打电话给师部,说他将会亲自负责奥通守军的指挥任务(奥通的卫戍部队只有少量的工兵、通信兵、文员和军械员),并请求授权组织一支紧急部队支援奥通。他的请求被准许了。

然而豪兹手下却没有什么人可以派。一天前,他已经将所有的战斗力量组成三支特遣队,每队大约有400人和八辆坦克,并把它们沿不同道路派了出去。三支特遣队要单靠自己的身体挡住来势汹汹的敌人。

霍根特遣队——它是三支可牺牲的队伍之一——不久就在拉罗什附近碰上了德军。拉罗什处于巴斯托涅和马尔什之间大约正中的位置,是个风景优美的度假胜地。霍根将这个消息用无线电汇报了回去。豪兹让他晚上在拉罗什待上一晚,然后第二天上午亲自回索伊听从进一步的指示。

于是,早上8点,也就是豪兹获悉奥通被袭的消息之时,两辆吉普车从拉罗什离开,爬向北边的一座山。第二辆是霍根的,天线上悬挂着得州的旗帜。

萨姆·霍根中校在师里早已是大名鼎鼎。他来自得州,走路不快,会让人想起年轻时的威尔·罗杰斯。他开吉普车和坦克驰骋在法国和比利时时，车上总是挂着孤星旗。

一名列兵从壕沟里跳出来，挥旗示意两辆吉普车停下。"你们疯了吧，把车开到这儿！"他说。

"我们要走了。"霍根慢悠悠地答道。

"那你们最好快点走。那边峭壁上的德国佬正把手榴弹往路上滚。"

霍根示意领头的车继续向北行进。连续有好几英里，都没什么事儿。但他无意中还是发现路面上留着履带车驶过的痕迹。

然后他的吉普车就突然停了下来。霍根抬起头，看到自己领头的吉普车迎面对着另一辆美国吉普车和一辆半履带车。然后他又看到路上站着20名士兵，正在吃罐装的K级补给。18个是德国人，另外两个似乎是美国人。他以为那些德国人都是俘虏。

第一辆吉普车中的克拉克·沃雷尔中尉扭过头来，轻声说道："他们都是德国人，中校！"

霍根从吉普车上下来，走到沃雷尔跟前听他说话。路上的那20名士兵一脸惊讶地看着他们。

霍根的副官特拉维斯·布朗少校从第一辆吉普车上跳下来，向路右边逃去，沃雷尔在后面跟着也跑了。

路上的士兵用德语大声喊叫着，跑向自己的车去拿武器。霍根不知道，他与克鲁格向北进发的装甲集团军的尾部碰上了——这个装甲集团军的头部正在攻击奥通。

"掉头。"他对自己的司机喊道。

列兵加斯特要掉转车头，但车却熄火了。他和霍根的勤务兵费尔·德·奥利尔从吉普车里跳出来。霍根脚踩着羊毛衬里的英国皇家空军军靴，也跟着他们跑向宽阔的田野，子弹从他们的头上嗖嗖嗖地飞过。在田野尽头，他从20英尺高的地方跳了下来，差点砸到下面的沃雷尔、德·奥利尔和加斯特。几秒钟后，特拉维斯·布朗也跌了下来。

"他们准头不怎么样，是吧？"霍根慢悠悠地说，"最厉害的射手现在肯定还在打劫我们的吉普车。"他车上带着一个浸过白兰地的水果蛋糕，是他得州的姑姑给他的。

这几人爬进一丛树林里,德国人则在临近的田野里搜索。霍根点燃一根烟,躺了下来。他养成了一个习惯:努力战斗,努力休息。

4

那天中午,在山村斯图蒙,一名心烦意乱的党卫军成员正用无线电和另一个心烦意乱的党卫军军官交谈,那另一人处在东南方那片可以俯视斯塔沃洛的高地上。

"情况很糟糕。"斯图蒙的约亨·派普说道,他的战斗群被断了后路,美国人正从好几面向他逼近,"急需奥托。没有奥托,我们什么也做不了。"

"我们会尽力的。"那个斯塔沃洛附近的人回答道。他的责任是给派普运送物资,但似乎已经无望了。一支援军为了突破斯塔沃洛、重新打通通向斯图蒙的道路,已经尝试了数十次。他们甚至跋涉进了已经涨满的昂布莱沃河刺骨的河水中,但却无一人能活着到达河的另一岸。

派普现在已经几乎用完了"奥托"——燃料。他们曾把罐头扔到昂布莱沃河中,希望一些能顺着河水漂到斯图蒙,但却一个都没到达。他们还进行过几次空投,但却只有少数几罐落到了派普战斗群的防线内。其他的则由于师长的固执己见,全都掉在了美军防线内。派普发回去的是正确的坐标,但蒙克将军却坚持认为,派普不知道他到底在哪儿。

那支向斯图蒙的派普进逼的部队现在由威廉·哈里森准将管辖。前一天的擅自撤退让第 30 师的师长霍布斯很是生气。他撤掉了那个团的团长,把自己的助手——整个师最受尊敬的人给换了上去。

中午的时候,哈里森已经制定出一个进攻方案。两个营将在坦克的掩护下,从西面发动牵制性进攻。第三个营将会由哈尔·麦考恩少校带领,绕道北方,越过田野,切断斯图蒙东面的道路。

刚过中午,麦考恩少校就已将道路切断,搭起了一道路障。然后他就驱使士兵们踏上回头突袭斯图蒙的路途。没过多久,从西面就传来交火声。其他两个营已经发起了攻击,然后他突然就想到,两支美军部队有可能会误向彼此开火。由于这是他第一次担任战场指挥,他觉得自己必须事必躬亲。他选了两人作为护卫,便开始绕道往西行进,要向那两个营告知自己这个营的确切位置。

三人正往一个树木茂密的崎岖斜坡上爬的时候,一个德国人从灌木丛后跳了出来。麦考恩甩起冲锋手枪,把他干掉了。一分钟后,子弹从两面飞来。麦考恩和两名护卫伏在地上。

"Kommen Sie hier。①"后面有一个声音说道。

麦考恩转过头。不到50码外,一长排的德国人正拿着步枪对着他们。

几分钟后,麦考恩被带到斯图蒙东郊的一间石头房子里。在那里,他先是被派普上校盘问了一下,然后被带到一间地下室里。他坐下来,一盏电灯正照着他的脸。一个大个头的中士沉默着,不断把鲁格尔手枪的弹药装填上,又抠出来。

与此同时,斯图蒙战役也达到了高潮。在疗养院的地下室里,三个小女孩跪在一个用来摆放花瓶的窄拱顶下,神父汉勒正给她们施以圣礼。他在炮弹的轰隆声中,请求上帝怜悯这些孩童。

一辆美军坦克歼击车从仅仅150码开外,向疗养院内不断开起炮来。它的目标却是致命的——它打的是一名躲在疗养院附属建筑内进行射击校正的美国兵。歼击车轰出的240发炮弹把墙壁炸了个粉碎。

最终,一发炮弹穿破一楼地板的花岗岩,几块天花板掉落下来,砸到了地下室的人。一大群孩子挤在修女旁边,尖声叫着,修女白色的大帽子上下晃动着,安慰着他们。其他人则满眼惊恐地抱着地面。

年纪大些的神父在不停地做着祈祷,央求孩子们和斯图蒙的几个成年避难者能够冷静下来。"我会给所有的人以宽恕的。"他叫道。

所有的人都齐声背诵起《痛悔短祷》来。然后神父沉重的声音高过了喧闹声,他以上帝的名义请求宽恕所有的人的罪过。

突然,一阵骇人的噪音响起来。一发炮弹炸穿了拱顶的天花板,整个地下室里都充满了刺鼻的火药味和烟雾。孩子们和成年人都惊恐地尖叫道:

---

① 德语,"来这儿"。——译者注

"救命！救命！我们是平民！"

汉勒神父冲上通向厨房的楼梯。他要请求双方停战，好让地下室里的人都能撤离。上面的一个德军士兵看到一个模糊的身影朝他跑过来，便拿起冲锋手枪朝他开了火。汉勒踉跄着跌到地下室里。但让他惊讶的是，他竟然没有被打中。

"安静，"他喊道，"我向你们保证，祸患必不会到来。"其他人以为他得到了德国人的保证，便冷静了下来。

交火声先是减弱了些，然后就完全平息下来。孩子们紧绷的神经也松了下来。有人把蜡烛给点亮了。汉勒神父抬起头，看到了那发穿透拱顶的炮弹。它被卡在了半中央——是一发哑弹。

5

尽管如今的战场形势已经呈现为一个巨大的"突出部"，美军却仍有一根手指从西北方插在德军的"突出部"里面。这就是圣维特半岛。

现今阿登战场大片区域的舒缓局势，都与这个"突出部"中的突出部位有着莫大的关联。德军最高统帅部明白，要想进一步取得进展，则必须先把这根手指给砍下来。

因此，纳粹攻势的全部怒火几乎都涌向了圣维特。

7 小镇之死
1944.12.21

1

在维尔萨姆,差不多已经凌晨2点了,罗伯特·哈斯布鲁克将军努力克制住自己的睡意。自从离开艾巴赫之后,床的奢侈他就无从享受了。除了对战场的极度忧虑外,还有一个个人问题困扰着他。他唯恐自己前一天写给霍奇斯司令的参谋长比尔·基恩的消息,会引发对琼斯将军地位的错误印象,于是便又写了一张私人便条给基恩:

> 琼斯将军是个少将,而我是个准将。他附属于我这件事,让人看起来好像因为他某些方面不称职。我要在此公开声明,他自己的部队仍由他自己管辖,我们两个也正以尽可能好的方式在合作。如果我昨天的便条有引起别的印象,我想在不公正产生之前,立马纠正它。

哈斯布鲁克然后又在给琼斯的副本上写了一个脚注:"这封信会立即送出去,也会有一份送给里奇韦将军。我希望,它能纠正我之前给基恩将军的便条可能引起的任何错误印象。"

让一名将军最为困扰的事情往往与敌人无关。

到了傍晚,在数个小时的苦战后,圣维特以东的防线上已经有两处出现严重变形。虽然这片区域只有1000名美国人和少数几辆坦克防卫,但他们却面对着200辆坦克和将近10000名的德国人。

下午5点15分,德军的迫击炮在城镇前面的树林里狂轰滥炸,唐·波伊尔少校就在附近。波伊尔看到前方有人影在黑暗里穿行。很快,他就听到德军中士们愤怒的争吵声:他们带着几个班的士兵,正朝M. A.杰米尔中尉的那个排而去。

下午5点35分,波伊尔的电话响了,是B连的约翰·希金斯中尉打来的。"天哪,"他大叫道,"我的人惨不忍睹!坦克歼击车都他妈的哪里去了?"

波伊尔先是打给负责管辖这片受损区域的W. H. G.富勒中校,但与营前进指挥所的无线电和电话连接都断了。他连通了手下一名指挥官的电话。他盖过战斗的喧嚣声:"告诉富勒中校,我们要不能立即得到坦克歼击车支援,德国佬的坦克就会攻进来了。"

过了几分钟,波伊尔的电话响了。"唐,我急需支援!"那是杰米尔的声音,"A连那个掩护勋伯格路的坦克班,要么被干掉了,要么就是撤了。两辆黑豹坦克正在我部队的散兵坑中来回扫荡!"

波伊尔没有什么可派给杰米尔。电话在6点44分时又响了。

"我们干掉了一辆黑豹,"杰米尔兴奋地叫道,"另一辆也撤回去了。"

"漂亮。"波伊尔心中的一块大石头落了地。他打电话给富勒中校,这次直接联系上了他。"我们的防线暂时保住了,"他告诉营长道,"有几个德国佬冲了进来,但我们会解决掉他们的。我们应该能熬过今晚,但上午我们必须得到支援。"

几分钟后,也就是晚上7点5分,一张黑溜溜的脸出现在他散兵坑的上面,咧开嘴笑了。那是希金斯。

"情况正在改善,"波伊尔说,"现在我们只需等明天来啦。"他擦了擦眼镜,拉紧头盔。"我要去检查一下防线。"波伊尔刚要爬出散兵坑,一发炮弹就爆炸了,把他推回到希金斯身上。啸声炮、火炮和迫击炮炮弹密集地砸在这片区域上,波伊尔还从来没见过如此猛烈的炮火。

"约翰,"他们蹲在地上后,他严肃地说,"我们不用想明天了。你先回营前进指挥所,给他们说这儿情况十分危急。我们应该是挡不住下一轮大规模进攻了。我们需要坦克和坦克歼击车增援,马上就要!"

希金斯一离开,波伊尔的电话就响了。"该死的,他们又把两辆坦克开到了山顶上!"那是杰米尔的声音。他的嗓音因激动而极度哽咽着,波伊尔几乎听不清他说的话:"它们一个坑一个坑地把我的人全都炸飞了,道路对面也一样。真是该死!唐,你能帮忙做些什么挡住它们吗?求你了!"

通过无线话机,波伊尔可以听到88毫米炮的怒吼声。

"一辆坦克就在我房屋的另一面。"杰米尔大声说话的同时,又传来三声连续的爆炸声,"得离开这鬼地方了!"

往北几百码,杰米尔、奈特中士还有其他三人猛地从房子里奔出来,跑进附近的树林里。周围的步兵都在从散兵坑里往外爬,逃向后方。

又有更多的德军坦克开到了山顶上。在对面方向,五辆美军坦克意外地从黑暗中冒了出来。它们分散开来,搜寻着正大行杀掠的德军。突然间,白色的照明弹朝美军坦克飞过去,美军被刺眼的光亮照得眼花,只能无助地摸索行进,在光亮下,成了几只待宰的羔羊。几分钟内,它们就全都着火了。

杰米尔和奈特没有办法聚拢起1排,便朝圣维特跑去。他们希望能在那儿得到援军,然后再折返回来。

他们撤退的同时,波伊尔正从自己防线的南翼往下跑。他看到一个排在一名中尉的带领下,正偷偷地溜向后方。

"你们他妈的要去哪儿?"他愤怒地喊道。

"后面。"中尉颤抖着答道。

"为什么?"波伊尔透过眼镜怒视着他们,就像一个发了火的教授。他将自己的M-1步枪枪头抬起来,抵住中尉的肚子:"立马带你的排掉过头,要不然就让你吃子弹。"

"但是少校……"中尉抗议道。

"我数到10就开枪。1……2……"

"算了吧,中尉,"一个个子不高的罗圈腿的中士说道,"少校说什么,我们就做什么吧。"

那个排回到了散兵坑里。

就在北面,杰米尔和奈特匆忙从富勒的前进指挥所带走一个连的工兵,正在返回前线的路上。在原有阵地附近那条路的一个拐弯处,一辆庞大的德军坦克咯咯咯地朝他们开过来,全身的螺丝似乎都要散架了。美军士兵立马跑进树林里。又有其他的德军坦克跟了上来,机枪对着道路不断地扫射。这个时候,工兵们已经四散到各处了,有些跑往后方,有些则在混乱中跑向前线。精疲力竭的杰米尔和奈特掉过头,又朝圣维特走去。

2

布鲁斯·克拉克北翼的指挥官罗伯特·艾伦布什中校,正乘一辆吉普车向圣维特而去。他刚刚视察了自己的防线,明白自己的人坚持不了多久了,于是便制定了一份撤退方案。他整个防线将会以C连为支点,像一扇门一样向后旋转到城西面高地上已经挖好的阵地里。

艾伦布什走进自己在圣维特的指挥所里。第23营的罗伯特·瑞亚中校耳朵正贴着话筒,便用手招呼他过去。"我们刚收到第87骑兵侦察中队B小队的一条紧急消息,"瑞亚说,"敌方步兵在坦克和突击炮的掩护下,正猛攻他们。"

他们正在说话时,又有一条消息来了。W. H. G. 富勒中校要求艾伦布什给他一些紧急支援。德军的坦克和步兵正沿勋伯格路涌过来,达德利·布里顿上尉带领的B连,就是波伊尔右侧的那个,快要被敌人的炮火给炸飞了。

"好吧,"艾伦布什说,"我调动一下我的预备部队。"五辆谢尔曼坦克在约翰·布莱尔上士的带领下,被紧急派往布里顿的区域。

布里顿的指挥所已经快守不住了。一架铁拳反坦克火箭筒向这座石头房子开了一炮。墙壁摇晃了一下,但没倒。

"出来!"一名德国人用德语喊道。

"出来……你个鬼!"布里顿有些结巴着答道,"你们还有什……什么玩意儿,让我高兴一下?进来啊,老兄!"

铁拳火箭筒又向房屋轰了一炮,把房间的陈设都给烧着了。几个人从房屋后面溜出来,爬到后面的山丘上,往下来了一轮声势逼人的火力压制。布里顿和房子里的其他人在此掩护下,也从后面跑出去,躲在了树林里。

晚上8点的时候,克拉克的防线已经有三处被扎破了。德军坦克和掷弹兵向圣维特集聚的同时,浓密的大雪也开始漫天而下。

杰米尔中尉和奈特中士跨过铁轨,来到城区边界。炮弹还在不断爆炸,街上不断有车辆载着目光呆滞的士兵疾驰而过:从东面和北面而来,又往西面和南面而去。

瑞亚中校这时正在街上组织散兵,他把杰米尔拦了下来。他让杰米尔带一辆载满人的坦克歼击车,沿铁轨朝东北行进,尽量把防线上的一个口子给堵住。杰米尔和奈特爬上车,消失在白茫茫的雪幕里。

与此同时,布里顿上尉也从东南方踉跄着来到圣维特。他要找到瑞亚,问清楚现在的形势。他左侧有强光闪了一下,角落里的一辆美军坦克歼击车就燃烧起来。大量白色的伞式照明弹如同会飞的水母一样,飘落下来。

布里顿意识到自己夹在两方的炮火中间,便立马跑进一间药店里。憔悴的美国兵不断跑过,脸在耀眼的火光下,呈现出一种诡异的神态。接着他看到瑞亚冲出来,朝着后撤的士兵愤怒地大声叫喊。德军步兵也和美国人一样不知所措,沿着街道奔跑,搜寻着敌人和避难所。

布里顿走到瑞亚跟前。"你……要让我干什么?"他问道。

"带你的人去西面。立即建立一道新防线,就在城区另一边1英里左右。祝你好运!"

晚上8点5分,波伊尔还在圣维特以东的阵地上。他听到大批的坦克正顺着勋伯格路叮叮当当、咯咯吱吱地开过来。他立马让机枪和迫击炮对准道路喷射起来,跑在坦克后面的黑色身影有些倒了下来,有些逃向了后方。波伊尔以为,只要他能把步兵拦住,有人就能解决掉冲过去的坦克。他给第275装甲野战炮兵营的前进观察员沙纳汉中尉打去了电话。

1943年,奥托·斯科尔兹内由于大胆营救出了墨索里尼,而受到希特勒的祝贺。一年之后,元首最喜爱的这名突击队员带领一个旅的德军装扮成美国人的样子,参加了"阿登之战"。盟军认为他的任务是刺杀艾森豪威尔。

约亨·派普中校。他带领的战斗群是第一个深入打进盟军防线内的部队。

第5装甲集团军司令哈索·冯·曼陀菲尔男爵

"马尔梅迪大屠杀"中几名被冻住的受害者。此事件的审判结果在欧洲仍然存在不少的争议。

这几名卢森堡女性把一名美国士兵——28师的莱斯特·克里茨中士——藏在被德军占领的维尔茨有几周之久。(站着的从左往右)独身老姐妹:玛丽欣·戈贝尔和伊莉丝·戈贝尔。(坐着的从左往右)他们结了婚的姊妹苏珊娜·迪斯柏格尔,她的两个女儿悌茜和玛丽亚,和邻居贝蒂·寻特斯。

第8军军长特洛伊·米德尔顿将军

伯纳德·蒙哥马利元帅(左)命令第18空降军军长马修·里奇韦从"鹅蛋要塞"撤出,以"整理"防线。此举遭到了许多美军将领的强烈反对。

阿登之战

第1集团军司令考特尼·霍奇斯中将

28师110团团长赫尔利·富勒上校

皮特·鲁普和他的妻子巴尔比娜在纪念碑前。这座纪念碑是为了纪念那些在他们位于比利时李格诺维尔的旅馆附近被谋杀的美国兵而建立的。由于他们的帮助，14名被俘虏的美国人免于遭受同样的命运。

"阿登之战"两天前的西尼艾弗尔山上，艾森豪威尔的参谋——埃里克·费希尔·伍德准将和他的儿子——106师的小埃里克·伍德之间的偶然相逢。

第7装甲师的小唐·波伊尔少校

第7装甲师师长罗伯特·哈斯布鲁克将军

赫尔利·富勒上校110团(28师)的两名逃到巴斯托涅的步兵。(从左往右)列兵亚当·戴维斯(宾夕法尼亚州费城)和五级技师米尔福德·西勒斯(印第安纳州莫里斯维尔)。

35师的一名步兵约瑟夫·霍姆斯（马里兰州坎伯兰），因参与1945年年初几天于巴斯托涅附近发生的激烈战斗而显得沧桑劳累。

第26"北佬师"的士兵们正向维尔茨行军

比利时乌法利兹附近,美国第 1 集团军和第 3 集团军 1 月 16 日即在此处相遇。一等兵弗兰克·乌卡辛(蒙大拿州大瀑布)给自己的 M1 又换上了一个弹夹。正如其他成千上万的美国兵一样,他也是在实战中才学会了冬季作战。那两个已经死亡的德国人穿着迷彩雪衣。

围城巴斯托涅内的唯一一名记者——《布法罗晚报》的弗雷德·麦肯齐

第11装甲师的一等兵约翰·费格

围城巴斯托涅内的圣诞晚餐。(从左往右)威廉·罗伯茨上校；内德·摩尔中校；杰拉德·希金斯准将；安托尼·麦考列夫准将(卫戍部队指挥官。德军让他们投降时,他只回了一个词,这让希特勒大为震怒);小托马斯·舍伯恩上校;H.W.O.金纳德中校;保罗·达内伊中校;柯蒂斯·D.伦弗洛上校。

第3装甲师师长莫里斯·罗斯将军。几周后于德国的前线牺牲。

101空降师师长麦克斯韦·泰勒将军(左)向曾暂时代替自己在巴斯托涅履行职责的安托尼·麦考利夫表达祝贺。

三名美军将军视察饱受战争摧残的巴斯托涅。(从左往右)奥玛·布雷德利、德怀特·艾森豪威尔和乔治·巴顿。

"霍根400勇士"的萨姆·霍根中校(第3装甲师)

30师的哈尔·麦考恩少校,曾被约亨·派普短暂俘虏。

在卢森堡的德占维尔茨,美西·史坦纳将28师的列兵拉尔夫·埃利斯藏在她杂货店和住处两用的家里面,有将近一个月之久。她的儿子那时正强制在德国军队中服役。

在平安夜被希姆莱的秘密警察杀害于比利时班德村的32人当中,神学院院长让-巴普蒂斯特·穆思提(右)认出了巴斯托涅神学院的4名年轻学生。里昂·普莱勒(左)当时把一名卫兵撞开,才得以逃脱。

"迈克,"他叫道,"火力你有多少,就把多少都打到城东主防线的勋伯格路上来。"

两分钟后,炮弹飞过头顶,炸在路面上。然而德军的坦克却没有停下。路边搭的每架机枪和巴祖卡火箭筒都已经被配置了好几组人员,哪一组都坚持不过十或十五分钟。一组美国兵一牺牲,就会又有一组爬上去。波伊尔觉得自己就像个刽子手。他打电话给 B 连道:"不要再往路边派替补组了。我绝不会让你们再付出任何代价了!"

希金斯打电话过来。"我派了一队侦察兵过去,但他们过不去。我不知道你那里的情况到底怎样。但我这儿的步兵和坦克可是一大群!杰米尔的排没了——一个人都没剩下!"

又有一辆敌方坦克从波伊尔旁边全速开过,好像能在黑暗中看清楚东西似的。波伊尔猜它上面可能安装着某种新型的红外线设备。

下午 9 点 30 分,五辆美军坦克在黑暗中缓缓从西而来,从波伊尔的阵地前开过。这是从艾伦布什那儿借的一个排,由布莱尔上士带领,用来堵勋伯格路用的。布莱尔把坦克排成一排,好让所有的炮管都能轰击任何从山那边过来的德军坦克。没过一会儿,黑豹和虎式坦克就越过山顶而来。布莱尔的人还未来得及开火,德军坦克就射出了高速照明弹,照明弹爆炸开来,喷射出巨大的光亮。布莱尔的人都被照花了眼,车辆的轮廓也显露了出来。

战斗虽然很激烈,但却呈一边倒的态势。布莱尔的人只能盲目地乱打。布莱尔于一闪间看到一辆坦克,便开着火向它驶去。那辆被击中的坦克愤怒地拐向布莱尔,全速朝这辆美军轻型坦克冲过来。然后就是一次骇人的碰撞场景。布莱尔的坦克翻个跟头,报废了,底板随着一声爆炸声,也炸裂开来。布莱尔从大洞里爬了出来,其他 11 名美国坦克兵也分别从燃烧着的车辆残骸中爬了出来。布莱尔把他们聚拢起来,向西面而去。

3

在维尔萨姆,哈斯布鲁克正努力要把前线的事儿给穿起来。他明白,圣维特要被抛弃了。至于克拉克,他如今已把指挥所设在前往维尔萨姆半途中的卡曼斯特,正忙于在圣维特后方建立一个弧形防线。克拉克南面的霍格则自从上午起就边打边往后缓缓撤退,如今正奋力要与克拉克再度联结在一起。

幸运的是,马蹄铁南半部分的其他位置仍然无恙。里德的第424团和纳尔逊的第112团状态良好,今天的日子相对好过些。第7装甲师的琼斯特遣队仍然坚守在古维与彻林附近的最右翼防线。哈斯布鲁克明白,南半部分一旦弯折,马蹄铁形状内的所有人都会被从侧翼包抄——然后被围住。"拖延敌军,往古维撤退,"他对那支小型特遣队下命令道,"要死死守住贝豪和博维尼。路必须是我们的!"

圣维特往东不远,旷日持久的围城战让冯·曼陀菲尔很不耐烦,他正敦促麾下的军长和师长直接从城镇中心冲过去,直接向西进发。他对圣维特守军出乎意料的表现是既欣赏,又恼怒。一支炮兵部队(那是第275炮兵营)的破坏力尤其惊人。但最让他烦扰的一支部队,当属一群守卫东方门户的英国人。

那些"英国人"是W. H. G. 富勒中校组织起来的杂牌美国部队。这个时候,富勒的防线已经在分崩离析了。原来的1142人如今只剩下了269人。一些幸存者正往后方撤去,但还有差不多一半的人在安斯蒂和波伊尔的带领下,仍然坚守在前线的阵地里。

晚上10点50分,带着为数不多的人守在波伊尔左侧的安斯蒂上尉,接到了个无线电话,是后方的圣维特连指挥所的二级军士长诺里斯·彭斯打来的。

"我们的房屋着火了,"彭斯说,"指挥所撤离城区,可行吗?"

"撤吧。"

"你的左翼就像一个大开着门的房间,上尉。"彭斯说,"你的右翼也好不了多少。"

"多谢了。"安斯蒂嘲讽地答道,"如今几乎成了德军的后方梯队了。"

晚上10点50分,波伊尔与他手下的人争论了起来。除了他自己以外,其他人都觉得局势已经无望了。

"我们不会撤的，"他说，"除非克拉克将军下令给我们。"

过了一会儿，他匆匆给克拉克写了条消息，用炮兵通讯网传了出去。"道路断了，"上面写道，"城里至少有八辆重型坦克和一些步兵。有什么命令给我们吗？"

克拉克几乎立即就给出了答复。

波伊尔看了一下，把手下的指挥官都叫了来：希金斯、霍兰德和第 87 骑兵侦察中队 B 小队的新队长罗杰斯。集合完毕后，他看了一下他们三人，心里很清楚他们想说什么。然后他把消息念了出来："重整部队。尽量保存车辆；穿过圣维特向西进攻；我们正在城区西面建一道新防线。"

"我的人都不成样子了，还怎么进攻？"希金斯抗议道。

"我的人已经受够了。"霍兰德说。

"我的也是。"罗杰斯说。

波伊尔叹了口气："我知道，我知道。"他实在是太累了，不想争辩了；而且他也同意他们的说法。他们自己能活着逃出去都算走运了。但命令就是命令，他们必须撤退并发动进攻，"我们会从右侧撤离。派一名传令兵通知迫击炮排，让他们毁掉车辆，但要带走迫击炮和三脚架。"

"那个应该支援我的坦克班，该死的已经溜走了。"霍兰德报告说。

"约翰，"波伊尔转向希金斯，"尽量传话给路那边的 A/23 部，告诉他们我们的打算，让他们从左侧穿过安斯蒂的阵地。"

"我有五名重伤员动弹不了，"罗杰斯说，"一名医护兵自愿留下来陪他们。他会在明天上午找一名德军医护兵投降。"

波伊尔不怎么喜欢这个主意，但却没有什么别的选择。"让那个医护兵在树林里待到下午。他请降的如果是被重创的前线德军，那些孩子的日子就不会好过的。"他看了看表，下午 11 点，"一小时后出发。"

"那也太迟了！"一人反对道。另有一人则说太早了。

"不要再说了！一小时后出发。"波伊尔厉声说。

"那我们拿那四名俘虏怎么办？"一人问，"我们把那些混蛋杀掉吧。"

波伊尔摇了摇头："对德国佬，你想干什么就能干什么——但那是俘虏他们之前。给他们戴上手套，省得他们冻僵，然后把他们绑起来。德国人明天上午就会发现他们的。"

"我说杀掉他们！"

波伊尔没做理会。他转向希金斯："你要和我去右侧，把命令传下去。我们走吧，约翰。"

波伊尔从散兵坑里爬出来，向南走去。这时是晚上11点15分。

一系列沉闷的轰隆声从后方传来。波伊尔转过头，透过浓密的雪幕看到一片橙色的光亮。圣维特在燃烧。

4

晚上11点55分，在位于前往维尔萨姆半途的卡曼斯特，布鲁斯·克拉克将军正在重整麾下受损的部队，他由于缺乏睡眠，眼皮显得很沉重，老想合住。他已经设立了十几条散兵防线，撤回来的人和坦克都被部署在圣维特西南方的高地上，甚至炊事员、通信兵和文员都被拉到了新防线上。

克拉克坐在旅馆里的桌子旁，听到门外有一个人在固执地大声叫嚷："我一定要见克拉克将军！"

"将军很忙，你不能见他。"克拉克认出了自己助手的声音。

他走到门口，外面大片的雪花缓缓落下。一名胡子拉碴、双眼充血的中士正在瞪着自己的助手，中士是第87骑兵侦察中队的伦纳德·拉德。他看到克拉克，便走上前来。"将军，我想听您亲口说，是您下令让B小队撤出阵地的。"他因过度劳累而很是虚弱，不禁晃了一下，"离开前线这个主意，我和我的战友们都不喜欢。所以我就想听您亲口说，是您下令让我们撤出的。"

"是的，中士，是我下令让你们撤出来的。你们后方有德国人，我这里需要你们。"

"好的，我就想知道这些。"

两人沿着道路走了一段。透过飘落的雪花，克拉克看到了拉德骑兵小队的残部，总共有40人。他们脸上满是泥土、火药烧伤和血迹，疲倦的双眼就像两个大洞一样。

"你们顺着这条道继续走，"克拉克努力说道，"就会有军官把你们带到新阵地上去的。"他们疲倦地沿道路走去，克拉克在身后看着他们离开——道路上已经又新添了些白色的雪花。

圣维特往北大约 1 英里，艾伦布什坦克营 C 连的五辆坦克这时正停在一片田野上。坦克兵们挤在旁边，嘴里不住地嘟囔着，身体却一动不动。雪花把坦克装扮成了白色的土堆，他们的头盔也成了白色。

南面有照明弹飞了起来。坦克兵们扭过头，看见黑色的身影荷枪实弹地朝圣维特而来。那些身影越走越近，在离坦克不到 10 码开外走了过去。其他照明弹也飞了起来。他们的邻居是德国人。

中士华莱斯·汉考克爬到另一名坦克指挥官艾尔·艾廷格跟前。"艾尔，"他轻声说，"我们离开这鬼地方吧。"

"但他们还没给我们通知呢。他们让我们留在原地，除非收到撤退的命令。"

汉考克决定打破长时间的无线电沉默。他小心地爬进了坦克，扭开无线电设备。"C7 呼叫 C1，"他轻声说，"你们出发了吗？如果出发了的话，你们位置又在哪儿？"

停顿了一下——然后是静电的噪音。"C1 呼叫 C7，"有人噼噼沙沙地回答道，"我们在圣维特南面。你们撤退吧，在城区南面见。"

汉考克咒骂了几句。他们被忘了。"我之前是怎么给你说的？"他生气地说，"真是窝囊。"

五辆坦克小心翼翼地朝圣维特缓缓开去。汉考克站在头一辆坦克的炮塔里，看到远方有一片淡红色的光亮。坦克又往前驶了一段后，他才看出来，那片光亮原来是圣维特：房屋都在燃烧，街道上的坦克和半履带车也都闪着火光。浓密的大雪给这座要死去的城镇披上了个超现实的斗篷。

"好吧，"汉考克对驾驶员说，"拿出你的最大速度来！"

坦克排成一纵队，机关枪开着火顺着主干道奔了出去。步枪声响了起来：穿着平民衣服的人从窗户里侧出身子，对着撤退的美国人射击。

在城中心，一辆燃烧着的半履带车挡住了去路。汉考克的驾驶员停下车。"要我从那辆车左边走还是右边走？"他问。

"往右打。"汉考克叫道。

突然间,房屋里涌出来大群的美国兵,像苍蝇一般团团围住了这五辆坦克。汉考克的坦克里已经载着两个德国人了,他们是在几个小时前被俘虏的。两个德国人和美国人一样,也急于逃离这个燃烧着的城镇。他们往一起挤了挤腾出些空位,伸出手来帮助新来的人。汉考克的坦克向右打了个弯,稍微压着半履带车,绕了过去。车队又一次踏上路途。

德军掷弹兵从房屋间的空隙跑出来,向着他们开枪。汉考克没有办法用坦克上的机枪——有10个美国兵正抱着它。唯一能用的就是他那0.50英寸口径的机关枪。他朝路过的房屋扫射几下,那些掷弹兵就都跑了。

坦克以12英里/小时的速度穿过城区,然后拐向西南朝克龙巴赫而去。在他们身后,圣维特的家乡——圣维特城诡异地闪耀着,犹如梦魇中的地狱。步枪声停了下来,机关枪的咔嗒声也很遥远了。

在浓厚的雪幕下,暂时安全的坦克费力地向西开去。一名美国兵张开嘴唱道:

平安夜,圣善夜。
万暗中,光华射。①

其他人接着唱了下去。不一会儿,坦克上所有的人便都唱了起来。两个德国人也在用自己的语言随着歌谱唱着:

Nur das traute, hochheilige Paar. ②

汉考克想到了自己的家。他七个兄弟中的五个都在服役——四个是陆军,一个是海军,全都在战场上。他希望他们能像他一样平安。

---

① 西方圣诞歌曲《平安夜》(Silent Night),译文采用刘廷芳于五四时期译配的版本。——译者注

② 德语,"照着圣母,也照着圣婴"。——译者注

Schlaf in himmlischer Ruhr. ①

歌曲结束了。雪越积越厚，坦克的哐当声也小了。他们消失在了黑暗之中。

现在已经是半夜了——圣维特城也在此时终结。

---

① 德语，"静享天赐安眠"。——译者注

第三部 黑色圣诞节

1 鹅蛋要塞
   1944.12.22

2 "扯淡"
   1944.12.22

3 俄罗斯高压
   1944.12.23

4 决策之日
   1944.12.24

5 "在你漆黑的街头"
   1944年平安夜至圣诞节

6 "我们无法强渡默兹河"
   1944.12.26

1 鹅蛋要塞
1944.12.22

1

12月22日,"守卫莱茵河"方案加快了步伐。要不是还有两重阻碍,想必步速可以更快。这两重障碍便是横亘于德军大潮中的一座岛屿和一个半岛。

那座岛屿就是巴斯托涅,它迫使曼陀菲尔必须选择从南面或北面绕行,严重阻碍了进攻。那座半岛则是新设的马蹄形防御工事,匆匆忙忙建立在沦陷的圣维特后方。马蹄形近乎要合拢成一个岛了:其通向西北方的疏散通道每个小时都在变窄,危机丛生。这是第二波进攻的德军做的好事。

就在圣维特的东面,唐·波伊尔少校和他仅剩的一百来号人被德军团团围住。

"散开,分成五人一组,"他疲累不堪、神情沮丧,对希金斯中尉和剩下的军士们说道,"悄悄地从德国佬的战线中渗透出去,夜里再走,白天不要行动。"少校把大后方的方位信息给了他们,许许多多五人组很快成形又消失了。疲惫的波伊尔把双筒望远镜递给希金斯说:"约翰,想必你能让它更好地派上用场。"

"你跟谁一起?"希金斯把他扶起来问道。

"跟你吧,我想。"

波伊尔一行五人，踏着几乎齐膝的雪艰难地向南方走去。左侧已起了昏暗的灰光。朦胧的第一缕晨曦中，一阵步枪枪响打破了沉寂，原来是德军在逐个击毙圣维特一战的幸存者。

波伊尔沿石栏的边缘缓缓爬了上去。下方是普兰到圣维特的大路。他叫手下的四个人躲在石栏后，他们五个得等到夜里再偷偷出来，溜过公路。

其中一人不耐烦了，开始匍匐前进。

"等等。"波伊尔小声说。但是已经晚了。一块石头松了，滚到路上，下面马上就有人喊了起来。

"投降吧，"有人用英语说道，"你们被包围了。"那人停顿了一下："要是不投降，我就用迫击炮轰你们了。"

波伊尔和同伴简短商议了一下。"我们要不打一场吧。"波伊尔说。

"那等同于自杀！"一人反对道，另两个也同样反对。波伊尔叹了口气，然后灰心丧气地站了起来，但挑衅的架势还在。路上站着的一个德军中士，正命令他爬下坡来。

于是，德军就驱使着这几个美国大兵向东行进。好些德军的指挥车、吉普车和卡车从他们身旁疾驰而过。路上还偶遇了一个德国步兵团，他们正朝圣维特行进，士兵个个精神抖擞、自信满满。

抓住波伊尔的那人同情地笑了笑。"战事就是这么瞬息万变，"他说，"说不定明天我也成了个俘虏呢。"

波伊尔一行被带去了会客室，有四个卫兵手持冲锋枪，站在门边。一阵激动的私语后，一个警卫低声道："陆军元帅冯·龙德施泰特马上就来了！"

过了一会儿，一辆车停在了会客室前。一名年轻的上校身着毛边灰氅，从车里走了出来。另有一军官——一个脸上堆满了皱纹的老人，随后也下了车。一声令下，大家咔嗒一下集体立正。

老军官大步迈进会客室，瞥了一眼在旁的波伊尔和其他俘虏，脸色都不曾改变。波伊尔认出了龙德施泰特。

他目测了一下自己到墙角那把冲锋手枪的距离，考虑着抓起它再让龙德施泰特吃几个枪子儿，时间够不够用。但这想法无疑是疯狂的：要是他真把元帅杀了，对方报复起来，可能当地所有的美军俘虏都得陪葬。

龙德施泰特突然转过身，对年轻的上校说："你从哪找了这么些懒散的卫兵？"

"他们已经战斗一整夜了，长官。"

"这地方简直是丢人现眼，你自己看看！"龙德施泰特在屋子里转了一转，大步迈出了会客室。上校训了一个少校几句，也离开了。那名少校于是吼起了一个中尉。几分钟后，一个下士又对着那些脏兮兮的卫兵骂个不停。

五天以来，波伊尔头一回露出了笑容——哪个军队不是如此这般互相扯皮呢！

2

东北方向，派普战斗群身处越来越小的包围圈中，正为自己的生存而战。目前德军手里只剩两个山村——斯图蒙与拉格莱兹。斯图蒙的重中之重，是村西郊的圣爱德华疗养院。疗养院如一堡垒，屹立于彼。一旦它被攻克，派普就不得不放弃斯图蒙，后退几英里，守其最后一道要塞——拉格莱兹。

在坦克、反坦克炮，再加上西边几英里外设下的一门155毫米火炮的轰击之下，疗养院如今只剩一副残壳：屋顶倒了，墙也摇摇欲坠，满是斑驳的枪眼弹痕。可是派普手下的人仍固执地不愿撤退。

地下室里，250名孩童、修女、教士，以及成年的难民正努力入睡。炮火已不那么密集了，下午那骇人的轰炸结束后，这相对的安静看来与和平无异。

精疲力竭的党卫军士兵从厨房爬进地下室。"增援没来。"长官忧心忡忡地对神父汉勒说道。说完，便拖着疲惫的身子走上楼梯，他的19个兵紧随其后。几分钟之后，敌方所有的坦克都从另一个方向——北方打来了。这可让这些党卫军吃了一惊，因为北方除了高高低低的树丛以外，什么都没有。

美军第704坦克营以及第30师已经秘密地铺好了连接主公路的通道，这条木头通道一直通到疗养院后面一处陡峭的路堤上。

上面的美军坦克一开火，疗养院的大楼就得震三震。每震一下，地下室的顶儿就摇摇欲坠。地下室的人只听见，德军拖进一楼走廊的那门火炮每隔十分钟就会开一次火。这样持续了一个多小时，竟诡异地安静了下来。

楼上的房间已成了弃子，幸存的20个德国党卫军成员悄悄溜出大楼，朝着拉格莱兹退去。在拉格莱兹村那个如画的小山村里，一名美国兵与约亨·派普在一间地下室里相谈甚欢，二人从半夜一直聊到现在这黎明时分。

这名美国兵，就是哈尔·麦考恩——刚被俘虏的第30师少校。他想知道德军此次攻击的目标和范围，以便为逃跑做准备，于是就鼓励派普把最近纳粹取得的战绩说个详尽。

"我们输不了的，"派普上校用标准的英语激动地说，"希姆莱的新预备队有那么多个师，肯定会让你们的军事情报官大吃一惊的。"

麦考恩少校什么也没说。眼前这个人不仅承认自己热烈地拥护着纳粹，而且还以此为傲，跟他的一夜长谈，深深地吸引了麦考恩。令他惊讶的是，派普这个人不仅待人和善，人也很幽默。这样一个聪明又有教养的人，怎么会是个纳粹呢？

"噢，我承认我犯了许多错，但是想想伟大的希特勒，想想他的盛世功业啊！这场仗也是为你们打的：元首设想的是一个统一的、更加多产的欧洲啊！你难道看不出这样的欧洲会带来怎样的好处吗？那时的欧洲，将会是去了糟粕、只剩精华的欧洲。"他说，美国人不知道，德军初次进军苏联时受到了怎样热切的欢迎；也不知道那亿万法国人、比利时人、荷兰人、挪威人以及芬兰人是多么拥护元首"欧洲一体"的理念。

麦考恩把话题转到了美军战俘身上，他实在担心拉格莱兹131名被俘将士的安危，就提了提尽人皆知的德军虐待苏军战俘之事。

派普笑了笑，说道："我真想带你去东线看看，那样你就知道我们为什么要违反战争规则了。《日内瓦公约》到底意味着什么，苏联人并不了解。或许某天你们美国人自己会明白，那时你们就得承认我们在西线的所作所为并没有错了。"

尽管他再三强调不会违反战争规则，麦考恩还是想起了斯塔沃洛和包格涅兹的大屠杀。"派普上校，"麦考恩说道，"您能担保您会遵守陆战原则吗?"

"我保证我会遵守。"派普郑重地说。

斯图蒙疗养院地下室里的 250 人,已叫战事搞得心神不安。他们刚刚睡了一会儿,又被新一轮交火吵醒了。两名教士以及女修道院院长一致认为,眼下这情况实在是无法忍受了,不知道什么时候房顶就会塌下来,把他们全都压死。

修女们的帽子上有两条长长的侧翼,整个人看起来很像个大写的字母 T。她们把孩子们叫醒,又跟那些正在斋戒的说,他们现在可以用圣餐了。随军教士带着大家去做晨祷,然后跟汉勒神父去孩子们的床边,看看那些跪着的孩子谁想吃东西,就给谁送去圣餐。

人们借着忽闪的烛光,开始收拾个人物品。外面突然安静下来。女修道院院长、一个修女和疗养院的园丁自愿带一面白旗去楼上。三人离开了地下室。

过了几分钟,又一轮猛烈的弹幕飞了过来,大楼晃了起来。几声重击之后,大梁倒了,泥土尘埃从地下室的缝儿里漏了下来,千疮百孔的天花板吱吱地叫着。

人们扯下窗帘杆和桌布,很快做成了一面白旗。一名膝盖受了轻伤的美国士兵拿起旗子一瘸一拐地走到主楼上去。又过了几分钟,一个村民兴冲冲地跑下楼梯。

"士兵想让两名修女或者两名平民去谈判!"他喊道。

"他们是德军还是美军?"一个人问道。

"我不知道。"来人疑惑地说。

一个身材矮小的修女,头上的帽子奇怪地晃来晃去。她急忙走上楼梯,两个斯图蒙平民跟在她身后。人们又焦急地等了几分钟。

地下室门开了。一个美国军官站在楼梯平台上,看着地下室里吓坏了的孩子们。

"再过几分钟,你们就都可以离开了。"他那沧桑的脸摆出一个令人宽慰的笑。

两个救护兵走下楼来,把那个两天前被给予临终祈祷的美国兵抬了起来。这名美国兵欣喜若狂,不停地说:"所有的人都以为我要死了、都以为我要死了。"

孩子们,聊天的、大哭的、高兴得说不出话的,各种情状都有。他们在汉勒神父的带领下慢慢爬上楼梯。

神父一看,被眼前的光景惊呆了:横梁落在地上,七歪八扭,墙上也都布满了窟窿。他走过圣坛,圣坛倒是没有损伤,但教堂里的雕像已然七零八落。

他一阵晕眩,从几具尸体上跨过——那些尸体有美军的,也有德军的;有蜷着身子的,也有跪着的;还有四肢舒展、大张着嘴巴像是睡着了的。所有的尸体都浸在一片血泊中。汉勒停了下来,为死者做起了祷告:"我们的救世主啊,请您用您的仁慈来接纳在此地倒下的战士。"

美国兵翻过乱石岗,抱起孩子,走过摇摇欲坠的地面。一名士兵抱起一个光着脚的女孩,从口袋里掏出一双袜子,套在了她冰冷的小脚上。她凝望着他,脸上满是信任。

汉勒神父在疗养院这个无数人的墓场中继续寻找着。从这整整三天的激战中活下来几乎是不可能的,但是那 250 名儿童与逃难者竟无一人受伤,真是个奇迹。

斯图蒙之战结束了。

3

斯图蒙往东 25 英里,在白雪皑皑的艾森伯恩山梁沿线,一场更具决定性的战斗正进入白热化阶段。泽普·迪特里希正努力向北方打出一个口子,这已经进行了整整三天了。

早上 9 点,第 99 师负责的那段防线已然被啸声炮、88 毫米炮和 105 毫米炮炸翻了天。美军藏在自己的散兵坑里,希望能成功活过这场战斗的炮火准备阶段。

中士吉姆·瑞沃正在各个散兵坑之间游走。两天前,在另一场炮火攻击下,他竟处于一种近乎狂喜的状态中。"上帝啊,"他说道,"我听凭您的摆布。您让我活,我就活;您要带我走,我就走。"

他活了下来。于是,现在他全心全意地侍奉上帝。战争结束后,他要去做个传道士,但今晨的艾森伯恩山梁才是他的第一个布道坛。

连里的士兵口耳相传,说瑞沃的命自有神佑,不管他在枪林弹雨中如何暴露自己,都没有枪弹能伤及他的身体,因此每个散兵坑都很欢迎他。

瑞沃本是连队里的吊车尾,如今自觉肩负神圣使命而奔走于各个散兵坑之间。士兵们都愿意听他讲话,甚至军官也是如此。每个人都希望他能在自己那里多待一段时间。

此刻他正跟法拉第中尉讲话:"你记得耶稣对尼科迪默斯说的话吧,'你必须重生'。"

"吉姆,"法拉第诚挚地说,"我觉得好好活着就足以上天堂了。"

"但是你得经历救赎这个过程。"

"或许是我错了吧,我也不清楚。"法拉第挥了挥手,结束了这一话题,"我只想回家去,做城里最棒的保险员。"

瑞沃往自己的坑走去,一发炮弹在身后爆炸,接着前方也炸开了。

"嘿!"一个士兵从散兵坑里探出头来,招呼他道。

瑞沃很是讶异:这人平素最能奚落他。有一次这家伙喝醉了,还把他的鼻子给打破了。虽说瑞沃向法庭请求宽大处理,但他还是被降为列兵,并罚了款。

"来这儿,小伙子,给我读读你的《圣经》。"

于是瑞沃爬进那狭窄的坑里,读了很久的《圣经》。终于,那人缓缓地摇了摇头。他闭上眼,半自言自语道:"我从前真的那么坏吗?"

突然,位于比辰巴赫前的艾森伯恩山梁和第1师的防守沿线的轰炸停了下来。虎式、黑豹坦克以及步兵们排山倒海般冲上前去。

第2师和第99师的防线顶住了攻击,但他们右边第1师的防线却被刺穿了。虎式和黑豹坦克开始轰击比辰巴赫的后方梯队,又有更多的坦克和步兵从防线上800码宽的缺口涌了进来。

有那么几个小时,迪特里希看起来都似乎终于从北面突破了进去,但美军第1师的剩余人员也冲进了突破口,用火箭筒摧毁了一些坦克,还射死了一些着白衣的掷弹兵。那800码的口子被美军缝上了不说,德军所有闯入突破口的坦克都成了里面坦克兵葬身的火堆。

对第1、第2、第99师的进攻行动仅进行了短短三天,而迪特里希却已经失掉了一百多辆坦克、上千名士兵。他不会再做尝试了。艾森伯恩山梁之战结束了。

艾森伯恩山梁以北,距希特勒最爱的蒙绍城仅仅2英里的地方,三个衣着破敝的德国伞兵颤着身子,正深一脚浅一脚地向一座小山上爬去。这三人分别是冯·德·海德特男爵、他的副官和他的勤务兵。前一天,男爵就觉得战局已经无法挽回了。他手上有伤员、有战俘,食物却已耗尽。他能做的只剩下一件事,那就是突破美军,打回德军防线。他让剩下的那些饥肠辘辘的战斗群成员分成三人一组,在这之前,他还用英语写了一封信给麦克斯韦·泰勒少将,他误以为此人便是敌军的首领。信的内容如下:

> 在卡灵顿附近的诺曼底,我们曾经交过手。如今的这场战斗让我了解到,您是个侠义、勇敢的将军,现在我将把战俘送还。他们也曾勇敢地作战,而如今我已无力再顾及他们。我也会将我方的伤员送到您处,如果您能给他们提供所需的治疗,我将不胜感激。

三人跌跌撞撞地爬到了小山顶上。灰蒙蒙的晨曦中,一座座房子隐约可见——那是蒙绍的郊区。冯·德·海德特双脚麻木,他怀疑自己的脚已经冻僵了。他手腕上的伤化着脓,更觉难受了。在饥饿与极度疲乏的状态下,他的意识已渐趋模糊。离开德国后,他就没吃过东西了。

"我直接去蒙绍。"他用沙哑的声音说道。其他两人身体状况好些,想继续往前走。"去吧,别管我,"男爵命令道,"我太虚弱了。"他痛苦地走到第一个房子前,敲了敲门。没有人回应。他又蹒跚着走到第二家门前,然后是第三家。

一个做教师的男人,将冯·德·海德特带进了自己家。

"请给我纸笔,麻烦了。"男爵说道。

教师的孩子时年十四,见了男爵的伞兵服装,赞不绝口。"我是希特勒青年团的。"他骄傲地说。

冯·德·海德特把纸递给那男孩。"把这个带给美国人,"他说,"我要投降。"

男爵望着孩子的背影,半是遗憾、半是解脱。冯·德·海德特的战斗群已行至末路了。可笑的任务,可笑的结局,但一切都结束了,他还是很开心。他,和许许多多德国人一样,几个月前就知道这结局是不可避免的了。现在,他终于可以说出自己的心声。其实,当初有个名为"女武神①"、志在刺杀希特勒的大密谋,他曾是其中最早的成员之一。只是他是个幸运儿,没有落得像其他领导人和他的表亲冯·施陶芬贝格伯爵一样的下场。

现在,对他来说战斗已经结束了。他祈祷其他人也很快能结束。弗里德里希·奥古斯特·弗里赫尔·冯·德·海德特博士——这位国际法教授,人夫,人父,前军人,躺在椅子上睡着了。

4

虽说艾森伯恩山梁一战已经结束,但在阿登战场的北部,德军又发起了新一轮险恶的大规模进攻,直逼里奇韦绵长、蜿蜒的第18空降军前线。里奇韦的防线自马尔梅迪第30师所在处开始,沿昂布莱沃河一直延伸到斯塔沃洛、特鲁瓦蓬和斯图蒙地区。此处的河南岸由第82空降师接手,防线往后方急剧回转,派普战斗群也因而被层层围住。从特鲁瓦蓬一处,防线又有折转,但这次却是向南偏折,顺着萨尔姆河一直延伸到了维尔萨姆。里奇韦的防线在此处向东突出了一大块,把哈斯布鲁克和琼斯的军队都围在了里面,之后又再次回转,伸展到了维尔萨姆西侧10英里的弗莱杜赫木屋交叉路口。

此路口是里奇韦最后一个师——第3装甲师防线的开端,此防线一直向西延伸到奥通,全长20多英里。事实上,这整个地区几乎完全在克鲁格那个德国装甲军的控制之下。据说连奥通这第3装甲师的后方区域都承受

---

① 女武神,德语 Walküre。——译者注

了重击。那三支为"闪电乔"柯林斯的第3军的集结与部署打掩护的小型特遣队，与德军展开了殊死一搏，其中，霍根特遣队失踪，据称已无生还希望。萨姆·霍根中校和他的两个手下于前一天的伏击战中与整个特遣队失散，但那天早上，他们走进拉罗什以北3英里的玛库里山村时，惊讶地发现，山村中被团团围住、弹药几尽的，正是他的部队。

这个军的防线形状怪异，像条蛇一样蜿蜒延伸约100英里，一般的指挥官准会不知所措，但里奇韦是个爱好难题的人，遇到问题就兴奋，不寻常的状况他是很欢迎的。晨光将退的时候，难题已是一波接一波。除了克鲁格的两个师在打第3装甲师之外，现在德军另外一个军的两个装甲师也在威胁着他这个军防线的中心。

那两个师本来是打算等迪特里希在北方取得突破后，就直接跟随上去的。但由于迪特里希原定的突破迟迟不来，它们便被性子急躁的希特勒调去了曼陀菲尔所在的区域。前一天，它们协助拿下了圣维特。现在第9装甲师已经从北边绕过美军的突出部位，直逼维尔萨姆。党卫军第2装甲师已经从美军突出部位南侧绕过，来势迅猛，如入无人之境。当下它正转头向北行进，距维尔萨姆通向西面的公路仅有不到1英里。

装甲师抵达那条公路之时，里奇韦整个军的防线将从中部被拦腰截断。

近中午时分，里奇韦的吉普车停在维尔萨姆的校舍前。他跳下车，挂在腰间的手榴弹随之弹了两下。

几分钟之后，他开始了与琼斯和哈斯布鲁克的商谈。他站在地图前，在维尔萨姆与圣维特之间画了一个大大的鹅蛋。"在这里防御怎么样？"他提议，哈斯布鲁克和琼斯低头看了看这个鹅蛋，"你们得坚持到反攻开始。当然，你们很快会被包围，不过我们会给你们空运补给。"

"我不喜欢这个提议，"哈斯布鲁克立马反对道，"那地方丛林密布，只有那么几条小破路，再说那些部队在这么难耐的天气里，都连续打了五天多了。我的人现在只有一半能用。我相信步兵现在也是一样的情况。"

里奇韦为难了。作为一个对人对己都如此严苛的人，他认为不管要赢得一场战役还是一场战争，唯一的办法就是采取主动，进攻、再进攻。

琼斯转过身，对里奇韦说："我觉得可行。"

哈斯布鲁克十分愤怒。说来还是那么回事：对步兵来说，坦克就是个避难所；但对于坦克兵而言，它本身不过是个掩体，是个装着成吨的爆炸物与许多加仑汽油的铁质死亡陷阱而已。在那种地势下抵抗真是不可理喻，他想道，战斗地点难道不是应当由己方做出选择，挑选最有利于装甲部队的条件吗？

"坦克在这儿无法施展。"他指着那个鹅蛋区域反对道，这一战可能意味着他的整个师要全军覆没啊，"我们只能把它们当碉堡用。"

看到两个指挥官意见如此不合，里奇韦不太高兴。在解职这种事上，他从来不犹豫——这不，前一天他刚免了一个好友的职。不过他得完全了解情况才会采取这种极端的做法，而只有一个地方能让他了解情况——前线。

他拿起头盔。"来吧，鲍勃，"他不耐烦地对哈斯布鲁克说，"咱俩去前线，看看那边情况到底什么样。"

过了一会儿，这两人就气冲冲地往前线走去。

离前线不远，在卡曼斯特东面的一座小山上，布鲁斯·克拉克准将正坐在吉普车里，这吉普车现在是他指挥调度的地方。准将若有所思地观察着起伏的山丘与一片一片的森林：这就是他的新防线。防线是临时组建的薄薄的弧形，每处都深受威胁。

北翼已经被坦克和元首护卫旅的步兵给击穿了，切断了克拉克与 A 装甲战斗群的联系。在这绝望的一战中，就连美军前线救护站里的伤员都给配上武器拉到前线去了。

如今美国炮兵已经打得没有几发炮弹了，数十辆坦克、卡车因缺燃料而搁浅，许多战士都一天多没吃过饭了。

那是一幅凄凉的画面。说凄凉，原因有三：里奇韦不许撤退；燃料所剩无几；地面不够坚实，无法承载装甲车辆。

下午 3 点，克拉克走出吉普车，大步踏过积雪的土地，以测试地面硬度。地面感觉上挺硬，但他知道，要是谢尔曼坦克，甚至只要半履带车压上去，就肯定会塌陷的。他看到一辆车孤零零地停在田野中间，车上空无一人。那是哈斯布鲁克借给他的梅赛德斯-奔驰。他转过身对司机说："车上有个崭新的星星①,请把它拿来。"那是他被授予的第一颗星星,他可不想让哪个爱收集的德国佬把它拿了去当纪念品。

几分钟后,他走进卡曼斯特的指挥所,只见自己的副官脸上挂着个大大的笑容。

"你高兴什么呢?"克拉克问道。

"一个有90辆补给卡车的车队刚刚开过来了。不过他们费了点工夫才打进这里来。"

克拉克笑了笑。这是今天的第一个好消息。他对补给人员的感激之情油然而生。

"师里来消息了,长官。"副官接着说,"哈斯布鲁克将军和里奇韦将军正在来的路上。他们想在这里召开指挥官会议。"

一小时后,地板上响起了里奇韦的脚步声。他转过身,以犀利的目光看着里德上校:"你部队的战斗效能是多少?"

第424团的团长想了一会儿。此前,他已失去了所有的炊事员,重型装备也已消耗殆尽:"大概百分之五十,长官。"

里奇韦冷冷地看了他一眼,又把头转向克拉克。

克拉克没有迟疑:"百分之四十,长官。"

里奇韦没有说话。哈斯布鲁克也好,这些人也好,他了解都不多。他们这样说,可能是恐慌的缘故。他需要一个自己信任的人给出可靠的估算。比尔·霍格就是这样一个人。他们早在军校时,就已经是很好的朋友了。

听说霍格还在来卡曼斯特的路上,里奇韦便结束了会议。几分钟后,他通过无线电联系上了霍格。里奇韦用他们在西点军校校队的球场暗号,把农舍的经纬坐标告诉了霍格,二人将在这里碰面。当年在军校里,里奇韦是足球经理人,而霍格则是校队的球员。

"比尔,"里奇韦说,"这位置太过暴露,已经坚持不下去了。我们不能把你留在这,听人一点一点剁作肉泥。"他紧紧盯着霍格,想从他的反应中寻找真实情况的蛛丝马迹。"我计划今晚撤出所有部队,把你的人从这里救

---

① 这里是说他的准将军衔。——译者注

出来。"

霍格静静地看着他的朋友。连续作战整整五天,他已是精疲力竭了。他的人在自己的第一战中都很出色,但局势之紧张显而易见。光是一个第27营,就换了三任营长。第一任的西利上校犯了心脏病;替代他的第二任很快就因为战事太过劳神费力倒下了;这快被压垮了的第三任,已经开始想象一些从没有人下过的命令了。

霍格就问了一句:"怎么做?"

这一句,却让里奇韦了解了全部情况。战局已经无望了。"比尔,"他下定决心说道,"我们能做到,也会做到。"

他们握了手。里奇韦离开了。

一小时过后,里奇韦冲进维尔萨姆的第106师指挥所。"我要跟琼斯将军谈谈,"他说,"单独谈谈。"

办公室里的人都离开后,里奇韦坦白告诉琼斯,说他不喜欢维尔萨姆现在的指挥方式。二人随后走了几个街区,来到了哈斯布鲁克指挥所所在的校舍。除了他的副参谋长奎尔上校及两名共同承担鹅蛋区域指挥任务的将军,其他人都被里奇韦支了出去。他又一次表明了对维尔萨姆复杂的指挥设置的极度不满。

军长里奇韦口述了一个命令,以明晰现在的指挥调度:琼斯成了他的副手,鹅蛋要塞区域的所有部队,统一听从哈斯布鲁克调遣。奎尔拿一小片纸,用铅笔快速地记了下来。

里奇韦转过身,对这个手下掌控着至少相当于两个师兵力的一星准将说:"鲍勃,尽快把你的人撤回来,我希望他们今晚在夜幕掩护之下全部撤回。"

2 "扯淡"
1944.12.22

1

12月22日,"阿登之战"已经打了一周了。罗斯福总统于华盛顿召开了新闻发布会。他在会上表示,他拒绝对德国的大举进攻做出任何评论,不过他也提到,虽然"胜利不在眼下",但在此关键时期,大后方的每个人都应该不遗余力地为战士们提供支持。

在巴黎,市民对斯科尔兹内"训练有素的刺客"感到空前的恐慌;马耶讷已经出现了伞兵的身影。据悉,斯科尔兹内的人将很快在平和咖啡馆汇合。

在凡尔赛,艾森豪威尔还被自己的警卫关着。关于德国伞兵的报告让他很是恼火。"地狱之火啊。"他对他的秘书凯·萨默斯比中尉说,"我要出去散散步。有人想杀我,那就尽管开枪。我必须得出去。"

本被禁足的他大步向院子走去,在警卫密切的监视下享受着这次散步。回去的时候,艾森豪威尔感觉好多了。他坐了下来,难得地写下了"议事日程"。其文辞激烈而自信:

> 敌人从坚固的堡垒中走了出来,这就给了我们可乘之机:把他们孤注一掷的行为转变为最惨痛的失败。因此我号召盟军的所有人重新树立决心、加倍努力。请你们坚定这唯一的信念——毁灭敌人,不管是陆

上、空中,还是任何地方——消灭他们!让我们在这一决心、这一坚定不移的信仰中团结一致,为我们的伟大事业而战斗!在上帝的帮助下,我们将朝着最伟大的胜利前进!

在卢森堡的第 9 空军前进司令部作战室里,每日目标例会正在进行。斯图尔特·富勒少校正读着"天气预报"。阿登东面的莱茵河河谷中,一个锋刚刚形成,且没有任何要离开的迹象。

"接下来的几天,"他总结道,"阴郁的天气不会有缓解的趋势。12 月 26 日前,将没有天晴的希望。"

屋子里的气氛如天气预报一样,也是十分阴郁。霍伊特·范登堡中将、第 9 空军前进司令部指挥官以及富勒本人,都在为遥遥无期的天晴而犯愁。东西两侧都是停滞的高压区,但它们却几乎没有移动的可能。

"那就意味着我们什么也做不了。"范登堡神色凝重地说。铺着鹅卵石的街上,巴顿将军的某支装甲队伍行进中传来了隆隆的声音,这让他更加沮丧了。在即将到来的战斗中,他又能给这些士兵提供怎样的帮助呢?

几个街区之外,乔治·巴顿正在读一札报告。那天早上 6 点,他第 3 军的坦克兵和步兵对"突出部"发动了美军的首次反攻。

厚厚的雪夹着风,打着旋儿吹过来,浓雾迟迟不散。面对阿登地区这个巨大的"突出部",三个师迅速展开攻势:西翼是第 4 装甲师,目标是巴斯托涅;中部是第 26 装甲师,目标是维尔茨;东边的右翼是久经沙场的第 80 师,由咄咄逼人的"秃子霍拉斯"麦克布莱德带领,照计划应在一天之内夺回埃特尔布鲁克,并前往圣维特。

巴顿很高兴,他的批评者反而不知如何是好了。三个师已经在冰天雪地的陌生道路上前进了 100 多英里,却只用了不到四十八小时。他的攻击正如预想的一般,按计划进行着。

现在,他又做出了更加大胆的预测:"12 月 26 日,我们就到圣维特了。"他说。

上周,巴顿让他的随军牧师为萨尔一战祈祷,希望能有个好天气:"看看能不能让上帝站在我们这边。"

"长官，"奥尼尔牧师回答道，"这种祈祷可得要一块很厚的毯子。"

"就是需要一块飞毯我也不在乎。"

"是，长官。"奥尼尔勉强答道，"但我这个职业，通常是不会祈祷能有个晴天来帮人杀人的。"

"我说牧师，你是来教我神学的，还是来当我第3集团军的牧师的？我就想让你做个祷告。"

于是祷告词就写下了：

全能而仁慈的天父啊，我们谦卑地恳求您，节制这困扰我们已久的、没完没了的雨，省下我们与雨抗衡的气力，赐予我们战斗所需的好天气。

巴顿对奥尼尔的祷词很是满意，下令印了上千份。但祷词还没来得及传下去，萨尔一役就取消了，整个第3集团军原地掉转九十度，转向了阿登地区。

眼下巴顿的第3军正向北进发，试图咬进德军的攻势内。虽然巴顿的参谋长盖伊上将还提醒过他，那祷词是先前为了另一场战役准备的，但还是就这么分发下去了。

"哦，上帝不会介意的，"巴顿回答，"他知道我们现在忙着杀德军，根本没工夫去重印一次。"

那天早上，三个师的将士们顶着强劲的暴风雪读了祷词。

2

那天早上，在德军占领的维尔茨，只有少数几个平民敢在街上散步，其中一个是上了年纪的女士。她爬过陡峭的坡，越过碎石与残垣，到了医院。这位女士就是巴瑟萨-瓦格纳夫人。她颤抖着，却不是因为上了年纪，也不是因为冷，而是因为她和她的丈夫让·皮埃尔在家里的阁楼上藏着一名受伤的美国士兵。为什么他们这么倒霉，遇上了他？讽刺的是，很多邻居都认为此二人跟德军同流合污,因为他们的女儿玛丽特嫁给了一个名叫弗雷兹·舒尔泰斯的德国军官,且好些德国士兵都住在老夫妇在普兰克街的房子里。如果弗雷兹休假突然回家怎么办?

医院俯瞰山谷,装修得很现代。瓦格纳夫人走了进去,在无菌走廊徘徊了半响,不知如何是好。

"我是个志愿者,在这里当护士,"一个面色憔悴的年轻女子说道,"他们管我叫安娜小姐。有什么我能帮上忙的吗?"

她那充满了同情与怜爱的脸让巴瑟萨·瓦格纳夫人鼓起了勇气。"我收留了一个美国士兵,名叫乔治斯。"她脱口说道,"他受伤了!"

安娜小姐挽着这位上了年纪的夫人的手,带她去了一个空房间。"我们得先为您那位美国兵准备点药,"她说,"然后再去您家。"

半英里外,几辆画着大大的红十字标志的卡车正在古堡的院子里准备停靠。几天前,这座城堡还是美军的一个野战医院,现在医院却成了德军的了。双方的救护兵都在往城堡里抬受伤的美军战俘。

在其中一辆德军卡车上指挥手术的是莱斯特·克里茨中士,中士是个美国兵,没受什么伤,本是第28师战斗序列研究组的成员。

自诩为美军伤员"翻译"的克里茨向四周看了看。听起来似乎难以置信,但他的的确确又回到了四天前出发的地方。他透过那扇古老的拱门看着格兰德大街。街北一百码远的地方是他好朋友戈贝尔姐妹开的店。他不知道她们是否还活着。

三天前,姐妹二人向南逃到了布莱德。后来德国人拿下了那座城,下令所有的难民都必须回自己家。当下戈贝尔姐妹与百余个维尔茨市民正顶着狂风暴雪,从舒曼咖啡馆走过。他们艰险的双程逃亡即将结束。

3

那天早上,巴斯托涅肃穆的建筑物盖上了厚厚一层雪毯,给小城染上了一种和平、安详的气氛。西北城郊,麦考利夫指挥所里,人们自信满满。

来了两条好消息。一条是:"休要来了。"意指休·加菲将军的第4装甲师正朝着巴顿的第 3 军左翼被围困的小镇挺进。另一条是来自第 8 军的："空中再补给将于晚上 8 点开始。"

散兵坑中、防御圈边上的连指挥所里,孤独的将士们也逐渐有了信心,信心来源倒不是这两条消息。听说他们被包围了,不同部队之间争强好胜的心思一下子就没了。尽管很不情愿,伞兵们还是承认,前两天第 10 装甲师战斗得异常勇猛,他们的补给也因而没丢。

第 101 空降师里各团的激烈较劲也停止了。当然,任何一个自重的第 501 团成员都不会想进第 327 滑翔机机降步兵团,又称"地狱 5 团"的第 504 团里去。不过有这样的部队在身边,还是不错的。

"长脚汤姆"炮兵部队的黑人炮兵已经进了城,正忙着把裤腿塞到靴子里。"这他妈的是什么破军服?"第 101 师里一个军官好奇地问道。"哥们儿,"一个人回答,"我们可是要冲天的空军!"他们的士气也同样冲天。

就连"窝囊战斗队"那些散兵们也终于提起精神来了。他们身体疲乏又受了惊,跌跌撞撞进了城,不过吃饱喝足,好好休息了几天,现在已经缓解了不少。

巴斯托涅以南 3 英里,第 327 滑翔机机降步兵团的中士奥斯瓦尔德·巴特勒,正站在一个偏僻农场的地下室里观望着通向阿尔隆的公路。

刚好 11 点 30 分的时候,他看见四个人影沿公路从南方走了过来,手里像是拿着用床单和杆子做成的白旗。这四个是德国人。他拿起电话,打给了他的长官亚当斯上尉:"四个德国佬朝我们这儿来了,手里举着白旗,像是来投降的。"

巴特勒叫了两个人,一起去见那几个德国人。对方一名上尉走上前来,他个子不高,但很敦实,胳膊上还戴着军医臂章。"我们是来谈判的。"他小心翼翼地用英语说道,"我们想跟你的长官谈一谈。"

一个戴着"装甲教导师"标志的炮兵少校用德语对上尉说了些什么。"我们想跟你们的长官说两句。"上尉说。

巴特勒从白旗上扯下几段,蒙上那两名军官的眼睛,嘱咐列兵高美尔跟剩下两个德国兵待在这,然后带着他俩上了小山,往后方去了。

半小时后,第 327 团团长约瑟夫·哈珀上校就跟麦考利夫的副参谋长内德·摩尔中尉通上了话。

"我这有几个德国兵,"哈珀说道,"他们请求投降。我过会把他们带到指挥所去。"

"好。"摩尔回答。随后,摩尔打开了一个小屋的门,麦考利夫正在屋内睡觉。他把准将摇醒,告诉他哈珀接到了一个投降请求,正往这里来。

几分钟后,哈珀上校走下陡陡的阶梯,来到师指挥所,把两张打印好的纸递给了摩尔,一份是德语写的,一份是英语写的。

摩尔读了读英语的译稿:

给被包围的巴斯托涅城中的美军指挥官。

战事无常。时下在巴斯托涅城中及城附近的美军已经被强大的德军装甲部队包围……

想拯救此城中被包围的美军,不让其遭全歼,只有一个办法,那就是交出整座城,并体面地投降……

如若拒绝此提议,德方将派出一个炮兵军和六个重型高射炮兵营,将巴斯托涅城内及附近的所有美军全部歼灭……

炮击所造成的所有严重平民伤亡将与美国所倡的人道主义相悖。

德军指挥官

麦考利夫打着哈欠走出了房间,问道:"信上写了什么,内德?"

"他们想让咱投降。"

麦考利夫不屑地浏览了那两张纸的内容,笑道,"切,扯淡。"他任由纸滑落到地上,随即开车去了前线。一些士兵刚清除了一个德军路障,他特地赶去庆贺庆贺。

等他回到指挥所的时候,哈珀上校已经在等候了。"安托尼,你说说,"哈珀上校道,"那两个传信儿的德国佬还在我指挥所里呢。他们说,他们带来的是个正式的军事通信,有权得到答复。"

"我他妈的能跟他们说什么?"麦考利夫坐了下来,若有所思地捻着一支铅笔。

"您的第一反应就够好的了,将军。"年轻的作战参谋金纳德中校建议道。

"我说什么了?"

"您说,'扯淡'。"

在场的军官、士兵,无一不喜欢这个答复。

于是麦考利夫写了下来,把纸递给哈珀说:"给,答复。"

哈珀念道:

给德军指挥官:

扯淡!

美军指挥官

"你能确保把这个送到吗?"麦考利夫问道。

哈珀露齿一笑。"我亲自去送。这可有意思了。"

下午1点30分,中士巴特勒刚刚侦察过前线情况,走进了俯瞰阿尔隆公路的那处农舍。他惊讶地发现,德军"投降队"中的两个列兵正坐在地下室里,二人的冲锋手枪靠在墙上。他们的警卫列兵高美尔正高傲地拨弄着一支P-38式手枪。

"到底发生了什么?"巴特勒问道。

"他们刚刚向我投降了。"高美尔故作纯良地答道。

"把枪还给他们。"

高美尔颇犹豫着把P-38递给了一个看起来还不到16岁的年轻士兵。这孩子吓坏了,也是半带犹豫地接过枪。

巴特勒听到一辆吉普车正往这边开来。他急忙赶到外面,身后还跟着几个人。吉普车里的是哈珀上校和之前那两个德国军官。

"这是什么意思?"军医官疑惑地问道。

"如果你不明白什么叫'扯淡',"哈珀发起火来,"那我就用白话告诉你:'去死'!我还要告诉你点别的,如果你们他妈的继续进攻,我们会杀光每一个试图进城的德国佬!"

那些德国人猛地行了个军礼。

"会有很多美国兵在我们手下丧命的。"军医官不无遗憾地说。

"你请便吧,老兄。"哈珀说道。接着,他想都不想,又加了一句:"祝你好运。"

距巴斯托涅西南约 10 英里,德军"投降队"的同伴们那天在西线几乎没有任何进展。前一天,冯·曼陀菲尔男爵曾亲自坐着坦克深入圣休伯特近郊,现在,他正在装甲教导师的前进指挥所里训斥拜尔莱茵少将。

"西边什么也没有。"他吼道,"该死!赶紧让你的人动起来!"曼陀菲尔对他的军长吕特维茨将军实在是生气得很,因为他知道,现在再去叫回那封劝降信已经太晚了,使者早带着它去了巴斯托涅。那封信不仅欠缺军事品味,恫吓也是虚张声势。那些要摧毁城市的炮兵营只是空中楼阁,唯存在于吕特维茨的脑海里。

现在只能好好坐实那"虚张声势的恫吓"。曼陀菲尔拿起了电话。

巴斯托涅已是午夜。麦考利夫的指挥所里,气氛陡然一变。由于天气不好,原本定于晚第 10 点的空投取消了。

麦考利夫和他的参谋们重新审视了一下现在的局面。目前,德军没能拿下巴斯托涅,有三大原因:炮火不够;进攻组织不到位;守军抵抗顽强。到现在为止,德军一次只攻打一个位置,这给了守军足够的时间派预备部队赶去救援。

麦考利夫看了看最新的"报告",也就是简明的情况报告。马维地区打得很艰苦;其他地点混乱的交通预示着其他进攻也将打响。多处进攻一旦来临,他根本没有什么可与之抗衡的了。边缘防线周围的所有步兵指挥官都要求炮火支援,但得到的却少之又少。弹药方面,每支枪每天只给配 10 发子弹。

一名指挥官一直在请求炮火支援,麦考利夫冷冷地答道:"如果你看见 100 码的地区内有 400 个露出头的德国人,那你就朝他们开炮,不过别超过两发。"

目前,由于罗伯茨上校守城的核心武器——105 毫米炮弹药短缺,他的三辆坦克和两辆半履带车不得不向南方猛冲过去。在麦克洛斯基上尉的带领下,这支绝望的队伍想跟弹药运输队一起,杀回巴斯托涅。但还没等麦克洛斯基走出1英里,他的五辆车就全军覆没了。

这一消息传到城里的时候,已经听得见德军轰炸机那陌生的嗡嗡声了。声音越来越大,直至震耳欲聋。一阵尖锐的呼啸声过后,爆炸随之而来。曼陀菲尔正按照吕特维茨在恐吓信中所说的方式去毁灭那座城。

巴斯托涅一带,散兵坑里的将士就难受了:德军都能飞过去,为什么盟军不能?那个早上,士气正一点点衰弱下去。这次轰炸,意味着一切行将终结。

3 俄罗斯高压
1944. 12. 23

1

12月22日的午夜刚过几分钟,一辆救护车正从维尔萨姆离开,朝西北方的列日驶去。车里躺着的,是艾伦·琼斯少将。

里奇韦在上次的会面时解除了琼斯对第106师的指挥权,让他做了自己的副手。会议结束后不久,他就倒在地上,不省人事了。忧虑、过劳、不安,让他的心脏垮掉了。

校舍中,哈斯布鲁克还在工作。为了撤回鹅蛋要塞地区投入的2万人以及上百辆坦克和卡车,使其成功渡过萨尔姆河并尾随琼斯调往西北方向,他做了周密的计划。现在,这个计划正通过无线电传达到前线。

夜里3点起,霍格与里德将开始撤退。首先经过贝豪,后经干线公路向北至萨尔姆堡,再经第82空降师维系的疏散通道撤离。三个小时后,也就是早上6点,克拉克得集合好部队顺次走过卡曼斯特,再通过一条崎岖的土路(那土路跟伐木路差不多),到达维尔萨姆。博伊兰特遣队负责掩护克拉克,琼斯特遣队掩护霍格和里德。纳尔逊的第112团会在萨尔姆河东边拉起一道防线并坚守原地,直到南区所有军队成功撤离。北边,第7装甲师的另外两个装甲战斗群——A战斗群与预备战斗群——将负责坚守防线,等克拉克成功逃离后再快步跟上。

这计划是简明而有效的——理论上而言。

克拉克准将前脚刚踏进他在卡曼斯特的指挥所，后脚这计划就递到他手上了。虽然他同鹅蛋要塞中的所有其他人一样，一直在祈祷下达撤退命令，但他也意识到，现在的路况是不容许大规模撤退的。他此刻刚刚从前线视察回来。从亨德豪森来的主路上，他的吉普车深深陷到了泥里，连轮毂盖都被泥土给埋了，十几个人一齐使劲儿才把车推了出来。要是卡车、坦克和半履带车统统穿过这片泥海呢？

比尔·霍格将军走进会客室。他比之前更加焦躁不安了。"早上3点我就得开始撤退，"他对克拉克说，"但是我至少有两处正受到猛攻，不可能撤得出来。"

于是，两人通过无线电联系上了哈斯布鲁克，说按照预定时间撤退是不可能的。当然，他俩谁也不知道，东部的俄罗斯高压[①]，刚刚已经开始朝阿登这边来了。如果高压来得够快，它的冷风将会吹走战场上的云朵和雾气，并冻住田野与泥路。这样一来，卡车、坦克和半履带车就可以撤到西边了。

几英里外，罗伯特·艾伦布什中校正拼命加固鹅蛋要塞东北边的弧形防线。开车经过布朗劳弗时，见一所房子里隐约有烛光，他便走了进去。只见十几个人正坐在地板上，盯着燃烧的蜡烛发呆，他们的行军背包袋堆在房间的一个角落里。

"你们在这儿做什么呢？"他问道。

没人知道。这些人只知道自己是第424团的，他们对自己要在布朗劳弗做什么一无所知。

"跟我走。"艾伦布什中校说。这些人很感激终于有人接管他们了，于是跟着他走到街上。几分钟的工夫，他又把其他几座房子里上百号迷茫的士兵送上了道路。

十几辆2.5吨的卡车从南边一路"犁"过来，在泥路上留下道道车辙。艾伦布什打了个信号，示意他们停下。

"德国佬的坦克已经突破进来了！"第一辆坦克里的一个中士喊道。他

[①] 俄罗斯高压，指俄罗斯来的寒流。——译者注

告诉艾伦布什,他是从霍格的装甲战斗群来的,正试图回贝豪去。

"这些卡车我可以用。"艾伦布什说道。卸下了责任,那中士高兴都来不及呢。几分钟的工夫,卡车上就坐满了第106师的步兵。"现在回卡曼斯特。"艾伦布什命令道。

他急忙赶回自己的指挥所,赶紧用无线电向克拉克将军汇报德军突破的事。

"嗯,嗯,我知道。德国佬确实突破了几处,"克拉克将军的语调让艾伦布什冷静了下来,"你只管守好你的战线就行了。"

几分钟后,有人回了电话。"我是霍格将军,"那人用同样镇静的声音说道,"我联系不上克拉克将军。我的防线有几处已经被突破,如果我的兵经过你那里,就接管他们。"

"长官,我刚刚接管了你那边的15辆卡车。它们本打算回贝豪的。我会注意,看看还有没有其他的情况。"

此时,艾伦布什自己下属的两个指挥官也带来了坏消息。主管右翼的温普尔中校报告说,战斗打得异常激烈;主管左翼的罗泽少校称,自己正遭受火炮和坦克轰击。

震惊之下,艾伦布什联系了克拉克。"长官,我这里整个地区都被包围了。德国佬的坦克正在削弱罗泽,任何时候都有可能将他击垮。温普尔那边也在遭受大规模袭击。您觉得他们现在是否应当撤退呢,长官?"

"我现在还不能下达撤退指令。南边霍格将军也在猛烈的袭击之下,你如果先撤了,他就被侧翼包抄了。"

"可是长官,如果我的人想撤出去,就必须趁天亮之前。"

"你们得坚持住,"克拉克坚定地说,"首先必须把南边清出来。再说,后方的路泥泞得很。"

艾伦布什这一整个礼拜以来一直处于紧张与极度疲乏之中,此刻他几乎要倒下了。"可是长官,"他反对道,"这样,我的人无异于坐以待毙。"

"别担心,我会拼尽全力救他们出去——我会尽快。"

现在轮到艾伦布什去做安抚工作了。他呼叫了罗泽:"我们还不能立刻撤退。准备好迎接德国佬的坦克吧。"

罗泽很是吃惊。他的人已经坚持不了太久了。"你知道这边究竟是什么情况吗?"从无线电里都能听出巨大的爆炸声。

艾伦布什学着克拉克镇静的语气道:"别担心,我们会救你出去的。"

早上 5 点,克拉克收到了一则无线电信息。信息是哈斯布鲁克发来的:

> 现在,如果我们不赶去萨尔姆河以西、第 82 空降师以南的地区,就没有机会,跟他们共同作战了。如果我们还打算带着装备撤离的话,不管情势是好是坏,都必须撤出战斗。请立刻告诉我你方形势。

克拉克还在为泥泞的路况担忧,但他明白哈斯布鲁克说的是对的。当下来了一个无线电话。

"我南边又交火了,"艾伦布什情绪很激动,"现在我们必须撤退!"

克拉克犹豫了一下。他不想让他的人走泥路,因为走泥路极易暴露,葬身于炮火之下。"天一亮你应该就可以撤了,"他许诺道,"如果你能再坚持十分钟,我就让你们撤。"

克拉克挂掉电话,走到自己指挥所门前。东边的天空已经开始泛灰了。他走了出去。凛冽的东风吹来,他走上路面,一阵欣喜油然而生:车辙已经冻得结结实实的了。

俄罗斯高压来了。

屋子里,艾伦布什又来电了:"长官——"

"没事了,鲍勃,"克拉克打断他说,"行动吧。"

灰蒙蒙的晨光中,坦克与卡车那冷冰冰的发动机咳了一阵,接着就噼噼啪啪开始轰鸣了。很快,各式各样的装甲车就都开始往西跑,路面冻得跟石头一样硬。两辆坦克陷了下去,很快就起了火。剩下的都平安地开过了坚硬的路面。

在布朗劳弗,艾伦布什一辆吉普车都没找着。情急之下,司机开车先走了。德国步兵裹着床单从树林里出来,跑向城里。炮弹落了下来,在田野和街道上炸出一个个坑。很明显,这是进攻前的集中炮火。艾伦布什见一处农家院子里停着一辆吉普车,便立马冲到路对面,躬起身子沿着墙跑,随后一跃跳进了驾驶室。后座上,两个人在睡袋里睡得正香。

吉普车轮子陷进车辙里冻住了,抖了一抖才开动起来。车转了个弯儿往西去了。这时,艾伦布什听见远方传来打嗝似的声音,接着他夹克左边的袖子上就全是洞了。后面的两个乘客对漫天的炮火充耳不闻,还在呼呼大睡。睡着的这两个,是随军牧师和他的助手。

在维尔萨姆,罗伯特·哈斯布鲁克准将正站在一边,看着第一批撤退出来的各种车辆从他的指挥所前经过,朝横跨萨尔姆河的桥上开去。在那里,他们将穿过第82空降师薄弱的战线,继续向西北方向进发,到达安全的地方。

那天天气晴好,万里无云。哈斯布鲁克想起,当年在莱文沃斯堡惩戒营的时候,别人也给他出了一个类似的难题。同现在一样,他给出的解决方式是立即撤退,尽管现在还是白天。但学校给他打了个不及格,标准答案是等到天黑再行动。

往东6英里,在卡曼斯特,布鲁斯·克拉克将军正在田野上的一条木排路上指挥交通。他看着他的兵从眼前经过——一个个灰头土脸,胡子拉碴,红着眼睛。要是放在一周前,他还会对他们心存怀疑;而现在,给他哪支部队他也不愿把他们换走。

最后一辆车也过去了,只剩下博伊兰的后卫部队还没通过。克拉克缓缓爬到自己的吉普车里,每一寸肌肉都在疼,大脑也早就疲惫不堪。七天了,他不曾睡过一刻安稳觉。此刻他悠闲地往座椅上一靠,一阵舒服的睡意席卷而来。他的人已经安全了,他的工作完成了。吉普车磕磕绊绊地在不平整的路面上行驶,克拉克闭上了双眼。他终于睡着了。

2

整个阿登地区迎来了一个清冷、明亮的黎明。自大反攻开始以来,那是第一个完全适合飞行的天气。最高飞行高度与可视距离都不受任何限制。

南方前线的卢森堡上空,盘旋着许多B-26轰炸机和P-47轰炸机,平民被这异常的噪音惊醒,冲向街道。他们一个个伸长了脖子,看着美军疾速飞过,留下一道道蛇形的飞行尾迹。

巴顿站在窗口,看着窗外的保罗·伊斯臣大道,见到阳光,他欣喜不已。"太棒了!"他说,"我想我得把那祷文再印上个10万份儿。上帝站在我们这边,我们得时时提醒他,让他知道我们需要什么。"

他把他的副参谋长哈金斯上校叫了来。"他妈的,保罗!你看看那天气!奥尼尔真是干了活了,他的祈祷灵验了。把他叫过来,我要给他别个勋章。"

但很快,巴顿早上的欣喜就被北方大撤退的传闻压下去了。小道消息称,蒙哥马利正把圣维特那个突出部位的所有部队全部撤出。

随后,他自己的第3军前线一带也传来了不好的消息。虽然中间的第26师取得了一些进展,左翼的第4装甲师却因路况不好,被困在了离巴斯托涅很远的一个铁道上,右翼的第80师也在距离目标城市维尔茨以南数英里的地方遭到了重创。

巴顿终于明白了一件事:德军仍然很强硬、很危险。通往巴斯托涅与维尔茨的路绝不好走。

3

在维尔茨,布兰登贝格尔刚设了一个新的司令部。巴顿远程加农炮打来的炮弹正往街道上砸落。约瑟芬·泰恩是一名教师的妻子。前一天,她为了躲避德国秘密警察的追捕,逃了出去,现在正和她的两个孩子单独待在他们家的地下室里。两个孩子一个叫尼科尔,八岁;一个叫伊迪,四岁。三个人裹着毯子,在煤堆上睡了一夜。

外面每爆炸一次,孩子们就抽泣着往他们妈妈身上再挤近一些,做母亲的也努力掩饰自己的恐惧。炮火越来越密集了。由于无法再忍受孤独,约瑟芬带着孩子们上了楼。她想把他们带到她妈妈的表亲那里,那表亲就住在离这里几个街区开外,山上的一座石头房子里。

她飞快地把几件行李扔进婴儿车中,推车走出房子,走到鹅卵石铺成的大街上,孩子们紧抓着她的裙子不放。一个炮弹在她右边100码的地方爆炸了,碎片落在他们跟前。随后,美军的战机突然出现在明朗的蓝天上。

眼下,约瑟芬正在敲她妈妈表亲家的门。一分钟后,一扇窗开了。一个女人怯怯地探出头来问道:"约瑟芬,你想做什么?"

街对面,身穿蓝绿色制服的德国士兵正快步跑向邮政大楼。一架飞机俯冲下来,机关枪嗒嗒响了一阵,子弹撞到鹅卵石铺成的街道,纷纷弹了起来,其中一个弹片正从约瑟芬头上飞过。伊迪抽泣着把脸埋进他母亲的裙子里。

"我们想在你的地下室里待一阵儿,"约瑟芬歇斯底里地喊道,"我们那里人已经走光了,只剩我们孤儿寡母了!"

"我决定不了,得先去问问我丈夫。"那表亲关上了窗。

又一发炮弹落在邮政大楼后方,炸弹也开始陆续落在附近。一辆坦克经过,上面的一名德国兵站在坦克的回转炮塔上嘲笑惊恐的约瑟芬:"美人儿,你在那干吗呢?"他戏谑道。

约瑟芬的眼泪夺眶而出。

终于,窗子又打开了。"艾伯特说,我们没有房间给你住了,而且他也负不起这个责。"厚重的百叶窗唰地一下关上了。

又一辆坦克嘎啦嘎啦地上了山。约瑟芬把挡在坦克路前的孩子们及时拉到一边,三人背靠在邮局门上站着。

"你们在街上做什么?"一个声音从门上的猫眼里传来,"你们没有家吗?"

"只剩我们孤儿寡母了!"

"好,快进来。你们不要命了吗?"门开了。这三个逃难者赶紧进了门。她发现这家主人正是八楼守门人克雷默先生。

"我的天哪,是你呀,约瑟芬,"克雷默先生说,"我刚才没认出你来。你好像很难过。"他带她去了地下公寓。

克雷默夫人安抚着约瑟芬和瑟瑟发抖的孩子们。"首先,你们得吃点东西,"她说,"然后再睡。"

4

巴斯托涅周围的散兵坑里,明媚的阳光给冻僵了的、挤作一团的守城士兵带去了温暖。从来没有哪个黎明让他们如此欢欣过。痛苦的一夜终于过去了。散兵坑简直是冰箱,士兵们整夜没睡,一直跳上跳下,防止被冻僵。好几回他们脱下紧紧的伞兵靴,按摩自己已经麻木的双脚。现在他们不仅要为自己解解冻,还得让家伙什儿也解解冻。一人的M-1步枪不能用了,检查过后,他发现是退弹器冻住了,于是用了老兵的办法,在那块冷冰冰的金属上撒起尿来。

西边远远的嗡嗡声变成了尖锐的声响。造型优美的美军战斗机划过头顶,正飞往东北方向的鹅蛋要塞执行任务。巴斯托涅的士兵纷纷起身欢呼。

上午9点35分,响起了低沉的隆隆声。几辆笨拙的运输机出现了,正绕着小城盘旋。伞兵们飘到了一片白雪皑皑的地域上。他们解释说,自己正在探寻路线,好给运送补给的飞机指引方向。一个半小时后,这些飞机就该陆续到达了。

正在探路兵们忙着组装雷达装置的时候,空军军官詹姆斯·帕克上尉通过无线电不断收到好消息。在巴斯托涅被包围的前一天,詹姆斯·帕克上尉就进了城。现在,支援的飞机已经在赶来的路上了。帕克装有无线电的吉普车就停在麦考利夫地下指挥所外面。上午10点过了没几分钟,他就通过无线电联系即将到达的飞机,告诉他们要在哪里发动进攻。于是,他们毫无征兆地对着往巴斯托涅集聚的德军纵队俯冲下来,击毁了大量的坦克和装甲车。

上午11点50分,16架巨大的C-47军用运输机到了被围困的巴斯托涅附近。德国防空部队发射成排的高射炮,其势与一堵墙无异。几架飞机着了火,栽了下来,但是,美军飞机丝毫不曾退却,一架架接踵而至。巴斯托涅上空,伞兵吊在各种艳丽的降落伞下,像是天空开了花。随后,他们降落在开阔的地面上。

平民们也顾不上有关规定,纷纷从自己的地下室涌出,敬畏地仰望天空,看着这一狂欢节一般激动人心的奇观。这些美国兵好似天外来客。

美国士兵们拉着对方,在大街上呐喊、跳舞。

5

那天,伦敦的报纸上刊登了一些阿登战场的骇人战报。《每日快报》的头条如是:还要再多打几个月吗?并写道,德国声称已到达列日,"列日城郊战争已打响"。

据《每日电讯》驻巴黎记者称,一些会说英语的德国女性,都在身上配了刀具,刚刚被空投进了美军战线之中。据报道,其中已有七人被捕获,坦白交代称她们的任务是勾引美国士兵,并伺机从背后捅死他们。

但战争形势严峻的最有力证据,是由《每日邮报》揭露出来的:"我国某些地区已经没有足够的啤酒,可以支撑到假日结束了。圣诞节当天和节礼日①的某个时段,许多酒吧将不得不关门。"

即便如此,与巴黎相比,伦敦还是很镇定的。毕竟巴黎仍笼罩在巨大的间谍恐慌之下。据报道,巴黎好几个地区存在私刑致死的情况;某第五纵队已经随时都可能从下水道出来犯事了。

凡尔赛仍是个武装营地,不允许任何人进去探望艾森豪威尔。监禁的不自由让他变得越来越躁怒。在艾森豪威尔不知情的情况下,已经布下了精心制作的陷阱,只等来刺杀他的刺客落网。一个名叫鲍德温·B.斯密斯的中校,长得与艾森豪威尔极其相似,他已经穿着最高司令的军服,乘车辗转于冯·龙德施泰特与凡尔赛之间。给斯科尔兹内准备的诱饵已经到位。

事实上,方圆几百英里内连一个斯科尔兹内的人都没有,倒是有上千从事破坏活动的人。这些人都是欧洲战区的美国逃兵。他们大部分都聚集在了巴黎,靠抢劫美军补给为生;此外,平均每天还能抢走1000加仑的汽油。

仅巴黎的一处军事监狱,就拘押了1308名美国人,其中超过半数以"侵

---

① 节礼日(Boxing Day),为每年的12月26日,是英联邦部分地区庆祝的节日,一些欧洲的国家称为"圣士提反日"。——编者注

吞罪名"被拘捕。另一处关押了181名军官及三名士兵，以盗窃罪被捕，他们共窃取一火车的补给物品，其中包括肥皂、烟草，等等。被捕时，每人身上至少携有5000美金。

"这地方越来越像阿尔·卡彭时代①的芝加哥了。"塞纳河后勤基地的宪兵司令E. G. 布尔玛斯特上校称，"他们直接在路边拦截过路的卡车，几周之内，一个少校就能寄回家36000美元之多。"

这比一个师还多的人——将近19000人——都在从事着抢夺物资这一勾当，而这些物资都为他们在阿登战场上的战友所急需的东西。从食物到卡车，他们无所不抢。如果黑市上有人要买，想必他们连子弹和坦克都不会放过。

6

午前，鹅蛋要塞的大撤退正顺利进行着。当下，分散于旷阔的圣维特战场各处的幸存者聚成一股，井然有序地穿过维尔萨姆，穿过萨尔姆河，然后继续向西北行进。

这些人南面的威胁来自党卫军第2装甲师。第2装甲师本来是要跟着迪特里希的，但现在已经被调派到美军突出部位以南，以便利用曼陀菲尔的突破。前一天，第2装甲师先是沿着克鲁格装甲集团军的路迹走了一段，突然掉头向北，现在已到维尔萨姆后方了。

即使这支强大的装甲军队能突破掩护这次撤退的第82空降师的防线、消灭掉那要撤退的2万人，德国最高统帅部也不会看在眼里，因为他们有着比这更为远大的目标。统帅部的计划是朝弗莱杜赫木屋挺进。弗莱杜赫木屋在维尔萨姆以西10英里左右，是个孤立的小居民区。从维尔萨姆延伸出的公路到了这里与巴斯托涅—列日向北的主干线交汇，此线是比利时最重要的干线。党卫军第2装甲师准备拿下此交叉路口，然后笔直向北挺进，宽

---

① 阿尔·卡彭时代（The days of Al Capone），卡彭于1925年至1931年掌权芝加哥黑手党。——译者注

阔的主干线非常适合坦克行进。

当然,第一步还是要拿下弗莱杜赫木屋。虽然这事看起来简单,但在先前到达的克鲁格部队零散的攻击之下,居民区还是顽强支撑了两天多。这就很奇怪了。据侦察队称,保卫居民区的只有零星的几门火炮和一些杂牌部队,于是情报员判定:侦察队没有做好侦察工作。

但事实却并非如此。四天前的圣维特大撤退中,少校亚瑟·帕克三世驶到了弗莱杜赫木屋。第106师的炮兵军官嘱咐他,让他用仅存的三门105毫米榴弹炮设一个路障。当初在西尼艾弗尔山上,在炮兵连连长小埃里克·伍德中尉的顽强努力下,这三门榴弹炮才勉强得以保全。当下,小埃里克·伍德中尉还在圣维特东边的森林里游荡,孤独地打着游击战。

帕克到的时候,这个交叉路口空无人迹。只有几间粗糙的石头房子,立在高高的沼泽地上,四周全是松林。本来他的任务是要保护这条通向西面圣维特地区的关键补给线路。但帕克仔细研究地图后发现,这个交叉口比原先设想的要重要得多:它是通向西北的战略要地。于是,他说服了几支路过的部队一起来守这个交叉口。这几支部队分别是:一个拥有三架0.50英寸多管机枪与一架37毫米自行火炮的高射炮兵营;第7装甲师的一个侦察连;几十个从东边来的不同部队的散兵。

两天过去了,什么都没有发生。第三天,克鲁格的58装甲军横扫弗莱杜赫木屋以南,最右翼与此地擦边而过时,曾想以几次猛烈的侧击拿下这个交叉路口。

虽然帕克本人受了重伤,但他的小股部队还是抵挡住了数十次袭击。但克鲁格的人却没有意识到"帕克的交叉路口"有多重要,仍然一路向西,以为后面来的军队很容易就能把这个地方搞定。

12月23日早上,德军从三面发起了攻击,且来势更为凶猛。美军现在负责指挥的是帕克的副官艾利奥特·戈德斯坦少校。他知道,战役结束已是指日可待了。他的部队减员严重,已经到了岌岌可危的水平,且弹药几尽。早上俘获的德国人中,有两个军官来自实力强劲的党卫军第2装甲师。他视这两人为自己面临重大威胁的明证,决意去北方寻求支援。

与此同时,第82空降师师长"瘦子吉姆"詹姆斯·加文少将从自己的一支侦察队中,也了解到德军进攻的消息。那天,这个军中最年轻的少校原本应坚守战线,直到鹅蛋要塞内的军队安全撤离。但是他在交叉路口东北方数英里外的山坡上还布了人,他发现一旦党卫军第2装甲师夺取了交叉路口,山坡将会从侧翼被包抄。他也料想德军将会继续沿路往北走,朝列日进发,届时不仅自己这个师,连里奇韦军几乎全部的部队与后方的联系都会被切断。

尽管十字路口应由第3装甲师负责,尽管他自己的防线从斯图蒙开始一直延伸出一个长达44000码的半圆形,守卫单薄,但他还是下令,让手下的第325滑翔机机降步兵团K连的伍德拉夫上尉,火速赶往弗莱杜赫木屋。

那天早上,在那凄凉的十字路口,德军大胜与否,就取决于那几个人、几门炮。

弗莱杜赫木屋的战场上已然一片混乱。那天早上,霍奇斯决定把里奇韦军中的第3装甲师调到"闪电乔"柯林斯的第7军旗下,这无疑使原本就混乱的局面雪上加霜。

莫里斯·罗斯将军的第3装甲师仍然"坚守"着从弗莱杜赫木屋以西15英里延伸到奥通要塞的那片林木茂盛的山地。让他们防守这片区域,也实在是不得已而为之。之前,柯林斯的第7军试图绕到德军后方时,被罗斯派去阻碍克鲁格装甲军的三支特遣队依托一个陡坡,漂亮地完成了任务。现在,其中两支特遣队已经被敌军驱赶到北方去了,剩下的霍根特遣队仍被包围在拉罗什以北3英里的玛库里山村。

上午10点,来自得克萨斯州的萨姆·霍根中校正在听师部发来的无线电报告。传来的是好消息:工兵、文职人员及其他后方梯队人员仍然坚守奥通要塞,豪兹上校的援军也即将抵达那座被围困的村子。A装甲战斗群结束了追踪冯·德·海德特伞兵的任务,终于逼近了弗莱杜赫木屋以北6英里左右的一个交叉路口旁名叫马奈的小村庄。这最后一则消息着实让霍根欣喜,因为A装甲战斗群包围马奈,就意味着第3装甲师的主力现在也参战了。但他给师部的回复却没有那么乐观:他这边的血浆、绷带、食物、弹药都几乎消耗殆尽了。

罗斯很快来了答复:"今晚会再次进行空投补给。我们会连着血浆和绷带一起投下去,注意看着点。"

霍根走到自己的指挥所门前。天朗气清,正适合飞机飞行。或许事情也没他想的那么糟糕。突然,一辆装甲车驶过,上面坐满了德国人。霍根立马跑回室内躲了起来。接着又有一辆装甲车疾驰而过,车里的人若无其事,那样子跟在柏林参加阅兵一般无二。霍根立刻联系了城南的岗哨。

"两辆德国佬的装甲车刚刚开过来了。"他大吼一声。然后又给北边的岗哨打了电话问道:"这他妈的到底是怎么回事?"

"抱歉,上校,今天早上忘了检查我坦克上的炮了。"前哨指挥官道歉说,"德国佬毫无征兆地就嘎啦嘎啦进城了。等我转动炮管打领头的那辆,却发现那根该死的烂铁动都动不了。估计是回转炮塔上的液体冻住了。"

霍根一向脾气好,只把那指挥官责骂了一通,就赶紧朝城南去了。一辆德国装甲车已经烧了起来,里面的士兵四散奔逃,朝着干草堆和灌木篱墙跑去。霍根只见自己的士兵一个一个地把德国人赶了出来,五个身穿灰色军服的身影疯了一般往沟里一跳,脸朝下就那么下去了。

一个美国中尉跑到那个壕沟边上,举起他0.45英寸的手枪,对着其中一个德国佬的后脑勺一射,那人就死了。

"住手!"霍根喊道。

但那中尉仔细瞄准后,又射杀了一个四仰八叉躺着的无助的家伙。接着,他朝第三个走去。那人战战兢兢地爬了起来,眼里充满恐惧。中尉正瞄准呢,旁边一个美国人却把他手里的枪打掉了。

霍根气冲冲地把那中尉训斥了一通,然后回到指挥所。他们自己可能很快会落入德军手里,现在却崩了两个德国人的后脑勺。

柯林斯将军的指挥所在马尔什近旁,他刚刚得知,除了手头上那棘手的一大堆麻烦之外,第3装甲师也将归到他的麾下,自己肩负的责任愈加沉重了。换句话说,他现在指挥着一条蛇一样的部队防线,从弗莱杜赫木屋几乎一直延伸到默兹。

两天前,蒙哥马利让柯林斯带着第75师、第84师和第2装甲师这三个师绕到整个战场后方,同时要避免与敌军接触。此时第75步兵师本来应该已经与莫里斯·罗斯第3装甲师的右翼接合,但此时距之却仍有数英里。与其战线相接的第84步兵师已经在马尔什前方就位,但却没有听从蒙哥马利的命令,已经开始作战了。

他们的对手是克鲁格手下的德军第116装甲师。第116装甲师曾在奥通遭遇罗斯后方梯队的工兵的猛烈抗击,以至于克鲁格不得不让坦克撤离,往西边几英里的地方寻找突破口。因为据间谍称,那里没有美军出没。

本来第116装甲师听了命令往西走,却与正在集结的美军第84师结结实实地迎面撞上,这让两支部队都大失所望。

就在柯林斯接到消息后又过了一阵儿,陆军元帅蒙哥马利没戴头盔,却戴着个伞兵的红色贝雷帽走进了他的指挥所。

"我刚从第84师的博林那里得到消息。"柯林斯说,"他在马尔什北部遭遇了德军。"

蒙哥马利的眉头皱了起来。"我告诉过你,我不想让你参与防御行动。你可是我的战略预备队。"他提醒柯林斯小心行事,不要陷入更多的麻烦,必要时可以撤退。除非德军的攻势没有了劲头,否则任何情况下都不得发动反攻。

蒙哥马利走后,又过了几分钟,第2装甲师师长"公鸭嗓"少将厄尼·哈蒙走了进来。

"刚才我跟蒙蒂谈过了。"柯林斯说。虽然他和那陆军元帅在军事上意见相左,但他对蒙哥马利还是非常尊重的。"他又跟我说了一遍,让我别参与。厄尼,你得默不作声地等上一个礼拜,准备突然袭击。"

"听起来还不错。"哈蒙用他那深沉、粗哑的声音说道。他的14000人由于持续作战,都已经很疲惫了。他们一夜之间突进70英里,现在实在需要较长时间的休整。

半小时后,哈蒙回到他自己的指挥所,那指挥所设在马尔什西北的一座城堡里。他把这个休整的好消息告诉了手下的军官,然后坐下,开始悠闲地吃午餐。哈蒙正喝咖啡的时候,一个中尉冲进门来。那中尉头上胡乱绑着绷带,绷带上血淋淋的。哈蒙认出,此人正是埃弗雷特·琼斯中尉,早上被派去南边侦察的那人。

"我的侦察队被攻击了,长官,"琼斯慌忙说道,"至少有两辆4号坦克。德国佬距咱这儿就10英里左右,他们正拼命往这赶呢!"

如果说德军在南方10英里左右,那就意味着他们已经在马尔什西侧10英里了。他们一定是绕过了马尔什南边,直接朝默兹挺进了。哈蒙很快做了决定。他跑过一片雪地,来到坦克营驻扎的一个树丛里,连帽子也没顾得上戴。"你们发动车辆出发需要多长时间?"他对一个连长喊道。

"取消无线电静寂的话,需要五分钟,将军。"

"无线电静寂马上就取消。你沿路朝南走,去一个叫锡奈的小城。把小城的出入口都封死。该死的,德军一整个师就在后面跟着你!"

不到五分钟,17辆谢尔曼坦克轰鸣着就开始朝南进发,油门大开。37辆坦克紧随其后。

哈蒙正在打电话。"乔,"他挺高兴地说道,"我还是参与拼命了!"

电话另一端是他的军长柯林斯。柯林斯点了点头,却没有那么高兴。厄尼做的是没错,但是蒙蒂会同意吗?

7

下午2点。在弗莱杜赫木屋以北6英里的马奈,艾利奥特·戈德斯坦少校正在恳求第3装甲师的沃尔特·理查森中校:"中校,您要是不帮我,我的人就完蛋了。"

理查森看了看两个被俘虏的党卫军第2装甲师军官,戈德斯坦把这两人特地从交叉路口带来,以便说服理查森。理查森点了点头,拿起电话。"布鲁,"他说,"弗莱杜赫木屋那边需要人手,你派一个坦克排去看看。"他又转过头对戈德斯坦说:"布鲁斯特少校在沿路往南数十英里的地方,他要是能帮得上忙,就会去帮你的。"

一个小时之后,"瘦子吉姆"加文少将到了弗莱杜赫木屋东北1英里的一座山脊上。他第82空降师的步兵分散在各个散兵坑里,每个散兵坑之间间隔足有200码,而且反坦克防御工事薄弱。这样一来,一旦受到猛攻,想要守住这一重要的山脊几乎是不可能的。但是他却不能从自己师负责的别段调来一人，他们师毕竟守卫着突出去的长达25英里的防线。

迫击炮密集的炮火开始在山上翻腾起来。随后，西南方又传来更大的响声。弗莱杜赫木屋真的承受不住了。他赶紧躲进连指挥所，给伍德拉夫上尉打了个电话。伍德拉夫上尉就是他早上刚派去交叉路口增援的那个空降连的连长。

"我们这里受到猛烈攻击，长官，"伍德拉夫提高了嗓门儿，盖过炮火声喊道，"我不知道我们还能撑多久。"

加文加快步子跑过野地，钻进了松林里。他想知道局势是否真的无法挽回了。他从矮树丛爬到松林边上的时候，德军的88毫米炮发出震天动地的巨响。只见前方100码的地方是一片正在冒着烟的废墟，那便是弗莱杜赫木屋。德军的坦克和步兵正从三面同时进攻。

凭他一人之力，什么也做不了，于是，他爬到了后方。

戈德斯坦与布鲁斯特两名少校的吉普车都正冲向同一个交叉路口。距交叉路口北部还有1英里的时候，几个灰头土脸的炮兵把他们拦下了。

"敌军已经突破防线了，"一个人慌忙喊道，"路障已经被清除了！"

戈德斯坦与布鲁斯特赶紧下车，穿过树林继续往南走。或许只是那些人说得太夸张，或许他们还没有太迟。雪很深，他们费了好大劲儿才走到树林边上。一辆画着黑十字标志的巨型坦克突然隆隆地翻过一个小坡，把88毫米炮对准他们，开起火来。

两个人赶紧跑开，差点被打中。毫无疑问，他们确实太迟了。

那天，斯图蒙是里奇韦第18空降军战线中唯一一处亮点。里奇韦下了吉普车，右手拿着枪——他的斯普林菲尔德步枪从来不离手——走进了一座漂亮而又现代的城堡。这座城堡坐落于斯图蒙与拉格莱兹之间的山上。之前，哈里森准将给他简单汇报了战况：第82空降师正在向斯图蒙迫近；第30师在第740坦克营的协助下，正从西面向其推进。

"我们东西两侧的进攻今天陷入了困境，"哈里森说，"但是明天我要试试从南边发起攻击。"在这片林木覆盖的山地的掩护下，他的人可以在不被发现的前提下接近拉格莱兹。

他们说话简短，但却都扯着嗓子。因为城堡附近有两个榴弹炮和一个

155毫米火炮，成吨的炮弹不断地从这里飞到派普战斗群的最后一个据点拉格莱兹。

这门加农炮是派普战斗群遭遇到的火炮中最厉害的。它的轰击让派普的人深受打击，神经一直紧绷。而且他们现在弹药几尽，燃料也快用光了。

前一天他还通过无线电反映道："我们几乎所有的弹药都用光了，奥托燃料完全耗尽了。现在敌方将我们全部消灭只不过是时间问题。我们突围可以吗？"

一天后的现在，终于有了回复："派普战斗群不准时汇报物资情况，燃料和弹药的持续供应当然也就指望不上了。斯塔沃洛东面的六辆虎王已经做好了战斗准备。你想让我们把它们派往哪里？"

这一不切实际的问题让派普很是厌恶。"空运到拉格拉兹去。"他讽刺道。随后又加了一句："必须批准我们立即突围。"

对方一阵沉默后，又问："你能带上所有的伤员和车辆，一起突围出去吗？"

派普心里涌起了一股希望。这还是最高统帅部头一次暗示，不想让他们在拉格莱兹白白送死。"今晚是最后一次突围机会，"他在电话里说道，"不带伤员、不带运输工具。请给予批准！"

派普深信批准很快就会下达，于是做起了突围的准备。随后，他让人把哈尔·麦考恩少校从关押美军俘虏的地下室里带了出来。

"上面叫我们撤退。"派普说。他并没有把绝望的实情一并道出。

"嗯，中校，"麦考恩说，"我一直想尝尝坐在皇家虎上的滋味。"

派普微微一笑，但并没有提他们都要步行这件事。"现下我最关心的是我的伤员和美军战俘怎么处置。"他答应释放除麦考恩之外的所有战俘，相对的，美军要释放德军在斯图蒙和拉格莱兹的所有伤员。

麦考恩有些吃不准。"我没有权限跟你交涉。我那长官很有可能不会同意。毕竟说到交涉，中校，您现在的处境不怎么有利。"

"我知道，"派普说道，"但我仍想试试这个计划，希望你的长官能同意。"

于是他便起草了一份协议。麦考恩签了字，但又重申了一遍，他自己的签名不管用。派普也签了字，然后快速赶到外面的无线电通信车旁，想看看批准撤退的通知下来了没有。

"主抵抗线在哪?"他的通信官紧张地一直问,"掩护点在哪?我们能突围了吗?我再重复一遍,我们能突围了吗?"

噼啪一声,对方终于接听了。一个声音说道:"请告知经过我们防线的时间和地点。"就在派普和通信官刚要庆祝这一好消息的时候,那个声音继续道:"除非你们带上所有的伤员和运输工具,否则不允许突围。"

派普愤怒地指着无线电通信车道:"把这破玩意儿给我炸了!"然后又说:"允许也好,不允许也罢,我们都要步行突围出去。"

8

下午 3 点 26 分,美军第 322 轰炸大队的六架 B-26 轰炸机靠近了一座栖身于林木茂密之地的山城。此飞行编队的队长往下看了看。纵使天气如此晴朗,他仍然无法确定自己的主要目标曲尔皮希的位置,曲尔皮希是布兰登贝格尔第 7 集团军的一个铁路补给站。不过他断定自己处在拉莫尔萨姆上空,目的地在西南方仅 6 英里。他的飞机飞过市中心时,炸弹舱投下 13 枚 250 磅的通用炸弹,其他五架飞机也都纷纷抛下负载。

炸弹在城里的街道上四散纷飞。投弹效果惊人,所有的飞行员都很高兴。

12000 英尺之下,美军第 30 师士兵晕眩茫然,平民歇斯底里,都奋力从比利时马尔梅迪的废墟中往外爬——这儿离拉莫尔萨姆足有 39 英里。

许多人爬都爬不动了。

过了一会儿,第 30 师师长霍布斯将军正气冲冲地和一名空军将领打电话。霍布斯满是愤愤不平。被第 9 空军前进司令部误炸,他们已经不是头一回了。他的人私下里已经管第 9 空军前进司令部叫"美裔德国空军"了。

那名空军将领也很沮丧。"这种事不会再发生了。"他保证道。

马修·里奇韦将军的第 18 空降军防线就是以这座不幸的城镇为起点的。从这儿往西南方 20 英里,在他防线的中心附近,阴沉沉的夜幕开始降临在维尔萨姆。从早上开始,街上就挤满了从鹅蛋要塞撤出来的各种车辆。

克拉克的人已经开了过去。现在，A装甲战斗群和预备装甲战斗群的卡车、坦克和吉普车正经过哈斯布鲁克的校舍指挥所。

南面几英里开外，古斯汀·纳尔逊上校整个下午一直在尝试与哈斯布鲁克取得联系。他第112团的人从中午起就开始遭受攻击，防线沿着萨尔姆河东岸延伸长达数英里。他们要坚守于此，充当屏障，直到殿后的负责掩护霍格和里德撤退的琼斯特遣队之外的所有部队全部安全通过。纳尔逊严令自己的人坚守不动，除非哈斯布鲁克将军本人下令撤退。到那时，他就必须快速行动起来，以免挡住琼斯特遣队的撤退路线。

几个小时过去了，仍没有任何友军经过。每隔半小时纳尔逊都要用无线电联系哈斯布鲁克说，他十分确定霍格和里德的所有部队都已经从他的防线逃了过去。然而，回复却迟迟不来。

"跟之前一样。"通信中心的一个美国士兵抱怨道，"112团没人关心，没人赞扬，没人救济。"

眼下德军坦克已经打到了距纳尔逊指挥所不到200码的地方，不断开着炮，但撤退的命令还没有下达。他再也不会不加反抗就接受那样不靠谱的命令了。

1营、2营发来报告，称战事告急，德军已从多处突破。纳尔逊下定了决心。他下令立刻撤退。但当第112团的车队到达通向北边萨尔姆堡的那条干线公路时，却发现路上早已挤满了琼斯特遣队的车队，也就是说，最后一支队伍已经从南面地区撤离。纳尔逊的车队挤上公路时，虎式坦克和黑豹坦克从东面的山头探了出来。很快，炮弹就纷纷飞向拥堵不堪的军队。琼斯特遣队和纳尔逊的团挤在同一条路上，向北面的萨尔姆堡缓慢行进，恐慌在车队中蔓延。

在维尔萨姆，哈斯布鲁克满以为纳尔逊两小时前就已经收到了他发出的撤退命令。炮弹在街上，德军坦克的声音近在耳边。哈斯布鲁克把他的文件装好，然后带着他剩下的几个人，走下校舍的楼梯。

城东数英里处，率军掩护第7装甲师撤退的莫·博伊兰中校刚刚得知，维尔萨姆与奔袭而来的德军之间只有两个机枪班和他小小的后卫部队。南面的情况更为严峻：德军坦克已闯入萨尔姆堡。本来行进缓慢的琼斯特遣队和第112团东部和南部已经受到了威胁,而这个新情况意味着他们北去的路也被堵住了。美军即将面临又一次溃败。

博伊兰派了一个排的轻型坦克到萨尔姆堡,企图为这两个被包围的队伍炸出一条路来。他把他剩下的人分散开来,在维尔萨姆以东构筑一层薄薄的盾,希望能坚持到所有的人都通过为止。

哈斯布鲁克刚刚踏出校舍的门,一辆德军坦克就转过街角来,朝着大楼前刚刚发动的一辆半履带车和两辆吉普车开火。半履带车瞬间着了火。哈斯布鲁克和那几个人赶紧跳上吉普车,飞快地向横跨萨尔姆河的大桥冲去。坦克尾随其后,又开始开火。炮弹在哈斯布鲁克所乘的吉普车的正前方爆炸,一个正骑摩托车的人被炸飞了。两辆吉普车横冲直撞,开过鹅卵石铺成的街,又过了桥。

一个废弃的补给站里,维尔萨姆市民正耐心地把煤铲进桶里,然后各自带回家。德军统治下的生活不会好过,每一块煤都很珍贵。

萨尔姆堡以南的公路简直成了一片地狱。纳尔逊上校发现向北穿越萨尔姆堡的撤离路线已经被切断,于是挤到自己队伍的最前面,用一个轻型坦克连做先头部队,向西开出一条路来。

现下天已经黑了,但满月的光辉和一些烧着了的车辆足以把路照亮。第112团找到一座桥,借由这座桥渡过萨尔姆河,又掉转方向,走过雪地和上了冻的湿地。

琼斯特遣队也在寻找向西撤退的路线。特遣队不管三七二十一急匆匆踏上了一条向南的泥路,但泥路很快变窄,成了条羊肠小道,通向萨尔姆河。六七辆坦克、卡车经过的时候陷进了泥里。剩下的队伍转向北边,走了数英里,遇到一处浅滩,于是穿过萨尔姆河,向西去了。半小时后,特遣队在黑暗中到达了普罗夫德鲁村。

头前的谢尔曼坦克指挥官发现干路上有车停在上面,下令停止前进。随后,他发现车里的是德军,于是大叫一声:"开火!"

美军、德军到处乱转,也分不清敌我,村里顿时陷入一片混乱。美军一辆半履带车着火了,车上的人仓皇逃出,寻找隐蔽的地方。逃出的士兵中有一个是第14骑兵团的约翰·班尼斯特中士,他自从前天开始就是琼斯特遣队的一员了。这八天来,他数次绝处逢生。

美军一辆坦克歼击车驶过,上面挤满了猛烈开火的步兵。"爬上来,战士,"回转炮塔上的指挥官喊道,"这一位正要下去呢。"

于是,班尼斯特开始追着装甲车跑,车上一人拉住他的手把他拽了上去。

"你知道你跟谁坐一辆车吗?"把他拽上来的那个人指了指指挥官,问道,"是比尔·罗杰斯中尉。"

"比尔·罗杰斯中尉是谁?"

"哎呀,妈的,"另一个不无骄傲地说,"他是威尔·罗杰斯的儿子。"

美军的坦克、半履带车、卡车、吉普车,还有步行的士兵现在转而向北行进,希望能在追兵赶上之前穿过那条从维尔萨姆延伸出来的东西向的公路。

一小时后,罗杰斯的坦克歼击车到了公路边。班尼斯特发现一名火箭筒操作员正在挖散兵坑。其人脏兮兮的,胡子没刮,看起来极度疲惫,好似莫尔丁漫画中的"威利"。"你在找什么安全的地方吗?"他慢条斯理地说道。

"是啊。"班尼斯特说。

"嗯嗯,哥们儿,把你的装甲车停在我身后吧。"他拉起长长的裤子说,"我是第82空降师的。那些杂种是过不了这里的。"

在维尔萨姆,对莫·博伊兰中校来说,是时候把他的后卫部队撤过萨尔姆河了。他站在桥边,数着剩下的车辆。

"就这些了吗?"第82空降师的一名工兵喊道。

"就我所知,"博伊兰说,"桥你可以炸掉了。"

博伊兰车队的油都所剩无几了。现在它们在一个燃料堆前排成一排,准备加油。这时,无线电来了一则消息。"6号死亡射手,停止加油,准备出发。"来电的是他的作战参谋。

"我是6号死亡射手,"博伊兰回答,"加完油之前我不会行动。谁他妈的让我出发的?"

"6号车间下的指令。"对方回答说。"6号车间"就是哈斯布鲁克将军。

"知道了。"博伊兰小声说道。几分钟后,他的部队就往一个高地开去。

一个宪兵把他们拦了下来。"你就是博伊兰中校?"他问道,"哈斯布鲁克将军想见你。"

博伊兰预料到,将军对他少不了一顿训斥,于是不紧不慢地走进那处农舍改造成的临时指挥所。哈斯布鲁克向他走来。将军一只胳膊搂上了博伊兰的肩。"感谢上帝,博伊兰,你终于到了,"他说,"你救了所有的人。"

外面响起了低沉的隆隆声。维尔萨姆的桥炸了。

鹅蛋要塞一役结束了。

在凡尔赛,艾森豪威尔刚给霍奇斯写完电报:

请将以下私人讯息从我处转交给第7装甲师的哈斯布鲁克。**引文开始** 你们的突出贡献将对整个局势产生巨大的积极作用。我个人也对你十分感激,并希望你让你手下的所有人明悉:如果他们继续在这种杰出精神的指引下执行任务,他们绝对对得起国家的期望。**引文结束**

4　决策之日
1944. 12. 24

1

德军第 2 装甲师仍然继续向正西推进,路上没有遇到任何抵抗。要说有敌人的话,那么很明显是他们自己的补给系统。几天来,汽油、机油都是用罐子少量分配的。坦克兵们很是沮丧。燃料充足的话,他们早就冲过默兹了。

12 月 24 日,距黎明还有几个小时,第 2 装甲师的先头部队穿过浓雾,沿通往塞勒的路进发。指挥官借手电筒的光看着地图:塞勒距默兹只有 5 英里。

在这重要的节点地带有一家舒适的旅店,名叫阿登阁,老板是玛尔特·蒙莉克夫人。前一天,她看见吓坏了的美国工兵匆忙埋下个菊花链①,地雷就埋在旅店前的那条路上。他们埋好地雷,就上了吉普车往默兹撤退了。

邻居告诉她,她应该像城里其他居民一样,跑到林子里躲起来,因为河这边一个美国士兵都没有。但玛尔特没有去躲起来。她会说德语,坚决不让德国鬼子炸了她的旅店。

---

①　菊花链(Daisy Chain),在军事上用来表示一种将多个单个的爆炸单元连在一起形成一个大的爆炸单元的手段。爆炸单元用菊花链的方式连在一起可形成一个更大的爆炸区域,带来更大的杀伤力。这些小的爆炸单元在爆炸时几乎是同时爆炸。——译者注

早上6点,玛尔特被爆炸声吵醒了。她打开灯往外看了看:一辆坦克正闷闷地烧着。两个德国军官看到了灯光,走向旅店。"从这到迪南还有几英里?"其中一个军官问道。

撒谎是没有用的,路对面就立着个标牌。"10英里。"她用德语答道。

"太好了!中午之前我们就到了。路况怎么样?"

"美国人在整条路上都埋了地雷。"玛尔特跟许多阿登的女子一样,演技一流,"他们白天黑夜不停地挖坑埋地雷——埋了好几英里。"

军官又问了问北面几英里的主干道路况如何。

"哦,那里也埋了地雷。上千名美国士兵就在山的另一边埋伏着。"

这些征服了克莱沃和诺维尔的德国坦克兵,他们听了玛尔特的叙述,吃了一惊。于是德军拐进林子里,隐蔽了起来。

2

在第2装甲师这支停滞的先头部队以东40英里,一支经常被盟军战斗序列研究组误认为是第2装甲师的队伍在弗莱朴赫木屋得胖之后,又继续向北发起进攻。

党卫军第2装甲师现在距巴斯托涅—列日公路的下一节点——马奈——的南边,只有4英里了。马奈也是"闪电乔"柯林斯第7军与里奇韦第18空降军的防线接合地。在接下来的二十四小时中,这个只有百户人家的不起眼的村子会成为兵家的必争之地,不仅美德双方争持不下,美军不同部队也会为此苦苦相争。

现在,马奈还在第3装甲师的理查森特遣队的控制之下。现在,特遣队指挥官沃尔特·理查森中校得知,两军之界线就是南北向的巴斯托涅—列日公路。路的西面就是他要守卫的地域。路东则由第18空降军负责。

理查森和他师部最好的朋友萨姆·霍根一样,都是从得克萨斯州来的(此刻萨姆·霍根仍被包围在西南方向10英里的玛库里)。不过,他们相同的地方也就到此为止了。霍根毕业于西点军校,训练有素、懂得放松,对自己也很自信;理查森是预备军官,周末都用来学习,为人严肃认真,下定决心要当上高级别军官。

上午9点,有人给理查森打了一个电话。

打来电话的是奥林·布鲁斯特少校。少校负责管理巴斯托涅—列日公路上的贝勒海耶路障,路障就在南方4英里处。"理查森,这边真的不行了。"他用代码和各种含糊的词语解释说,他摧毁了几辆党卫军第2装甲师的装甲车。当时,那几辆车正要通过他所防守的路上的深沟,所幸两旁林子比较茂密,德军的车过不来。

"P-47战斗机在我们头顶嗡嗡直响。"布鲁斯特接着说。他铺开友军识别布板,但还是觉得美国的飞机没有发现那一大群准备冲毁路障的德军坦克。

理查森挂了电话。贝勒海耶路障的士兵,是守在马奈与德军之间的唯一一支军队。理查森赶紧打电话给副营长比尔·泽赫少校,少校在路障以西10英里的埃尔泽。理查森把布鲁斯特的位置和德军坦克可能的所在告诉了他,又让他提醒空军,使空军有所戒备。

过了不到一小时,理查森的电话又响了起来。来电的是布鲁斯特。P-47轰炸机开始攻击了。"够可以的呀,"他说,"妈的,这地方整个儿都叫烟熏黑了!"

这消息让理查森深受鼓舞,他根本不知道进攻他防线的,是一整个德军装甲师。"我再派给你一个步兵连,"他说,"你去攻击弗莱杜赫木屋,再把它夺回来。"

突然之间,德军第2装甲师遭受重创。在布鲁斯特的坦克与P-47轰炸机之间,德军九辆巨型坦克成了焚烧殆尽的残骸。但挫败只是暂时的,党卫军已经补充了大量装甲车,掉头向西,绕过了布鲁斯特的路障。当下,士兵和坦克正在通向奥黛涅村的雪地上缓缓行进。既然他们无法顺公路直捣马奈,那就得从西南拿下它。

3

沿巴斯托涅—列日公路向北12英里,在韦尔博蒙附近一个石头砌成的农场里,马修·里奇韦正决定着马奈的命运。虽然他指挥着整整三个师和三个相当规模的部队,但从马尔梅迪延伸到马奈的第 18 空降军战线却只有两个师在守着:第 30 师和第 82 空降师。军里剩下的兵力,也就是从鹅蛋要塞撤下来的兵,由于撤离过于疲劳,正在休息。

虽然巨大的鹅蛋区域已经不复存在,第 82 空降师的防线仍然深深嵌入德军阵线内。加文那长达 5 英里的防线已不堪重负,濒临崩溃。很明显,他在马奈附近已经使不上力气。德军出乎意料地向北突进,其目的很明确,下一步就要拿下马奈。

虽然里奇韦并不想这样,但眼下能做的只有一件事,那就是派出刚从鹅蛋要塞逃出的元气大损的部队。他扫了一下地图,发现马奈东南几英里的地方有一个村子,叫马伦普雷,他要把比尔·霍格的人派到那里。

但问题最大的还是从贝勒海耶向北通往马奈的这一段。昨天,马奈还在乔·柯林斯第 7 军第 3 装甲师的控制之下,今天却已经到了里奇韦手里。为了明确巴斯托涅—列日公路的管辖权,两军边界已经被推到路西 1 英里的地方。

派到这 地区的人还得是经历过圣维特之战,但仍然元气不减的队伍——第 7 装甲师的 A 装甲战斗群。

一小时后,一辆没有宪兵护卫的敞篷车在里奇韦的农场前停了下来。蒙哥马利走下车,对美国警卫露齿一笑,警卫们也一般儿回笑着。蒙哥马利此来,任务很简单,就是来把里奇韦的战线拉直的。第 82 空降师在"突出部"里还有个突出部位,这让向来严谨而爱好齐整的他很看不过眼。他告诉里奇韦,第 82 师必须得撤到一条合乎情理的防守战线,就是沿特鲁瓦蓬通向马奈一线的那条路。

里奇韦没怎么说话。虽说他喜欢不断攻击,但还是能分辨出蒙哥马利所言的合理之处的。他也知道,陆军元帅此来是打定了主意,争辩是没有用的。

二人握了握手。蒙哥马利又上了车,再次朝着美国大兵挥了挥手,然后告诉司机,去考特尼·霍奇斯的新指挥所。

下午 1 点 30 分,里奇韦手下的指挥官——加文、哈斯布鲁克、霍格等人——挤进了韦尔博蒙的农舍里。

"天黑之后行动,"里奇韦严肃地说,"第 7 装甲师的 A 装甲战斗群撤到马奈,第 82 空降师撤到特鲁瓦蓬。"

指挥官们大多点头同意了,只有加文反对。他的第 82 师从来没有撤退过,现在,他也不想开这个头。里奇韦冷冷地看了他一眼。

会议结束后,里奇韦坐了下来,开始写公告。他得让士兵们知道,一旦他们撤退到蒙哥马利所说的战线位置,就绝不会再后退半步。他们要在那里坚持、作战,并打败德军。

他的公告是这样结尾的:

> 我认为德军这是在垂死一搏。希特勒已经把所有资源都投入到了战斗之中,要孤注一掷来打这一仗。就在今天,就在我军阵地,我们要粉碎他们的最后一搏。此次下达的指令就是能粉碎德国此战军心的指令。请以此精神振奋你师的每一个人。就在今天,就在这里,我们将战胜德军。

4

在马奈,理查森正跟他的作战指挥官道尔·希基准将讲话。二人谁也不知道,此地已经不属于他们的那个军,他们也不用再守卫这里了。希基一边镇定地吸着烟斗,一边把他的防守计划告诉第 3 装甲师的理查森。这时,一个戴着第 7 装甲师臂章的上校开车赶到了。

这新来的人对希基说,他刚刚接到命令,要接管马奈周边所有区域的防守任务。他指了指透明图①,告诉理查森和希基,现在第 7 装甲师所管辖的地域西至 1 英里外的格朗梅尼尔村,东至马伦普雷,南至贝勒海耶。(但到

---

① 透明图(Overlay),覆于另一地图之上提供军事情况或用于勾画原稿的透明图纸。——译者注

目前为止,对于里奇韦撤军去马奈的新命令,他仍然一无所知。)

无论是希基,还是理查森,都不看好第7装甲师的这名上校。他好像根本就不担心南边4英里的贝勒海耶路障,但是他的决定却关乎布鲁斯特的安全。

希基上了吉普车,仍然不敢相信,军里会拉出如此不切实际的防线。"我要回去跟罗斯将军确认一下。"说完,他就离开了。

半小时后,他回来了。"我在格朗梅尼尔附近见到了罗斯将军。"他对理查森说,"第7装甲师的上校说的没错。这里是他的地盘了。"

二人穿过街道,向一所石头房子走去。那是第7装甲师上校的指挥所。"你打算在哪儿防守?"希基问他道。

"我想在马奈北边的山上。"上校说。

希基被他烦躁、自负的态度激怒了,指着马奈南边的高地,直截了当地说:"上校,你的人得守住这里,不然身在贝勒海耶的布鲁斯特和他右边的凯恩特遣队就会无所遮蔽。"

"嗯,行吧。"上校不情愿地应道,"我会派坦克去南边的山上。"

理查森跟着希基走回吉普车旁。希基此时还是心烦意乱。"你跟他商量出一个细致的安排来,"他对理查森说,"但,只要我不下令,就别把布鲁斯特撤出来。"

"布鲁斯特现在特别缺步兵。我的整个特遣队都精疲力竭了,随时可能倒下。"

"那也得这么办,"希基连烟斗都不抬一下,说,"罗斯将军刚才跟我说,不惜任何代价,我们都得撑下去。"

"什么叫不惜任何代价?"

"就是字面意思。"

"是,长官。"理查森转过身,坚定地再次赶往第7装甲师的指挥所。

上校正坐在桌前读着《星条旗报》,见到理查森并不高兴。

"你要把你的人派到村南的高地上去吗?"理查森催问他道。

"当然了。"上校愤愤地说。正说着,第7装甲师的坦克轰隆隆地经过房前,往南去了。

"我建议你,要去村南就悄悄地去。要是德国佬听到你坦克动静那么大地往村南去了,他们会发起攻击的。"

"我知道我在做什么。我他妈的不需要一个小小的中校来教育我。我要是需要建议我自己会说!"

理查森转身走了。马奈将陷入地狱——贝勒海耶也是一样。

5

蒙哥马利正在霍格于通格尔的新指挥所门前停车。几分钟后,他就向第1集团军司令传达了早上下达给里奇韦的撤退命令。随后,他提出英国第51高地步兵师愿意为柯林斯的军队提供支援。

"柯林斯的情况,"他接着说,"非常危险。我很担心,我们可能要考虑一下全员撤退了。"

蒙哥马利走到挂着地图的那面墙前,指了指马尔什西北30英里、默兹河畔的昂代讷城,然后又指了指奥通,就是在这里,美军第3装甲师在最近一次交锋中,将德军第116装甲师击退了。

"如果需要的话,柯林斯可以把他右翼的所有人全部调到昂代讷—奥通战线。"

霍奇斯简直不敢相信自己的耳朵。把柯林斯的右翼向北调转四十五度,就像是给德军开了一扇门,让他们直接沿马尔什南边行进。"那样不就是把默兹河上纳慕尔到吉维特一段打开了吗?"他说。

"别担心,"蒙哥马利安慰道,"英军会在那里支援。"跟许多英国人一样,他认为美国人在战场上拒绝撤退是感情用事的表现。"请让我重申一遍,我希望柯林斯尽可能减少与敌军的交锋。希望乔能不断往后退,直到德军的攻势没有了劲头,然后,"他用右拳撞了一下左掌,"进攻。"

蒙哥马利走后,霍奇斯和他的参谋们仔细考虑了一下现在的局势。霍奇斯对蒙哥马利这位陆军元帅还是很尊敬的,但是打仗的时候一直后退,他可不愿意,就连他手下的将军也不会愿意,特别是柯林斯与哈蒙。

几分钟后,也就是下午2点30分,在第7军指挥所里,柯林斯的副手威利·帕默正在与哈蒙通话。

"我的一支侦察队,"第 2 装甲师的师长激动地说,"刚刚发现德国佬的坦克正盘踞在塞勒附近。比利时人说,德国佬油已经不够了,他们现在就是坐以待毙。我去把那群混蛋拿下吧!"

帕默知道蒙哥马利曾警告说,要避免与向前推进的德军交锋。但这么极端的一个决定得柯林斯同意才行。"乔在外挨个巡视他的师,现在正在去你指挥所的路上。见到他再说吧,厄尼。"

几分钟后,帕默的电话又响了起来。那是哈蒙的来电:"我们已经把德军那该死的第 2 装甲师整个装进麻袋里了。你得立刻给我权限发动攻击!"

"嗯,"帕默慢吞吞地说,"你可以做一些前期准备,但是行动还是得等乔最后决定。"

二十分钟后,帕默的电话响了。来电的是霍奇斯的参谋长基恩。为了厘清这些乱七八糟的事务的头绪,"红发"埃克斯上校正带着口信来找柯林斯。"上面已经批准乔改变防线了,"基恩谨慎地继续说道,"你看到地图上的 A 和 H 两个地点了吗?"

帕默看了看他的地图。他误以为基恩是指南方的两个地点,而不是昂代讷和霍通,于是说:"是的,我看到了!"

"那是新防线。"

帕默激动地挂了电话,以为既然新防线在南方,就相当于给哈蒙下了可以攻击的指令,于是他就把"可以攻击"的消息转达给了柯林斯。

帕默的消息转达出去没多久,他的电话就响了起来。来电的是基恩:"我想了想,威利,我不确定你是否明白我的意思。现在听着,我就说一遍:避开重拳。"

帕默挂了电话,很是失望。如果第 7 军要"避开重拳",那就意味着要撤退。他又看了看地图,这回总算发现了昂代讷。在之前给柯林斯信息的副本上,他写下了"昂代讷"一个词,又加了个注说:"他意思是掉头。你怎么调用厄尼都行,只要你需要,但是得'避开重拳'……你最好回来吧!帕。"

在第 2 装甲师的指挥所,柯林斯刚刚收到帕默的第一条信息,允许对塞勒发起进攻。他正跟哈蒙商量进攻细节,第二条信息就到了。柯林斯看到

"避开重拳"的告诫,他长叹一声。这把他所有的计划都毁了。

"我得回指挥所去。现在我还不知道这究竟是怎么回事。"他看见哈蒙的脸色难看起来,又补充道,"就当我们还是要进攻。但是先缓缓,等到我最后告诉你'冲啊'的时候再说。"

黄昏刚刚降临,柯林斯往自己的指挥所赶的时候,影子已经拉长了。很快,他将做出自己军人生涯中最为重要的一个决定,这个决定可能影响整个战局。最安全的方式当然是等着看情况。但如果他等了,即便只等了几个小时,德军第2装甲师的坦克可能就会溜出陷阱,或者正全力驰援而来的第9装甲师和装甲教导师就会与这个前锋师会合,并把哈蒙的攻势转变为美军的大溃败。

柯林斯到指挥所的时候,霍奇斯的私人信使"红发"埃克斯上校已经在那儿了。

"你已被授权,把军队撤到昂代讷—霍通防线,"埃克斯对他说,"但是这条线无论如何都得守住。"

柯林斯担忧地摇了摇头:"那样的话,马尔什西边整个道路网都会打开,默兹河上吉维特到纳慕尔一段不都给德军了么!"

埃克斯重申了一遍蒙哥马利的承诺,说英军会在河对岸等着,又向柯林斯保证,说基恩在电话上说的过于谨慎,事实上到时候柯林斯会有更多酌情行事的回旋空间。

但柯林斯也还记得1914年冯·克鲁克的信使痕施中校的那个著名案例,那是在第一次马恩河战役。跟埃克斯一样,痕施也给冯·克鲁克捎去一封口信。但冯·克鲁克误解了口信的意思而撤退了,使得法国人避免了可能覆灭的命运。克鲁克由于没有坚持要书面命令,此次经典错误也就被归咎于他。

柯林斯下定决心不再犯同样的错误。他转身对埃克斯说:"我想让你口授一份书面命令。"几分钟后,他被递给了他一个文件,上面签着埃克斯的名字:

> 现在免除第7军所有的进攻任务,转而进行防守,以巩固美国第1

集团军右翼。由是，特批准第 7 军军长有权调动手中的所有部队，以达成此目的。只要第 7 军军长认为必要，无论何时都可撤回昂代讷—霍通—马奈总防线。

柯林斯仔细读了读这个声明，然后跟自己的参谋们讨论了一番。有几个认为这是进攻的信号，其他人认为此声明仅仅暗示了防守行为。

柯林斯重新审视了一下上面的信息。很明显，他可以取其中任意一种解读。他知道，如果他选择防守，没有人会责怪他；但是如果他选择了进攻还失败了，他的整个军旅生涯就会毁于一旦。这是他人生中最大的一次赌博。

他叫停了热烈的讨论："我已经决定好了。"

大多数人支持进攻，他们倾身向前，做期待状。

"我们要继续对第 2 装甲师发起攻击。"他转身对埃克斯说，"我想让你告诉霍奇斯将军，这完全是我一个人的决定，责任由我一个人承担。"

柯林斯给哈蒙打了电话。他用暗语告诉哈蒙，让他在早上对塞勒发起攻击。

电话那头响起了一阵欢快的叫好声。"那些混蛋早就是囊中之物了，"哈蒙喊道，"早就是囊中之物了！"

6

德军第 2 装甲师的先头部队已经到达塞勒。但后方梯队还驻扎在塞勒以东数英里、马尔什东南 6 英里地的班德。

班德村坐落在山坡上，俯瞰巴斯托涅—马尔什公路，不过是一个普通的村庄。但被占领期间，它一直是抵抗的核心区域。作为报复，干路沿线的房子都被德军烧毁了。德军还没来得及实施进一步的报复行动，霍奇斯的第 1 集团军就解放了比利时。

巴斯托涅神学院院长让-巴普蒂斯特·穆思提和他年轻的学生们也在班德。两天前，他们因德军第 2 装甲师向默兹推进而被困在了那里。午前，穆思提做完大弥撒之后,就一直在找自己照管之下的四个学生。大弥撒期间,这四个年轻的哲学学生以及村里的其他66个男孩和成人被盖世太保特务抓了去,带到了干路上的鲁金锯木厂。

德国国防军,甚至连驻扎在村里的党卫军都表示抗议,问那些戴着SD[①]标志的黑白臂章的人究竟打算做什么。但很明显,这些人是希姆莱的特派部队,过来实施报复行动的。

穆思提从位于山上的主村落走下来,公路两旁是两排被烧毁的房子。他走到一名帝国保安部军官面前。

"神父佬儿,"那军官抽出手枪,大声喊道,"快滚,你这个老黑!"

穆思提悲伤地往山上的主村落走去。路上,村里一家旅店的老板娘雷内·图尔奈夫人抱着两件外套,从他旁边走过。她要去鲁金锯木厂,因为她确信那70个男人和男孩将被送到德国做苦役。

一个军官拦住了她,答应她一定会把大衣带给她丈夫,以及她房东的儿子。"给我拿些干邑白兰地来。"他命令道。听到夫人说她没有白兰地的时候,军官笑了:"像你这样的人总会在某个地方藏些白兰地的,我再清楚不过了,我可是盖世太保啊。"

图尔奈夫人急忙赶到主村落,很快就带着三瓶香槟酒回来了:"您能不能把我外甥泽维尔·图尔奈给放了?"

"没有人能跟我讨价还价,"那军官愤愤道,"我又不是犹太人。"

锯木厂里,另一个军官刚刚得知,其中一个阶下囚阿曼德·图森特是个农夫。"农夫一定有酒,"军官说,"我们需要些酒来庆祝圣诞,如果你能给我20瓶酒,我就放了你和你儿子。"

图森特赶紧往他的农场里赶。他正找酒呢,一个住在他家的德国国防军军官阻止了他。"别去锯木厂,"那名国防军军官警告道,"让我去。我会打点好一切。"

德国军官走了,过了几分钟又沮丧地回来了。"先生,我什么也帮不了

[①] SD,帝国保安部(德语:Sicherheits dienst)的简称。隶属纳粹德国党卫队,是纳粹党成立的一个情报机关。——译者注

你,"他难过地说,"下面那些人我都不认识。你最好还是把酒送去吧。"

于是,图森特带着酒回到了锯木厂。令他惊讶的是,他们真的放了他和他儿子。但其他33人却被分成两组。年龄大些的都留在了锯木厂,年轻的被押到锯木厂屋后,站成三排。

卫兵们一个一个地搜身,把所有的财产都带走了:手表啊,钱啊,钱包啊,手绢啊,念珠啊,一个也没落下。随后,他们要求这些人把手交叉,举过头顶,33人被带到主干道上的云游驿咖啡馆,它旁边就是被烧掉的伯特兰家的房子。33人面对公路,又是排成三排。六个士兵负责看守这些阶下囚,军官打开了烧焦的房门。

慢慢地,大片大片的雪落了下来,融化在排队的人们脸上,染白了他们的帽子与头发。这天很快就要过去了。

一个身材矮小的中年中士拍了一下第三排最后一个人的肩膀,把他带到伯特兰的房子里。其他俘虏完全不知道他们身后发生了什么。随后,是一声枪响。

中士回来了,又拍了拍下一个人。很快又传来第二声枪响。现在排着队的人才知道,他们要一个接一个去赴死了。

"我们试试能不能逃跑吧。"里昂·普莱勒小声说,这位里昂·普莱勒时年21岁,生得身高体壮,"我们去攻击那些卫兵。这是唯一一次机会了。"

没有人回答。

普莱勒转过身,正好看到中士把他身旁的一个人带进伯特兰的房子里。那个帝国保安部的军官一把抓住那个比利时人,另一只手拿起冲锋手枪就往他脖子上一射,然后一膝盖把他顶到了张着大口的残毁地下室里。

21岁的普莱勒感觉到一只手搭在他肩膀上,转过身看到那个中士在哭。两人快到门口的时候,普莱勒突然给了那个德国人一拳,把他打倒在地。他沿着公路往北跑了30码,然后往右一拐,冲过公路,跳过树篱,又蹚过一条溪,终于消失在暮色之中,安全了。

公路上,大屠杀还在继续。很快,32具尸体就横七竖八地躺在伯特兰的地下室里了。其中有几个还在动。帝国保安部的那个军官把自己冲锋手枪剩下的子弹全都射在了扭动的尸体堆上,就再也没有动静了。

当雪开始覆盖尸体时，六个卫兵挨家挨户地拆木板。他们往死人堆上堆到三层木板的时候，党卫军军官斯帕恩中尉恰好经过。他正要去救人。他这几天一直住在班德主村落的戈德弗兰德家里，戈德弗兰德那天中午被抓了，他想把他救出来。一见地下室那可怕的清理场面，他明智地挪开了视线。

那天下午，在锯木厂里，他第三次请求帝国保安部的人。他们冷冷地把戈德弗兰德带了出来，让斯帕恩把他带回去过圣诞。

"你该庆幸你丈夫还活着。"几分钟后，他对戈德弗兰德夫人说，随后又补充道，"我非常难过。"战友把斯帕恩叫了出去，想让他跟他们一起庆祝圣诞节，但斯帕恩摇了摇头，慢慢走进自己的房间。

往东8英里，斯帕恩所在集团军的司令哈索·冯·曼陀菲尔正在拉罗什附近的一处城堡里打电话。对方是元首指挥部里的约德尔。

"快没有时间了。"身材矮小的曼陀菲尔将军用他那短促而清晰的声音说道，"布兰登贝格尔的第7集团军位置不够靠前，无法掩护我的左翼。盟军随时可能从南方对我们发起猛攻。今晚你得告诉我元首到底想怎么样。是时候立一个全新的计划了。我不能一边向默兹进军，一边还要拿下巴斯托涅。"

"元首可不乐意听到这个。"约德尔不安地说。

"妈的，现在情况就是这么个情况。"曼陀菲尔粗暴地说，"我们最多只能到默兹。之前在巴斯托涅耽搁太久了，每个人都明白，第7集团军太弱，盟军若从南方猛攻，是抵挡不了的。再说，现在盟军的大量兵力肯定都已经到了默兹河对岸了。"

"但元首是个会放弃向安特卫普进发的。"

只要他们能跟着他的计划走，曼陀菲尔说，现在还有大胜的机会："我就在默兹河的这一侧掉头向北，把所有的盟军都困在河东。"

约德尔听到这一提议，非常震惊。

"把预备队给我，我去拿下巴斯托涅，到达默兹，然后掉头向北。"

"嗯。"约德尔慢条斯理地说道，"我去跟元首说一下。"

"你赶快去。现在每一分钟都很重要。如果我快速掉头向北，这计划还行得通。如果再等,美军第 7 军就有时间准备了。"

"你放心,我亲爱的曼陀菲尔。"对方答道,"我马上就跟元首说。"

曼陀菲尔挂了电话。一发炮弹在城堡附近爆炸。接下来的一发来得更近了。曼陀菲尔走到地下室里,与他的参谋们会面。每个人都坐在地板上,一脸沮丧。

7

在马奈,来自得克萨斯州的沃尔特·理查森中校此时正在交叉路口南方数百码外的一座公路桥上,监督拆桥工作。

这时,他的吉普车司机跑了过来:"中校!我想我方第 7 装甲师要撤退了。"

"不可能。没人跟我说过这件事。"

"可是,长官,他们真的在撤退!"

现下,理查森已经能听到美军的卡车、坦克轻微的发动机声了,他们正趁着夜色往回撤,慢慢涌现过来。他急忙赶回交叉路口。在第 7 装甲师的指挥所门前,他遇到了一个上尉。

"怎么了?"理查森问道。

"我们要转移到马奈北边的高地上。"

气愤、忧虑交加的理查森,大步跨入了指挥所。第 7 装甲师的上校正在整理文件。

"如果你现在撤退,我们就前功尽弃了。"理查森说。

上校简要地解释说,他刚刚接到里奇韦撤退的命令。他现在正要拉一条穿越马奈、东西走向的新防线。

理查森气炸了:"那不就意味着布鲁斯特要全军覆没了吗!"

上校没搭理理查森,继续收拾他的文件。

理查森赶到他的吉普车前,拥有一个轻型坦克排的麦克斯韦少将正在那个交叉路口等着他:"用无线电告诉布鲁斯特,现在命令有变,但他得继续坚守住。"随后,理查森用自己吉普车上的无线电联系了泽赫少校,他正跟泽赫简要说明现在情况的当儿，撤下来的第7装甲师的坦克正从马奈以南黑魆魆的山上开过来，"我们恐怕会遭到袭击。在夜里，德军一旦听到坦克行动的声音，通常都会发起攻击，联系希基准将，把现在的情况告诉他。"

随后，理查森找到了他的炮兵联络官，让联络官告诉第54野战炮兵营，派一个M-7自行榴弹炮班到格朗梅尼尔西面的路上，去给他提供支援。

撤退的路上越来越拥挤，许多司机都有了绝望的感觉。落在后面的人都想比前面的人开得更快些。

理查森回到第7装甲师的指挥所，想最后再请求一次，希望能让上校收回成命。指挥所空无一人，甚至连《星条旗报》都不见了。他赶紧跑到吉普车边，亲自拿无线电给希基将军打了电话。

听到这种情况，希基愣了一会儿，随后他平静地说："只要你还能打，就坚持下去，理查森，有人出人，有什么能打的就拿什么。这是柯林斯将军的原话。"

"是，长官。"理查森挂了电话，又给布鲁斯特打了过去。"有人出人，有什么能打的就拿什么打。"他说。

"敌军坦克已经跨越主路到我后方了。"布鲁斯特汇报道，德军已经绕过他，穿过了奥黛涅，很快就要到达马奈了。更麻烦的是，他的两台无线电设备还出了毛病：一台是听筒不好用，另一台是话筒不好用。

"没有我的允许，不准后退一步。"理查森说。

布鲁斯特跑向话筒的时候，声音断了一阵儿："可是理查森，现在这情况已经不行了！"

"我管不了这么多。你得打下去。"

虽然训练的时候埋查森树敌不少，但现在，他的手下了解到：其一，埋查森在自己军队里是件好事；其二，他从不会轻率而不加思考地下任何一个命令。

"知道了。"布鲁斯特说。

短短一小时之内，马奈黑魆魆的十字路口充斥着嘈杂与混乱。除了第7装甲师，比尔·霍格将军装甲战斗群的部分车辆也都从东边蜂拥而至。

当下，理查森发现贝勒海耶路障已经没有用了，于是他给布鲁斯特打了电话,让他赶紧离开那里。

"时候差不多了。"对方揶揄他道,"除了两个大家伙和一辆轻型坦克,其他的坦克全毁了。"

"你试着联系一下马伦普雷的第 82 空降师。"理查森不知道,马伦普雷已经在党卫军第 2 装甲师的控制之下,"尽你最大的能耐吧,布鲁斯特。只要你的无线电还能用,就把进程一五一十地汇报给我。"

每分每秒,炮火声都越来越响。那声音从南方不到 1 英里的地方传来——德军坦克直接朝十字路口开的火。

在红色的阴霾中,雪开始落下。美军第 7 装甲师的坦克沿着漆黑一片的公路往北开着,完全没有留意一边大喊一边做手势的第 7 装甲师的中校。

"妈的,你部队怎么了?"理查森问道。本来,按照计划,第 7 装甲师应该横穿马奈建立一条东西走向的防线,可这些坦克也好,半履带车也好,都以这么快的速度急驰而过,显然不走个几英里,都没有停的意思。

"我们不能抛下马奈。"第 7 装甲师中校理查森心烦意乱地说道,"我们得重新调整!"他走到路中间挥动双手。一辆坦克从他身旁呼啸而过。德军坦克朝沿路房屋轰炸起来,这下撤退的坦克们就更加疯狂了。

一名第 7 装甲师的上尉匆匆赶来。"德国佬的坦克和步兵正往公路上涌来!"他这般大喊一声,就往北边跑去。

中校又一次试图拦截车流。随后,绝望之下,他跳上了一辆经过的坦克。

理查森及其所剩无几的几个下属成了唯一没有逃跑的人。"把你的排派到格朗梅尼尔去。"理查森对他的轻型坦克指挥官麦克斯韦上尉说道,"警告凯恩,让他他妈的赶紧撤!"

麦克斯韦往西面 1 英里处的格朗梅尼尔派了五辆坦克,然后把他自己的坦克停在交叉路口处,等候命令。

理查森正在打电话询问南郊毁桥的任务进行得怎么样了。"把桥炸了,戈达德。"他命令道。

"我被袭击了。"负责炸桥的军官说道,"我所有的人都死光了。"

照明弹的光线之下,理查森看到了那座桥。蜷着身子的步兵正跑步过桥,很明显,这些人是德国人。令他惊恐的是,他发现一辆车身很低的虎式坦克突然转弯,上了公路,并悄悄潜入正在撤退的美军坦克群中。随后又有一辆带着十字标志的大坦克混到美军队伍当中。

理查森朝路过的美军挥手,指了指德国坦克,但没有人注意他。到了通向北边的山上,那两辆虎式坦克突然掉转了一下,稍稍偏离了坦克队伍,用上面的机关枪和88毫米炮扫射挤作一团的美军坦克和车辆。美军车队在地面上横冲直撞,寻找安全地带,混乱演变成了恐慌。

十五分钟后,马奈暂时成了一个弃村,只有理查森与麦克斯韦还留在那里。他们找到四辆被第7装甲师抛下的谢尔曼坦克,并爬进了其中一辆。

"虎式!"见到一个排的德国坦克爬上路边,向他冲来,理查森大喊一声。从他过去的作战经验来讲,一辆虎式坦克抵得上至少四辆谢尔曼坦克。

麦克斯韦把谢尔曼坦克的76毫米炮对准了前头的那辆德军坦克。虽然理查森知道虎式坦克通常只有轮间部位、弹药架和发动机舱比较脆弱,却还是开了火。那发炮弹从对方坦克前部弹了下来,虎式坦克毫发无伤,继续朝他们开来。

这时,虎式坦克停了下来,回转炮塔到处转着,寻找刚才袭击他们的坦克。理查森又给76毫米炮装上炮弹,但炮管却卡住了。眼下德军的照明弹照亮了十字路口。虎式坦克巨大的炮管慢慢地向理查森的坦克转过来。

"快走!"理查森喊道。就在他们的坦克即将爆炸的那一瞬间,他和麦克斯韦爬到了路上。二人挤进理查森吉普车的后座,身后步枪、机关枪突突地响个不绝。

司机沃克放下步枪,踩上油门。理查森与麦克斯韦跪在后座上拿着卡宾枪,对着后面两辆追击的坦克不停地射击。吉普车往西一斜,缓缓飘落的雪帘,成了他们的盾。

两分钟后,吉普车在格朗梅尼尔一条支路上的第一丛房群前停了下来。理查森回过头,透过雪帘望着马奈。烧焦的房子发出暗红的火光,己方从埃尔泽射出的炮弹在雪中爆炸开来,发出一道道光,格外美丽。

"嗯,长官。"吉普车司机说,"看来我们逃出来正是时候。但是我们的衣服和您的行军床丢了。"

"户外行军床丢了可怎么好!"理查德抱怨道。不知怎么的,丢了行军床比差点送命更让他生气。他转过身对自己的坦克排排长说道:"麦克斯韦,你留下一辆轻型坦克,我去见麦特·凯恩。"

他迅速跳到泥泞的支路上,向一座石头房子跑去。这房子就是凯恩特遣队的指挥所。一个又高又瘦的中校正坐在厨房里的桌子前,借着煤油灯的光研究一张残片地图。

收音机里,英国广播公司正放着音乐。

"嗨,理查森,现在真是一团糟。我完全联系不上我南边的人了。"

理查森弯下腰,看了看地图。"我们两个没有必要都待在这儿。"他说。在格朗梅尼尔,凯恩只有一个医疗队和指挥所里的几个人。

"我不能把你单独留在这儿。"凯恩说。

"你他妈的必须走。"

"我不会走的。"

"下午我们说好的。"理查森说,"负责这个地方的人是我。现在我告诉你,你他妈的必须走。"

凯恩不情愿地起了身。"好吧,理查森,你来指挥吧。"他收拾了一下自己不多的物件,"祝你好运。再见。"走到门口,他突然站住了:"什么狗屁圣诞节。"说完,他就走了。

理查森注意到了收音机的音乐声,冰·哥罗士比正在唱《白色圣诞节》。如果出得去,他这一辈子都不会再听这首歌了。

理查森迅速赶回支路。麦克斯韦指了指一个小山丘说:"我想德国佬应该在那边。"

发动机深沉的隆隆声从东方传来。那是柴油车的声音。"好像是两辆德国佬的车要来了。"理查森躲到一座房子后面,然后跑向下一座房子。他听到一声噪音。两个影子冒雪从北边赶来。它们是美军的坦克歼击车。

"自己人,你们是我这边的。"他喊道,领头的那辆歼击车将炮管对准了他,"嘿,别开火!"

它停了下来。回转炮塔上,一个年轻的中尉手做军礼状道:"见到您很高兴。"

"现在你们是我的人了。一辆车停那儿,"理查森指了指,"另一辆打掩护。"

柴油机的声音更响了,但带旋儿的风雪立刻让人辨不出声音的来向,好像是从多个方向同时传来的。理查森看见一个暗暗低低的影子穿过雪地,往东北方向去了。那影子移动速度之快,让理查森确信它一定是黑豹坦克。第二辆正在寻找掩护位置的坦克歼击车,不知情地朝着黑豹坦克所行的方向去了。

"有动的东西就开枪。"理查森对第一辆坦克歼击车里的中尉喊道。随后他迎着雪飞快地向第二辆歼击车跑去。那车还蒙在鼓里,朝着黑豹坦克来的方向走。

好几发子弹从理查森头顶飞过。子弹是从这第二辆歼击车的回转炮塔上射来的。所幸歼击车后甲板过高,开枪的人射不到那么低的地方。

"你这该死的笨蛋,停下来。"理查森大叫道。

坦克歼击车慢慢往后退了退。车上的指挥官跳了出来,原来是个吓坏了的年轻中尉。理查森指向田野:"你们随时可能撞上黑豹,别想从它前面把它拿下,黑豹的视野比你们强很多。"

中尉紧张地点点头,随后跑回自己车边爬了进去。理查森实在替他感到难过,在黑豹那致命的75毫米坦克炮面前,他几乎没有活下来的可能。

理查森发现,田野远端闪起闷闷的光。有什么东西在燃烧——或许是第7装甲师的坦克。那两辆潜入他们军队的虎式坦克肯定战绩斐然,消灭的车辆应该不在少数。

沃克跑步赶来:"我听到西南边有坦克来了。还有,我想希基将军想让您听电话。"

"我是五到六。"是布鲁斯特打来的。布鲁斯特用暗语说,他已经离开贝勒海耶,往东北边的马伦普雷去了。理查森现在才知道,马伦普雷已不在里奇韦那个军的手中了。随后,布鲁斯特又说,他让步兵走在队伍前面,后方负责掩护的那辆坦克几乎立即就被摧毁了。然后到了马伦普雷边上,又失去了一辆坦克。他试了两条不同的路进城,结果却又丧失了两辆坦克。

"这地方真是神鬼莫测,理查森。我最后一个大家伙也被他们摧毁了。"

我该怎么办?"

"你自己判断吧,布鲁斯特。我支持你。尽全力就行。你已经做得够多了。"

"这将是您从此站收到的最后一条消息。完毕。"

随后,听筒里传来另一个声音,那生硬的英语说道:"我知道你在哪,也知道你叫理查森。"那声音笑道:"我们知道你很久了。我们要把刚才跟你说话的那个军官和他手下的人都抓住。然后我们再去抓你,理查森。你知道我们抓到你之后会做什么。"那德国人又笑了起来。

"下地狱吧,王八蛋德国佬。"理查森关掉了无线电。他早就知道自己犯下了"暴行",德方有人悬赏他的脑袋。"暴行",就是说他杀了许多德国人。

左侧传来一声爆炸。他回头一看,正好看见负责掩护的那辆坦克歼击车朝正在靠近的黑豹车身侧面打了一炮。黑豹坦克淹没在烟雾中,突然燃烧起来。

又一阵更加低沉的爆炸声传来。理查森知道,那是从一辆黑豹坦克75毫米炮上射出的。正当坦克歼击车疯也似的往后逃窜的时候,又响起了一发75毫米炮。在震天响的爆炸声中,美军歼击车粉身碎骨了。方才开炮的那辆坦克从北面又悄悄开了过来,朝那歼击车的弹药架开了一炮。

美军原地不动的第一辆坦克歼击车开了火。这一炮打在了那黑豹坦克的前板上。一些火星飞了起来,但黑豹坦克还在前进。它长长的75毫米炮管轰的一炮喷出来一团烟,美军歼击车翻了个个儿,冒起了烟。

理查森朝着那支路的麦克斯韦大喊道:"把你的坦克开回埃尔泽,越快越好!"

当麦克斯韦的轻型坦克经山路向西走的时候,理查森打开了他的无线电,联系了身在埃尔泽的泽赫。

"你炮火有多少,就把多少都炸到格朗美尼尔上来!"一时无声,其间泽赫正把消息转达给弗雷德里克·布朗上校。上校是第3装甲师野战炮兵营的营长。随后又是一阵静默,那是布朗在给理查森转达消息。

"布朗说,炮弹可能会打到你们头上的。"泽赫警告说。

"告诉泰特,还是让我丢了脑袋吧。我现在连裤衩都要输掉了。"他回头对坐在驾驶位置的沃克说:"我们现在得离开这里了。但是要慢点走,我可不想弄出什么动静来。"

沃克小心翼翼地把吉普车开到主干路上。四面都能听到德军坦克的轰鸣声。

"援军已经在路上了,"泽赫在无线电上说,"派的是第75步兵师的一个纵队。你要密切注意。"

左侧,呼啸而来的坦克的声音很快变得震耳欲聋了。

"沃克,"理查森大喊道,"快开车离开这个鬼地方!"

吉普车向前猛地一冲,轮胎随即发出一声尖叫。两辆虎式坦克开上大路,在后面追着他们。紧接着,后方传来一阵接一阵的可怕爆炸声。理查森回头一看,原来是弹幕纷纷,同时向格朗梅尼尔砸去。村庄瞬间化作废墟。

吉普车朝着格朗梅尼尔西边陡峭的山上驶去,虎式坦克上的机关枪在后面疯狂扫射。开了半英里,吉普车突然来了一个急转弯。

"停车!"一个惊恐的声音喊道。

吉普车停下了。理查森看见十几个步兵扛着巴祖卡,后面是一长排枪手。

一个陆军中校小步跑向他。

"你他妈的赶紧走,别待在这条路上。"理查森说,"德国佬的坦克要来了!让你的巴祖卡组到沟里去,步兵埋伏到右边的高地上,其他人当作预备队。"

那个步兵军官点了点头。这军官是新成立的第75师的一个营长。"现在我来接管他们。"他激动地说。

理查森挥了挥手,用肘部轻轻推了一下沃克,示意他继续前进。虽然很难相信,但他的任务就此完成了。剩下的就看那些步兵的了。吉普车缓缓爬上山,理查森听到背后传来火箭筒的轰击声。

吉普车停在路边的一所房子前,那是步兵团的指挥所。门口的警卫一见理查森,赶紧行了个军礼。理查森对着他把嘴角一抽。很明显,他们是第一天打仗。这警卫去跟上校通报。上校穿着绿军装、淡褐色裤子,胸前戴着许多闪闪发亮的一战勋章。理查森开始向他讲述战况。

"噢,没关系。"对方说,"先喝杯咖啡吧。"

理查森知道这不是他要找的地方,于是回到吉普车上,很快赶回他自己在埃尔泽的团指挥所。他借来一个睡袋,放在工作台旁边的地上。

他已经三个晚上没睡了,本该立刻入眠的,可他的脑袋就像旋涡一般,马奈、贝勒海耶和格朗梅尼尔发生的一幕幕总在他眼前重演。他当初是带着一整个坦克营参与这场纠葛的——中型的、轻型的,加起来共有 65 辆。他现在剩下的坦克大概连一打儿也够不上了。

理查森闭上了双眼。格朗梅尼尔西边的路上现在情况如何?第 75 师的那些新兵们还在坚持吗?布鲁斯特又怎么样了呢?他还想保荐他拿到银星勋章呢。

终于,在极度疲惫之下,他睡着了。

5 "在你漆黑的街头"
1944年平安夜至圣诞节

1

圣诞前夜,巴斯托涅表面上风平浪静,但这座围城里的人,都给自己冠上了个新外号——"巴斯托涅堡垒里的可怜儿"。

麦考利夫准将此刻正在指挥所里跟米德尔顿少将打电话。上周的过度操劳明明白白写在他的脸上。"给101空降师最好的礼物,"他不无忧郁地说道,"莫过于明天给他们放个假。"

"我明白,老兄,"米德尔顿少将也同样不无忧郁地说道,"我明白。"困在城里的3500多名平民又要在各自的地下室里再熬一晚。神学院潮湿的地下室里,挤了上百号人。诊所的修女们借着摇曳的烛光来回走动,尽力安抚老人小孩。地下室里没有床,只有地毯,还脏兮兮的;人挤人却仍然十分寒冷,虱子又很猖狂。这对老年人来说尤其难熬。有的老人撑不住死去了;有的精神失常了;有的濒临精神失常的边缘;有的因为过于恐惧,连基本的生活自理也无法做到。人们在石碳酸中掺了水,洒在地上,可还是抵消不了人体排泄物的臭味。

年轻人却在打牌、欢笑、戏谑。老人过来,打断他们的游戏,叫他们安静,告诉这些孩子们他们没有权利如此无礼。

突然,飞机的隆隆声淹没了他们争吵的声音。一串炸弹落在神学院附近。而后又有些炸弹落下,落在了更近的地方。灯也灭了,烛也熄了。头顶传来石头木板坠落的巨响,地下室暴风雪一般落下厚厚的一层灰。

一位老人重重地摇着自己床的一侧,疯也似的尖叫不已。随后,他又开始摇旁边的那张床。一个女人跳起来,抓住一个修女的长发尖叫道:"让我出去!"

这是最严重的一次轰炸。很快,许多建筑物就燃了起来。临时军医院被直接击中,只剩下了一片残骸。志愿者挖着残骸,搜寻埋在下面的尸体与将死之人。彻里战斗队的指挥所也毁了。四名低级军官均在此处丧生,其中包括两名隆维利伏击战的幸存者——瑞尔森上尉和海杜克中尉。

《布法罗晚报》的弗雷德·麦肯齐从麦考利夫的地下指挥所里,一跃几级台阶,蹿了上来。在炸弹的威力之下,地下室似乎都要塌下来了。他受人之托,随同第101空降师来到巴斯托涅写报道,也就是短短一周前的事。他绝没想到自己会成为战争的见证人。

将军的吉普车司机丹尼尔·奥尔尼就在麦肯齐前面。这名身材矮小的下士的一举一动,都让他联想到一只胖胖的土拨鼠挤回洞里的场景。他一时没忍住,笑了出来。

他回到指挥所。交换机前,一名士兵用脚打着拍子,嘴里哼哼着不着调的《圣诞老人进城来》。麦肯齐继续往里走,进了作战室。

金纳德中校从打字机中抽出一张纸。相对于这么高的军衔来说,他也未免太年轻了:"你觉得我写的怎么样啊,麦肯齐?"他把那张纸递给记者说道,"这是为了给士兵们庆祝圣诞写的。"

圣诞快乐!

你问,天又冷,又回不了家,我们在这打仗,有什么好快乐的?这些都没说错。不过骄傲的鹰师①与同样能引以为傲的第10装甲师、第105坦克营的战友以及其他所有的将士们,我们获得了怎样的功绩?

---

① 鹰师(Eagle Division),指第101空降师。第101空降师的肩章是一头鹰,于是被称为鹰师。

只有这一点:我们把所有飞向我们的子弹、枪炮完完全全地挡在外面,无论东西南北。

盟军已经做出了有力的反攻。巴斯托涅仍然在我们手中。守住巴斯托涅,就能保证盟军的胜利。我们知道胜利之时,我们的师长泰勒将军会说:"干得好!"

我们给我们的国家、我们所爱的家人奉献上一份最有价值的圣诞节礼物;我们有幸,能够亲自书写这份赫赫战功;我们正在为我们自己营造一个快乐的圣诞节。

麦肯齐低头看了看金纳德。"你不去写东西真是可惜。"他说。

金纳德笑了笑,听到专业人士如此褒赞,心里很高兴:"很好啊?"

"很好。"

"早上我们再看看麦考利夫将军对它怎么评价。"

这时,麦肯齐注意到墙上挂着的战势图。那是他来自布法罗的朋友达内伊最近完成的。战势图是一幅用红绿两种颜色画成的透明图。红色是敌军阵地,显示敌军已完全包围了巴斯托涅;而绿色,则是达内伊草草写下的、横贯守军阵地的"圣诞节快乐"。

几个街区之外,在穆思提院长宏伟的神学院里,一个军队合唱队正在拱形礼拜堂内唱着歌。耳堂①里站着许多士兵和军官。彩色玻璃窗早碎了,用帆布勉强遮着,明亮的月光洒下银辉,透过玻璃窗上盖不住的洞流泻进来。雪也一同从缝隙中渗了进来。人们唱着:

噢,伯利恒小镇,
在我们眼中你是多么的安宁。

伤员们在冷冰冰的地上躺着,静静地听着,他们身上只盖了空投时的各色降落伞。

---

① 耳堂(transept),建在教堂主体两边形成十字形的走廊。

但在你漆黑的街头
还闪着永恒的光明；
这多年的希冀与惊惧
今夜在你处相迎。

歌声暂歇。随后唱诗班跟了上来："无声之夜,神圣之夜!"伤员躺了一地,圣坛边上都躺满了人。他们也跟着唱起来。

城中某处响起了爆炸声,但歌声却没有停。多数士兵都想起家中过圣诞的情景。

那天午夜,巴斯托涅周围弯弯曲曲的散兵坑战线里,这些"可怜儿们"感觉到一丝庄严。那些僵硬的笑话不再讲了,逞强的样子也不再有了。人们相对无言,默默伸手相握。许多人感觉这应当就是他们的最后一晚了。

2

在马尔梅迪,也就是前线的北肩,人们正在用各式各样奇怪的方式来庆祝圣诞节。

美军的一辆卡车装满了礼物,往民用医院开去。美国大兵们纷纷为红十字会捐出本属于自己的圣诞节礼物,以悼念那天下午在美军第9空军前进指挥部意外轰炸中丧生的数百名马尔梅迪平民——那是两天内的第二次误炸了。

一名军官带着四个人,拿着礼物进了医院。孩子们一见礼物,高兴地拍起了手;修女们的脸上闪现出大大的微笑,尽力用德语、法语表达自己的感激。

修女们把这五个美国人带入一个房间。房子里只有烛光。中间是一张很大的桌子,盖着白色桌布。修女围着桌子跪了一圈,然后用德语轻柔地唱起《无声之夜》。

美国兵的眼泪下来了。

斯科尔兹内手下的两个德国兵正在李格诺维尔与马尔梅迪之间白雪皑

皑的废墟上爬行。二人是自发来搜寻12月21日那次徒劳的进攻中丧命的德军士兵的。

二人也不说话,静静地爬到当时的战场上。战场上满是小丘,盖着层层白雪。他们奋力想将一个死去的战友抬起来,但他的尸体却紧紧地冻在了地面上。二人又抽出双刃短刀,把他挖了出来,然后抬起这沉重的包袱带到隐蔽于山下的一辆吉普车里。随后,他们又回到战场找寻第二具、第三具、第四具……离美军防线越来越近。

战场像是为神圣之夜致敬似的,静得出奇。但他们俩仍然害怕战火会很快把这地方照亮,把他们暴露出来。他们抬起一具尸体,正要往后方跑的时候,忽然听见嘎吱嘎吱的声音——什么人正踏着雪朝他们这里走来。恐惧袭来,二人脚下像是生了根,如同两座雕像般站在那里,紧紧贴着冻成僵块的尸体。

那声音离得更近了,黑魆魆的人影令人分辨不出来是些什么人。突然,二人看到一支美国侦察队满是惊讶的脸,他们静静地等待着,以为会被射杀。不料,仅仅几英尺之外的美军却掉了头走了,好像他们就是些善良的户主,出来看看前门锁没锁好似的。

对刚刚走过的美国大兵的兄弟情谊油然而生,二人带着自己战友的尸体上了吉普车,朝李格诺维尔去了。离开时,身后响起了枪榴弹的声音。那一发无害的子弹,是美国仪仗队的一员射向天空的致意。

3

德国境内有许多庆祝活动。

之前整团被俘的第106师422团的团长狄尚农上校,从他古堡里的小房间被带了出来,与其他美国军官排成一排。

"要不是我下令把你们从林堡带到这里,你的人昨天就被你们空军的突袭给炸死了。"城堡的司令说道,"你之前待的那栋楼被击中了。盟军的炸弹炸死了50名美国军官。"一个号手走上前来,吹起了号。随后,有人给列队的美国兵人手发了一个红十字会的包裹。狄尚农作为高级军官,读了几页

《圣经》。随后，各自回到他们的牢房。

狄尚农拿到的是10号包裹。里面装着各种东西：六包烟（它在牢房里极受追捧，是个无价之物）、糖、奶粉、人造奶油、果冻、K-2饼干、斯帕姆牌午餐肉、咸牛肉、馅饼、鲑鱼、葡萄干、四条巧克力、奶酪。他用手指拨弄着每一件宝贝。

他祈祷自己远在缅因州的妻子贝蒂和女儿乔伊能生活得幸福安适，祈祷她们至少节后再得知他被俘的消息。在昏暗的灯光下，他一遍又一遍地看着妻女的照片。

小艾伦·琼斯只穿着一件破烂的法式大衣，戴着帽子。他被关在一个货车车厢里。车厢里极冷，唯一一扇小窗的窗棂都结了一层冰。目前，德国人还没发现他就是第106师师长的儿子。但比起担心自己，他更担心父亲。他父亲被捕、被杀的传言早已传遍了整个车厢。

除他之外，空荡荡的车厢里还挤着其他50人，他们已经两天没吃一口饭，没喝一口水了。这50个人中，大多数都是第106师的。他们的谈资除了对没水没粮还冻得要死的抱怨，还有就是西尼艾弗尔山一战了。

谈起这一战，可谓是满心苦楚、慷慨激昂。这些人觉得自己当初被遗忘了。答应好的空投就没有来过。谈起投降这事儿，也是满腹牢骚。许多人认为他们没有理由投降，打都没打就放弃了，国人会怎么想呢？对凯文德与狄尚农的坏话，大家也没少说。

其中最不幸的，或许是那个坐在角落里的穿着毛领飞行服的人了。他本是空军飞行员，只不过战争前一天特地到423团看望他当步兵的兄弟，结果就被俘虏了来。

"跟个他妈的步兵似的被抓过来。"他不停地说。在他眼里，他的狱友也成了战争最恶劣的暴行——俘虏他——的共犯了。

突然，头顶传来一阵嗡嗡声——美军轰炸机来了。紧接着响起了投弹的警示音，随后爆炸声就响起来了。车厢一阵摇晃。50个锁在车厢里的人都吓得要死。

"我们唱歌吧。"一人用颤抖的声音说道。一首《铃儿响叮当》才唱了一半，又一轮炸弹就呼啸着下来了。歌声戛然而止。

"天哪,我们祈祷吧。"一人说道。

一颗炸弹砰的一声落在车厢旁边,却没有爆炸。

4

圣诞节凌晨1点钟,阿登地区北部,战斗的双方怪异地同时采取了同一项军事行动——撤退。

为了响应蒙哥马利"整理防线"的命令,"瘦子吉姆"加文斗志高昂的第82空降师正向北方的特鲁瓦蓬—马奈公路撤去。加文一个部队一个部队地巡视下来,惊异地发现这些打仗的时候从没后退过一步的将士尽管被撤退的指令气得不轻,却还是和以往一样斗志昂扬、信心十足。

马路对面,往南撤退的是即使后退也咄咄逼人的派普战斗群。12月14日破晓前,派普带着手下800人和被俘的美国人哈尔·麦考恩少校离开了拉格莱兹。他信守承诺,把130名美军俘虏留了下来。一起留在面目全非的村子里的,还有他燃料耗尽了的运输工具,那是向默兹进发时留下的还在闷闷燃烧着的一座座墓碑。

当派普战斗群迈着沉重的步伐缓缓爬过一座林木茂盛的小山时,麦考恩却觉得他再也走不动了。离开拉格莱兹以来,他们已经行进了至少20英里,而他却只吃了四片小饼干,喝了两口白兰地。他摇摇晃晃地走着。团里的外科医生递给他一小块查姆斯糖。那一小块糖让他的力气多少恢复了些。

几小时前,派普上校带着几名参谋离开了队列。现在军队的人部都由一个年轻的上尉带着,这名上尉马不停蹄地只顾着赶路。派普带队的时候,每小时都会叫军队停下休息,关切地慰问士兵。可这新的领导人却只知道敦促他们继续努力,每一分软弱他都会嘲讽以对。

麦考恩本人只带了个空饭盒,无法想象那些背着重重的背包、重重的迫击炮的士兵们是如何在这片崎岖不平的土地上跟上步伐的。一个士兵太过疲乏,跪倒在地上。

"你要是跟不上,就等着挨枪子儿吧!"一个军官警告道。

那人就用手和膝盖在地上爬开了。

那个漆黑的夜里,他们数次与美军擦肩而过,发生了数次小规模冲突。那些在冲突中受伤的人靠战友搀扶着,走过陡峭而积雪的小路。

军队队列前方南侧几百码的地方,已经能听得见炮火声了。人们困惑地停了下来,根本没有意识到这炮火声是从第 82 空降师那儿来的,而这第 82 空降师,此时正向着他们这边撤退。

突然,轻武器也开始开火了。曳光弹从头顶飞过。麦考恩倒在雪地上。机关枪的子弹放倒了四面八方的树,随后迫击炮炮弹也落了下来。训令声从四面八方传来,英语的、德语的都有。

麦考恩在地上停了一会儿,随后小心翼翼地朝美军开火的地方爬去。

爬了大概 100 码,他站了起来,嘴里吹着一首美国的流行歌,慢慢地走过去。

"站住,该死的!"一个声音喊道。麦考恩知道,他安全了。

5

距此往西 40 英里,厄内斯特·哈蒙少将的第 2 装甲师正准备向南突击,攻打塞勒。前一天,玛尔特·蒙莉克就是在这地方编了个瞎话,让纳粹的先头部队在离默兹河只有 5 英里的地方停了下来。

哈蒙的部队向南朝德军坦克被围的口袋开去。美军坦克兵知道,整场战役胜利与否,可能就看回转炮塔上的他们了。行进到塞勒北部几英里的地方,一列队伍突然掉头向村东进发,去切断敌军的一条可能撤退的路线。其他队列则从西北和西方朝被围在口袋里的德军齐聚。

清晨的第一缕阳光洒下来的时候,"突出部"的末端便因一场大规模的坦克战开始震颤起来。这场战斗可能决定着"守卫莱茵河"方案的未来走向。

那天午前,奥玛·布雷德利正乘本人的专机"玛丽 Q"与助手切斯特·汉森少校一起,在前往蒙哥马利的荷兰司令部的路上。布雷德利的任务是说服这位陆军元帅,让他从北方发起大规模进攻,以减轻"突出部"南肩的沉重压力。

"玛丽 Q"降落在了比利时的圣特隆德。当布雷德利与汉森乘着一辆借来的指挥车快到荷兰一个村庄时,已近正午。

"今天是什么好日子吗?"将军见荷兰人打扮得如此"花枝招展",便问道。

"今天是圣诞节啊,将军。"

紧接着,他进了一座简朴的荷兰房子,这房子就是蒙哥马利的指挥所。陆军元帅蒙哥马利热情地接待了他。

"希望您能让我去巴斯托涅。"二人讨论过总体局势后,布雷德利说,"但我很怀疑,在没有补充兵源的条件下我还能否取得别的进展。"他希望蒙哥马利能配合第 3 集团军的攻势,尽快再从北方发起一场进攻。

"目前,"蒙哥马利说,"我不可能直接转入进攻态势。敌军对我的侧翼至少还会再发动一轮攻击。等德国人筋疲力尽了,我再进攻。"

布雷德利也做不了什么了。他站了起来,二人同见面时一样,热情地道了别。

布雷德利和汉森很是失望,只得朝着南方的卢森堡城进发了。这一路,将会是如此的漫长且凶险。

6

对美军俘虏来说,这是一个凄凉的圣诞节。午后不久,阿登战场被俘的人排成长队,盘旋着往德国内陆的一座小山上爬。赫尔利·富勒上校走在部队前头。

此次行军并没有规律地走走停停,而是一个劲儿地艰难跋涉,不断向前。饥饿与劳累下的美国士兵,很难保持行军路线。后方不断有人大喊慢点,但德军卫兵却只顾着往前赶人。有人给富勒传话说,几个俘虏倒在一旁,实在不能继续走,已经被枪杀了。甚至连那些蹲下方便的,也被用刺刀捅了屁股。

"我要让队伍停下来。"富勒对其他军官说道。他转过身,举起双手大喊道:"停下！靠右侧解散。"

命令就这么在长长的战线中一个接一个地传了下去。慌乱中,德国卫兵不知做什么是好。

"我们休息十分钟。"富勒像指挥自己的团一样说道。

卫兵们完全蒙了,紧张地讨论着。讨论的时候,队伍早已不成形了。走在队伍前方数百码的三名德国军官跑了回来。

富勒正懒洋洋地躺在雪堆上。

负责管理行军事宜的一名少校用德语大喊,在命令着什么。一个美国列兵走到富勒面前对他说:"长官,他说他要一枪毙了你！"

"告诉他,我们已经筋疲力尽了。"富勒往雪堆里陷得更深了,望着那暴怒的少校说道,"告诉他,如果他让我监管行军,速度会更快,纪律也更能保证。"

这段话翻译过去的时候,少校的眼睛瞪得大大的,很是吃惊。他气冲冲地往前走了几步,而富勒只是望着他。

"美国疯子！"少校挥着手大叫道。他跟那个美国列兵快速地讲了几句,就一脸厌恶地走开了。

那美国兵惊讶地望着富勒说:"上校,他说行军现在归您管了！"

富勒听后很高兴,终于可以有序、合理地行军了。他站了起来:"好了,大家集合。"

俘虏听言,又排成一排。这时,那个德国上校带了一只很小但很重的手提箱,递给离他最近的一个美国人。行军过程中,富勒发现,手提箱一个接一个地传了下去,最终,应该会落到最后一个人手上。

一小时后,富勒再次叫停,让军队休息。紧接着,一个紧张兮兮的卫兵把一名美国士兵带到队伍头前。那士兵拿着手提箱,箱子敞开着,已经空了。

德国少校赶紧走上前来。他手拿一根短马鞭,气愤地大吼着,朝着那美国兵的脸就要给一鞭子。

富勒趁势抓住了少校的手。

"他说,那美国兵把东西都偷走了。"翻译说道。

"手提箱里装的什么?"富勒问道。

"奶酪和黄油。"

富勒大笑。

少校脸一红,举起马鞭像是要打富勒,而后也突然大笑不止,把空空的手提箱扔到了雪堆上。

不远处,唐·波伊尔少校正在一个德国村落接受审讯。他不得不一遍一遍地重复自己的名字、军衔与编号。

审他的那人有些恼火,但还没火到气愤的程度。"但我知道你是第7装甲师38装甲步兵营的。你为什么不承认呢?"波伊尔什么也没说,德国人给他拿来了咖啡和蛋糕。

但波伊尔害怕食物里下了药,什么都没吃。

德国人厌烦了:"呸!要不是因为你跟你那该死的第7装甲师,今晚我们早到了列日了。把他带走。"

一个高个子的党卫军军官指了指波伊尔的胶套鞋。"把这个脱了。"他命令道。

"不。"

"在你拿到红十字卡之前,我们还不能给予你战俘待遇。现在把鞋脱了。"

波伊尔固执地摇了摇头。军官喊出了一声命令。波伊尔背上被刺了一刀,紧接着,军官给了他的脑袋一拳。波伊尔倒下了,又被扶了起来,接着又是一拳,把他打倒在地。

"现在你要不要把胶套鞋给我?"

波伊尔努力想说"不",但一个字都没说出口。士兵们把他的鞋拽了下来。两个美国兵把波伊尔扶起,撑着他走到附近的一个教堂,把他放在教堂的一条长凳上。波伊尔已经成了个俘虏,却仍然没有放弃抵抗。

7

阿登地区拉罗什附近的一处城堡里,哈索·冯·曼陀菲尔正吃着他的圣诞大餐——美军 K 级补给。他去元首家做客，在那里奢华地度假，也就是一年以前的事。

曼陀菲尔正跟希特勒的助理约翰·迈耶少校讲着话。前一夜，约德尔一个电话，让他飞快地赶到了拉罗什。曼陀菲尔简单回顾了一下第 5 装甲集团军的战况。德军第 2 装甲师被哈蒙领导的美军第 2 装甲师围堵住了。两支部队——西边的第 9 装甲师和西南边的装甲教导师——正迅速赶到那里增援，但战况仍然堪忧。

"必须立刻放弃向安特卫普行进。"曼陀菲尔接着说。如果希特勒立刻允准他，那第 5 装甲集团军还可以掉头向北，仍能将盟军困在默兹河东岸，并大胜他们，但现在已经快没有时间了。

曼陀菲尔的话说服了约翰·迈耶，于是他打电话给元首司令部的约德尔，把自己对战况的评估告诉了他，然后约翰·迈耶就把话筒递给了曼陀菲尔。

"元首目前还没有做出决定。"约德尔对曼陀菲尔男爵说。

"但是你知道，要做决定就得现在做，不然就来不及了。"曼陀菲尔毫不掩饰自己的愤怒，"还有，我需要立刻补充兵源。"

"我只能再给你一个装甲师，"约德尔说，"你记着，元首不想让你后退一步。前进！别后退！"

曼陀菲尔砰的一声放下了电话。

8

曼陀菲尔的城堡往北不到 5 英里，被包围在玛库里的"霍根 400 勇士"也在享用着他们的 K 级补给。

军队里没有任何恐慌的氛围。霍根的随和与自信深入到军队中的每一个人。但他们现在的处境确实绝望得很。两天前，美军用火炮把他们所需的血浆与绷带给打了过来，正好落在目标区域，可射程太远，炮弹里的东西全部粉碎了。昨天的空投还失败了。C-47 军用运输机被拉罗什附近的德军高射炮给驱散，挂着物资的降落伞飘到离玛库里很远的地方去了。那天晚些时候,一辆插着白旗的德军吉普车闯进霍根的防线,要求他们投降。来者告诉这位来自得克萨斯州的霍根中校,他已经被三个师包围了。还说如果他不信,他们可以带着他或者任何一个军官去德军阵前瞧一瞧。

"我们接到命令,要战到至死方休。"霍根说,"我是个军人,我要服从命令。告诉你们长官,他可以去死了。"

吃过圣诞节朴素的一餐不久,霍根接到一则无线电讯息。讯息是他的师长莫里斯·罗斯将军发来的:"毁掉军备,尽你所能突破出来。祝你好运。"

霍根知道,这个命令对他的人来说无疑是及时雨,于是也就没说出自己的疑虑。他让他的人把发动机里的油都排干净,再在油箱里放些糖。然后几辆车几辆车一波一波地发动,直到油耗尽为止,这样德军就猜不出到底发生了什么。他们把武器销毁了,也把炮闩都扔到了井里。

眼下还剩三个问题:伤员问题、俘虏问题和那两个被击中后脑勺打死了的德国人的问题。

营里的外科医生路易斯·施皮格尔曼上尉自请与伤员留在一处,两个枉死的德国兵埋在了玫瑰丛下冻严实了的土里。随后,大家便开始讨论俘虏该如何处置。霍根可不想把他们放了,因为放了的话,他们就又可以投入战斗了。"另一方面,"他补充道,"这个时间、这个地点,干掉他们也不合适。"于是,他决定让那些还能走的伤员看着战俘,直到部队安全撤出村中,再放了他们。

暮色深了,霍根通过无线电给他的作战指挥官简要说明了一下这个计划。过了一会儿,对方回复说:"等等。"

霍根重试了一遍,得到了同样的回复。当他刚要下令毁掉无线电的时候,一条消息来了:"伞兵巡逻队将尽力与你们碰面,带你们走出战线。今晚的口令:FINAL。回令:EDITION。"

6点30分,天已经黑透了,可以撤退了。霍根让手下把头盔和其他能发出响声的装备丢掉,然后用烧焦的软木抹在脸上作掩护。随后,整支军队悄悄地从城北出去了。霍根的勤务兵费尔·德·奥利尔曾在纽约城著名的剧场饭店阿冈昆饭店做过侍者领班。奥利尔突然生出一阵悔意。之前,他故意把霍根最珍视的宝贝——橡皮席落在了指挥所的地下室里,因为每次用都要往里充气，他也是烦了。奥利尔跑回地下室，折起席子，塞到自己的腰带里。他要把这张席子包起来做圣诞礼物，给上校一个惊喜。

霍根同施皮格尔曼上尉和伤员们道了别，然后回到队伍最后方的时候，他听到柴油机低沉的声响。一辆德军坦克正朝这里来。一发火箭弹正中村中心。身处队末的霍根和他的 400 名勇士向丛林深处跑去。

往北 15 英里，霍根所在师的一个少校穿着破烂衣服，顶着一张憔悴的脸，走进罗斯将军在巴尔沃的指挥所。这个少校就是奥林·布鲁斯特。在过去的二十四小时中，大部分时间他都待在了屏护马奈的贝勒海耶路障，那是他从军以来最辛苦的一天。他不得不烧毁了自己的最后几辆坦克和其他车辆，步行渗透过敌军战线。但是，他救下了所有的人。

他走进作战参谋的办公室。斯威特上校看了看这个穿着破烂衣服的脏兮兮的人："我的天哪，布鲁斯特，我们还以为你死了！"

几分钟后，布鲁斯特又走进罗斯将军的办公室。罗斯穿着整洁的马裤、锃亮的皮靴，坐在办公桌前，见他来了，便抬起头来。罗斯帅气的脸顿时变得严肃起来，说："发生了什么？"

布鲁斯特见他如此冷漠，吃了一惊，把自己怎么在贝勒海耶打的仗、怎么逃到马伦普雷，又是怎么下决心烧掉他最后几辆车，统统说了一遍。

罗斯本人是个很勇敢、很咄咄逼人的指挥官，也要求下属具有同样的素质："你怎么能毁掉国家的装备呢？"

"长官，当时我确定我能救出很多训练有素的将士，让他们得以继续投入战斗。我觉得，如果不毁掉那些车，我们就不可能突破出来。"

罗斯还是一副指责的脸色："少校，这是一种恶劣行为。"

布鲁斯特很是震惊，自己走出了办公室，朝食堂走去。热腾腾的圣诞火鸡大餐，他已经想了一整天了。食堂却为他端来了"斯帕姆"午餐肉。

那时，布鲁斯特的营长沃尔特·理查森正爬进自己的睡袋。

"嘿，理查森。"一个人叫他，"将军想让你快点赶到巴尔沃。"

理查森由司机载着驶过黑魆魆的路面往师指挥所去的时候，他猜想罗斯不是想让他发动新一轮攻击，就是要称赞他在马奈和格朗梅尼尔的行动。当他经过罗斯指挥所的走廊时，几个参谋避开了视线。

"理查森，将军想见你。"一个参谋严肃地操着官腔说道。现在他才知道，自己有麻烦了。

理查森走进罗斯里间的办公室。此时，罗斯将军正在桌前读文件，见他进来也不作声，招了招手，示意他坐下。理查森坐了下来，天花板上一束耀眼的白光不偏不倚，正好打在他的脸上。这简直就跟拷问没什么区别，想到这，他感到一股怒气涌了上来。

一个正在写东西的参谋头也不抬，像个腹语表演者似的咕哝道："你好，理查森。"

罗斯抬起眼来，冷冷地说道："我知道布鲁斯特刚走，把你的许多装备丢在战场上了；我也知道，你丢装备丢得更多。现在我想听听你怎么说。"

理查森努力控制住自己，说："是我让布鲁斯特把东西留下，带人出来的。是我下的令。比起装备，我更关心人的性命。布鲁斯特战斗得异常勇猛，是我告诉他，尽全力就好。"他紧紧地盯着罗斯。

"那马奈北边山上丢弃的坦克，你又怎么解释？"

"那是第7装甲师的坦克，长官。"理查森简要地说了一下交叉路口处第7装甲师的上校的事。

罗斯的脸色缓和了些。"哦，是的。希基也跟我稍微谈起过他。我又把话转达给鲍勃·哈斯布鲁克，他毫不含糊地向我保证，他自会处理那名上校的。"罗斯看了看理查森，几乎有了笑容，"我想现在我是明白些了。"

理查森敬了个礼，离开了。外间办公室的参谋们现在倒是迫不及待地跟他说话了，但理查森没搭话，愤愤地挤开他们走了出去。

办公室里，罗斯将军正吩咐他的参谋。"准备文件。"他说道，"我要让布鲁斯特为他的忧懦付出代价，上军事法庭。"

9

往东25英里处，马尔梅迪的圣诞节已经接近尾声。友军又一次轰炸过后，平民和第30师的士兵正在挖掘幸存者。加上前两天的轰炸，这已经是第三次了。

6 "我们无法强渡默兹河"
1944.12.26

1

12月25日的午夜,冷得刺骨。马尔什西北数英里处,冬天的月洒下一束明亮的光,照亮了瓦尔当城堡一隅。铁门旁是一辆坏了的黑豹坦克,白霜在上面闪闪发光。难得一见的寂静中,圣诞假期的第二天开始了。

城堡主人查尔斯·德·拉茨斯基·德奥斯特洛维男爵是个波兰血统的比利时人。此刻,他和他的女儿、城里来的15个逃难者和著名的"猎犬"师——德军第116装甲师的13个坦克兵,正借着唯一一支蜡烛的光,坐在宽敞的地下室里。其中一个坦克兵右腿受了伤,正问人要水喝。

"你们谁去给他拿点水?"男爵终于问道。

其他坦克兵还沉浸在从圣诞节前夜就开始的战斗中,没缓过神儿来,因此没有人回答。他们不知道占领城堡上层的是德国人还是美国人。男爵拿起一个桶,开始往楼上走。没有人阻止他。两天前,他正为村里扎营的第84师的美国大兵准备圣诞派对的时候,忽然响起了枪炮声,他们告诉他要往地下室里躲。那时以来,上面的城堡已经易了五次手了。

男爵走进宽敞的过道。月光透过天花板上一个不规则的洞倾泻下来。堂皇的主室早变得杂乱不堪:许多无价的名画掉到地上,摔得粉碎;墙壁上都是枪眼儿;代代家传的家具断的断、坏的坏,都堆在一旁;台球桌在房子中间,腿儿也给锯断了,绿色的布上沾着斑斑血迹。几样手术工具,沾着黑红的血点子,散在球桌的一边。

地板上,一双无神的眼睛盯着男爵。那是一双德国人的眼睛。德国人旁边躺着个美国兵,拳头紧握,面无表情。上层城堡一直为死人所掌控。

男爵一阵犯恶心,跨过地上的瓦砾往门口走去。这房间躺着美国人的、德国人的一共30具尸体,都堆在一起,好像要留待将来查验的样子。男爵在这堆人体垃圾之间找他能走的路,一直走到庭院里。外面的尸体堆得太高,他都得像爬墙一样上去。男爵不得不停下来,吐一阵,再继续往前走。他找到水源,接了水,又回到安全的地下室中。

城堡西北2英里处,第84师233步兵团的A连正飞快地从一个大型公共谷仓走出来。士兵们的胃里早饿得受不住了。他们等了那么久的圣诞大餐现在还没到。最近,有流言说德国佬一大早就大胆突袭了马尔什,把城里的火鸡全偷走了。

队伍停了下来。"好吧。"一名外号为"兔子"的排长说,"我们进攻吧。把大衣和套鞋脱了。"

列兵约翰·肖是一名音乐教授的儿子,他小心翼翼地把他的大衣和套鞋藏到一个灌木丛下。与师里的其他士兵一样,肖参战只有一个月,但艰苦的作战经历却已经让他了解到战斗之后那份温暖的价值。他仔细记下了自己藏东西的树丛所在。

肖调了调眼镜,随后回到队伍中,跟战友一起跨过铁轨,向一座小山爬去。夜里极冷,很快,他就开始后悔把外套落在下面。在这明亮的月光下,白雪皑皑的乡村闪着点点的光,行进在这样的环境中,竟像一场幻象。自下午3点多以来,他们从一处急忙赶往另一处,命令也是换了一个又一个。

他们沿着一条泥泞的路进入密林中。A连从另一个连的队伍穿过时,那个连的人静静地看着他们,脸上一副欣喜的表情。没有话语、没有交谈,但A连的人心里也明白他们在想什么:"幸好去的是他们,而不是我们。"

前方是一片缓缓起伏着的、被雪覆盖的田野。肖看见了许多房子凑作一团,虽然不见房间里有灯火,但它们却在月光下闪闪发光,透着些诡异的色彩。他害怕起来,从身旁一辆烧毁的坦克旁经过。那坦克即使烧毁了,也还是够吓人的。队伍转向左边。突然,前方阴森森地显现出一堵墙,墙后面是一座庄严的城堡的巨大暗影。

小声传来一个命令。士兵们排成一长排坐了下来,军官则凑成一个小组开会。他们是否知道自己开的是个什么会,肖对这一点很是怀疑。他拿出一盒K级补给,用刀子将它割开。

紧接着,许多人还没接到命令就开始朝着那垛没有门窗的墙开起火来。肖也转过身趴在雪地上,开了一枪。开枪好像挺蠢的,于是他才开了一枪便作罢了。其他人好像也觉得开枪是件蠢事,过了一会儿,枪声就没了。传言又来了。据说,这城堡的主人是个波兰男爵,很同情那些德国佬。

肖所在的排被带到右侧,沿着城堡外围走了起来。他们走着走着,一直走到城堡的北侧。在北侧的网球场前,他们遇到了另一侧来的战友。

"没有人知道发生了什么。"肖对他的排长——"兔子"说道,"我们会全体送命的。"

"我知道,我知道。""兔子"不安地说,一边说一边迅速往前走。75个人拉开一条约100码左右的长线,他们身后是军官和军士。

"见人就开火。""兔子"哑着嗓子低声说,"慢点走,喊的声音大点。这样能把那些德国佬吓着。"

"真蠢。"肖说。"兔子"本要回嘴,却只耸了耸肩。肖把水壶一歪,想最后再喝一次水。但水都冻住了,他的喉咙烧灼难耐。

"好啦,行动!""兔子"大喊道。

于是,那条长长的、弯弯曲曲的线就进了深深的林子里。肖发现自己和其他人一样,瞄准开火的时候也是疯了一般地叫喊。走了10码,他来到一片密密的灌木丛中。肖跪了下来,一边爬,口里还一边喊着:"来吧,出来!嘿,我们看到你们了!"

他在积雪的灌木丛中又爬了20码,突然听见一声枪响。一发照明弹爆炸了,把整个林子毫无掩饰地暴露在光源之下。其他的照明弹也陆续发射。肖看了看自己两侧。他看到其他人惊恐地跪在地上,身体完全暴露在光下。前方几码是那死神一般的德军坦克。肖脸朝下扑倒在地,与此同时,机关枪子弹倏倏地穿行于灌木丛之间。坦克上的粗炮管轰击起来。

肖觉得左腿一阵疼痛。只见他左边的人翻了个身,紧紧抓住他的膝盖;他右边的一个墨西哥人,呻吟了几声,突然就死掉了。

肖不敢再动了。红色的曳光弹如汹涌的波涛,一波一波掠过他的头顶。A连的人惊恐地尖叫着。突然,德军的机关枪不射了。一个人拖着个火箭筒爬到前面来,转过脸来看着肖——那是一张惊惧的脸。

突然响起了巨大的轰鸣声,德军坦克突然开动起来。那是多么骇人的声音。"把火箭筒给我!"肖喊道。那人用颤抖的声音说了一下保险栓的用法,然后爬进了灌木丛。

在坦克巨大噪音的影响下,别的声音肖都听不见了。能动的人都疯了一般在林子里乱跑,这对于德军的短冲锋枪而言,无疑是待宰的羔羊。肖往泥路上爬去。他从来没用过火箭筒,但眼下却有一股子冲动,想射一辆坦克试试。路边的壕沟早被填满了树枝,可能是德国人干的。他不知如何是好,决定就在这儿发射火箭筒到路南边去。但他做不到。一方面这样做连个目标都没有,没什么意义;另一方面,他也很害怕。他的眼镜被灌木丛扯掉了,他苦闷地找了几分钟,才终于幸运地找回了眼镜。他回过头,赶紧沿着道路往没有敌人的方向跑,但他受伤的腿还在抽搐作痛。

又有两名美国士兵也冲出了林子。其中一个伤得很重,另一个人撑着他。"我们快离开这里吧!"受伤的人喊道。

三人沿路赶紧走,走到了林子边上。他们右侧耸立着极具威慑力的城堡,城堡旁是一辆德军坦克,亮亮地闪着白霜。

"我的天哪,快看那里!"没受伤的那个人说。肖以为那是辆废弃的坦克。他们决定试它一试,于是飞奔过雪地,朝着另一片树丛跑去。肖的喉咙烧得难受。他拿起一根树枝捣了一下水壶里的冰,却连一滴水也没喝到。失望之下,他把水壶扔掉了。

一名年轻的中尉突然从黑暗中冒出来,迫切地抓住肖说:"你得回去把伤员带出来。"

"我受伤了。"肖说。

"我在帮忙照顾他们两个伤员。"没受伤的士兵说。

三人与这精神错乱的中尉擦身而过,无论如何他们也不会再回到那片林子里去了。他们赶紧下了山,林子里伤者的呻吟声与尖叫声却还是听得见。肖发现了一个营里的前线救护站,就走了进去。

"如果不是重伤,我们就不能接收。"一名疲惫的医生说道。肖向着通向奥通的主干路走去。他感觉自己像是醉了一般,然后就不省人事了。

睁开眼的时候,肖已然身在一个救护站里。一个中尉抓住了他的手。那人正是"兔子"。"兔子"握着他的手,满含热泪地不断说着:"对不起!对不起!"

肖知道他应当对"兔子"说,这不是他的错。但是他还记得那个墨西哥人和其他战友痛苦与畏惧之下的叫喊,一个字都说不出。

2

瓦尔当以东大约5英里的一座崎岖的豚背山梁上,来自得克萨斯州的萨姆·霍根中校正由他的勤务兵费尔·德·奥利尔和他的吉普车司机加斯特推着,往一个很滑的斜坡上爬。霍根穿着他那英式的毛边飞行靴在那陡峭的山梁上滑上滑下,实在是累坏了。一开始,三个人是在撤退队伍的尾端,现在他们已经被其他人抛下1英里了。

霍根倒了下来:"我的脚已经用不上劲儿了。你们俩别管我,自己走吧。"

两名士兵拒绝了,因为反过来霍根也绝不会抛下他们。于是,三人抱作一团,努力让自己睡着,身上只盖了霍根的防水短上衣。

很快就到了早上。他们周围全是弹壳,还有军用的和个人的零碎物品——此地最近刚刚打过一仗。

霍根踉跄着登上山顶,看到一个村庄。一个声音越来越大,听起来像是在说英语。三人又爬近了些:"向下50密位,效力射!"

他们已经到美军的防线里了。三人大着胆子穿过一片田野。随后,一个惊恐的声音大喊道:"站住,把枪放下!"三人把枪扔到了雪地里。"举起手来往前走!"霍根在前,其他二人在后,向一个养鸡场走去。霍根注意到,有两名步兵戴的肩章十分怪异。

"他想先开枪再说,"两个步兵中的一人说,"我想先说完再开枪。"

"真高兴是你赢了这场争论。"霍根说。

很快,霍根和他的两个手下就坐上了往巴尔沃去的吉普车。巴尔沃是第3装甲师的指挥所。指挥所里,他们受到了同样憔悴的特遣队士兵的热烈欢迎。霍根400名勇士成功地撤了回来。

"我们就失去了一个人。"一个军官对霍根说。

"没错。"一个脸上涂满了煤烟的中士说,"可他是被第75师的哨兵给射杀的。第75师那帮家伙简直是不值两分钱的一帮废物!"

霍根被带到罗斯将军的办公室。罗斯跟他握了手。"可你为什么最后一个出来呢?"罗斯问道。

霍根犹豫了一下,他想了好几个体面点的勇敢事迹,最终说道:"因为我脚疼。"

费尔·德·奥利尔正在外面犹豫不决地看着他从玛库里带出来的橡皮席。如果他把席子还回去,那在到达柏林以前他就只能一次又一次地给这张席子充气。于是,他把霍根上校的无价之宝扔进了一团篝火里。

数英里外,霍根最好的朋友理查森正横冲直撞地闯入他的作战指挥官希基将军的指挥所。他刚刚听说,布鲁斯特少校被抓起来了,罪名是"面对敌人畏惧不前"。

"布鲁斯特都配得上一枚银星勋章,"理查森气愤地说,"你准备怎么办?"

希基冷静地抽了一口烟:"布鲁斯特的罪名成立至少需要一个长官的书面证词,声明他认为被告人有罪。不是你就是我,反正有一个人得去签字。"

"你他妈的很清楚我绝对不签!"理查森说。

一小时后,希基被罗斯叫去指挥所。罗斯跟往常一样,穿着整洁的衣服,板着一张石头一样严酷的脸,把一些文件推到希基跟前。"我想让你把这些文件签了。"他说。

希基故意慢慢审视那些指控布鲁斯特的文件。随后,他把它们还给了师长罗斯:"我不能替这些指控签字。"

罗斯简直不敢相信自己的耳朵："我从来没想过你会对我如此不忠。"

"这对你来说仅仅是不忠的问题，将军，但这对我来说却是在考验我的良心与正义感，"他紧盯着罗斯说，"我认为这些指控非常不公。我绝对不会签字。"

3

现在是上午 11 点。在卢森堡，巴顿刚刚把他的内部规划小组召集了来。他抽着一支长长的雪茄，看着小组成员一个一个进到会议室来，他只是对着每个人点点头，一句话都没说。会议室内有一种激动和期待的氛围，而巴顿知道如何在这种氛围下搭好一个舞台。

"我叫你们到这来，是要讨论陆军元帅蒙哥马利的一个提议。"他那和缓的语气更增加了悬念，"我现在想让你们坦率地发表意见。艾森豪威尔将军亲自嘱咐我，他要的是你们坦诚的想法。"巴顿清了清嗓子，像拿着一把左轮手枪似的拿着雪茄。"蒙哥马利认为第 1 集团军已经没有进攻能力，三个月之内也无法补充兵力。他认为，现在唯一可能发动攻击的就是我们第 3 集团军，同时，他觉得就算是我们，兵力也不够。"巴顿继续说道，蒙哥马利建议中止阿登全境的军事行动。

其他人都很震惊。作战参谋是第一个发作的："不切实际。这样的计划对我们军队的心理影响简直是灾难性的！"

"你说得很对。"巴顿很高兴看到这种反应，他尖锐的嗓音变得刺耳起来，"该死，我们的人训练出来，可不是要撤退的。但艾森豪威尔已经知道我是怎么想的了，他现在想知道你们的看法。"巴顿转过身，把雪茄在烟灰缸里掐了掐。"该死，如果他的计划通过了，战争就结束了，德国人就赢了！"

一阵沉默。

"北面那些人有的是进攻力。"一个人突然说道，"他们要做的，只是抬抬屁股站起来打一仗。"

"他们当然不缺进攻力量，"巴顿说，"就是一群他妈的废物。他们需要的就是战斗命令。如果蒙蒂不下令，他们当然不愿意打。那些北方的绅士们——我是说盟军最高统帅部——跟他混了太久,就知道他妈的坐享其成,就知道整编和指望别人。"

巴顿拾起雪茄:"我最好离开这里吧。我话说了太多,你们自己主持会议,尽快给我一个简短的报告。"他把剩下的半截雪茄塞进嘴里,大步走了出去。他离开得很明智。

讨论非常简短。大家愤愤地一致否决了蒙哥马利的方案,觉得他不妥当、欠考虑。建议也同样简短:坚守所有阵地,立刻发起反击。

4

巴顿曾许诺圣诞节前就拿下巴斯托涅和维尔茨。两个地方现在仍在德军的控制之下。

那天一大早,在维尔茨的东郊,一个年轻人穿着破破烂烂且沾满血迹的美军军服,摇摇晃晃地穿过一片雪地。他完全不知道自己身在何处。饥渴、寒冷、疲累与疼痛已经折腾得他神志不清了。他感觉不到自己的腿和脚,甚至都不知道自己是不是在走路,只有一点淡薄的意识促使他继续走下去。

此人名叫拉尔夫·埃利斯,是加利福尼亚人。他是从蒙斯豪森逃出来的,是赫尔利·富勒失去的那个团的一名列兵。蒙斯豪森是保护克莱沃的其中一个据点。

自12月17日下午以来,他就开始了白天躲藏、晚上往后方逃跑的生活。他已经几次三番差点被抓走了。埃利斯捧起一抔雪,吃了下去。那雪让他直犯恶心。他难受地吐了一阵,但肚腹空空,什么也没吐出来。

他坐下来歇了一会。前方有个镇。在黎明前的黑暗中,埃利斯只能勉强看清山上的房子。他不在乎那是什么镇,也不在乎是哪一方在控制着它。他现在需要食物和住处。他壮胆往一所小小的绿色房子走去。房子可能无人居住,因为烟囱里没有烟升起的迹象。在房子里,他发现了半盒美军燕麦。他不敢在厨房上了釉的炉子里生火,直接就着糖把燕麦干吃了,再用半瓶红酒把燕麦灌了下去。那感觉,好像这样的美味,他从未尝到过。

埃利斯上了楼,发现了一张床。床上铺着羽绒床垫和一张巨大的蓬松的被子——卢森堡人管它叫"棉被"。他用尽最后的气力爬上床,把被子扯过来盖在身上,在这羽毛的海洋里如在天堂。

几个街区之外,老夫妇巴瑟萨·瓦格纳一家的阁楼上,一名看起来很虚弱的卢森堡金发护士正在喂一个第28师的士兵吃药。阁楼正下方是十几个德国士兵现在的住处。乔治·卡罗尔中士因为肩上受了伤,仍然很虚弱,但在安娜小姐的照料下却很有安全感。他从没遇见过像她这样的女孩。

往山上半英里,在维尔茨上城区,另有一名第28师的士兵——中士莱斯特·克里茨,他正合计着怎么从城堡里的德军医院逃出去。前一天,老姑娘戈贝尔两姐妹的小外甥女们以找教科书为由来到城堡。两姐妹找到她们的朋友克里茨,并把烟草店的钥匙给了他。很快,医院就要转移到德国了。他决定在转移时趁乱逃走。

山脚下通向格兰德大街的邮政大楼里,约瑟芬·泰恩和她的两个孩子正在克雷默家的床上熟睡着。外面响起了巨大的爆炸声,许多炮弹落了下来。她先是听到飞机的隆隆声,然后又是炸弹的嗖嗖声。

约瑟芬叫醒两个孩子——预感告诉她必须得尽快了。一颗炸弹掉了下来,大楼晃了一晃。弹片打碎了窗户,飞到房间里来。她抓住两个孩子就往客厅里拽。只听见什么东西碎了,紧接着就是一阵轰鸣。房间顷刻间被碎石与尘土充斥。她惊恐地看着刚刚躺过的床,床上已然满是碎片。

"噢,玛丽亚圣母啊,救救我!"四岁的伊迪喊道。

约瑟芬拽着孩子们下了楼梯。邮政大楼有一个很深的地下室。三人进了一扇门,到了地下室的主体部分。在地下室里,她看到接线总机那里的军官正忙着下令。

"是温德布莱德吗?"一个戴着耳机的中士说道,"是的,我是莫妮卡。迪达你好。我找到几样玩具,但是用不了。"中士有些恼怒地看了看约瑟芬。约瑟芬倚到墙上,尽量让自己不那么显眼。上面的炸弹爆炸声,仍然听得见。

约瑟芬在她的包袱里掏了掏,掏出一小袋烟,然后试探性地把烟递给那个中士。"孩子们很害怕。"她说,"再说,楼上也太冷了。"

那中士咕哝了两句,把烟装进自己的口袋里。一个军官从旁经过。"这些平民在这里做什么?"他气愤地问,"把他们赶出去。"

约瑟芬带着孩子走出了地下室。她在走廊里把自己的一些随身物品装进婴儿车。她决定到一个街区之外的卡纳家,那里有个宽敞的地下室。

一名受伤的德国士兵骂骂咧咧地从街上跌进走廊。

"帮我把婴儿车带到街上吧。"她说。

"我没时间。"他试图从她身边走过去。

"您得帮帮我啊。"她祈求道。

他看了看她,又看了看孩子们。"没道理啊!跟我老婆一个样。"他拿起婴儿车,带着它上了街。"小心点,疯狂的家庭主妇。"他热心地嘱咐道。

约瑟芬推着婴儿车沿石子路往北走,两个孩子紧紧依偎在母亲的裙子旁。一个在红十字会工作的邻居路易斯·斯坦梅茨看见她们,跑过来大喊道:"别待在街上!有炸弹!"

一架飞机闪过。几秒钟后,便有了一场大爆炸。又一架飞机俯冲下来,上面的机关枪突突突突直响。四处的德国士兵都倒了下来。

"跟我走。"斯坦梅茨抓住婴儿车,说。

突然,响起一声魔鬼般的尖叫。一架战斗轰炸机朝他们直冲过来。约瑟芬吓得大叫,她知道自己死期到了。她把头埋在斯坦梅茨的大衣里,孩子们藏在他们妈妈的裙子底下。

那架美军飞机如老鹰一般向他们冲下来。突然,飞行员好像瞄到了婴儿车和女人,战斗轰炸机没有开枪,转而再次冲入云端。那飞机来了个急转弯,又掉回头来。它发现北边数百码以外的街道上有 队奔跑的德国士兵,机关枪就突突开了。德国士兵尖叫着举起手来,又倒在街上,染红了脏脏的雪。

约瑟芬·泰恩和她的两个孩子同斯坦梅茨一起跑进了卡纳家安全的地下室里。

这就是圣诞节过后第一天的维尔茨。

5

巴斯托涅下午1点钟,《布法罗晚报》的弗雷德·麦肯齐正漫无目的地在比利时军营的院子里走着。只见硝烟四起,感觉似乎身处臭气熏天的地狱中心。顿时,对战争的憎恶占据了麦肯齐的身心。他之所以接受此次海外报道的任务,是出于他深深的爱国主义信念,和他对法西斯与纳粹的憎恨。

麦考利夫将军从院子里走来,脸上写满了担忧。"我想,你肯定希望能赶快离开这里。"麦肯齐走到他身旁时,他招呼道。

"将军,如果其他人能在这里待得下去,那么我也能。"麦肯齐抑制不住自己语调中的愤恨说道。

"好啦。"麦考利夫说,"我们去南边的公墓看看吧。"

二人穿过马路,走进城里四周围着围墙的公墓。麦考利夫在詹姆斯·拉·普拉德中校的坟墓前停了下来,墓上已覆了一层白雪。中校是在诺维尔一战中丧生的。

"他是个优秀人物,也是个优秀的军人。"麦考利夫出神地说,"我们很幸运,能在没有他的情况下还做得如此出色。"他低头看了看墓碑,像是见到了老朋友一般,随后离开了墓地。二人走到另一片地方,德军俘虏正在冻实了的地面上挖坑。他说:"会给他们东西吃吗?"

"是的,长官,他们吃得跟我们一样好。"

"一定别忽略了他们。"麦考利夫说。

接着,将军和记者又慢慢穿过马路。

同一时刻,也就是下午1点30分,巴斯托涅以南5英里处,克莱顿·W. 艾布拉姆斯上校正站在一座山上望着巴斯托涅。他的第37坦克营是第4装甲师的前锋,现在正往南进发,去给巴斯托涅解围。上校原本计划先攻打西北方数英里的一个村庄,但是他只剩下了20辆中型坦克,只够一次冲锋的。是否应当冒个险,直接请求往北,向巴斯托涅冲去?

空中传来巨大的轰鸣声。很快,一群群C-47军用运输机就像大胖鹅一样飞过头顶。几百顶颜色鲜艳的降落伞展开在巴斯托涅上空。滑翔机急速冲向地面。高射炮在四面八方轰击,几架飞机着了火坠毁了,但剩下的飞机仍不断飞向巴斯托涅。

艾布拉姆斯下定了决心。他回到自己的"霹雳四号"坦克前,用无线电联系上第4装甲师的师长休·加菲,请求批准直接向北进攻。

下午2点,加菲给巴顿去了个电话:"你愿意批准一次大冒险行动吗?B装甲战斗群要向巴斯托涅进发!"

"我他妈的当然愿意了!"

下午3点过了没几分钟,艾布拉姆斯接到了消息。他脸上倒是没什么表情,眼里却闪闪有光。他把一根雪茄塞到嘴里,那逼人的气势仿佛雪茄是一杆枪。"我们要进城救人啦,"他说着,便在自己坦克的回转炮塔上站了起来,"让坦克动起来吧。"

随后,一连串的坦克、装甲车及半履带车震了一下,开起来了。坦克在最前面带路,接着是载满步兵的半履带车,车队经过一片树林,开始往一个陡峭的坡下行进。

查尔斯·博格斯中尉是名33岁的老兵,他和他的九辆"眼镜蛇王"——40吨重的谢尔曼坦克在前头带路,很快,他就到了阿瑟努瓦村的近郊。他请求过炮火支援,就下令开始攻击。九辆坦克径直向村里冲去,所有的枪炮无一不在开火。博格斯同其他两辆坦克突破进去,己方的炮火支援为他们清理街道,但下一辆进村的半履带车着了火,把路给堵上了。

其他半履带车上的步兵们纷纷跳下。阿肯色州来的列兵詹姆斯·亨德里克斯时年19岁,是个 头红发、满脸雀斑的小伙子。他往前冲去。他知道,前方浓烟里的某个地方,两门88毫米炮正对己方的坦克狂轰滥炸。一定得把它们干掉。亨德里克斯一边向前冲,一边喊道:"来吧,出来!"

一个德国人从散兵坑里探出头来。亨德里克斯一枪正中其颈部。他又跑到另一个散兵坑。一名德国兵吓坏了,亨德里克斯拿M-1步枪枪托给那德国人的脑袋就是重重一击。

亨德里克斯迅速搜了搜那德国人的身,发现了一大盒美制火柴。他继续向前跑,一边跑一边大叫。就在这美国大兵孤身一人端着枪冲过浓烟的时候,88毫米炮上的两名士兵举起手作投降的姿势走上前来。

下午 4 点 30 分,博格斯还在同跟在他身后的两辆"眼镜蛇王"向阿瑟努瓦北边的丛林进发。他的 75 毫米坦克炮的炮管都打热了。炮手狄克森拿它当机关枪使,几分钟之间,21 发炮弹,从村这头一直炸到村那头。前机枪枪手卡夫那端着枪朝前方的杉树林里突突。在迫近的薄暮中,一个个模糊的身影跑了来又倒了下去。

博格斯发现了一处刷成绿色的水泥碉堡,于是让狄克森朝它开了三炮。水泥被炸得四处飞散。博格斯发现 100 码以外,各色的降落伞有的盖在地上,有的挂在树间。随后他又发现了前方的散兵坑,但却不清楚这些散兵坑是己方的还是敌方的。他站到回转炮塔上大喊:"过来!我们是第 4 装甲师!"

没有回应。坦克兵博格斯一遍又一遍地喊着,几个头盔这才慢慢地、满腹狐疑地冒了出来。随后,一个人站了出来。

"我是第 101 空降师 326 工兵营的中尉韦伯斯特。见到你很高兴。"那伞兵给了一个大大的微笑,伸出一只手来。

博格斯俯下身子跟他握了手。

巴斯托涅的兵力现在归到了巴顿的第 3 集团军旗下。

6

下午 4 点 35 分,第 12 希特勒青年团装甲师六联装 150 毫米火箭炮营的一名列兵汉斯·乌尔里克·莱斯克正步行向圣维特进发。他所在的军队改了路线,绕过了圣维特,因为听说圣维特是个"医院之城"。

莱斯克奋力走过雪堆,留下一道道痕迹,这时已近黄昏了,他离自己的目的地还有 1 英里多。他听到一声巨大的轰鸣——西边一簇轰炸机突然俯冲下来,在夕阳红色的余晖下径直朝着圣维特去了。

"注意!轰炸机来啦!"第一批飞机投下标识物的时候,莱斯克用德语大喊道。

300 多架英国兰开斯特轰炸机与哈利法克斯轰炸机纷纷投下炸弹,地面晃得如同地震。杉树倒下了,整个圣维特像是升到了空中与飞机相接,这让莱斯克感到异常恐惧。

兰开斯特轰炸机和哈利法克斯轰炸机完成了任务,就开始掉头回英国。此时的英国,孩子们还在庆祝节礼日。轰炸机走了,背后留下了一个满是废墟的城镇。两个女人慢慢从地下室走了出来,如梦游一般。她们吓坏了,脸色惨白惨白的。其他几个圣维特人也陆续爬上地面。他们早被震聋了,个个神色呆滞。藏在地下室的共有1000人,活下来的还剩800。

莱斯克摇摇晃晃地站稳了脚。圣维特城里升起一大团红云,往西北飘去了。那是一大团烟尘,经夕阳的余光一照染上颜色。他呆住了。那景象简直跟天启①一样。

7

那是属于盟军的一天。阿登的雪红了,是参与"守卫莱茵河"方案的人的血染红的。距默兹河数英里的"塞勒口袋"死伤人数尤多,是所有战役中最惨烈的一次。哈蒙的第2装甲师就是在那里跟德军第2装甲师进行了数百场小规模交战。那天下午,哈蒙运气不佳,遇上了装甲教导师的一支很强的装甲部队。那装甲部队从东南方赶来营救"塞勒口袋"里的人。但在一小队美国童子军的带领下,挂载火箭弹的英军"台风"战斗机找到了那支前进中的装甲部队,击溃了前来救援的虎式坦克和黑豹坦克。

当下,虽然德军大败已成定局,其第2装甲师仍然抱有一丝希望。德军第9装甲师的战友正从西边赶来支援,距他们只有不到15英里了。到黄昏时,坦克之战仍然难分高下。

8

在柏林的元首司令部,早上以来,人们纷纷就"守卫莱茵河"方案展开了

---

① 天启(apocalyptic),源于《圣经》的《启示录》,常用来指代世界末日。——译者注

争论。当下,约德尔说道:"我的元首,我们必须直面现实。我们无法强渡默兹河。"

在塞勒附近,德军第2装甲师已到了崩溃的边缘。派普战斗群被困在昂布莱沃河河谷,勉强逃了出去。美军第1、第2、第99师控制下的艾森伯恩山梁无法攻克,德军第116装甲师停滞在瓦尔当附近。与此同时,巴顿刚刚打开一条通向被围困的巴斯托涅的狭窄通道。

阿登地区所有的战线上都是同样的情况。德军不是撤退就是被迫原地滞留。目前双方争持不下,虽然大势还没有明显的走向,但德军的大规模进攻已经被暂时抑制住了。

在那场预示着不幸的会议上,每个人都说出了自己的计划。希特勒把每一个计划都认真听过之后,开始了发言。"我们遇到了意想不到的挫折——这都是因为你们没有一字不落地执行我的计划,"希特勒脸色一变,"但是现在我们还没失去一切。只要布兰登贝格尔的第7集团军能在南边保持平衡,只要拿下巴斯托涅,只要曼陀菲尔和迪特里希能够清除被我们封在默兹河河湾内的盟军,那么莫德尔就还能渡过默兹河。"

他下达了新的命令:曼陀菲尔往东北掉头,从侧翼包围霍奇斯第1集团军的大部队;迪特里希继续向马奈—奥通方向发动强攻。

"我还需要三个师,还有至少25000名补充兵员火速赶往阿登地区。"希特勒看了看围坐成半圆形的众人的脸。即便不能按照计划在一次强攻之下就把盟军全部扫清,"守卫莱茵河"方案也仍有可能转为一场致命的消耗战。这对纳粹来说,无疑会带来一场压倒性的政治胜利。他们还没有放弃自己的"春秋大梦"。

在卢森堡城,奥玛·布雷德利正设法联系最高司令艾森豪威尔。但司令此刻正在赶往荷兰去见蒙哥马利的路上。艾森豪威尔的参谋长比德尔·史密斯代他接了电话。

"该死啊,比德尔。"一向镇静的布雷德利说,"你们就不能让蒙蒂在北方动一下吗?据我们所知,敌方今天已经达到了最高点,他们很快就得撤退,不是今天就是明天。"

"哦,不,布雷德利,你误解了。"史密斯刚刚读过蒙哥马利的第21集团军群发来的一沓战况评估报告,"哎哟,他们将在四十八小时内渡过默兹河。"

"扯淡!"布雷德利挂了电话。他实在是看不惯盟国远征军一味顺着蒙蒂的行径。他心烦意乱地坐了下来,给他的老朋友考特尼·霍奇斯写了封信——霍奇斯现在在蒙哥马利旗下。布雷德利在信中清楚地讲道,虽然他管不着霍奇斯,但他不希望看到第1集团军做出任何想要放弃哪块地方的计划,因为在将来的行动中,每一块地方都可能成为有利地带。

布雷德利爬上了床,只希望存在于"突出部"南半部的斗志能够传到北方去。

第四部　众神的曙光

1　战场上的王后
　　1944.12.27—28

2　直面死神
　　1944.12.29—30

3　"勇敢的步兵们……"
　　1944.12.31—1945.1.2

4　拿不准的战斗
　　1945.1.3—8

5　乌法利兹会合
　　1945.1.9—16

6　"全完了！"
　　1945.1.17—23

1 战场上的王后①

1944.12.27—28

1

截止到 12 月 27 日上午,阿登地区的战争迷雾已经消散了。战争局势已不再模糊,而是呈现出了一个清晰的轮廓。

如今"突出部"的北肩上,蒙哥马利把霍奇斯的第 1 集团军坚实地部署在了从蒙绍到塞勒之间的防线上。在左翼——即东翼上,杰罗的第 5 军仍守在艾森伯恩山梁沿线。在中部,里奇韦的第 18 空降军已然处于进攻状态了,要拿下重要的马奈交叉路口。在右翼,"闪电乔"柯林斯的第 7 军不仅阻挡住了曼陀菲尔对塞勒、瓦尔当和奥通的攻势,而且开始重新夺回土地。

"突出部"的南肩上,布雷德利的局势尽管还有些混乱,但他还是在坚实缓慢地取得进展:他麾下的部队——巴顿的第 3 集团军——正在以每小时几码的速度拓宽巴斯托涅通道。与此同时,这支部队还在向维尔茨进发,此时离舒曼咖啡馆交叉路口南边仅有 1 英里了。

---

① 在国际象棋中,"王后"最为厉害,走法多样;而步兵同样可以灵活使用。——译者注

2

那天上午,艾森豪威尔身处巴黎的一个火车站里,周围的安全人员、武装哨兵和宪兵把他围得水泄不通,让他差点喘不过气来。就在前一天夜里,那辆他本应搭乘前往比利时的火车被炸毁了。

艾森豪威尔对这些复杂的保护措施大发了一顿牢骚,新的火车才总算开动了起来。火车停在第一站时,他看到有一个班的美国兵趴到了铁轨旁的雪堆上,步枪摆好了架势。这让他更加恼火了。

"德国刺客要是能提前判断出他的目标会在某时某刻乘坐某列火车抵达欧洲某地。"他对主管的军官说,"我都要称它为奇迹了。让那些人撤走吧,天那么冷。"艾森豪威尔这是要去与蒙哥马利会面,他们要对预定的北方反攻进行讨论。布雷德利和巴顿在过去的一周中,都在敦促这位最高司令能从蒙哥马利那儿要出点行动来。他们坚持认为,那名陆军元帅准备工作做得太慢,会害得"阿登之战"失败的。

然而蒙哥马利却被一些第3集团军所不知晓的麻烦所困扰。他的部队,也就是霍奇斯的第1集团军,承受了"龙德施泰特攻势"的全盘威力。霍奇斯为了生存下去,不得不将援兵毫无章法地派了出去,根本没办法考虑把补给和预备人员留作后用的问题。他们要突然转为攻势的话,必须把部队全盘整编和配置。

然而艾森豪威尔知道,霍奇斯在圣诞节当天曾亲自敦促过蒙哥马利,要求他在一周或者10天之内发起反攻。

蒙哥马利那时回答:"但是霍奇斯,我不觉得你到时候能准备好。"

"我和乔·柯林斯谈过了。"霍奇斯说,"他向我保证他可以准备好的。"

"但这段时间够你把部队整编妥善吗?"

"元帅,我们做事和你们英国人不一样。现在这样的行动,我们直接火线上重组就行了。"

蒙哥马利却仍然心存疑虑,大反攻的计划还是没有确定下来。

3

那天下午3点,《布法罗晚报》的弗雷德·麦肯齐看到第4装甲师的坦克驶进了巴斯托涅。围困暂时被打破了,但很显然,真正的战斗才刚刚开始。

麦肯齐正要和一卡车的滑翔机飞行员一起离开。他和朋友告了别,然后把自己的包和打字机塞到卡车上,爬了进去,若有所思地坐在了一名年轻的滑翔机飞行员旁边。他是唯一一名亲历重要战役的记者,即将刊出一篇最热门的战争报道。但他却感觉不到丝毫的成就感。他目睹了太多的死亡。

车队开始行进,那些滑翔机飞行员们个个两眼放光,得意扬扬地向留在后面的人大声叫嚷。有一发炮弹在他们右侧炸了开来。麦肯齐和一名C-47军用运输机飞行员被吓了一跳。那些年轻的滑翔机飞行员哈哈大笑起来。

"我来这边有一周多了。"C-47军用运输机飞行员对麦肯齐说道,"这些孩子就是些游客罢了。"

他们靠近了城区边界,前方的战场不甚凄凉。滑翔机飞行员们指指这个,指指那个。烧成黑炭的德军坦克,就像死了的巨兽一般,停在雪地里。地表上坑坑洼洼的,布满数百个黑色的弹坑。一个个小雪堆点缀着风景,雪下面曾经都是活生生的人。

"他们的样子就像郊游来了。"麦肯齐说。

C-47飞行员面色凝重地点了下头:"之前我从不知道,地面战斗会是如此一番场景。"

卡车向南驶去,俨然成为了阿瑟努瓦公路上的移动靶子。路两侧不断有爆炸声响起,催促着它们前行。

与此同时,还有一辆吉普车也在这同一条道上行驶,只不过是朝着北方而来。这辆车的司机是查理·卡图斯上士;和平年代,他在北卡莱罗纳州开了三家鞋店。他旁边坐着一位少将,后座上是一名上尉,他是将军的助手。

天开始变暗了,第 101 空降师的师长麦克斯韦·泰勒敦促卡图斯加快速度。这场战役刚开始时,泰勒人还在华盛顿特区。然后他在平安夜的时候,搭乘一辆 C-54 货运飞机飞到了法国。他刚一着陆,就请求空降到巴斯托涅,但比德尔·史密斯拒绝了他。

吉普车于一间农舍附近被一名前哨卫兵给拦了下来。这三人走了进去,农舍里面还有几名记者和第 4 装甲师的几名军官,他们都围着一个砖面火炉。

"你们最好先别去巴斯托涅。"装甲师的一个人说道,"那条通道太窄了,你吐口唾沫都能吐到对面去。如今德国佬可把武器什么的都对准了那条道。"

"我今晚必须进城。"泰勒说。然后他又说道:"我车上还有空位,可以坐个记者。"

伦敦《每日电讯报》的科尼利厄斯·瑞安摇了摇头:"今天没人主动要去啊,将军。"

半小时之后,泰勒顺着台阶,走进麦考利夫的地下室指挥所。第 101 师的参谋们正在享受餐前的干邑白兰地。

"伙计们。"一阵热情的欢迎声后,他说道,"你们都是英雄。"

"谁?我们?"麦考利夫问道。

"所有的人都很担心你们。部队的情况怎么样?"

"我们没什么可担心的。"麦考利夫说,"已经做好进攻的准备了。"

4

午夜刚过不久,在"突出部"的尖端,厄内斯特·哈蒙将军正坐在塞勒附近一间半毁了的比利时农舍里面,给他的长官考特尼·霍奇斯写一份个人报告。

哈蒙的第 2 装甲师与德军第 2 装甲师之间的三天战斗已经结束了。

哈蒙写道:

附上的是我们的战利品清单——包括1200名俘虏。伤亡2500人,杀敌不可胜数。

清单表让人很是惊叹:各式车辆405辆,其中包括坦克和突击炮88辆;以及75门重型火炮,这是一个师的火炮规模。更重要的是,进攻的先头部队已经被击溃。德国人是过不了默兹河了。

哈蒙疲倦地签下名,然后把身子往后靠了靠。这是他自来到阿登之后,第一次得以稍微放松一下。但他却感觉不到一丝欣喜。杀敌确实不可胜数,但付出的代价也太大了。

5

第二天清晨,也就是12月28日的早上5点,一阵猛烈的炮火开始轰向维尔茨北面的山丘。那名来自加利福尼亚州、赫尔利·富勒团的列兵拉尔夫·埃利斯,还藏在城边的那栋绿色房子里面。他从羽绒床上惊醒了过来。美国人肯定又回到了维尔茨。

他兴奋地下了床。他把一双齐膝橡胶靴子费力扯到脚上,这双靴子是他从壁橱里面翻找出来的。他穿上野战夹克,戴上头盔,然后抓起M-1步枪跌跌撞撞地走下楼梯。他推开门跑出去,但周围却一个美国兵都没有。他疑惑地穿过维尔茨河上的大桥废墟,然后蹒跚着往通向维尔茨上城区的那座山上爬去。

在清晨的黑暗中,他疾步走向邮局前面的两名士兵。他们胳膊下夹着铺盖卷,步枪在肩上挂着。

他走到10英尺开外,才意识到有些不对劲儿。他们的头盔看起来像煤斗。两名士兵一看到埃利斯,就立马伸手抓自己的步枪,但他的M-1已经对准了他们。他们立马把手举了起来。

"讲英语。"他说。周围一片漆黑,他还无法完全确认。他们回了他一连串的德语。他可以听到邮局里其他德国人的声音。他走到那两人身后,用M-1步枪抵着他们,让他们小跑起来。然后他转过身朝山下跑去,跑回绿色房子。

1 英里之外的城堡里，最后一名美军伤员被装进了卡车，准备撤回德国。维尔茨如今压力巨大，布兰登贝格尔都已经离开了这座城。亨利·胡贝尔少校和泽哈中尉两名外科医生分别来自纽约和维也纳，他们现在正在监督担架员们的工作。

一人走过黑暗的庭院，来到胡贝尔身边。"我一有机会，"中士莱斯特·克里茨轻声说道，"就会从后面逃出去躲起来。"

胡贝尔伸出一只手："祝你好运。"

克里茨气定神闲地走进地下室。他躲在一个角落里，直等到所有的病人都撤了出去。一切都安静下来后，他悄悄从地下室后门爬了出来。他必须抓紧时间了。天一会儿就要亮了。

他翻上一堵墙，然后跳到城堡后的一条深沟里面。他顺着这条陡峭的沟小心向下走去，一路曲曲折折，一直走到能看到格兰德大街沿街房屋的后面。然后他走进一条小巷里，这条小巷通向街道，是个往上的斜坡。他打算从这条小巷拐到格兰德大街上，然后再走几百码到达 27 号，也就是戈贝尔姐妹们的烟草店。但街道上到处都是德国人，他们走在一队车队里，一声不吭。

东方出现了第一缕光亮，他转身回到小巷里面。他必须得躲起来。沿沟来的半路上，他有看到一栋小小的木质建筑。没过一会儿，他人就在一栋养蜂房里了。

他透过一个小窗户往下看。德军坦克排成一队，正缓缓向南进发参战。这时有炮弹开始落在那条沟里面，这让克里茨有些恼怒：这里的地势太过特殊，美军的炮弹打不中格兰德大街上的坦克。炮弹的爆炸声又近了些，整栋养蜂房都震颤起来。克里茨趴在地上，心里不住祈祷，但爆炸的冲击仍一波又一波地震开来。

维尔茨西南几英里，有一个败落的小村庄，名叫诺特乌姆。村里都是淡黄色的水泥房，样貌朴素，顶着皑皑白雪。舒曼咖啡馆所在的那个阿登地区最重要的交叉路口，就位于其往北不到 1 英里的地方。威胁克里茨的火炮，在这儿仍然可闻其威力：积雪不时从树上掉下来。几分钟前，诺特乌姆满村的雪还是白色的，而如今的它就像一位画家的围裙，到处都散布着黑色的污点。

村庄南面的树林里，第26师的步兵正在为进攻诺特乌姆做准备。然后他们会拿下舒曼咖啡馆，并向维尔茨进发。

第101团F连的副连长詹姆斯·克莱顿中尉对这次进攻有些不放心。虽然已经破晓了，但天还是很黑。他明白，12月23日以来的好天气已经结束了，这也意味着空中支援的停止。美军士兵接下来的几天，将会很不好过。山区的雪堆中，各种机器几乎都会失去作用，战斗胜利抑或失败，都将取决于战场上的王后——步兵。

况且他这个连的人只是名义上的步兵。F连那些最初穿越法国时就参战的人，现在就只剩下不到12人，大部分人都在洛林被俘虏了。除了拉金中尉（连长）、克莱顿和11名军士以外，其他人都没有丝毫战斗经验。其中80人都是从军械库、重型桥搭建、野战炮兵和高射炮等后方梯队征召的替补人员。只有少数人在基本训练之后拿M-1开过枪；他们身体状态很不好，士气就更差了。他们都觉得被派到前线，是给他们的惩罚。

事实确实如此。当急需步兵替补的巴顿命令后方梯队，要求每个单位都把最优秀的百分之十派到前线时，被选中的当然都是些表现不佳的人。这个方面，美军和德军的处事方法都是一样的。

克莱顿扫视了一下这些犹犹豫豫的步兵，他们蹲伏着身子，努力给自己进攻打气。他们看起来很冷，心情不好，也很害怕，拿着步枪是一脸嫌弃。他们对散兵线丝毫不懂，用胳膊和手只能表达出"跑步前进"和"我得去方便"。

昨天晚上，他们第一次参加实际战斗，想把诺特乌姆给拿下，但却事事不顺。首先，营的作战计划没做充分，彼此之间没有任何协调。其次，在明亮的月光下，士兵们黑色的制服显得特别扎眼。此外，一名侦察员踢到一个饼状诡雷的绊发线，被炸得粉碎，然后，德军的炮兵就狂轰滥炸起他们的阵地来。那几辆本应支援他们的坦克也陷入了泥沼当中。最终，整个营被迫退后1000码，撤到了树林里面。

现在，进攻又要再次开始了。F连将从左侧绕到诺特乌姆后面，拿下那个位于村庄和舒曼咖啡馆交叉路口之间的"墓地岭"。E连将进攻诺特乌姆村,G连则会从村庄右侧绕过去,拿下舒曼咖啡馆。

E连、G连与F连相比,实际情况也好不了多少;确切地说,整个第26师的状况都不好。这个师在不到两周前刚到达梅斯,本来打算是要休息、训练四周的。然而刚过两天,4000名闷闷不乐的补充兵员还未得到训练,整个师就被装上2.5吨卡车和敞篷拖车里,匆忙运往北面的阿登地区。

炮火声停止了。拉金中尉站了起来。他个子很高,军裤裤脚都盖不住军靴筒。拉金往四面看了一下,便往田野另一面跑去,士兵们倦怠地跟在后面。拉金刚爬上那个俯视诺特乌姆村的山脊顶,机关枪和步枪火力就从村子和远处的"墓地岭"迸发出来。士兵们伏到雪地上,被压制在一条围栏沿线,动弹不得。这时,背面坡上也爆发了密集的冲锋手枪射击。

克莱顿只能偶尔看到白色身影一闪而过。德国人的披风是白色的,头盔罩也是白色的,几乎看不见。他爬到拉金跟前,拉金正仔细凝视着前方100码外的两栋房屋。

"占领那两栋房屋。"拉金说道,"我们就能打到德国佬。"他选了一个班,轻声说道:"我们走。"

拉金和那个班一进到头一栋房屋,房顶就似乎炸了,烟雾从窗户涌出来。拉金往后退着,把一名伤员拉到门外。其他五个人也被拉出来,带回围栏一线。

士兵们都受了惊,拉金命令他们立即隐蔽好。他把野战电话机拿起来,请求迫击炮支援。对克莱顿,他说:"去和左侧的1营取得联系。"然后,他轻微抱怨道:"情况不太妙。"

克莱顿在雪地中蜿蜒行进,一边走一边探察是否有德国人渗透进营与营之间的空隙中。美军的迫击炮弹从头顶飞过,落地时发出低沉的爆炸声。他看到北面的白色身影,小心翼翼往后退了几码远。克莱顿爬了差不多有300码远才找到1营,然后他就往回爬,要汇报情报给拉金。他爬到山脊上,猛烈的射击声响了起来,随之还有人们的尖叫声。克莱顿抵达围栏边时,看到16名美国兵横躺在围栏沿线,姿势奇形怪状。大部分人都已经死了。有几个受了重伤的人则用惊恐的眼神看着他,脸色蜡黄。一人腹部开了个大口子，内脏挂在树枝上，正努力要把内脏给塞回去，脸上露出尴尬的笑容。地上散落着步枪、巴祖卡、手榴弹、背囊和防毒面罩，就像出外野餐的人随意丢弃的垃圾一样。

拉金本人躺在一棵被炸烂的树下。一名医护兵正颤抖着双手包扎伤口，一个伤口不断有鲜血流出。有发炮弹被树枝给引爆了，几乎在他们头顶正上方爆炸开来。弹片从树上飞散下来。克莱顿看到山脚下有一辆白色的坦克，它的88毫米炮还冒着烟。它又开了一炮。克莱顿抓住拉金的肩膀，把他拉下山南坡。然后，他拿起拉金的电话给营部打去："我是F连。拉金中尉负伤了，还有其他伤员。派担架员上来。"

"我们会给你们派担架员。"一人允诺道，"克莱顿，F连由你接管。"

F连是他的了。他检查了一下拉金的伤口，然后躬着身子跑回了山上，对围栏一线进行重整。

德军枪声从左侧响了起来。"1营遇上大麻烦了。"他对另一名军官说道。这名军官以前是个音乐教师，现在是连里除克莱顿之外，唯一一个活着的军官。他接着又说："我们和1营之间有个大空隙。我要亲自去侦察一下，看那边怎么个情况。你要守住。"

音乐教师没把握地点了下头，克莱顿就离开了。

二十分钟后，克莱顿回来了。但围栏一线差不多被抛弃了。他只看到三个人。克莱顿跳到第一个散兵坑里，坑很浅。

"其他伙……伙计都跑了。"一名补充兵员害怕地说道。这个人克莱顿也才认识了一星期。他来自纽约，胸口有点凹陷，往前线来的漫长路上，可是抱怨个不停，而且一直在要求退出。克莱顿在过去的三天中，都不得不替他扛着M-1步枪。

"你待在这儿，等我回来。"克莱顿说，"明白？"那名士兵点了点头。克莱顿跑回到沟壑底部，其他人都恐惧地蹲伏在灌木丛后面。

一个中士流着汗，骂骂咧咧地带着五六个人来到克莱顿身边。"哎哟，长官。"他喘着气说道，"他们过去从没见过死人，一听到1营传来的射击声和呐喊声，就跑得像兔子一样。"这人是通信官洛夫中士，他放低了声音："这些可怜虫们也不能怪他们。"

"我不怪他们,你把他们带上山就行。我的副官哪儿去了?"洛夫耸了耸肩。克莱顿搜查了灌木丛,又发现十几个人。他从后面推着他们往山上走去。快走到山顶时,又有一阵枪声响起来,随之还有几声惊恐的尖叫声,然后一切就安静下来。

克莱顿继续往上爬。他猜德国佬肯定已经除掉了山顶上的三个人,现在估计正趴在他们的散兵坑里,但他必须得继续前进。他一撤退,F连肯定就会散掉了。他走到山顶上,看向前面。那个来自纽约的疑病患者双膝跪在散兵坑里,用手死死握住布朗宁自动步枪的枪托。他的脸一片煞白。

"怎么回事儿?"克莱顿问道。

"我不……不知道!有几个德……德国人从山那边来了,我朝他们开了火。"克莱顿的眼睛越过散兵坑边缘向外看去。10英尺外有个德国人,身体已经被布朗宁自动步枪给突突成了两半。再往前10英尺,又是一个德国人,他摊开手脚的样子就像一只螃蟹。半山腰处,第三个德国人跪在雪地上,身前的白色披风被浸成了红色。他摇晃着头,不住呻吟着。

"你做得很好。"克莱顿转过头。疑病患者正在呕吐。

洛夫中士溜进这个散兵坑里:"我们现在干什么?"克莱顿顺着敌方占领的山侧往下看去:"叫几辆谢尔曼过来,把德国佬的那辆坦克给打掉。"

"然后呢?"

"然后我们就进攻,按计划来。"

洛夫不禁张大了嘴巴:"就用这些人?"

克莱顿扶了一下眼镜:"就用这些人。"

等待坦克支援的当口,克莱顿为他这些一脸不乐意的勇士们设计了进攻方案。原本守在山顶的3排由于已经七零八落,将待在原地不动,帮忙掩护。1排和2排则要攻下山去,然后爬上下一座山,跑进一个有围墙的小墓地里。

半被强迫,半跟随着长官,1排和2排的人跳进了围栏沿线的散兵坑里。下午4点15分,火炮和迫击炮开始齐鸣。己方的炮弹飞过F连头顶,落在德军的阵地上。然后从身后传来隆隆声,一辆笨重的美军坦克缓缓爬上山来。它一抵达山顶,就有铁拳火箭弹从德军的山侧飞过来。这辆谢尔曼坦克向那两栋房屋开了几炮,然后就愣愣地转向左侧,直接用75毫米炮和机关枪朝围栏一线开火。这把克莱顿吓了一跳。1排和2排的人本来蹲伏着准备攻击,突然间就被它的火力给罩住了。克莱顿穿过雪地跑到那辆谢尔曼坦克跟前,拿卡宾枪砸坦克的侧面,但它还在继续开火。他又爬到坦克甲板上,猛踢机关枪的枪管。炮塔小心地打开了。

"该死的笨蛋。"他喊道,"那是我的人!"

那个时候,炮火准备停了下来,是时候进攻了,但士兵们却拒绝出动。克莱顿下方的山谷里,曳光弹和炮弹纵横交错,犹如地狱里面的场景。如果没人带头,士兵们是怎么都不可能走进那个死亡陷阱的。克莱顿站起来,大声喊出本宁堡步兵学校的口号:"跟我来!"

他往山下跑去,深知自己是不会活着回来了。他全速奔向山底,泥土和积雪随着他的步伐飞溅起来。到山底时他发现一堵石墙,便躲到它后面。

"我们做到了。"他身旁一个声音说。那是洛夫中士。克莱顿满心欢喜。他扭过头,准备带自己的人冲向下一个目标——墓地岭,却发现身后没一个人。

"我的老天,就我们俩!"愤怒使他忘记了恐惧。两人转身爬回山上,对四面飞来的子弹视而不见。他们的人蹲伏在散兵坑里,看着克莱顿和洛夫。

"听着,你们这些混蛋。"洛夫说道,"这次你们要跟着中尉,跟上他。否则我就毙了你们。"

克莱顿顺着围栏一线,将惊恐的步兵们都从散兵坑里给拽了出来。克莱顿又第一个冲出去,士兵们这次跟了上去:毕竟洛夫拿着卡宾枪抵在他们身后。

他们不动是不动,一动起来就撒开脚丫子,急于逃离这密集的火力,并远离洛夫。他们跟着克莱顿穿过山谷,向下一座山山顶的墓地跑去。白色身影不知从哪儿冒出来,往北方撤去。F连追在他们身后,吓得不敢出声,也不敢开枪。五分钟后,他们就攻下了目的地。"墓地岭"归了F连。

6

艾森豪威尔的火车因为大雪和密集轰炸的缘故,直到12月28日中午才抵达比利时的哈瑟尔特。蒙哥马利迎接了他，一脸的喜悦和自信。

蒙哥马利对形势做了一下回顾，然后说明了自己总预备队的所在地。他走到挂着大地图的墙跟前。"柯林斯的那个军，我又让他们开始集结了。只要他那边准备好，我就会让他大体朝乌法利兹方向进攻。"他指向巴斯托涅以北15英里的一个村子。

艾森豪威尔脸上露出了喜色。

"但我进攻的时机还不成熟。"

"为什么？"

"我接到消息说，我的防线上，德国人至少还要进行一次大规模攻击。我肯定能打退他们。"他很快又说道，"我的预备队要是想在德国人撤退后，能紧追上他们，我需要更多的时间。"

要依据敌军的行动来决定大反攻的时间，这个主意不怎么合艾森豪威尔的心意："你不觉得，德国人很有可能不会再攻击北边了吗？"

蒙哥马利摇了摇头。"我觉得进攻北边是有现实的必然性的。"不管怎样，他说道，他都可以利用这段时间重整部队，重新配置武器，并让他们精力充沛。他问艾森豪威尔是否同意，最首要的任务就是确保北边防线完好无缺。

"确实。"艾森豪威尔说，"我同意，现今最应该做的就是加固防线，重整部队，并为强力反攻彻底做好准备。与此同时，如果德军又发动攻势，你也能有备无患地应对。"他顿了一下："你什么时候能开始？"

"新年第一天。"蒙哥马利毫不犹豫地答道。然后，他又说："或者新年刚过——第二天或者第三天。"

会议结束，两人热情地握了握手。艾森豪威尔还有其他事情要忙。如今等待良久的北方攻势差不多已确定下来，他现在必须寻求一个南方攻势与之协调。他让人给自己的参谋长比德尔·史密斯发了一条无线电消息：

> 立即将第11装甲师和第87师派给布雷德利，组织一场对巴斯托涅—乌法利兹一线的强大攻势。

"阿登之战"的第三个阶段,也即最后一个阶段即将开始。

7

与此同时,也有一场同样重要的商议正在德国的元首日常会议上进行着。冯·龙德施泰特努力劝说希特勒放弃"守卫莱茵河"方案,并在蒙哥马利进攻之前撤军。

"我建议让第5和第6装甲集团军退到巴斯托涅东面的防线上。"他说道。

希特勒对这个建议大为恼火。"只有进攻,我们才能为西线战争再次创造转折点。一旦'北风行动'总体方案的下一步落实成功,我们就会重新向默兹河进发。"他承认,攻击阿登并没有带来之前所期望的决定性胜利,但他挖苦的语气却暗示冯·龙德施泰特应为此承担责任。但事实上,龙德施泰特只是个有名无实的傀儡罢了。"另一方面,"他又对将领们说道,"局势已经大为缓和。敌人已经不得不放弃冬天进攻的全部计划,在国内也广受批评。"他停顿了一下,暗暗轻笑着抿了一下嘴唇。"敌军已经不得不承认,战争在8月之前,甚至明年年底之前是不会结束的。形势的这种转变,两周前没人会相信。"他指着挂在墙上的大地图,"美国人已经被逼得把其他战线一半的兵力都转移到了阿登,然后这里的防线就会变得特别薄弱。"在地图上,他用手指戳向往南100英里的一个点——阿尔萨斯。"几天之后,我们将会在这里发动'北风行动'。这次行动必然会成功,随之我们阿登地区进攻部队左侧的威胁也会自动解除。"他扫视一下周围的指挥官,"这将会带来新的胜利前景。"

元首顿了一下:"与此同时,莫德尔将巩固自己原有的版图,并组织部队再次向默兹河进发。他也将对巴斯托涅发动最后一轮强力攻势。最要紧的是,我们必须拿下巴斯托涅。"

午夜的时候,德军的九个装甲师和国民掷弹兵师开始向巴斯托涅会聚。对于这座城镇,希特勒不惜一切代价也要拿下。

2 直面死神

1944.12.29—30

1

12月29日,维尔茨。天还有半个小时就该亮了。列兵拉尔夫·埃利斯既不清楚现在是什么时辰,也不知道自己在那栋小绿屋里待了有多少天。他又渴又饿,冻僵的双脚一抽一抽地疼。与孤独而缓慢的死去相比,其他任何事儿都要好得多。

他努力想把靴子给拽上,但双脚肿胀得太厉害了;他不得不把靴子放脚趾处给割了下来。他踉跄着走到大街上。他走路时必须得把头低下来:他已经感觉不到自己的双脚了。

维尔茨下城区的一口公用水井旁,他用自己的头盔舀起水,贪婪地喝起来。然后,他沿鹅卵石大街走到一栋房屋前,推开门。一股热气喷涌到他身上,他立马退了出来。他推开下一家的门,里面没有人。他费力爬上顶楼,看到一个铺了床垫的床,便走过去,直接倒在上面,失去了意识。

1英里之外,在维尔茨上城区的山脊上,另一名美国兵莱斯特·克里茨蜷缩在戈贝尔姐妹烟草店的地下室里,正借着烛光读着口袋大小的海外版《库加特先生和夫人》。他前一天晚上从养蜂房里溜出来,然后爬过几条围栏和护墙,从后门进到了这个烟草店里。

他正看着书打瞌睡时,脚步声从头上传了下来。地下室的门开了。

"谁会在楼下点着蜡烛啊?"一个女人用卢森堡语问道。那是伊莉丝伯母的声音。"谁在那儿?"她叫道。

"是我。"他用法语答道。

"莱斯特!"

他站起身子等她们过来,第一次意识到这些人替自己所冒的风险。他会离开这儿的。

伊莉丝从陡峭的楼梯上下来。她身后跟着她三姐妹中最小的玛丽欣、两个外甥女玛丽亚和悌茜,还有两个外甥女的母亲——戈贝尔家的第三个姊妹。

"德国人在找我吗?"他问道。

"噢,没有。"悌茜说,"城堡的人都走了。"

"这儿可不是个庆祝的地儿。"伊莉丝说道。他们走到楼上的一间屋子里。那是个舒适的小客厅,只有特别的人来的时候才会用到。墙上挂着几张家族肖像和夏洛特女大公与她配偶的照片。

伊莉丝去准备餐饭,其他人则聊起天来,说起了他们共同的朋友,说起了他们匆忙逃往布莱德的事情,还有他们之后沿着舒曼咖啡馆附近那条公路返回的伤心事儿,那条路沿途都是尸体。

餐饭是大分量的牛肉,甚至还有从街对面旅馆里买来的啤酒。店门口的铃铛一响,有德国顾客走进来时,克里茨都得躲起来,前前后后大概有三四次。

克里茨问到了战场的形势。

"我们不怎么清楚。"悌茜说道,"所有的人都认为美国人就在四五英里外的舒曼咖啡馆附近。"

玛丽欣的脸担心地皱了起来。"你不会想要从防线中穿过去吧?"她问道。

"我不想留在这儿让你们冒险。"

"理智点。"她不以为然道,"那样你就是拿自己的性命冒险了。你必须待在这儿。"

2

巴斯托涅的形势正在好转。疏散通道现在已经有 1 英里宽了，10 吨的医疗物品也在前一天用滑翔机运了过来。那将是第 9 空军部队运输指挥部的最后一次物资空运；通向巴斯托涅的道路现在已经相对安全了。前一天晚上，一支 62 辆车的车队送来了弹药、口粮、信件和军人服务社的商品。12 月 29 日整天，仍有物资和增援部队源源不断地涌进。

最终，巴顿感觉做好了进攻的准备；他期盼这次进攻能立即终结"突出部"。他刚刚又被派给了第 11 装甲师和第 87 师两个师。明天他将会把这两个新来的师派向北方的乌法利兹。

曼陀菲尔也打算在 12 月 30 日进攻。装甲教导师和第 27 国民掷弹兵师将会从西北向巴斯托涅疏散通道发动进攻。与此同时，党卫军第 1 装甲师和第 167 国民掷弹兵师也会从东面攻去。这把巨钳将会在巴斯托涅以南几英里处咬合，城镇也会因此而再一次被包围，以便后续的歼灭行动。

3

12 月 30 日凌晨 3 点，美军预定要攻向北方的新来的那两个师已经就位了：第 11 装甲师在巴斯托涅以西 1 英里，第 87 师则在它的左侧。

那一天会遇到什么事儿，两个师的美国兵们一点都不知道。他们知道自己是要去参加战斗，但这场战斗到底会怎样，他们却没有任何概念。第 87 师的步兵们第一次参加行动是在 12 月 13 日的萨尔，而第 11 装甲师的人则从来没和敌人正面交锋过。他们急急忙忙从英格兰被派出来，帮忙在默兹河后方的兰斯建立了最后一道防线，然后就在装备不齐全的情况下被拉到了前线。如今在黎明前的黑暗中，他们都蜷缩在散兵坑里等待着，但具体等待的是什么，他们却不知道。

第 11 师的 21 装甲步兵营 B 连的一等兵约翰·费格在自己的铺盖里辗转不安。他是排长罗伊·斯特林费洛中尉的送信兵，排长此时正在连指挥部里聆听进攻指示。

凌晨4点,费格听到斯特林费洛用南方的拖腔,正与各个班和各个排的中士们讲话。"敌军会有炮弹打来,而且会很猛烈。德国人的炮火总是比预计要来得早些,你们要让士兵们一直行进。"

费格坐起来,把铺盖卷好,然后走向炊事车。天气很冷,他来回跺着,好让脚暖和些。食物没什么味道,但他还是一口气给吃完了。不一会儿,其他人也开始四处走动。消息已经传了出去,说是他们要在早上6点,跟着第22坦克营的B连走。

早上5点30分的时候,谢尔曼坦克队伍突然就轰隆着开了过去。整个连所在地都是惊慌的叫声。第22营提前到了。人们急忙将装备都扔到卡车上,自己也爬上去。但等这个连开始上路时,坦克早已经没影了。

他们来到一个交叉路口。他们的营长是一名矮胖的中校,他站在那里,看起来不知所措。

"长官。"斯特林费洛中尉在半履带车上叫道,"坦克走的哪条道?"

中校犹豫了一下,然后往前指了指。费格的车在排里其他车辆的跟随之下,沿着那条道开了出去。透过前方石头房子之间的间隙里,他偶尔可以看到美军坦克的身影。突然间,他们的周围空无一人。炮火开始在整个区域爆发。肯定哪儿出了问题。

斯特林费洛让整个连停下来,然后用无线电联系大部队。黎明时的灰光逐渐照亮了被雪覆盖着的荒凉的郊野,一栋残损的农舍在近处闷烧。它旁边是一堆飞机残骸,残骸中间还有两具尸体。

费格还从来没见过暴力死亡的场景。这种新的体验,既恐惧又吸引人。他好奇地走到近旁。他低下头,看向第一堆黑色的东西,然后立马就希望自己从没看到过。那是一名德军飞行员,脸色煞白,眼睛里一片恍惚。他的身体已经被冻僵了,手指头僵硬发白,断掉的双腿叠在自己身下。他脚下羊毛衬里的靴子被人给拽走了,只剩下一双袜子。他制服上的口袋也被翻了过来。最让人恐怖的则是他的右手,中指被残忍地割了下来:某个美国兵想要他的戒指。

费格走回自己的履带车,胃里很是恶心。炮弹开始在更近的地方落下来,弹片从头顶上方嗖嗖飞过。他说了几句俏皮话,但却没人有心情听笑话。他们蜷缩在一起,把头垂在那0.25英尺厚的装甲板下面。

斯特林费洛就像他的名字一样,又高又瘦。他往两旁瞅了一下:"好了,我们掉头吧。"

这支队伍掉过头,向后方疾驰而去。他们一开始移动,费格就不再害怕。他站起来,发觉他们正从另一个师的队伍中穿过:那些人都是步兵,戴着第28师的"红桶"肩章。大部分人都累得像被催眠了一样,胡须浓密,步枪被随意地挂在肩上。他们看到第11装甲师的车辆往后方疾驰,脸上露出了忧虑的神情。费格看到一些人跑到他们师的车上,开始往后撤退。

队伍最终回到了交叉路口,这里混乱不堪。等秩序终于恢复后,坦克开上右侧那条路,向北驶去。半履带车在几分钟后,也跟了上去。

不久,费格就听到了75毫米炮的轰鸣声,那是他们自己的坦克。半履带车都停下来,人们蜂拥着挤下车,满心恐惧但也十分好奇。他们在山上拉成一条散兵线,费格看到树林边上数辆美军坦克在燃烧。

"上刺刀!"斯特林费洛说。士兵们手指摸索着,将刺刀安到各自的M-1步枪上。费格感到心里一阵恐惧。他们上刺刀,说明敌人肯定就在附近,随时都可能有穿灰色衣服的人从树林里冲出来。炮弹开始扑通扑通砸到山上。美军坦克开了炮,受到敌人的回击,然后就开始撤退了。美国兵们趴在雪地里,根本不知道自己该做什么。

"好了,"斯特林费洛镇静地拖着腔喊道,"上车。"

他们还从未如此迅速地遵从过哪个命令。几秒钟后,他们就回到半履带车旁,蜂拥着从车侧爬到了车上,也不管有没有压到别人。

谢尔曼坦克越过起伏的山丘,往后方疾驰而来,身后扬起烟尘和雪花。

"你们为什么要撤退?"斯特林费洛对一名路过的坦克兵喊道。

一名少校站在炮塔里,脸上一片茫然,对他耸了一下肩。

回返的道路,无可救药的纠缠与混乱。"下车,"斯特林费洛叫道,"撤!"

士兵们从半履带车上蜂拥而下,一个个更加恐慌了。他们往后方跑去,躲到一个可以作为掩体的沟壑下面。

整个第11装甲师都停顿了下来。巴顿听到这事后,愤怒地坐上一辆吉普车,往巴斯托涅地区赶来,要搞清楚到底出了什么问题。

曼陀菲尔西面的那个钳臂,目标本是疏散通道,却与第11装甲师撞了个满怀。东面钳臂的情况也是如出一辙:它撞上了35师这个久经沙场的美军步兵师。这个师哈里·杜鲁门曾经待过,是被拉来帮助把通道向右侧拓宽的。它被部署在巴斯托涅以南几英里处,然后一点一点地向自己东面的树林推进,树林里据说藏着很多德国人。黎明时分,东面钳臂的这些德军步兵发起了进攻。紧跟在他们身后的是希特勒从斯塔沃洛—李格诺维尔地区紧急派来的一个单位——党卫军第1装甲师。(这支部队当然要比派普战斗群的规模小,派普战斗群还没从之前的逃离中恢复过来。)

早上7点,希特勒的"御林师①"涌进巴斯托涅以南5英里的维耶—拉博诺村,美军35师的两个连很快就被包围了。德军的坦克和步兵发起一波又一波的进攻,却仍然未能攻破美国兵的防线。曼陀菲尔的东面攻势开始停滞下来,与这里的两个连有着莫大的关联。

上午8点,头上披着一件披风抵御晨寒的党卫军第1装甲师的师长蒙克大校,愤怒地打去电话问到底是怎么回事儿。他们这时应该已经和西面钳口接头,并把疏散通道给切断了才对。早上的浓雾很快就会散开,然后他们的坦克就很容易成为战斗轰炸机和手拿火箭筒的战士的攻击对象。消息传了回来:美军的一个师在他们之前进入了维耶村。

埃伯哈德·科施中尉是党卫军第1师装甲炮兵团的团长,他坐在自己的坦克里,急于获知维耶村的情况。他的无线电员们挤在他下面,和五名炮兵观察员取得了联系。科施随时都能叫来40组火炮的火力。

"长官。"一名无线电员说,"和维耶村坦克的联系断了。"

科施咒骂起来。他命令自己的坦克驾驶员向前行进。这辆黑豹坦克朝维耶村奔驰而去,崎岖的路面让它不住地剧烈颠簸。车上的六根天线颤巍巍地抖动着,随时都可能折断。

"你随时都能叫到炮火支援,科施。"从无线电里传来了他长官不耐烦的声音。

---

① 御林师,即党卫军第1装甲师,由希特勒的原私人卫队发展而来。——译者注

"是的，长……长官。"科施说道。坦克颠簸着，他连话都几乎说不成。

又有一个声音传过来："情况怎么样？"

"我正在探察。"科施急躁地问道，"你是谁？"

"莫德尔。"那是德军B集团军群的司令，"我想知道维耶和巴斯托涅之间现在是怎么回事儿。"

"我正在去那儿的路上，长官！"科施挂掉了电话。坦克为了躲避倒下的树木，不停地从这边蹿到那边，科施必须得十分注意着，才能避免撞到坦克的侧壁上去。

坦克终于到达了树林的边界。科施站在炮塔里。前方的空地上，德军坦克正在雪地上东拐西跑，东倒西歪，努力想躲过飞散的弹片。八辆已经起火了。小小的人影正从舱口往外逃，衣服上都着了火。

科施的车辆在头一辆燃烧着的坦克前停下来。一名年轻的中尉用手指着科施，指责道："我挨了七发炮弹！"他衣服上冒着烟，脸也被熏黑了。

科施心里很是沮丧。尽管他身后有40组火炮，却不知道该往哪儿打。电话响了起来。

"怎么样？"又是莫德尔打来的。

"局势很混乱，根本分不清是敌是友。"

科施的一名无线电员戳了一下他，说："中尉，七辆坦克已经抵达巴斯托涅的近郊，但是遭到了猛烈的炮火和步兵打击。指挥官说他坐的坦克上有步兵从坦克上跳下去，逃向了后方。"他举起一只听筒。科施可以听到有人在尖叫："该死的，快派给我些步兵！我那些该死的步兵，那些渣滓们，都跑了！"

科施接过电话："我们会尽力的。我会将你的报告转达给别人。"

"转达个屁！"

科施挂了电话。几分钟后，电话又响了。

"这儿待不下去了！"还是原来的那名坦克指挥官。"我只剩五辆坦克了，几分钟内它们就会被干掉。我必须撤了！"他的声音就像发了狂似的，"求求你们了，给我炮火支援。我宁愿被自己的炮给打死，也不想让那些该死的美国佬爬到我屁股上去。我这儿真是糟糕透了！"

科施立马命令对那个坦克指挥官的位置进行炮火打击。

电话又响了起来："他们逃了！继续下去！"

科施有点不敢继续下去了。随着大卷大卷的烟雾从战场上升腾起来，前方的局势越发混乱起来。他看到有人影穿过雪地往这边来。友军还是美国佬？

突然间，风吹向了东面，战场上的视野也开阔起来。科施看到几十辆车身带白色星星标记的车辆和数十个身着森林绿的人。

"美国佬！"他喊道。他马上将消息传到后面，给出具体的坐标方向。三分钟后，40组火炮就一齐开了火，响声震耳欲聋。战场再一次被黑烟给笼罩住了。受损的坦克在黑烟的掩护下，挣扎着撤了回来，穿白袍的步兵们也开始挖掩体进行隐蔽。

科施把坦克掉过头，向自己设于布拉斯的司令部驶去，它就在巴斯托涅以东4英里。行到半路的时候，他的一个电话响了，是一名坦克指挥官打来的。

"科施，12辆谢尔曼带着步兵刚从我的阵地穿过去。它们正朝布拉斯开去！"

"你确定？"

"我的话肯定可信。那些坦克应该是那个该死的第4装甲师的。"

"它们跑那么靠东，到底要干什么？"

科施掉转方向，向那个突破口方向驶去。布拉斯以东1英里处，他看到十辆谢尔曼坦克，它们从巴斯托涅方向来。这怎么可能？！这条路应该在一个德军师的控制之下的。他慌忙打电话告知这个信息，下令发动炮火打击。两组火箭炮开了火。他看到一辆坦克被击中了，然而其他车辆却继续前行。

"你该死的要干什么？"那是师部的参谋长，他在电话中大叫道，"你打的是我们的坦克！"

"它们是谢尔曼。"

"谢尔曼怎么可能这么靠东？立即停止开炮，来师司令部报到。"

几分钟后，科施就站在了师长的办公室里。

"你觉得自己是谁啊，科施？"师长叫道，"陆军元帅授权让我们打击巴斯托涅,但那并不是说你可以随意浪费炮弹,并且还浪费在我方坦克身上。以后你最好把你那该死的熊猫眼给我睁大了。"

屋顶突然爆炸了。灰泥从天而降,一根屋梁也砸下来。师长和参谋长躲到厚重的桌子下面。

"坦克!"门口的一名中士叫道。

科施往窗外看了一下。谢尔曼坦克就在外面。

"将军。"科施挖苦地说道,"不要害怕,那坦克是我们自己的。"

科施看到参谋们到处逃散,不禁哈哈大笑起来。他又看向了窗外。与桌子底下和自己穿着同样制服的人相比,谢尔曼坦克里的人倒让他感觉更像战友。

4

往巴斯托涅东南方 10 英里,第 26 师所在区域那天的战斗也同样激烈。詹姆斯·克莱顿的 F 连正从南面的"墓地岭"向舒曼咖啡馆发动攻击。克莱顿手抓一把注油枪①,跑到前面。枪已经上了膛,枪盖还盖着,以免尘土掉到枪膛里去。他拐过头一栋房屋的墙角。

10 英尺外,一个德国人正端着步枪,惊讶地打量着他。克莱顿扣下扳机,但却什么都没发生。那个德国人的步枪好像也出问题了。两人同时转过身,哪儿来便哪儿回了。

这栋房屋的另一侧,一些德国人双手举过头顶,正从地下室里出来。F 连的人大声说着话开着玩笑,好像刚赢得一场足球比赛似的。其他德国人也从地下室里涌出来,迫不及待地要向他们投降。

F 连猝不及防地逮住一整个连,现在正从这 105 名德军俘虏身上搜夺手表、钱包、鲁格尔手枪和勋章。

"我们走吧。"克莱顿喊道。他开始向他们的主要目标——北面的 490 山丘走去。

---

① 注油枪(Grease Gun),指 M-3 冲锋枪,因外形而得此绰号。——译者注

尽管这个长满密林的山丘只比周围的地形高出几百英尺,但它却俯瞰着从舒曼咖啡馆到维尔茨这整个区域。除了它显而易见的战略重要性之外,490山丘还是一个十分有价值的观察点。所以,必须得拿下它。

但却没人跟在克莱顿身后。"天杀的!"他叫道,恼怒沮丧得声音都有了哭腔,"快点!"

然而还是没人注意他。F连的步兵们正忙于抢夺纪念品。

临近的维尔茨,天刚开始变暗。格兰德大街上,人们正离开自己家,去寻找更安全些的地下室。德军士兵们太沉思于自己的问题了,没有发现在一小群行走于人行道上的女人中有个用铺盖盖着的美军士兵。五个女人摆动着手臂,喋喋不休地聊着天,把那名美国人护送到了攻家具店里。尽管曾隶属第28师的中士莱斯特·克里茨抗议说自己会危及卢森堡朋友们的安全,但最终还是找到了一个永久的藏身之处。

1英里外,维尔茨下城区,第28师的另一个士兵拉尔夫·埃利斯有点头晕眼花。冻僵双脚的疼痛让他几乎无法忍受,饥饿也让他备受折磨。他一瘸一拐地走到这栋彭特街房屋顶楼的窗前。他还有三个手榴弹。他要等到一辆指挥车过来,把它们给扔下去。他自己肯定会玩完,但他得拉几个德国佬垫背。他将两个手榴弹摆在地上,手中拿着另外的一个,随时准备拉动引信。两个德国佬和一男一女两个平民从一个地下室杂货店里走出来,站在了窗户下面。士兵们拉着一辆装满瓶装烈酒的小手推车,正与那一男一女争吵。他虽然不懂他们的语言,但还是被他们的争吵吸引住了。这一切都好像在看一部外国电影似的。不经意间,他把身子探出了窗外。那个女人看到了他。埃利斯把头缩回来,半昏迷地倒在了地板上。

他听到手推车被推走了,然后从楼道里传来脚步声。门开了,刚才那一男一女低下头看着他。他们说了几句话,但他听不懂他们的意思。男人个子很矮,身躯强如摔跤手,努力用手势向他表达善意。

女人则丰满迷人,有一张快活的脸蛋,向他微微一笑。她弯下身子,小心翼翼地拽下他的烂袜子,埃利斯努力回了个微笑。绿色的液体从他肿胀的双脚里流出来,那个女人脸上的微笑瞬间消失了。

这两个卢森堡人不晓得怎么,就让埃利斯相信了他们是他的朋友,而且他们稍后就会回来。天黑的时候,那两人果然回来了。他们将一件平民穿的裤子套在他的美军军裤上,又把一件外套披在他的野战夹克上。然后,他们一人一边,扶着他下了楼梯,走到街上,来到下一栋房屋门前。他先是被领着下了一串楼梯,来到一个地下室杂货店里,然后又被带到一个温暖、舒适的餐间里。

女人微笑着指着自己。"美西。"她说。

埃利斯指着自己:"拉尔夫。"

那个矮壮的男人也加入了这个哑剧:"路易斯。"

5

那天晚上在凡尔赛,艾森豪威尔明白,要想结束"阿登之战",还有很长一段路要走。他今天早些时候,收到了他好朋友乔治·卡特利特·马歇尔发来的一封国际电报。马歇尔是美国陆军参谋长,是他的好朋友兼长官。艾森豪威尔正在一遍又一遍地看这则消息:

> 他们或许有、也或许没有让你注意到几家伦敦报纸的文章,那些文章建议任命一个英国人为副司令来统领你所有的地面部队,还暗示说你承担了太多的任务。
>
> 我的想法是这样子:不管在什么情况下,都不要做出任何妥协。不仅是因为我们对你具有全然的信任,而且因为你一旦那样做,将会引发国内强烈的不满。我不是说你心里已经有了妥协的想法。我只是想让你确信一下我们对此事的态度。你一直表现得很好,你要继续下去!让他们鸡飞蛋打去吧。

一天前,蒙哥马利给他送来一封信,信中建议说把盟军在阿登地区的所有进攻力量都归于一个指挥官的领导之下。根据蒙哥马利的想法,未来成功的关键在于把所有进攻力量都集中到北方成一路,向鲁尔区突进。

艾森豪威尔有点开始失去耐心了。实际上,他有点接近于自己视为奢侉的一种情感——愤怒。

在这场战役的风暴中心附近,特洛伊·米德尔顿正乘车赶向第 11 装甲师的前进司令部,他要搞清楚他们朝乌法利兹的第一天进攻为什么遭受如此惨败。他的第 8 军目前包括第 87 师、第 11 装甲师和第 101 空降师。他和师长在里间办公室谈话的时候,他的司机一屁股坐在外面的椅子上,想睡几分钟的觉。他刚打起瞌睡,就有人狠踩了他一脚。

司机愤怒地醒了过来。"哎哟,你他妈的。"他叫道,"不知道我要睡觉吗?"然后他看到眼前的人是乔治·巴顿。

巴顿身子往后仰着大笑起来。"小伙子。"他说,"你是我今天见到的混蛋中,唯一一个知道自己要做什么的。"

3 "英勇的步兵们……"
1944.12.31—1945.1.2

1

490山丘的南侧(即美军的一侧),第26师的士兵们在寒冷荒凉的散兵坑里辗转难眠。过去的一周中,战斗几乎从未停歇过,这让他们疲惫不堪,然而他们只要一打瞌睡,从两军无主之地传来的呻吟声就会把他们给唤醒。双方一有人爬出来想帮助伤员,机关枪就立马咔嗒咔嗒响起来。在维尔茨以南这些被雪覆盖着的山丘上,战斗异常惨烈,没有人给予或期盼一丝怜悯。

克莱顿的F连仍然坚守在舒曼咖啡馆交叉路口附近的防线上。

上午6点,德军的迫击炮和火炮开始对他所负责的区域狂轰滥炸起来。然后当白天的第一抹光亮出现在山头时,克莱顿看到幽灵似的身影在树林中移动。德国人披着白色披肩,老练地向前缓慢移动,同时恰到好处地不住叫喊,既可以震慑美国人,又不至于暴露自己位置。突然间,一片白色的波浪涌了起来,大声叫喊着向F连直接冲过来。

克莱顿知道,他的F(饭桶)连肯定会从散兵坑里爬出来奔向后方的。但M-1和勃朗宁自动步枪都喷起火来,F连没有一人转身逃跑。又有一拨德军冲下山来,F连再次挡住了他们。又来了第三拨,结果还是被逼了回去。

现在第 101 野战炮兵营的炮弹开始砸向 F 连和德军的阵地之间。81 毫米迫击炮弹密集地炸落下来，轰鸣声连续不断。

克莱顿爬到第一个散兵坑前。两个胡子拉碴、脏兮兮的士兵支着僵硬的身子，正盯着几码外一堆德国人的尸体看。"你知道的。"一人若有所思地说道，"我们下次要是用上穿甲弹，肯定能打穿那边的树林。"

另一人洞悉一切地点了一下头，开始把熏黑了的弹夹往自己的弹仓里装。

克莱顿又爬到另一个散兵坑前。在那里，他们正在谈论如何才能改善自己的处境。下一个散兵坑里，一个胳膊伤得很严重的人对他的战友说："我不会走的。"

克莱顿努力想说服那个人，说严寒对他的伤口会很危险。

"德国佬随时都可能从那座山上下来，中尉。"那个人说道，"况且只是个刮伤罢了。你想让我干什么？申请一枚紫心勋章①吗？"

克莱顿什么也没说就离开了。F 连突然之间就成熟了起来。

2

那天下午在凡尔赛，艾森豪威尔正给蒙哥马利写一封信。出于军事上的必要考量，他愿意将一个美军集团军置于第 21 集团军群的管辖之下，这也是对这名英军指挥官信任的表现，但也仅是到此为止。他还说道，蒙哥马利一直预测说除非完全按照他的计划行事，要不然肯定就会失败的，这让他感到烦扰。

艾森豪威尔在信尾声明："我们如果因为主张之间不可弥补的鸿沟，而不得不将我们的意见分歧提交给联合参谋长委员会。"这将会让他感到非常遗憾，"随之而来的混乱和争论必将损害我们对一项共同事业的期盼与投入，而正是我们的期盼与投入，才让我们盟军在历史上显得独一无二。"

---

① 紫心勋章（Purple Heart），是美军的荣誉勋章，一般颁发给对战事有贡献或者于参战时负伤之人。——译者注

蒙哥马利一收到这封信，就立马坐下来，写了封回信。如果他之前的信件曾让人不快的话，他会感到十分过意不去的。可能指挥问题涉及多重因素，而他对那些都不甚了解。他承诺，无论这位最高司令做出什么决定，他都会百分之百合作。

那天下午在德国的齐根伯格，奥托·斯科尔兹内当天第二次在希特勒的野战司令部受到了接见。他的"特洛伊木马"旅在12月28日的时候，被一个步兵师于李格诺维尔给换了下来。那天早晨，他本被传唤要亲自向元首作报告。然而当希特勒看到斯科尔兹内的眼上还缠着绷带，他便坚持让他最喜欢的这名突进队员立马去见自己的私人医生施敦费克。

斯科尔兹内下午向希特勒报到时，他的伤口已经换了新的包扎。元首的一腔兴奋让他十分惊讶。

"我们现在要在东南方发起一场大攻势。"希特勒说道，然后简要地介绍了一下"北风行动"。向阿尔萨斯北部的攻势一过，阿登地区的进攻就会立即重启。

斯科尔兹内离开了会议室，此时的心情比进来时好多了；然而元首过高的兴致却让他心存疑虑，感到十分忧虑。希特勒是在自欺欺人，还是受到了莫雷尔教授注射药剂的影响？

就在那天，鲁道夫·布兰特博士告诉斯科尔兹内说，他认为莫雷尔的注射药剂和胃痛药丸具有极度的危险性。"我最近化验了一片胃痛药丸。"他说，"里面含有砷成分。我提醒了元首，但他不肯听。"

另一个德国小镇里，斯徒登特将军正在检阅冯·德·海德特战斗群幸存下来的人。有240人得以从阿登逃脱出来。他们现在站成三排，斯徒登特向他们表示感谢，感谢他们"成功而又有意义的行动"。

士兵们知道他们这次很失败，但还是欣然接受了"铁十字勋章"和14天的休假期。

一部分老兵们，比如汉斯-尤尔根·伊森海姆，则被命令去一个特别会议室里报到。他们在那里被一名热血满满的年轻军官告知，他们休假回来后，将会被派给他们在此次战争中最为重要的一个任务。"2月初，"军官说道，"那些民主国家的领导人将会在雅尔塔会面。他们以为我们不知道这件事,但你们却会来个空降。你们要干掉罗斯福、丘吉尔和斯大林。"

3

日暮时分,490山丘脚下的局势还是十分紧张。上午几轮猛烈的攻势过后,又有一条新的防线已经建立了起来,但后方梯队的人却正在做最坏的打算。所有能腾出手的人员都在南面几英里的地方挖掘突围掩体。

詹姆斯·克莱顿的F连处在前锋位置,正为应对下一轮攻击做准备。克莱顿本人并不在那里。他在舒曼咖啡馆的一栋楼里找到一架雪橇,正用它来撤离重伤人员。克莱顿现在正在返回前线的路上;这次雪橇上装载着弹药、两杆勃朗宁自动步枪和一袋子信件。

他拉着雪橇在渐浓的暮色中行进的时候,雪花开始大片大片地飘落下来。六联装火箭炮和火炮的轰鸣声也响了起来。他加快了速度,德国佬的另一轮攻势就要来了。

他到达自己用作临时指挥所的地下掩体后,被告知说通信科转过来一个电话。他被叫到电话跟前,听了简令:整个团的形势都很危险。要是大撤退的话,肯定会很不顺利,步兵连则不得不坚守到最后一人;要是要撤回绍尔河对面,师部目前只有两座军用贝雷桥可用;今晚口令是"READERS",回令是"DIGEST"。

对于新年前夕来说,这种场景很是黯淡。

披着白披风的德国人冒了出来,从山顶上传来叫喊声。克莱顿立马请求火炮和迫击炮支援。天色刚刚暗下来,几乎看不到敌人逐渐靠近的身影。F连的士兵们一直等到最后时刻,才给出了毁灭性的火力打击。

进攻的人退了回去。

克莱顿往前爬到2排的阵地上。一名中士攥着自己的一条胳膊正在大声咒骂。克莱顿一直都不喜欢这个人:他那又黑又短的八字胡,他那花哨的围巾和特殊的制服,尤其是他在营司令部拍马屁的举动,都让他很不喜欢。

"哎,"克莱顿说,"你终于有了个千金难买的伤口。退后。"他拿走中士的卡宾枪。

"屁话,中尉。"中士又把武器拽回去。

克莱顿耸了耸肩,往另一个散兵坑爬去。

第二轮攻势开始了。克莱顿的人的弹药几乎用完了,而德国人却还在不停地涌来。多亏了第101野战炮兵营的精准打击,这轮攻势才得以打退。但是几分钟后,第三轮攻势就又开始了,而且这次要强得多。

德国人不断涌上前来。克莱顿打空了卡宾枪,便开始寻找其他弹药。他看到自己的两名军士冲出散兵坑,从死的了或者快死了的德国人手中拿走武器,然后溜回自己坑里。

连的边界线已经有两处破开了。一名步兵站起来,端起自己的M-1朝两个冲过来的德国人射击,但枪却卡住了。旁边坑里一名受了伤的战友将自己的卡宾枪扔给他。那名步兵接过枪,向拿着刺刀冲来的德国人啪啪啪来了几枪。两名披着白披风的人倒在散兵坑边,死掉了。

克莱顿的电话响了起来,是副师长哈伦·哈特尼斯将军打来的。"情况怎么样?"他问道。

"我们很忙,长官。"

"他们会突破进来吗?"

"很难说,将军。"

"嗯,电话别挂。要是德军突破你们,我们需要立即知晓。你明白吗?"

"明白,长官。"尽管克莱顿急于跑回前线看情况到底怎样,他还是待在了电话跟前。又有一波德国人从山上冲下来。克莱顿切断与师部的联系,给营炮兵联络官打去电话:"给我炮火支援,要尽快。"他要求把炮弹打到边界线附近。

"我的老天。"炮兵军官说,"我不能这样做!超过了炮火安全线。"

"去他妈的安全线。我让打哪儿,你就打哪儿。"克莱顿愤怒地说,"这是我们唯一的机会。我们在散兵坑里,德国佬可不在。"

几分钟后,己方的炮弹在F连几码之外爆炸开来。美国兵们那里雪花和泥土飞溅,而德国人由于没有任何遮蔽物,被散乱开来的弹片弄得死伤惨重。其他幸存的人转过身,跑回了山上。

这时周围如死一般的寂静。克莱顿爬到前面。他的人还没从刚才那阵猛烈炮击中缓过神来。但他们之中只有一人受伤。那人的屁股被一片弹片给轻轻刮伤了。

克莱顿的电话又响了起来。

"我们干得怎么样?"一个焦虑的声音问道。那是 B 炮兵连打来的。

"我的人只有一个被你们打中了。"克莱顿说,"他把屁股翘得太高了。"

电话对面的人似乎舒了一口气。

"F 连感谢你们了。"克莱顿说道,然后挂掉了电话。

很快,他就爬到最靠前的散兵坑里。尽管天很暗,但还是有光从雪地上反射回来。他面前尸横遍野,尸体奇形怪状地瘫躺在地上,已经冻成了冰雕。五个身着白色披风的人躺成一排,被定格在了逃跑的那一瞬。那轮炮击打中了德军的一个机枪小组,他们当时还背着武器和设备。

黑色的身影从 F 连的防线溜出来,四处搜集轻型武器和弹药。两名美国兵把一个德国人的尸体往一棵树的分叉处上挂,当作对以后攻来的人的警告。克莱顿没有去拦阻他们。前一天晚上,那个排的人曾偷偷溜出来要帮助一个受伤的战友。他们一碰到那个伤员,就发生了大爆炸——伤员被安下了诡雷。

一名受了伤的德国人被带到了这个连的防线里面。他脸色发黄,眼睛瞪得溜圆,头骨的顶部已经被炸掉了。克林顿明白审讯他也是没有用的,便数了数周围的人。他现在还有 40 个人。他爬向 2 排,想看下那名蓄着八字胡的中士怎么样。

中士躺在自己的散兵坑里,已经死了。他的嘴巴还张开着,小八字胡已经被冻住了。克莱顿慢慢地爬回自己的地下掩体。

一名炮兵正在里面等着他。他递给克莱顿一个大纸袋。

"这到底是什么?"克莱顿打开袋子,里面盛满了甜甜圈。

炮兵咧开嘴得意地笑道:"B 炮兵连祝 F 连新年快乐。"

4

就在午夜之前,德军八个师从齐格菲防线的阵地里气势汹汹地冲了出来，向阿尔萨斯北部边界附近的美军第7集团军发起攻击。意图将盟军注意力从"突出部"引开的"北风行动"开始了。

在北面的阿登地区，午夜的钟声一敲响，猛烈的炮火就突然爆发开来。乔治·巴顿下达了命令，所有能用的火炮都要开炮迎贺新年。

巴斯托涅南边、巴顿炮击声的听觉范围内，红十字会工作人员弗兰·奥尔登正在一个修道院里庆祝新年前夜，她已经有了八个月的身孕。修道院现在是第16野战医院，隶属于第6装甲师。第二次巴斯托涅之役的伤员们连续不断地来到这里。除了红十字会常规的工作外，她还会给伤员脱衣服，给他们洗澡、刮胡子，还在手术时做助理。无论多么血肉模糊，她都没有丝毫避忌。这些日子是她生命的高点，她还从来没有这么能干过。

至今为止，她还没有告诉任何人她已经在英格兰结过婚了，因为她知道，那样子的话她就不得不离开欧洲战区了。多亏了她的身高、挺拔的身姿和改装过的艾森豪威尔短夹克，她的身体状况才一直未让人发觉。深夜的时候，她丈夫肯·奥尔登完成自己第6装甲师的任务后，便会来到医院里，劝她去巴黎好好休息和调养。她总是能找借口敷衍过去，先是说不能在圣诞节派对前离开伤员们，现在又说新年前夜的派对她也不能离开。

那天晚上，弗兰在大修道院二楼的祈祷室里弹钢琴，能走动的病人们则跟着在唱歌。音乐声飘过走廊，传到那些卧在床上的人的耳边：《友谊地久天长》《老磨坊溪水边》《苹果树下君莫停》《白色圣诞》。

低沉的炮火声从远处的巴斯托涅之役传来，也在与之合奏。

派对结束后，院长开玩笑地问道："你和肯打算什么时候结婚啊？"

她把戴在脖子上的链子给他看了一下，结婚戒指就穿在上面："我们已经在英格兰结过婚了。再有一个月，我就会迎来我的第一个孩子了。"

他先是很惊讶，然后就生气起来："那你来这儿是要干吗？吃着干冷的口粮，天天工作二十小时，处理最难办的事情？"

"我热爱这份工作。"

"但你为什么要冒这个险？"

"要是你有机会和你爱的人在一起，你会冒这个险吗？我待在这里，也没损害任何人任何事。我的工作没做吗？"

"做了……"

"你不能在这个时候让我离开。再给我一星期。"

一名护工把一个要做手术的病人推进来,从他们旁边走了过去。一块弹片从这名病人的心脏上擦了过去。那天下午弗兰用了整整一个小时来平息他的恐惧。他还没到19岁,脸色发白,上面写满了恐惧。"弗兰,"他说,"你答应过我的,要在他们手术时握住我的手。"

"不要担心,我马上就进去。"她用询问的目光看向院长。

"噢,行吧。"他犹豫地说,"但你下周必须离开。"

弗兰赶到了手术室里。

在柏林,正好1月1日凌晨0点5分的时候,阿道夫·希特勒对着麦克风喊了起来,声音虽然刺耳,但却自信满满:

> 无论情况如何,我们的人民都决意取得战争的胜利……我们将会摧毁不与这个国家并肩战斗或者甘愿沦为敌人工具的每一个人……全世界都必须知晓。因此,这个国家将永远不会投降……德国将会如同凤凰一样从城市的废墟里重新升起,将会成为20世纪历史上的一个奇迹!
>
> 此时此刻,作为大德意志的发言人,我郑重地向全能的上帝承诺,即使在新年这一天,我们也会忠实且坚定不移地完成我们的职责。我们坚信,胜利终究会来到它的身边,只有它——我们的大德意志帝国——才最配享有最终的胜利!

5

"突出部"以南100英里发起的新攻势"北风行动",并不是希特勒于新年这天送出的唯一意外。

德国空军的战机飞行员并没有像往年一样,彻夜地庆祝新年前夜。相反地,他们早早地就被命令上床睡觉去了。

1月1日早上5点，他们就被叫醒了，并被下达了简令。每一架能飞的战机都要起飞，以竭力摧毁盟军在西线的空中力量。这次攻击由戈林和希特勒亲自设计，叫作"赫尔曼行动"或者"重拳行动"。每名飞行员都被派给了某个特定机场的特定目标，不允许有任何偏离。如果这个周密的方案能够完全准确地执行，盟军空军将会遭受毁灭性的打击。这些飞行员中的很多人都只有几个小时的单飞经验，但他们还是特别的兴奋。他们终于要发动进攻了。

上午7点45分，超过1100架的Fw190型战斗机和Me109型战斗机呈四个大编队从白雪皑皑的机场飞了起来。他们在容克-88轰炸机的带领下，关闭一切无线电通信设备朝阿登地区飞去。到了莱茵河的时候，带路的几架容克轰炸机掉头返回，而这些没有经验的飞行员则在有色烟雾、探照灯光和"金雨"照明弹的指引下，继续前进。

四大拨飞机突降至极低的高度，不久就以树梢高度在阿登地区飞行起来。这样一来，敌方的雷达将会没有任何用处，突袭也将疏而不漏，造成极大的毁灭效果。

早上7点45分，在比利时阿申，第487战斗机中队的队长约翰·梅耶中校从作战室里走了出来。他刚刚荣升为欧洲地区最优秀的美军王牌飞行员。由于昨天击落了一架喷气式Arado-234型轰炸机，现在被发给了一架35J2型敌方战机作为奖赏。

他的12架飞机按计划要在圣维特上空进行拂晓巡逻，现在还在等待太阳将浓雾驱散。他走到食堂里，迅速喝了杯咖啡，然后就赶回了跑道上。浓雾从东往西已经开始消散了。

"能飞了。"上午8点5分时他终于对属下的人说道，"记住，这次巡逻还和往常一样。"他爬进自己的P-51"野马"战斗机"佩蒂"里面。他的地勤组组长还如往常般忧虑，又最后做了一次检查，宛如一位要在暴雨天把孩子送往学校的焦虑的母亲。梅耶在滑行的时候，看到机场远端飞起了高射炮弹。

他打电话给马迈特控制台："有发现什么吗？"

"没有，什么也没有。"雷达预警站回答道。

梅耶加大飞机的马力。但它还没来得及从跑道上起飞，前方就传来轰鸣声。一架 Fw190 型战机以树梢的高度向"佩蒂"飞驰而来。梅耶知道,自己连一点机会都没有了。

但那架 Fw190 型战机却突然拉升起来,来了个跃升转弯半滚倒转动作,然后攻击了一架停在跑道边的空的 C-47 军用运输机。

梅耶惊讶于自己的好运,飞向空中。他飞机的轮子还未完全收起,他就爬到刚才那架 Fw190 型战机的后面来了个点射。德军飞机爆炸开来,飞旋着坠毁到地上。

梅耶身后,中队的其他飞机也都拉升起来,向成拨成拨的德军战机发动攻击。梅耶看到德军的战机到处都是,天空中的目标特别多。他选了一个,这次还是一架 Fw190 型战机。但每当他锁定那架 Fw190 型战机的机尾时,己方的地面火力都会从自己"野马"的机翼附近喷射起来。他驾驶舱前方突然出现一个空区。他决定不从后方,而以二十度偏角进行射击。他最终逼近那架 Fw190 型战机,用剩下的所有弹药摧毁了它。

到了上午 10 点 30 分,所有的一切都结束了。这次突袭是如此的疏而不漏,以至于盟军从布鲁塞尔到艾恩德霍芬的 27 座空军基地全都被摧毁,还有将近 300 架盟军飞机被击落。

这次"重拳行动"虽然取得了极大的成功,但却也是自杀行为。德军有 300 名飞行员都送了命,其中包括 59 名军官。德国空军现在已经瘫痪了。

6

那天上午,巴顿饱含深情地对他的士兵们下达了当天的命令。他在结尾时说:

> 我找不到更合适的语言来表达我的感情,只好用斯科特将军当年在查普特佩克①时的不朽话语:英勇的步兵们,久经沙场的老兵们,战火和鲜血给予你们洗礼,你们却越发刚强。

---

① 查普特佩克(Chapultepec),墨西哥城市。——译者注

第11装甲师的这些新兵们已经经历了冰与雪、战火和鲜血的洗礼。他们现在正站在舍诺涅附近的半履带车旁边，边吃东西边使劲跺脚取暖。他们的目标和昨天一样，都是舍诺涅。

有人说道："用这种方式来开始新的一年，真是糟透了。"

一等兵约翰·费格吃了一半自己的那罐C级补给，就把它给扔掉了。昨天晚上，他和他的搭档吉姆·卡斯特不得不挖了三个散兵坑。他们这时已经筋疲力尽了。

卡斯特也没在吃东西。"我们两个，今天会有一个死在这儿的。"他说。

费格被他朋友平静的语调给吓了一跳，他努力想把它当作笑话一笑而过。然而卡斯特却又重复了一遍："我们两个会有一个死在这儿的。"

中士们把士兵们都聚集了起来。进攻舍诺涅的准备工作差不多已经做好了。半履带车、坦克歼击车和医疗吉普车都集结在了步兵们身后。

费格感觉自己比昨天还要难受。医疗吉普车给他一种不安的感觉。他一直忘不了卡斯特说的话。

后方响起了沉闷的轰隆声。炮弹开始砸向舍诺涅，好为进攻做准备。坦克都在山丘背面就了位。费格和其他步兵开始在坦克后方拉成一条散兵线。B连今天打头阵的是2排和3排。费格的那个排由于昨天受到重创，今天留在后面充当预备力量。

卡斯特用胳膊肘轻推一下费格，他那张年轻睿智的脸上布满了忧虑："我们要待在一起，算是互相照顾一下吧。"

费格紧张地点了点头。

斯特林费洛中尉来到这两人身边，他那瘦高的身躯因为劳累而有些弯曲，说："紧跟着我，小伙子。我快没力气了。"他把步话机递给费格。

坦克的轰鸣声和中士们的叫喊声混杂在一起，进攻开始了。坦克和兵士们爬上山顶，然后顺着山的另一面跑下去。

村庄里立马就爆发了回击。整个山丘上的士兵们都在呼喊："医护兵！医护兵！担架！"

德军的迫击炮弹落在冲出去的人身上，卡斯特和费格把伤员们运回山这一边。然后随着上午时光的流逝，预备排已经和连里的其他人都混在了一起。两人已经身处这场攻势的中心，正在舍诺涅的街道上跑。

机关枪声从右侧某处响了起来。一发子弹擦过费格的拇指，击中了他步枪的上护手。他转了个身，摔倒在地上。

"起来！"副排长指着前方30码处的一栋房屋，对他喊道，"子弹就是从那里来的。你和卡斯特上去，扔几个手榴弹到房子里。"

两人跑到前面，蹲伏在房子的墙根。卡斯特把手榴弹扔向上面的窗户，结果砸到窗台上，弹了回来。卡斯特立马趴在雪地上。手榴弹在10英尺开外爆炸开来，但碎片却飞了起来。

卡斯特颤抖着站了起来，没有受伤。他勉强向费格笑了一下。

费格扔出自己的手榴弹，结果也掉了下来。他跑进门道里躲避。

"回来。"弗格森中士叫道。两人一跑开，一辆谢尔曼坦克就向房屋开炮。

费格躲到壕沟里后，便往四处看，寻找自己朋友的身影。卡斯特却不见了。费格喊："吉姆去哪儿了？"

中士指了指树篱，一个身影就躺在它下面。费格向那边爬去，对两侧飞过的机关枪子弹不管不顾。

卡斯特仰躺在地上。他的眼睛呆滞，好像在盯着非常遥远的地方。他的牙齿突出在外，脸上的皮肤拉紧着，看起来一点都不像他认识的那个吉姆·卡斯特。

房屋现在已经被坦克轰得燃烧起来。

"他们从地下室里出来了。"谢尔曼坦克里的一人喊道。壕沟里的士兵们都站了起来，把武器拿在手中。费格第一次真正想要杀人。

全身灰色的士兵从房屋里涌出来，被烟雾呛得喘不过气来。跑在最前面的是一个医护兵，他一边挥舞着红十字会旗帜一边大声求饶。六七杆M-1步枪噼里啪啦一阵作响，医护兵趔趄一下，倒在了地上，躺着一动不动了。地下室里传出了惊恐的叫喊声和尖叫声，里面的人都要窒息了。德国人一跑出来，就被击倒在地上。不一会儿，一圈尸体就围在了门口。

女人和孩子发了疯似的从地下室里冲出来，美国兵们停止了射击。那些比利时人一看到美国人拿枪对着他们，就都挤在墙边，以为自己也会被射杀。几个人受伤了,美国兵们必须强制按住他们才能给他们包扎。

女人们终于意识到,野蛮的"山姆"是不会杀她们的。她们欢欣雀跃起来。然而当炮火声又响起后,她们对美国人又不放心了。她们抱起自己哭泣的孩子,穿过草地跑到了林地里。

舍诺涅全村的德军都开始投降了。费格看到一栋石屋旁,有一面白旗挥舞。然后,一人勇敢地站了出来。"来这边。"费格喊道,摆了一下手示意他上前来。那个德国人身后还跟着十几个人,他们疲惫地沿路往前挪步。不久,60多名俘虏站成了一排。

"换个地方,"一名中士说,"树林里其他人会看到的。把他们带到山那边去。"

费格知道,这些人将会被射杀。已经有话传下来了,说是不留任何俘虏。他看着一些志愿者押着俘虏走到村外的田野里。他转过身,跑到那辆放有一罐C级补给的半履带车前,试着用排气管把这罐东西给化开,但是发现太难办,最终还是放弃了。

有话传过来了,说要继续朝那条重要的巴斯托涅—马尔什公路方向进攻。他走到路上。那60名俘虏不久前走的也是这条路。他们无生命迹象的黑色躯体,就躺在路旁那白雪覆盖的田野里。

一辆吉普车往山上奔来。吉普车司机是一名军官,他对费格前面的一个人喊叫着说了些什么。那人转过身子:"你听到了吗?有人搞错了。我们应该留下俘虏的。"

费格没有回答。他又回头看了一眼雪地中的60多个小丘。

7

第二天上午,第26师被命令拿下490山丘。

早上5点,营长讲着话,但到了F连的詹姆斯·克莱顿的耳中,却只是一片嗡嗡声。他晃晃头,又掐自己几下,好让自己保持清醒。

"进攻会在清晨6点开始。"营长说,"我们营的目标是490山丘上的制高点。"

克莱顿和 E 连连长都对进攻表达了强烈抗议。他们各自的连都只剩下一个排的战斗力；士兵们由于浸渍足①疾病、寒冷和极度的劳累而备受折磨。但 G 连却没有表达任何异议。几天前，G 连连长崩溃了。那名优秀的军人，拒绝带自己的人——他坚持那么认为——去送死。那支队伍也随之土崩瓦解。

营长明白，自己手下人的状态是完全没法进攻的，然而上头已经下了命令，让他立即拿下 490 山丘。"E 连、F 连以及 G 连的残部，你们沿巴斯托涅主干公路右侧，向 200 码宽的战线发起进攻。"他说，"1 营的 C 连将会从舒曼咖啡馆的房屋开始，沿道路左侧进攻。克莱顿，你带头进攻 490 山丘，E 连和 G 连会在你右侧。有什么问题吗？"

两连长把自己裹得严实些，走到了寒冷的外面。

"我不会有所保留的。"克莱顿说，"我会尽量把人都送上前线去。"

"我也是。"

两人互相祝了好运，就返回了各自的连。克莱顿将自己剩下的几名军士叫在一起。数个无眠的夜晚和不住的炮火声让他们头昏脑涨，他不得不将命令重复了三遍。为了保险起见，他又让每人把命令给他背了一遍。

上午 5 点 30 分，舒曼咖啡馆交叉路口，克莱顿让 F 连的人沿公路右侧排成一排。他可以看到公路对面 1 营模糊的身影。自己有个坚实的左翼，这让他感到很是欣慰。他的士兵们半睡半醒地站着，头不住地往下点，劳累得连周遭的寒冷都感觉不到了。

上午 5 点 45 分，震耳欲聋的轰隆声响了起来。第 101 野战炮兵营的全部火炮突然开炮。炮弹虽然只是从头顶飞过，没有任何危险，但还是让人生发出一种敬畏感。

上午 6 点，炮火声停止了。从前方被轰击了的树林中，传来德军伤员的尖叫声和呻吟声。克莱顿带头发起了攻击，惊讶地发现几乎每棵树都折断成了人腰的高度。才开始的 150 码都没什么事儿，然后突然间，机关枪和步

---

① 浸渍足，又名战壕足、海船足，是由于双下肢长期静止暴露于寒冷、潮湿环境中，局部血液循环障碍引起的一种非冻伤性组织损伤。——编者注

枪就喷射起来。克莱顿旁边的两个人倒在了雪地上。

道路左侧的情况更加糟糕。1营C连的人被敌人的火力给截在了开阔地带。

突然间,在空地远处的边沿,也就是490山丘的山脚,一辆德军的自行火炮把鼻子凑了出来,贴着地面喷射出毁灭性的火力攻击。然后,又有一辆自行高射炮出现在那门火炮旁边,用它20毫米的多管炮向F连扫射。

克莱顿往前冲过去。他感觉身上有一种奇怪的麻木感,但却没意识到自己被打中了。他只知道必须得做点什么,来对付那辆自行火炮。自行高射炮又咆哮起来。克莱顿发现自己跪在地上,周围被一团烟雾笼罩;他踉跄着站起来,然后又倒了下去。他感到自己被翻了个身。洛夫正一脸严肃地盯着他看。

克莱顿坐了起来。野战夹克的一半都被炸掉了;一条裤腿也被挂了下来,他右腿上面特别光滑,好像被一名专业理发师给修理过汗毛一样。

"你还好吗?"洛夫问道。

"当然。"克莱顿眨眨眼,然后晃下头来整理思绪,"我回我的连,你去叫坦克。我们必须干掉那辆该死的自行火炮。"

洛夫不想离开,但他知道,和克莱顿这样的人争论是没有用的。他在舒曼咖啡馆找到两辆坦克,给它们指了指自行高射炮和自行火炮的位置,然后再次向490山丘跑去。F连正在挖掘工事,他看到一人正从容不迫地穿梭在各个坑之间。那是克莱顿,他的两耳都在出血。

"趴下!"克莱顿叫道。

然而克莱顿的脚步却没有停下来。他继续催促自己的兵士,然后忽地踩进一个弹坑,消失在视线中。洛夫发现克莱顿时,他身体半趴在弹坑外,已经失去了意识。这名中士把中尉扛在肩上,踉跄着回到了舒曼咖啡馆。

对于克莱顿来说,这场战斗已经结束了。但490山丘还在德军的掌控之下。

8

在巴黎,麦考利夫在巴斯托涅时给德军的回复让法国人不知所云。法国通讯社那天傍晚宣布自己已经解决了这个问题。"扯淡!"的意思就是,"Vous n'etes que de vieilles noix."——即"你只是扯淡罢了。"

麦考利夫此刻正在斯克里布饭店里休息,这是盟军记者的大本营。他刚参加完一天的新闻发布会。他坦率友好的谈吐举止赢得了记者们的心。他性格平易,很容易相处;他的青春与活力与卜周的阴郁气氛相比,让记者们大为轻松。

因此,新闻报道的语调也已经开始自信起来,甚至还有些许自吹自擂的意味,暗示说"阿登之战"差不多要结束了。

在柏林,巴斯托涅的局势,以及麦考利夫一个词的回复都让希特勒大为恼火。他刚刚命令冯·龙德施泰特要不惜一切代价立即拿下这个城镇。

龙德施泰特这时正用电话和莫德尔交谈。"你必须继续对巴斯托涅进攻。你的伤亡有多大,我不在乎。元首坚持要你包围那座城,摧毁掉它。他想让你从西攻向东南,或者从东南攻向西北。"

"这不可能。"莫德尔抗议道,"巴斯托涅东南方,敌人的势力太过强大,那块儿的地形也不适合坦克行进。要不我让第9装甲师从北进攻,让党卫军第12装甲师从东北进攻,让元首护卫旅从东进攻?"

这个建议被转达到元首耳中。希特勒考虑了一下这个变动,然后同意了。

4 拿不准的战斗

1945.1.3—8

1

1月3日清晨,阿登大部分地区都被低低的浓雾所笼罩,冷雨中不时掺杂着些飞旋的雪花。尽管盟军机场上天气阴郁,阿登地区的人们心里还是有着些许兴奋和希望。今天是期盼已久的全面反攻的日子。美军的两个集团军和英军的一个军已经摆好了进攻的架势。

上午8点30分整,第1集团军向"突出部"北肩中部25英里宽的战线发起了攻击。

"闪电乔"柯林斯的第7军挑起了这次进攻的重担。它曾为了阻挡纳粹军队,分别在马奈、奥通、马尔什和塞勒等地苦战,这次已经进行了重组并重新配置了武器。哈蒙的第2装甲师沿巴斯托涅—列日公路的西侧行进,坦克上搭乘着第84师335步兵团的人。第84师剩下的两个团和第75师的290步兵团则跋涉在齐膝高的雪地里,紧随其后,他们的任务是巩固成果。与此同时,这条公路的东侧也在进行着一场相似的进攻。罗斯的第3装甲师附带着第83师的330步兵团,也在向乌法利兹而去。他们身后是第83师的其余部队。

柯林斯那个军的东面,第18空降军的第82师正在雪地中跋涉,保护第3装甲师的左翼。

与此同时,英军第 30 军在中将布莱恩·霍洛克斯爵士的指挥下,正用曾参加过诺曼底空降的第 6 空降师这支部队,对"突出部"的西端点发动进攻。而巴顿则从南面继续向乌法利兹行进。

这自北、自西和自南的三重进攻部队,以狂怒之势攻去。德军在各个方向都做出顽强的抵抗,他们雪地上退后的每一码,都伴随着彼此的巨大伤亡。如往常一样,他们充分利用地形进行隐蔽。

盟军前进速度十分缓慢。这场浓雾不仅让空中支援变得不可能,而且减小了火炮的使用范围。在结了冰的小道和大路上,坦克和自行火炮不停打滑,经常会撞在一起,然后整支队伍就不得不停下数个小时。

上午刚过一半,形势就很清楚了:前往乌法利兹的路途是不会平坦的。

2

午后刚过不久,巴顿这边的情形就变得更糟了。德国人意外地在巴斯托涅以北 5 英里的隆珊普附近发起了攻击。

下午 1 点 10 分,第 101 空降师 502 团 D 连的指挥所里电话响了。

"我听到了些动静。"劳伦斯·席尔瓦中士从他的哨岗报告道。几分钟后,他又打来了电话:"我看到 14 辆坦克,从康泊涅沿路而来。它们有 18 辆!不,20 辆!"

希特勒对巴斯托涅这个突出部位,正式发起了大规模进攻。

"其他的我也没法跟你说了。"席尔瓦闷声闷气地说道。

"为什么?"

"坦克就在我散兵坑上面。我现在趴在地上。"

德军坦克以席尔瓦的散兵坑为支点转动了几下。但坑太深了,地面也因为严寒而被冻得特别坚实,它没办法压住这名伞兵。坦克便直接停在坑上面,让发动机继续"轰隆",散兵坑里很快就涌进大量的一氧化碳。几分钟后,席尔瓦就死了。

截止到夜幕降临时分,尽管已经付出了惨重的代价,巴顿在巴斯托涅地区的战线和早晨相比,几乎还是没有任何变化。他是既失望又懊恼。

战场对面,德国人也流下了大量鲜血,但曼陀菲尔的战线也是毫无变化。他也感到十分失望。

他们两人都没意识到,今天发生的是一场罕见的军事事件,一场大规模的遭遇战:两方的攻势迎头撞在了一起。

往东南 10 英里,巴顿向维尔茨的攻势也停滞了下来。490 山丘那天晚上还在德国人的掌控之下。

F 连从战线中撤出来,进行休整。在黑暗中,詹姆斯·克莱顿那个连的残部朝诺特乌姆走去。几天前,他们还有 176 人,如今只剩下了 27 人。

营部的德·罗勒中尉带着他们撤了出来;他们的最后一名军官克莱顿,如今正躺在一个野战医院里。这支衣冠不整、饱受战火的队伍从营指挥所前走过,没有人出来给他们送行。

德·罗勒站在旁边,看着 F 连朝后方走去。他心里很是气愤。他们中的每个人都是英雄,但却没有一人出来欢迎他们,或者给他们说句"干得漂亮"。

他耸了一下肩,走进温暖的指挥所里。

3

1 月 4 日对盟军来说,又是一个糟糕的日子。蒙哥马利自北和自西的攻势因为雪、冰和敌人的顽固抵抗,几乎完全停顿了下来。

巴顿那边的进展则更为微乎其微。那天早晨当他们部队重新向北面的乌法利兹进发时,曼陀菲尔也再次重启了对巴斯托涅地区的大规模攻势。

德军最为猛烈的进攻发生在城区东南 5 英里处。在这里,德军有一片粗短的手指状密林区域,夹在巴斯托涅和维尔茨之间。英军第 6 装甲师就顶在这片区域的指尖,受到异常凶狠的打击,而不得不往后退却。这是这个师在诺曼底登陆后的首次退却。但到了下午 1 点,德军的进攻已经平息下来。师长罗伯特·格罗少将认为,这个时候进行撤离是没有危险的,应该把部队有序撤到一条更容易防守的新防线上。他命令从下午 3 点开始撤退。

完全出于偶然地,下午 3 点刚过,战场上最令人胆寒的一个行动也正好开始了。美国人才开始撤退,德国人就出乎意料地重新发动了进攻。

日暮刚过时的黑暗又给这次撤退增添了几分恐怖感。浓密的树林、孤寂的小径甚至空旷的田野都让人心生恐惧。一些人,特别是那些新增补的、还未找到知己战友的人,一路惊慌失措地往回跑。其他人则稳着步子一点点往后撤退,让德军每前进一步都付出相应的代价。

而那些德国人呢,他们的坦克和兵士们都伪装成白色,以一副胜利者的姿态往前冲。尽管他们又饿又冷,补给和弹药也都不多了,但士气却很高昂。

A装甲战斗群的约翰·海因斯上校正不遗余力地布置自己师的右翼,这片区域目前形势最为严峻。他下令把反车辆地雷埋在公路沿线,带有绊发线的照明弹也被随意散落在破碎的防线沿线。照明弹一旦被触发,将会立即发出警报并暴露敌人的行踪,但却不会让任何往回撤的美国兵身亡。

前线逃回来的人,带回了令人心惊的报告。许多魂不守舍的逃难者声称,有些单位被整个地截住消灭了。在后方的师部,格罗将军对自己伤亡多少并没有什么清晰的概念。但他知道,今天是他第6装甲师有史以来最惨的一天。

第6装甲师的撤退并不是乔治·巴顿在前线唯一开倒车的地方。毕竟这场残酷的遭遇战还处在它的顶峰期,整个巴斯托涅前线都受到德军的猛烈攻击。阵地在城西几英里的第17空降师今天是第一次真正参加战斗,他们的伤亡尤其惨烈,有几个营损失了百分之四十的人员。

巴顿在美国将领当中,通常都是最为乐观的,但如今的他情绪却很是低落。那天每失去一个人,都给他心理上增加一层沉重的负担。他坐在桌前,在日记中写道:"这场战争我们还是有可能失败的。"

然而在前线,一件奇怪的事情在深夜的时候开始发生了,那时正值伤亡最为惨重的时刻。将士们停止了逃亡,开始挖掩休作战。他们心中的恐惧正被愤怒所取代。

在第6装甲师被突破区域的后方不远处,此时约翰·海因斯上校人在一座石头房子里,里面还有一些从前线逃难回来的人。他们正给自己冻住的手枪和冻僵了的身体解冻。

一个脸上沾满血迹和尘土、眼睛中满是愤愤不平的人说道:"我曾经怀疑过我来参军的意义。我与德国佬们没有什么私人恩怨,尽管正是因为他们,我才不得不住在寒冷的散兵坑里。但今天我算明白了。我现在想杀光世上所有的德国佬。你们知道为什么吗?为了保住我自己的小命。"

4

阿登地区的美国兵已经变了个样子。

曾经,美国兵性情温厚,粗枝大叶,极度自信,自从诺曼底登陆后取得了一个又一个胜利;他以为自己会穿好、吃好,也会被调遣有方;自己的装备比敌人先进,他觉得这点再平常不过了。但这一切如今都已经消失不见了。自从12月16日以来,那些被视为理所当然的压倒性空中支援和空中掩护,他几乎就没见过;他的衣服无法御寒,靴子成了个滋生浸渍足病的陷阱;他的坦克数量少于敌军,机器经常被寒冷、积雪和地形弄得无法动弹。

他又冷又饿。他刚刚进行了一系列屈辱的撤退,恐惧已经渐渐地蔓延到战线后方。他尝到了失败的滋味。

然而从这些惨痛的教训中,他也学到了些东西。这些东西如今已经开始使他受益。在这个美国人第一次于冬天打的重要战役中,他知道了伤员在零摄氏度的寒冷中很快就会死亡。他几周以后就知道了,寒冷是个活生生的敌人,他必须与之斗争。

医护兵们学会了把冻住的吗啡注射器塞在腋窝下,学会了把血浆放在卡车和吉普车的引擎罩下。步兵们从毯子上截下四片过大的布料,把它们缝合成两只连指手套,来预防手冻伤。浸渍足病——与子弹相比,让更多美国人倒下的病,则被用毛毯料制成的暖筒打败了。夜晚的时候,将士们把浸湿了的军靴和袜子脱下来,按摩会儿双脚,然后再把这些毛毯料的"暖筒宝贝儿"给穿上去,最外面再套一双套鞋。

他们学会了怎么把袜子和鞋子弄干:先把鹅卵石在罐头里烧热,再把烧热的鹅卵石塞进湿袜子和湿鞋子里面。

他们知道了,普通的野战夹克几乎抵御不了阿登地区的刺骨寒风。毛毯料被作为衬里缝在了夹克里面。

他们知道了，两件毛衬衫与一件衬衫加外套相比，保暖效果相同，但却没有那么笨重，更适合打仗。然而衬衫却每天晚上都得更换，那件贴身的、即使天气再冷也会被汗浸湿的衬衫得脱下来，挂起来晾干。

他们知道了流浪汉和萧条时期的人们早就明白的事情，即纸张是很好的绝热体。几张夹在胸口衬衫之间的报纸可以缓解最凛冽寒风的威力。

他们也学会了穿稍微大些的鞋子和套鞋；太紧的话，血液循环会受到抑制，立马就会染上浸渍足病。他们会把纸张垫在鞋子和套鞋之间，这是猎人已经使用良久的小技巧。这层纸不仅固定住了不合脚的鞋子，而且保留住了身体的热量。

他们学会了用"火把"来加热食物。酒瓶里先装满燃料，然后再插根捻成芯的布条。

明尼苏达州人和缅因州人早就知晓的一些有关寒冷的知识，传给了来自阿拉巴马州和得克萨斯州的人。冻僵的脚指头、耳朵和鼻子要轻轻摩擦，来促进循环。老妇人拿雪在这些冻僵的部位摩擦来治疗的办法，经常会导致坏疽。手如果冻僵了，无法扣动扳机，就要放在腋窝下。许多人在寒冷的散兵坑中度夜时能够生存下来，都是靠用毛毯盖住头部，使得自己呼出的温暖气息没有跑掉。

美国兵们学会了不吃雪，除非是少量进食。要不然他们的肚子就会受寒的。坦克兵知道了，他们最好的朋友卡尔瓦多斯酒是自己在严寒中最大的敌人。酒精会把身体的热量带到体表，让热量散失，身体变冷。

他们知道了，冰冷的金属带到室内时会出汗，再带到外面时会立马被冻住。因此所有的武器和弹药都被放在了室外，只要注意别放在下雪的地方。

他们也得到了些大教训。他们的坦克需要刷白，要能混入雪地当中；他们应该打扮成万圣节鬼魂的样子，披上白色的床单。

机械师们靠着美国佬的聪明才智，很快就学会了怎么让他们的坦克在零摄氏度以下的气温条件下行进。坦克车上没有橡胶履带时，就把大的金属防滑钉焊接在金属履带上，来征服冰和雪。

然而，最大的教训还是从敌人那儿获得的：他们学会了恨。马尔梅迪屠杀的消息,斯塔沃洛、特鲁瓦蓬和班德三个地方平民被杀戮的消息,从一个人的耳中传到另一个人的耳中,从一个作战单位传到了另一个作战单位。在到阿登以前,美国兵们参与作战,内心里还是把自己当成个平民看待。如今的他们正在学会冷酷无情地杀戮。

5

1月6日,离蒙哥马利向乌法利兹攻去的部队不远,一个矮壮结实的男人刚刚完成了一封国际电报,这是给自己的老朋友海军上将Q的。他抽雪茄的时候,雪茄也成了一件武器似的。他签上名字:"沃登上校"。

这个男人是丘吉尔,他的朋友是罗斯福。首相对开始于1月3日的大反攻负有监督责任,刚从与艾森豪威尔的会面回来。有传言说艾森豪威尔和蒙哥马利之间不和,这让他很是担心。"他和蒙蒂,"这封电报说道,"是一环扣一环,布雷德利和巴顿也是一样。他们之间的合作要是崩溃的话,将会带来灾难性的后果。正是由于他们的合作,我们才在1944年取得了不可思议的军事成果。"

他又开始写起另一条消息来,这次是给一个莫斯科的矮壮男人;他被沃登上校和海军上将Q称为UJ①:乔大叔。艾森豪威尔之前有提到过,说他急需俄国人的帮忙,来解除阿登战役的压力,但他在莫斯科的联络官却无法得知俄国人下次进攻的时间。"参谋层面会有很多耽搁,"丘吉尔曾对他说,"但我相信,要是我直接问斯大林的话,他会告诉我的。要不我试一下?"

"西线的战斗压力很大。"他现在写道,"若您能告知,我们能否指望俄国人在1月份大规模进攻维斯瓦②或其他地方,我将会不胜感激。"

艾森豪威尔那天的麻烦多重多样。但最恼人的一个问题莫过于英军参谋长委员会和蒙哥马利日益强烈的主张:他应该任命一位副总司令,一位像蒙哥马利这样的人,来统管所有的野战部队。

---

① UJ(Uncle Joe),乔大叔。——译者注
② 维斯瓦(Vistula),波兰境内。——译者注

如今盟国远征军最高统帅部与蒙哥马利第 21 集团军群之间的关系几乎已经濒临破裂。不管圆通处理还是讲道理,艾森豪威尔最近对他的参谋说道,对蒙哥马利都没有任何作用。他很罕见地发了怒,并且狠狠捶了一下会议桌。尽管之前写了一封和解信,但蒙蒂如今显然想摊牌了。他会应战的。这件事必须得呈报给丘吉尔和罗斯福了。他们得在蒙哥马利和他之间做个决断。但其中一人必须离开。

在过去的一周中,蒙哥马利的参谋长德·甘冈将军一直在最高统帅部和第 21 集团军群之间来回跑动,传达消息并听取两方的意见。他被比德尔·史密斯叫到一边警告道,艾森豪威尔的耐心已经到了尽头。

德·甘冈转达了这条信息。陆军元帅感到特别惊讶。美国人就是不能理解他。他要求任命一个野战指挥官,并不是为了个人升迁。他难道没有说过好多次,要是选中的是布雷德利那个能干之人,他也会心甘情愿地屈于他之下？美国人就是理解不了,他这样做不仅是出于赢得胜利的需要,而是为了在付出最小伤亡的情况下取得胜利。正是因为这个原因,他才拒绝在完全做好准备之前发动进攻。

蒙哥马利给艾森豪威尔回了一条简短但却友好的消息。最高司令的权威将会被立即接受,并且毫无异议。就他来说,这件事情不仅让美国人不快,也让他很是讨厌,他就此不会再提了。

然而就在那天,也就是 1 月 6 日,伦敦的报纸行业第一次透露说,蒙哥马利已经接手了"阿登之战"的北半部分。

《伦敦邮报》的头条说道:

蒙哥马利:突围战的始末
英军挡住了德军向默兹河防线的攻势

那家报纸评论道:"这一区域自从龙德施泰特发动攻击后,就成为了西部前线至关重要的一环。如今获知蒙哥马利元帅已完全掌握住了局面,我们国家的民众定会长长地舒一口气的。"

第二天,蒙哥马利把附属于第 21 集团军群的所有记者都邀请到荷兰的宗霍芬来参加新闻发布会。他们刚在冰冷的大厅里坐好,蒙哥马利就脚步轻快地走了进来。他头戴一顶英军空降部队的栗色贝雷帽,灰色的毛衣外面用皮带扎着伞兵夹克,下面穿着一条宽松的条绒裤。他心情特别好,平时严肃的作风也放松了些。他看到记者们一脸惊讶,叫他们别那么拘谨:

然后出于好意,他热情地讲起了德军深深打入美军战线内的那个楔形区域的事。

> 我一看到当时的情况,就立马采取了相应的措施,以确保德国人即使抵达默兹,也过不了那条河。我也做出了一些调动,好让军队部署更加均衡,能更好地应对潜在的危险;这些调动在当时,当然只是些预防措施。也就是说,我想得比较长远些。
>
> 然后,战局就开始恶化起来。但盟国部队齐心协力对付这一危机局面,大家都把国家利益放在了一边,艾森豪威尔让我指挥整个北部战线。
>
> 我调动了英国集团军群所有可用的力量,按部就班地把他们逐步拉入了战斗,以免影响到美军各个部队之间的沟通。最后,英国部队猛地一举投入战斗,目前英军的各个师正在美军第1集团军的右翼奋勇作战。
>
> 因此你就能看到这样一幅图景:受到重创的美军左右两翼都有英军作战的身影。这幅盟军的图景很是不错,战役也很有意思;这有可能是我遇到过的最有意思、最难对付的战斗之一,牵涉到很多重大问题。

他继续分析了下去,对美军的指挥官们给予了高度的赞扬。他说美国军人"是勇敢的斗士,虽不断受到敌人的攻击,但在战斗中却极其坚韧,这是最优秀军人的表现……他们是与我并肩作战过的军人中最优秀的"。他认为,阻止龙德施泰特的根本功劳应该归于这些人。接着他就转到了另一个话题:和谐。

> 我强烈请求盟军在这个至关重要的战争阶段,能够团结起来……

任何人都不能做出任何有损我们盟军团队精神的事情……我对艾克持有绝对的信任。我们是最好的朋友。每当看到英国媒体对他的一些贬损文章时，我都深感痛心。龙德施泰特发动猛攻将美军防线拦腰截断之后，战场自然就会变得十分凌乱。因此，我被叫来并接手之后，做的第一件事就是整理防线，就是把战场梳理一下。我把预备部队安排在了正确的地方，让部署更加均衡了些。后来发生的事情你们是知道的。我把美军和英军都进行了重整……

它（柯林斯的第7军）受到了重击。我说："哎哟，可不能这样子下去了。它要被拉入战斗的泥潭了。"

我用行动把这个军又重整了起来。然而战斗压力又再次剧增，它在一次防守战役中又开始不成形了。我说"得啦，得啦"，接着又把部队重整了起来……

一旦卷入混战，你的部署必须均衡、有条理。你不可能随随便便就成功。自身态势没条理，是赢不了重大胜利的。

尽管蒙哥马利请求团结，这场发布会却产生了相反的效果。大多数美国记者都对演讲中以恩人自居的腔调——他们是这么看的——感到恼怒。甚至一些英国记者也曲解了蒙哥马利那喜悦、近似调皮的举止。

各方马上有了反响。更加直言不讳的美国记者们很快就往国内发回了愤愤不平的报道。

《纽约每日新闻》的休·沙克完成了自己的国际电报：《借用美军将军安托尼·麦考利夫的话："扯淡吧你，蒙蒂。"》

但这天也是有好消息的。"沃登上校"昨天发给"乔大叔"的信息收到了回复。

俄军的攻势，斯大林写道，之前是被恶劣的天气给耽搁了。"然而尽管如此，"他继续说道，"鉴于我们盟国在西线的形势，最高苏维埃最高统帅部已经决定加速我们的准备工作，并且不管天气如何，都将在1月份下半个月之前对整个中部战线的德军发动大规模进攻。"

丘吉尔把这条受人欢迎的消息转达给了艾森豪威尔，然后向斯大林回复道：

> 我非常感谢你的消息,它让人很是振奋。我已经把它转达给了艾森豪威尔,只让他一人知晓。祝愿你这次的崇高事业能够大获成功。

6

1月7日上午,巴顿因雪、冰和德军顽强抵抗而停滞下来的进攻又重新开始了,他们继续向北面的乌法利兹进发。经过三天战斗历练的第17空降师将要和其他三个团并肩担任此次进攻的先锋。

处在这股部队中间的是第513伞降步兵团,它的目标是巴斯托涅西北方5英里的弗莱姆艾。三天前,这个团在一场苦战中,先是拿下了这个村庄,后来却又把它丢了。弗莱姆艾就在那条重要的巴斯托涅-马尔什道路以北几百码远,阻碍了他们向乌法利兹进发。这个村子必须得拿下。

天刚破晓不久,1营和3营就打算从公路南面1英里的密林中,向这个战略村庄发起攻击。

一等兵库尔特·加贝尔虽出生于德国,最近却刚从好莱坞中学毕了业。此刻,他快把冰冷的早餐吃完了。和其他作战单位不同,1营的直属连迄今为止还没有什么伤亡。他们士气高昂,仍然热情满满。

"好了,我们出发吧。"一名中士喊道。

加贝尔从散兵坑里爬出来,向北面那片开阔的田野移动。炮弹在四周爆炸开来,树枝不断掉落到雪地上。弹片从树上飞散开来,溅落到他们身上。加贝尔听到一个噪音,一种类似铁蜜蜂扇翅膀的声音,便立马躲进最近的散兵坑里。里面已经被一个死人霸占了。

炮火声减弱了些,有人叫道:"医护兵!"他的左手边,一人正坐在树旁,一条腿被从膝盖上方给截断了,鲜血不断喷涌在雪地上。那是他的一个朋友,他刚刚才和自己分享了早餐。

加贝尔抽掉自己的皮带,做成一个止血带。

"你最好走吧,库尔特。"伤员说。

加贝尔没有理睬他,大声喊道:"医护兵!"他把朋友的刺刀抽出鞘,在止血带上打个结,然后扭转起来。

"哎哟,该死,我早晚都会失血过多而死的。"那人说。

一个担架小组慢悠悠地穿过树林,两人都在吸烟。

"快他妈的过来。"加贝尔愤怒地喊道。

两人跑到树跟前,把伤员轻轻抬到担架上。

"咱们巴黎见。"加贝尔说。

"好的。"他朋友笑了一下,有气无力地挥了一下手。他五分钟后就会死了,他自己知道。

加贝尔挥了一下手,继续在密林中往左侧走去。他必须找到自己连的其他人。他很快就来到一个两山相夹的土路交叉口。他正站在那儿迟疑时,一队人越过左侧的山丘走了过来。

"这是哪个单位,长官?"加贝尔向这个排的排长问道,那是个中尉。

"F连2排。"

"我能和你们一起吗?"

"我们是F连的突击排。"

加贝尔不想自己单独一个人:"我能一起吗?"

"见鬼,可以。你和巴祖卡组一起。"

这个排沿小路走去,很快就来到开阔的田野。北面是一座白雪皑皑的小山。他们又行进了几百码后,中尉叫道:"以班为单位分散开来。"

各个八人班离开道路,在田野里散开,然后向山上爬去。巴祖卡组跋涉的地方,积雪几乎已经没过了膝盖。到达山顶后,加贝尔看到在前方半英里处,有一条东西走向的类似高架桥的建筑。那是巴斯托涅—马尔什高架公路。

空气中突然响起可怕的尖叫声。

"卧倒!"中尉叫道。他们都趴在雪地上。

一发六联装150毫米火箭弹落在加贝尔旁边,把他炸飞了。他扭过头,看到身边的那个人已经死了。加贝尔这辈子第一次真正感到害怕。

一名上尉穿过雪地走过来。"都起来,该死的,"他喊道,"这儿可不是睡觉的地方。你们不想活了是吧?"他朝一人踢了一脚:"跑步前进。"他抓住一人的衣服领子,把他给拽了起来。

加贝尔和巴祖卡组的其他人不情愿地跑过开阔地,最后跳进离高架公路 200 码远的一个灌溉渠里。

中尉脸色发白,跳进加贝尔所在的沟渠:"你往前能跑多远就跑多远。我们往前去的时候,你要掩护我们,注意着那条路。"

加贝尔看向前方,寻找自己的下一个目标。道路这一侧再往前 50 码,就有一个弹坑。

"上刺刀!"中尉激动地叫道。

整条灌溉渠里,伞兵们都开始上刺刀,发出的咔嗒声让人不禁心里发毛。

加贝尔爬出沟渠,往弹坑跑去。两人也跟着他跑出去,一人带着火箭筒,一人带着六发火箭弹。一个尖厉的噪声响了起来,就像开着低速挡的摩托车的声音,那是德军的一架机关枪。然后又有一个更加低沉、频率更低的声音向它回应,这架机枪是美军的。

雪花在这三人周围飞扬起来,但他们还是安全抵达弹坑。加贝尔从弹坑边往外瞟。在路边的一处坑洼地里,他看到一排伪装良好的德军散兵坑。然后他听到后方有人喊道:"我们走!"

30 名伞兵一长排地从灌溉渠里跳出来,枪杆上的刺刀铮铮发亮。他们在雪地上边跑边大声喊着"杰罗尼莫①"。

这些人一冲到路边,25 名德国人就从散兵坑里冒了出来。他们把手举过头顶,喊道"朋友"。但几名伞兵不管不顾,还是直接把刺刀捅进了投降俘虏的身体里。一人的刺刀怎么都抽不出来,最后便只好松开弹簧卡榫,把刺刀留在了那个人的胸口里。

加贝尔和巴祖卡组向左侧的一小片农舍走去。他们一靠近,15 名德国人就跑了出来,他们的手都举在头顶上。

---

① 杰罗尼莫(Geronimo),美国印第安人的阿帕奇族首领。——译者注

这个排的其他人则试图穿过高架路,继续向北行进。然而在道路对面的一片高地上,德军的一架机关枪开起火来。四名美国兵受伤倒在了路上,其他人则跑到路南边隐蔽起来。不一会儿,两名医护兵爬到公路上,要去救那些伤员。他们被射杀了。

加贝尔跑到中尉跟前,他正绝望地绞扭着双手:"长官,把俘虏当成盾牌用吧。"

"这样子不符合《日内瓦公约》。"

"射杀医护兵也不符合。"

"嗯,好吧。"

加贝尔用流利的德语命令俘虏们排成一排:"把手举高,慢慢走,上路上去。"他端起汤姆逊冲锋枪对着这些俘虏,看着他们从壕沟里爬出来,沿高架路往前走去:"离开道路,我就干掉你们。"

俘虏朝他们自己的机关枪挥舞着手喊道:"不要开火!"

队伍正好走到可以挡在伤员和德军的机关枪之间时,加贝尔让他们停了下来。医护兵们跑到路上,迅速把伤员带回了安全区域。接着,加贝尔又把那些俘虏押回农舍里面。他在那里看到一个中校坐在门前的台阶上,正冷静地抽着烟斗。他头发花白,有一双清澈的蓝眼睛。对加贝尔来说,他看起来已经有些老了,差不多有 35 岁的样子。

"长官,"加贝尔敬个礼,说道,"我请求返回 1 营。"

A.C. 米勒中校只有 5.5 英尺高,头盔盖过了眉毛,伞兵靴的靴筒几乎抵住了他的膝盖。美国士兵们把他叫作"靴子和头盔"。"我们和 1 营之间有德国人。"他说,"你留下来,跟着我。"

天黑以后,米勒中校和加贝尔一起在这一小片农舍间巡视。天气很冷,天空也没有云。在明亮的星光下,他们可以看到前方被炸得七零八落的弗莱姆艾。它看起来就像死了一样。

两人回到农舍里面。士兵们都蜷缩在地板上,努力想积存点温暖。一麻袋的稻草被堆积在了一起,当作中校的床铺。

米勒指着那堆稻草说:"躺下睡会儿。"

"那是您的,长官。"

"没关系的。"

今天的战斗让加贝尔筋疲力尽,他一骨碌就躺在了上面。

中校脱下外套盖在这名士兵身上:"好好睡一晚,孩子。明早我会叫你的。"

加贝尔于睡眼惺忪中看到米勒坐在一个饭桌旁,借着烛光盯着一张地图看。他觉得轻松了些,也感到很安全。只要有"靴子和头盔"在,他就不会有任何事儿。他睡着了。

第二天,也就是1月8日,天还没亮,加贝尔就被炮弹爆炸声给吵醒了。然后,他听到一台野战电话机响了。

米勒中校拿起电话:"你确定是坦克?它们长什么样?有步兵一起吗?哈喽,潜听哨!潜听哨!"他放回电话,对一名军官说道:"派人沿线路去2潜听哨打听一下消息。"

加贝尔现在已经完全清醒了。他走到外面,外面风如刀割,连喘个气都觉得很疼。从黑暗中的某处,传来坦克的轰隆声。

中校的司机跑过来。"我要上楼给中校拿窗帘,"他说,"那个老家伙想把自己像德国佬一样伪装起来。"

两人赶到房屋二楼,把白色的窗帘给拽了下来。天正要破晓的时候,加贝尔跑到了外面,把一挂窗帘递给中校。米勒在中间挖个洞,把头伸进去。加贝尔也照他那样做了。

如今在公路的两侧,都有德军坦克轰隆行进的身影。伪装成白色的步兵则慢慢跟在后面,让人不禁心里发毛。

一名少校跑到米勒跟前,那是他的副官欧文·爱德华兹。"我建议您把司令部搬回树林里,中校。"他正儿八经地说道。

他们身后的嗡嗡声突然爆裂开来。

"您把咱们营集结起来,长官。"爱德华兹说,"我去收集所有的散兵,让他们去找你。"

"好主意。"米勒激动地尖声说道,"我会让他们修筑掩体,坚守下去!"一发88毫米炮弹打中房屋,碎石飞了他们一身。"好了,加贝尔,"他说,"我们现在出发吧。"

两人朝开阔地的另一侧冲去,昨天通过刺刀冲刺夺取的就是这块地。小个头的中校蹚在齐膝高的雪地里,走在加贝尔前面,他身上披的窗帘就像一张大帆一样鼓起来。除了88毫米炮的轰鸣声外,机枪的咔嗒声和步枪的砰砰声这时也加入进来,许多人都倒在雪地上。加贝尔感到喉咙很痛,觉得无法呼吸了。一个美国兵倒了下去,加贝尔绕过他,踩到伪装用的窗帘时摔倒了。他把它拽下来,站起来朝米勒追去。

中校扭过头:"你干什么呢,加贝尔?"

"我刚摔倒了,长官。"

"时不时朝德国佬打一枪,行不?"

"好的,长官。"但加贝尔却没开枪的冲动;开枪就意味着他得把自己的武器给擦干净。让他感兴趣的事儿只有逃跑。他扔掉防毒面罩、刀和水壶,但却一点用处都没有。他感觉自己的肺就要炸了,双腿如同灌了铅般沉重。但他知道,中校是不会让他停下来的。这只有一颗子弹或者弹片才能做到。他希望自己被打中,那样他就可以休息了。在绝望中,他扔掉了急救袋、披风、弹仓,最后把自己的外套也丢掉了。

突然间树林出现在眼前。他发现自己躺在地上,喘着气,已经安全了。米勒中校正低头看着他。虽然他用来伪装的窗帘上面满是弹孔,但他看起来却是精力充沛,没有一丝慌张。

"我能歇会吗,长官?"

"可以。一会儿见。"

加贝尔看向树林外的田野,上面点缀着一堆堆黑色、静止不动的东西。那些都是自己的战友。他前方就是高架公路,裁过高架公路就是弗莱姆艾。在他的周围,突击连的残部都痛苦地喘着粗气,在原地休息。原来有200人,而他现在只能数到20。往乌法利兹的路途,仍如同前一天早晨那样遥远。

7

那天上午在纽约,各家报纸的头条都是蒙哥马利的新闻发布会。果不其然,反英的各家报纸十分愤慨。然而《纽约时报》却在社论中称赞道:"美国军人在战场上,还从未受到陆军元帅蒙哥马利那样高的赞扬。"

但在卢森堡城里,却无人有此看法。第3集团军和第12集团军群的人都十分愤怒。他们刚刚听到一个BBC①的广播员称赞蒙哥马利把美军从灾难中拯救了出来:

> 这是他接手的最为难办却又处理得最为漂亮的一个任务。他接手时,没任何成形的防线,美国人一个个茫然无措,没有预备部队,补给线也被切断了……如今阿登之战几乎可以算作结束了,真是多亏了蒙哥马利。

这条广播,以及蒙哥马利的一个疏忽——他没有向新闻人士告知指挥权的分离只是暂时的——惹得一伙人愤怒地冲进了布雷德利的办公室里。这伙人便是布雷德利的助手汉森少校、纽约《PM》报纸正在休假的编辑拉尔夫·英格索尔中校、艾伦将军的助手哈里·曼森少校。

"你必须公开发表意见,把这次指挥权变动的全部事实都讲出来。"汉森愤愤不平地对布雷德利说,"你要不这样做的话,美国人民就只能相信蒙哥马利的说辞了。这会让人对美军领导层的能力产生不正确的推断。"

布雷德利就像他的参谋人员,同样感到特别愤怒。那天早些时候,他曾亲自向艾森豪威尔抱怨过,说某些英国报纸歪曲事实。《伦敦每日邮报》那天早晨的头条故事讲的就是"突出部":

> 蒙哥马利预见攻势,只身力挽狂澜

接着它继续说道:"显然,当时的局势已经万般无奈。蒙哥马利主动运用自己的所有影响力和权威,要求自己的领导地位,周围人也接受了他的指挥。"

"嗯,我有两个选择。"布雷德利向汉森、英格索尔和曼森说道,"我可以

---

① BBC,英国广播公司的简称。成立于1922年,总部位于英国伦敦。——译者注

拿一个声明去找艾克,让他批准。他可能会批,也可能不会批。如果艾克准了,我们之后如果因为这个而陷入麻烦,那他就可能也得惹上这摊浑水。从另一方面来说,我们不一定要拉艾克进来。我可以在不获得盟军最高统帅部的同意下,直接发出一份个人声明,自己承担责任,如果有什么责任的话。"他有些拿不准,顿了一下。

"不管怎样,"英格索尔说,"蒙哥马利昨天和媒体会面了。"

布雷德利还是有些怀疑。

"你觉得蒙哥马利开发布会前,事先征求过艾森豪威尔的意见吗?"

"你很清楚他没有。"布雷德利看了一下窗外卢森堡大教堂的尖顶,然后扭过头来。"好了,"他说,"这事我做了。"

在柏林,希特勒躬着身子坐在桌子旁边。他愤恨地看着面前的那张纸。这是冯·龙德施泰特对阿登之战局势实事求是的报告。他拿起电话,低声说道:"我授权撤离到多珊普—隆珊普一线。"

一个小时之内,"突出部"尖端的装甲部队就来了个大转身,慌忙往巴斯托涅—列日道路东面赶去。

希特勒的"春秋大梦"结束了。

如今的问题是:阿登地区那上百万的德军士兵和上万的坦克与自行火炮,会被装进一个麻袋里吗?这次撤退的尝试,会不会成为另一个斯大林格勒?

在阿登,离维尔茨西面饱受战火的山丘不远,一辆带有三颗星的敞篷吉普车正缓缓穿行在一个向北行进的卡车队伍里,这支队伍看起来似乎没有尽头。卡车上载的是被冻僵了的第90师,他们这是要去代替那个疲倦的"北佬师"充当先锋,准备拿下490山丘。

吉普车里坐着的是巴顿。明天,也就是1月9日,他将会再次发起一场全面的大规模进攻。第8军将会继续向乌法利兹推进,而这些第3军的人则会攻向维尔茨和圣维特。

这些人认出了巴顿,他们从卡车里探出身子,欢声雷动。将军的脸上绽放出了笑容。他挥了挥手,几乎要流下泪来。明天的时候,这群欢呼雀跃的人中的很多就都会死了——而这全都是因为他下的命令。

5 乌法利兹会合
1945.1.9—16

1

美国兵们把这个阶段的战斗戏称为"争兵舍之苦战"。每天早晨,他们都会被从相对暖和些的地下室里给赶出来发动进攻。一旦来到寒冷的外面,他们就不顾一切地向下一群地下室奋力前行。他们不是为了土地而战,也不是为了荣誉而战。他们只是想找个暖和的地方。

1月9日上午的时候,霍奇斯的第1集团军已经可以看到希特勒撤退命令的效果了。他们向南的推进速度尽管缓慢,但却很是稳定。他们用了六天的时间,终于把自己与目的地乌法利兹之间的路途缩短了一半。

那天上午,巴顿的双重攻势开始了。他们在往北朝乌法利兹的推进行动中,取得了一两英里的进展;新来的第90师则在攻向维尔茨和圣维特的途中,终于拿下了血迹斑斑的490山丘。

2

在卢森堡城,布雷德利正在主持自己的新闻发布会。首先他解释了为什么他和艾森豪威尔要把兵力沿防线分散开来。他说,这是一个"可掌控的风险"。

然后,他稍显激动地解释了蒙哥马利被给予一半战场的原因:

  德军的攻击不仅掐断了我们与第 1 集团军之间直接的电话联系,而且切断了人员直接接触的常用道路。天气状况也使得搭乘飞机与第 1 集团军进行频繁接触变得不可能。因此我们决定,第 21 集团军群应该暂时掌管"突出部"以北的所有盟军部队。这只是个暂时的举措。一旦防线重新交合,第 12 集团军群将会重新对这个区域的所有美军部队行使指挥权。

布雷德利希望这番言辞能够彻底永远地消除误解。

尽管盟军的胜利很明显地迅速到来,卢森堡首都却有着一种奇怪的消沉感。大多人都觉得这场战争今年是结束不了的。

这种愁闷是由多重因素造成的:战争的疲惫感,从沦陷城镇逃出来的人讲述的苦难故事,还有自从 12 月 31 日起的神秘轰炸。尽管每晚落在街上的大约 20 发炮弹几乎没有造成什么损失,但这些炮弹的来源地却至今未知,这让人们濒于恐慌。因为所有已知的加农炮都没有这么远的射程。

这是德军的最新式"超级武器"——V3(报复武器①),被自己的炮手戏称为"千腿怪"。为了能按照最初设计的蓝图,即从比利时和荷兰海岸打到伦敦,它的炮管足有 492 英尺长。这种巨型加农炮绰号的来源在于那从主管里探出来的 96 根横管。这些管子里面装有炸药,用于产生额外的推力,能让 165 磅重的炮弹飞行 80 英里。

这种神奇武器的初级版本只有 197 英尺长。希特勒如今试图用它来摧毁布雷德利和巴顿的指挥所。

3

那天下午,红十字会工作人员、游击队员路易斯·斯坦梅茨正往一座陡

---

① 报复武器(Vergeltungs-waffe)。——译者注

峭的山上爬着。他从维尔茨下城区来,要往圣约瑟夫诊所去。他和他弟媳美西一起带到杂货店里的那名美国士兵拉尔夫·埃利斯,由于双脚冻伤而痛苦万分。路易斯用刮胡刀的刀片,已经把一个脚指头给截下来了一小段。他在过去的一周内,每天都要跑去医院拿药膏。

他沿一条又窄又陡的小路,走到这栋大房子的后面。那个有着淡黄色头发的护士安娜小姐又给他拿来了一罐药膏。

"你朋友还感觉很疼啊?"她问道。

"嗯,是的。"他又给她多说了一些他朋友的事情,说他是维尔茨下城区人士,在皮革厂工作。

"我不相信你。"她说,"你家里面有个美国人。我是值得信任的。"

路易斯什么也没说。他只知道她是从临近的一个村里逃过来的。她也有可能是个亲德分子。

"我家里面也有一个。"她讲起了乔治·卡罗尔来,他现在还躲在普兰克街巴瑟萨-瓦格纳家房子的阁楼里。"你必须帮我把他从那儿带出来。房子里挤满了德国士兵,他们现在又想占用阁楼了。昨天我们就差点遭遇不测。那个美国人伤口的血从天花板上滴下来,幸好巴瑟萨夫人及时把它清理掉了。"

路易斯同意了:"明天晚上德国人吃晚饭的时候,你去那栋房子里把他带到街上来。我等着你。"

十五分钟后,他就回到了杂货店里。埃利斯穿着美西儿子的衣服坐在里屋的一张摇椅上,正在修理一个大壁钟,它是在上一次的轰炸中给弄坏了的。

路易斯兴奋地讲起镇里另一个美国人的事情。

美西从杂货店里走到里面。"把他带到这儿,路易斯。拉尔夫会很高兴的。"她看着埃利斯,好像他就是她的亲生儿子一样,"他一个人太孤单了,说话也没人听得懂。"

杂货店的门猛地一下开了,沉重的脚步声传来。美西立马向杂货店里赶去,但还没来得及走到将里外房间隔开的门帘跟前,一名壮实的德军上士就站在了那儿。

"你想干什么?"她问道。

"我们要来这里睡觉。"

"不可能,我们没地方。你没看到我只有一间屋子吗?我还有我姐姐的儿子,就是坐在那边那个,都得住在这儿。"她指了指埃利斯,而埃利斯已经闭上了眼睛,假装在睡觉。

大块头德国人走进小房间里,另一人也跟着进去了。他们两人都戴着党卫军的肩章。"我们必须来这儿。"上士走到埃利斯跟前,"你这么年轻,怎么穿着平民衣服?怎么没去参军?"

埃利斯睁开了眼睛。只要他说出一个字,他们就会知道他是个美国人。美西从那两人中间挤过去:"那个可怜的孩子病了,你们没看到吗?"

"让他自己说。"

"他怎么能够?"美西叫道,"他被美军的一次轰炸给伤到了,现在连一个字都说不出来。"她突然间就愤愤不平起来。"睡在这儿,你们想都不要想。我这儿没什么让你们吃的。你们在德国有母亲吗?"

"哎,有的。"上士说道。

"我的儿子也在参战,"她指着一张乔希穿德军制服的照片,"他是你们的战友。你们母亲会怎么说?"

上士往后退了几步,就像一个被训斥的男孩:"我们没打算干什么。"

美西把这两人从屋子里给推拽出去,拉到了杂货店里:"哎,你们一人一个苹果。我只能给你们这些。"

"谢谢了,夫人。"上士说道。他和他的战友笨手笨脚地走出了前门。

美西回到了里面的房间。"不要害怕,拉尔夫,"她用卢森堡语说道,"现在我就是你的母亲。我会照顾好你的。"

埃利斯只听懂了一个词:"拉尔夫"。但他明白她的意思。

美西转身对路易斯说道:"我希望某个地方的哪个母亲,也能为我的乔希做同样的事情。"

第二天晚上,美西杂货店的门开了。坐在摇椅上的拉尔夫·埃利斯警觉地坐直了身子。不一会儿,路易斯就扶着一个穿平民衣服、30岁出头的人走了进来。那个新来的人体格和埃利斯差不多,脸色苍白,显得很疲倦,肩膀上还绑着绷带。

"我叫乔治·卡罗尔。"他说。

拉尔夫从椅子上站起来:"我叫拉尔夫·埃利斯。"他们握了握手。能听到美国人讲话真好。

4

1月11日上午,将军布莱恩·霍洛克斯爵士的第30军重启了攻势。英军第51高地师和第6空降师对着"突出部"的西端捶打。

第5锡福斯团接到命令,要不惜任何代价拿下梅尔珊普。战斗速度必须加快。这支历史悠久的部队的人员,除了彼此交流一下外,并没表示任何意见。他们走在目的地前方那个无起伏的山谷里,已经做好了会伤亡惨重的心理准备。毕竟没有任何地方可以隐蔽。

但却只是零星地响起了几声步枪声。一架德军机关枪也只是咔嗒了一小会儿,然后就被干掉了。第5锡福斯团向梅尔珊普逼近,70名德国人把双手举过头顶,迫不及待地从地下室里走了出来。锡福斯团突然就拿下了这个村庄,而且几乎没有任何伤亡。

那天晚些时候,英军的另一支部队夺取了班德村,那场平安夜大屠杀就发生在这里。巴斯托涅那个专收年轻男性的神学院的院长穆思提,对一名军官说道:"一大群男孩儿都被德国人杀了。"

"为什么?"

"谁知道?"穆思提内心还是很受折磨,他总想着要不是因为他,他那四个学生就有可能还活着。

不久,穆思提、学校老师、市长和英国士兵们就站在了公路边伯特兰家的房子前。三名英国士兵跳进塌了的地下室里,把覆盖着厚雪的木板给拉开了。下面是34具尸体,都冻成了僵块儿。

英国军官脸色发白地对一名中士说道:"把所有的人都带到这里来。我要让他们看一下与我们作战的是些什么样的敌人。"

盟军1月11日的形势很是不错。

然而布雷德利-蒙哥马利事件却已到了危险的境地。布雷德利的言语惹怒了伦敦《每日邮报》。在一篇标题为《诋毁蒙蒂》的社论中，它对布雷德利进行了批评，说他声明蒙哥马利的任命只是暂时的，且美军部队很快将重回第12集团军群的管辖。他们又开始再次请愿道，应该让蒙哥马利统管所有地面部队。

> 蒙哥马利很优秀，会在紧急情况下被委以重任。然而危机一旦结束，敌人所造成的破坏一旦得到恢复，他的服务就不再有人需要了，除非是在一个相对从属的位置上。
>
> 在阿登战线被敌人斩断之前的那几周，他一直处于半沉默的状态。难道他要再次被逼回去了吗？

与此同时，英国新闻事务局局长布伦登·布拉肯正强烈地否认布雷德利和许多美国士兵听到的那个广播节目是从英国发出的，节目对美军在"阿登之战"中的表现进行了强烈抨击。德国人显然对BBC的国内服务节目进行了干预。

"我不用说您也知道，"布拉肯对艾森豪威尔说道，"BBC怎么都不会播出那样的节目，对美军部队或者美军总司令进行贬损。"

艾森豪威尔这些天的日子很不好过。布雷德利和蒙哥马利之间的纠葛给他造成了极大的忧虑和困扰，超过他以往在此场战争中遇到的任何其他类似问题。

布雷德利来到了凡尔赛。"你必须明白，"他告诉艾森豪威尔道，"经历了这些事情，我是怎么都不可能在蒙哥马利麾下任职的。要是他被任命统管全部地面部队，你就必须让我回家。蒙哥马利在我之上，会让我对领导层丧失信心。"

艾森豪威尔回答道："我之前一直以为，不论我对你有什么要求，我都能信赖你。"

"你是对的，艾克。和你共事的每一刻，我都很开心。但现在这事我是接受不了的。"他没有把巴顿对自己说的话也说出来——"你退出的话，布雷德利,我也会和你一起退出。"

5

1月12日,当天最振奋人心的消息来自俄国。在一阵威力巨大的炮火打击后,陆军元帅科涅夫的集团军群正向维斯瓦河上游推进。14个步兵师和两个独立的坦克军正对巴拉诺夫桥头堡发动攻击。在北面,俄军还有100个师也正在向战场靠拢。德国被夹在东西两股强大的力量之下,将很快被打垮。

但阿登这边也取得了一个重大胜利。第90师在拿下了490山丘之后,突然转向西北方,向德军还夹在维尔茨和巴斯托涅间的手指状区域的大本营发动了攻击。与此同时,第6装甲师和第35师也从另一侧向那根手指发动进攻。

下午的时候,这两支部队在布拉斯会师了。那个惹人厌的突出部位已经被剪了下来,而且还有将近15000名的德军精锐部队被围困住了,其中包括第5伞兵师的大部分人。

巴斯托涅之役突然间就结束了。

布雷德利和巴顿如今迫不及待地要重启向北面乌法利兹的攻势。之所以要迅速行动,还有一个别的诱因。艾森豪威尔告诉他们说,一旦北部和南部连接起来,第1集团军将会重归布雷德利的第12集团军群管辖。

在那天,有人给布雷德利递了封蒙哥马利的信,这让他有些惊讶。他看到里面的内容,不禁更加惊讶了:

我亲爱的布雷:

看起来"小突出部位"之役很快就会结束了。一切都收拾好后,我相信你的军队将会重新回到你的指挥之下。

我想说两件事情:

第一,能统领这样优秀的部队,我感到非常荣幸。

第二,他们表现得真是太棒了。

能与霍奇斯和辛普森一起共事,真是极大的乐趣:他们两个都非常棒。

第1集团军的军长们(杰罗、柯林斯和里奇韦)工作相当出色;这么多优秀的军长都聚集在一个集团军里面,真是相当不同寻常。

我们"突出部"北面的所有人都对你们南面的行动很是欣赏;如果没有你们坚守住巴斯托涅,整个局势将有可能变得十分尴尬。

问候你和乔治·巴顿。

你真诚的

B. L. 蒙哥马利

布雷德利放下了信。显然,这封信是要努力把过去抛至脑后。对布雷德利来说,他已经不把过去放在心上了。他目前有一个重要得多的问题:如何彻底毁灭德国军队。

6

第二天,也就是1月13日,霍奇斯从北面发起了新一轮攻击。如今里奇韦第18军的全部力量都已经加入了扫除"突出部"的战斗。第30师从马尔梅迪进攻,第106师——即第424团和附属的第517伞兵团——先从斯塔沃洛穿过昂布莱沃河,然后蹚过厚雪向南进发。在他们右侧,柯林斯的第7军则继续向乌法利兹攻去,推进到了最终目的地附近2.5英里之内。

那天上午,巴顿北上的军队再一次朝乌法利兹发起冲击,希望能和霍奇斯的人尽快会合。他也让自己的第3军加强了对维尔茨和圣维特的进攻。他现在已经意识到,直接从南面猛攻维尔茨是不可能的。这次他要绕过那片让第26师和第80师付出沉重代价的山丘,从西面发起进攻。

在这次攻势所瞄准的敌占城镇里,平民们已经快苟延残喘不下去了。将近有一个月的时间,他们都像动物一样住在冰冷的地窖里,头顶上方不断有人死亡。他们睡的都是水泥地或者土地;要是幸运的话,身下会有一袋土豆或者煤块。连走动、呼吸等生命最基本的需求都很难满足。他们没有洗浴设备,洗澡、刮胡子甚至连刷牙都是不可能的。要上厕所的话,可以用头盔和纸箱。这时候是没有隐私可言的,是没有时间去在乎虚假的羞耻心的。重要的只有一件事:那就是活着。

人类又要再一次证明,自己是地球上适应力最强的动物;然而凡事都有个限度,这个限度正在逼近。

在维尔茨下城区半毁的教堂里,一名纳粹警官对牧师卡农·普洛斯珀·科林说道:"你要把所有的人在明早之前都撤到维尔威、维尔茨。"

科林是个清瘦结实的小个子,今年已经 63 岁了。他已经习惯了和纳粹抬杠。"不可能。"他说,"撤出 4000 人,我可没那么快。"

科林毫无畏惧的样子以及他的回答,都让那名纳粹非常愤怒。"命令就是命令!"他说道,然后甩上了门。

科林走进地下室里,里面的人都害怕地望着他。必须得让他们鼓起勇气来。这个消息会让他们恐慌起来的。他把一个盛过白菜的空桶倒转过来,然后把一片纸放在了上面。接着他就写起东西来。人们都好奇地望着他。他是不是疯了?

几分钟后,他把那张纸递给自己的助手。"去教区办公室把这个打印出来。"他说道。打印的版本很快就被送回来了。科林站了起来。"我要向我们的法蒂玛圣母承诺,"他说,"承诺如果我们全没事儿的话,我们将会在巴森德山坡上,为圣心和我们的法蒂玛圣母建一座圣祠。"

他在纸上签上名字,其他所有 21 岁以上的人也都积极地签了名。地下室里的阴郁感一扫而空。卡农·科林的话是可信的。

"你们去城里四散开来,"他说,"告诉人们我谱写了个特别祷告:诺维纳①。他们每天都要祈祷:先是《圣塞巴斯蒂安之歌》,赞美我们镇子的守护者;然后是《信经》《主祷文》;做祷告忏悔;最后是歌曲《我是基督徒,我将永远是基督徒》。"他想,日程安排得这么满,他们就不会有时间恐惧了。这个消息一个地下室接一个地下室地传了开来。当消息传到维尔茨上城区的时候,人们已经对此深信不疑:只要他们遵守承诺,德国人就会在他们守护者

---

① 诺维纳(Novena),天主教徒连续九天的祷告。——译者注

圣塞巴斯蒂安生日那天离开城镇。一股新的希望席卷了维尔茨。几乎每一个市民都毫无保留地相信,解放会在1月20日来临。

第二天上午,德国警察部门突然就撤销了疏散全城的命令。这次突然的变动并没有给出任何理由,但人们深信,这是卡农·科林和维尔茨人所承诺的誓言开始显现成效了。城镇里那些少数的怀疑论者,也开始疑心誓言是不是真有什么魔力了。

7

1月15日上午,蒙哥马利和霍奇斯对北面的进攻感到十分满意。第84师和第2装甲师已经抵达乌法利兹西边的乌尔特河河岸。他们离目的地只有一个步枪射程那么远了。

然而,巴顿向北开去的部队又遇到了麻烦。他们距乌法利兹南边仍有10英里的路程。巴顿不乐意让蒙哥马利的部队先行抵达他们共同的目的地,便在那天下午,早早地就驱车往前线催促进攻去了。路上,他看到一个被冻住的德军机枪手:他的双臂伸着,手里还握着一串子弹。然后他注意到雪地上有些探出来的黑色东西。他让吉普车停下来,下车出来看。那些是死人的脚指头——德国人和美国人的都有。速冻让它们变成了酒红色。"那场景真是不忍直视。"他在日记中写道。

下午5点15分,一辆半履带车开进了贝尔托涅残损的街道上,这个村子就在巴斯托涅西南方7英里。一名穿戴整洁、面显睿智的小个子少校从车上下来。他叫迈克尔·格林,是第11装甲师第41骑兵侦察中队的副队长。尽管少校看起来像是一个典型的司令部官员,但他内心里却一点都不喜欢他的指挥所职务。他想去前线。

格林看了看周围。之前有人让他关掉莫纳维尔的司令部,开车来贝尔托涅,说是佛伊上校把前进指挥所设在了这儿。

一辆吉普车奔进城里,两个人跳了出来:A装甲战斗群的"猛男"霍尔布鲁克准将和师部参谋长威廉姆斯上校。

格林走上前去。"佛伊上校到前线去了,和C骑兵小队在一起。"他用短促的语调一板一眼地说。

霍尔布鲁克和这名从西点军校毕业还未满四年的年轻少校握了握手，格林的父亲是他的好朋友："迈克尔，我们有个任务，一个极其重要的任务，必须完成，是巴顿将军亲自下令的。今晚必须有人去乌法利兹，和从北面来的第1集团军取得联系。""这个任务很难，需要小心处理，"威廉姆斯插嘴道，"乌法利兹在敌方防线后10多英里。尽管如此，仍需有人穿过防线，和从阿肖夫而来的第2装甲师取得联系。他们可能已经到那儿了。巴顿将军命令立马完成这个任务，不允许有任何拖延。这事儿他想让我们师来做。"

将军审视了一下年轻的格林。从体格上来说，他有些太瘦骨嶙峋了，耐力不行。但他家庭出身良好，是可以信任的："迈克尔，这个任务我想让你负责。这是你获得奖章的好机会。"

"好的，长官。"格林说道。奖章他并不在乎，但这却是个远离办公桌的好机会。

F连的17辆轻型坦克在贝尔托涅以东2英里的拉施塔特村集合完毕的时候，天已经完全黑了。与坦克同行的还有A骑兵小队的一个侦察排。有人让他们在拉施塔特村等待格林少校，他的半履带车被一个地雷炸坏了，需要耽搁会儿。

步兵排的排长是个大个子，体形健壮，脸上的络腮胡已经四天没刮了。他脖子上挂着一串手榴弹，靴子里塞着一把8英寸的刀子。这就是"大个子吉恩"爱伦森，原是佐治亚州的足球明星。他在雷阿森树林的那两天苦战中，和弗雷德·提尔中士一起俘虏了八名德国人。他现在还没从那两天的劳累中恢复过来。要一头扎进前方那个黑漆漆、藏满德国人的树林的主意，不怎么合他的意。他有些烦躁。

爱伦森正和坦克连的连长哈罗德·马林斯上尉说自己的看法时，一些人突然从前方的树林里冲出来。

"这个地方到处都是德国佬！"一名魂不守舍的士兵说道。

然后一名上尉急匆匆地走到他们跟前，他的脸已经被火药熏黑了："顺那条路走不了50码，就会被炸没影的。"

爱伦森被恶心到了。两侧都是树林，前面的林间小道上还有德国人。

他们只有两个选择,要不继续往前走,要不就原路返回。"去他妈的任务。"他给马林斯说道,"我要回去告诉他们,靠这几辆轻型坦克和装甲车就想去乌法利兹,怎么都不够。"他戴上了头盔:"我要告诉格林少校,让他扔掉行军背包。今晚我无论如何都不走那条道。"

"我们今晚都要走那条道。"

爱伦森转过身子。那是格林,他看起来小巧能干,说话的语调一板一眼:"你还要开路。"

邋遢粗野的爱伦森盯着自己的长官看,他的身高远高于格林。没有哪两个军官之间的差异能像他们之间这么悬殊。爱伦森指挥自己排,靠的是比其他人都要壮,都要结实。没有人会尊敬地称他一声"长官"。他和他的士兵们一样,都是蓬头垢面,饱经战火。他在所有人跟前都是"大个子吉恩"。

格林冷冷地看着爱伦森:"我们要立即出发。任何东西也挡不住我们的去路。要是有车被炸掉了,就把它推到路边去。要是有人受伤了,那就让老天关照他。"

爱伦森一句话也没说。

格林特遣队沿着满是厚厚积雪的林中小道走去,一头扎进前方的无主之地。乌法利兹就在东南方10英里处。但这两地之间具体有什么,无人知晓。17辆轻型坦克、15辆装甲车、6门突击炮、15辆吉普车、6辆半履带车和450个人消失在那条黑暗神秘的道路上。

走在前面开路的是爱伦森,紧跟在他后面的是格林少校。

第二天,也就是1月16日的早上6点30分,格林和爱伦森一起看向下面的乌尔特河河谷。根据爱伦森的地图,离乌法利兹应该只有小到1英里的距离了。

昨晚很是不平静。爱伦森步行在前面开路时,一直侧耳听着,预计会听到机关枪的咔嗒声和步枪的砰砰声。尽管气氛越来越紧张,但却什么都没发生。

他身后的格林还是未显露任何表情。格林有些怀疑自己的部队会不会成为下一支"失踪的部队"。他好像正被诱往一个圈套里面。天空刚有了第一缕光亮而开始发白的时候,这支长长的队伍往山下的河谷开去。

"看!"爱伦森指向东方。透过逐渐消散的清晨浓雾,格林看到一座坐落在山脊上的城镇。

两人迅速穿过一片田野,来到一条公路旁边。路边有一个标识牌:乌法利兹。

"唔,"格林平静地说,"我们到乌法利兹了。"他伸出一只手,爱伦森握了一下。

他们往大部队回返的路上,爱伦森看到右面的山丘上有动静。"嘿,少校,那边有人。我猜是个观察哨。"他看到一个穿白色迷彩服的人坐在一门机关炮旁边。第3集团军的问答口令与他们不同,他们必须小心行事。他大声喊出几个美国兵的常用语,来表明自己也是个美国兵。但那名哨兵显然是睡着了。

"我们上去看看,"爱伦森说,"那说不定是第2装甲师的侦察队。"他回头向立于装甲车上的主心骨提尔中士喊道:"我们要上山去!"然后他就向陡峭的河岸上爬去,手电筒是他携带的唯一一件武器。

格林腰上插着一把0.45英寸手枪,也跟了上去。

他们离散兵坑只有20英尺的时候,格林问:"嘿,你是第2装甲师的吗?"那个白衣人站了起来。然后他慌忙抢起机关炮对着他们,喊道:"Haende hoche!①"

"我想他是想让我们把手举起来。"爱伦森说。

"那我们最好举起手来吧。"格林说。他转头看向那个德国人。"我……们……不……懂……德……语。"他慢吞吞地说道。然后他向提尔喊:"上面有个德国人,开枪打他。"

德国人大声喊出命令,格林把手举了起来。就在这时,提尔从装甲车的枪架那里,扶着高射机关枪开了火。德国人被吓得抽了一下头,爱伦森随即也扔出自己的手电筒。然后他往后躺下,从山坡上滑了下来。格林则躲到一根木头后面,抽出手枪开起火来。

---

① 德语,"举起手来!"——译者注

德国人向北面逃去,格林和爱伦森则跑往相反的方向。突然间,从乌法利兹传来了射击声。格林特遣队被发现了。

交火持续了有一个小时。然后爱伦森来到格林跟前:"少校,你看。"他指着乌尔特河北岸的高地。不到1英里外,有人正往东走。他们可能是第1集团军的,也可能是撤退的德国人。

"派一支侦察队去那边。"格林说,"让他们小心行事。"

一支侦察队出发了。剩下的其他人由于都想第一个和第1集团军接头,必须采用强制措施才能稳住。格林特遣队紧张等待着的时候,一辆吉普车从后方开来。两个人走了过来。

"我们是记者。"他们把证件给格林看了一下。

"这地方可不是好待的。"他说。

"我们想亲身经历'突出部'的闭合过程。"

"唔,你们找对地方了。"

"这是乌法利兹吗?"

格林指了指那条路:"指示牌就在那儿。"

"少校,我们能去那边吗?那样我们故事的发稿地就可以写成乌法利兹了。"

"现在挺安静。走吧。"三人走了50码,来到标识牌前。记者们记下了格林的名字和他的家乡费城。迫击炮弹又开始落下来。"我们最好离开这儿。"格林说道。三人急忙往回躲避。

两名记者对格林表示了感谢。"这是个很棒的经历。"一人说道。

"唔,我很高兴你们能活着回来。"格林一本正经地说道。

有人从北方穿过雪地跑来,那是返回来的侦察队。"那边是第2装甲师的41步兵团,"侦察队队长激动地说道,"我们在9点5分碰面了。"

第1集团军和第3集团军终于碰上了头。只用一大口,就把"突出部"的一半都给咬了下来,而且还有大约2万名德国人被断了后路。

爱伦森看了看格林,咧开嘴笑了。

"好了,爱伦森,"格林说道,"我们别傻站在这儿了,去乌法利兹吧。"

6 "全完了!"
1945.1.17—23

1

1月17日,也就是第1集团军和第3集团军在乌法利兹会合的第二天,乔治·巴顿心情愉悦,斗志昂扬。他整个上午,都在忙于把他之前用于攻向乌法利兹的部队扭转过来开往东方。然后他去视察了一下那些已经在往维尔茨和圣维特进攻的部队:第6装甲师、第90师和第26师。"我知道你们很累,"他向他们说道,"但你们必须得继续战斗下去。"

最后他来到了自己的右翼。在过去的好几周里,埃希特纳赫—迪基希区域都在进行着一场停滞不前却又致命的消耗战。现在他已经下令让第10军的三个师第4师、第5师和第80师也加入进来,向正北方向推进。

那天的战斗进行得很不错。到了晚上,第3集团军的各个梯队都已经有了胜利者的感觉。"阿登之战"已经近乎完结了。再过几小时,也就是午夜的时候,霍奇斯的第1集团军将会重回布雷德利的管辖,然后整场战役就将会按照美军的方案来进行。

2

下午5点30分,维尔茨的格兰德大街上,一发炮弹落在了攻家具店的顶楼上。住在二楼的三个德国人急忙跑向地下室躲避。

玛丽欣·戈贝尔一听到那几个德国人的动静,便立马在他们之前跑了下去。莱斯特·克里茨那时正坐在地下室第二间里的一个摇椅上,读着一本流行小说:《我的舅舅,我的救星》。

"你必须藏起来,快点。"玛丽欣叫道,"普鲁士人要下来了!"

克里茨急忙爬到小房间的最里面。德国人在下楼梯的时候,卢森堡人把铺盖扔到了他身上。

炮击声稍微松缓了些,一名德军士兵走到玛丽欣的外甥女玛丽亚跟前。"你觉得美国人很好,是吧?"

玛丽亚点了点头。她坐的地方,就在克里茨躲藏处的前方1码。

"唔,但那不是真的。那只是他们的宣传罢了。"

"噢,不。"玛丽亚说,"我们之前认识很多美国男孩,和他们很熟。"

"没我熟。我跟你说啊,那些该死的美国人,当初我不得不和他们摩擦鼻子。哎,那时在诺曼底,我离他们特别近,我只要伸出手就能碰到他们。"

玛丽欣笑出了声。"We hei。"她对玛丽亚耳语道。

炮火声停了,玛丽亚旁边的德国人站了起来:"嗯,我们得上楼准备晚餐的土豆了。"三个德国人离开了。

克里茨从盖着的那堆东西里把头伸出来。"'We hei'是什么意思?"他问道。

玛丽欣大笑了起来:"意思是'这儿也一样'。"

第二天中午的时候,玛丽欣从自己的烟草店里出来,跑进玫家具店的地下室里。"莱斯特,"她叫道,"你必须离开了。德国人已经下令,上城区必须在明天前撤离。他们要把我们的地下室当碉堡用。"接着她告诉他说,她去了维尔茨上城区的教士沃尔夫神父那里:"他跟我说他会找人把你带到维尔茨下城区的。"

几小时后,克里茨就走在了一条狭窄的鹅卵石街道上,给他带路的是安娜小姐。他军装外面套着件平民外套。他们从一排排受损的房屋前走过时,她说道:"这个镇子以前真的很美。"

他转过头,以为她是在怪他。(这所有的破坏都是出自美军的炮弹和炸弹。)但在她白皙的脸上,却是一种无奈而又谅解一切的微笑,如同中世纪宗教画上的一样。

尽管十分钟前他们才相遇,他就已经知道,她是可以信任的。

他们快走到大医院时,他问道:"这么危险,你怎么能在街道上乱跑?炮弹一来,军人都会躲起来。你不害怕吗?"

"不,我从不害怕。"

他们走进诊所里面,沿一条昏暗的走廊走了下去,沿道都是一张张的行军床。床上的病人们抬头看到了安娜,便冲她微笑起来,好像她是从漆黑花园里突然冒出来的阳光一样。她把他带进一间空房间里。"在这儿等着,"她说,"剩下的路很快就会有人来带你走的。祝你好运!"

两个街区以外,约瑟芬·泰恩正在四处翻寻食物。卡纳家的地下室里已经什么也没有了。她在阿德勒别墅后面的雪地里四处挖土豆的时候,房子里传来了音乐声——一台留声机正播放着探戈舞曲。

她敲了敲门,音乐声停了下来。她把门推开一条缝。"我是一个母亲,"她说,"我很饿。我来给我的孩子们讨口饭吃。"

"进来吧!"

她走进房子里,看到两名年轻的党卫军军官懒洋洋地躺在一张行军床上。"你们怎么现在还放音乐?"她问道。

年龄小点的那个绝望地举起一只手:"全完了!我现在只想在死之前,和一位漂亮的女孩儿跳支探戈舞。"他站起来,伸出了双手。

"我怎么会和你跳探戈?我是个可怜的妻子,有两个孩子在地下室等着我,还有一个丈夫在前线,有可能已经死了。我更希望你给我孩子些吃的东西。"

"美国人一来,你们就自由了。可是我们……"他沮丧地指了指自己的党卫军肩章,"我们不能回德国。我们必须战斗。我们唯一能做的就是把自己的命给丢在这儿。"他轻抚了一下自己的手枪:"这也是我为什么想和你跳一支小舞的原因,亲爱的女士。"

"你们有什么吃的给我孩子吗?"

"全都给你孩子,"他递给她一罐黄油,"这是我最后的口粮了。"他转身看向自己的战友,他正在倒空一瓶白兰地:"我们的东西都给她。"

那人懒散地站了起来,一分钟后带回来一圆盒桂格麦片和一小袋糖。

"我们所有吃的都在这儿了,"年轻的党卫军军官说道,"你觉得……我们能躲在你家地下室里吗?"

她抱歉地摇了摇头,他们是党卫军,但他们也是人:"你们会把我的孩子吓坏的。"

他难过地点了点头。"嗯,你说得不错,"他耸了一下肩,"全完了,亲爱的女士,全完了!"

现在,天几乎已经暗了下来。在医院的小房间里,莱斯特·克里茨怀疑自己是不是被忘了。门缓缓地开了。德国人吗?有两个人迅速走进来,关上了门。一个个子不高但很强壮的人,那是路易斯·斯坦梅茨。另一人则又高又瘦,他的名字是约西·比尔。克里茨不禁笑了一下。他们让他想起了马特和杰夫①。

路易斯以狐疑的目光看着这名美国兵:"让我看下你的'狗牌'。""安娜说他没问题。"约西说道。

路易斯还是有些怀疑,但他还是说:"唔,我们走吧。"

"要是遇到什么人,"克里茨问道,"我需要说话吗?"

"不,不用。只用点点头,不时说声'唷,唷'就行了。不要回头。约西先走,接着是你,然后是我。"

三人从医院后门出去,然后沿一条陡峭狭窄的小路穿过后院和花园,向维尔茨下城区走去。约西绊到了德军的电话线。

路易斯使劲踢了一下,把线弄断了。他顽皮地冲莱斯特笑了一下。他看到另一根线,就又把它弄断了,然后又是一根。

"看在上帝的分上,路易斯,"约西轻声说道,"现在可不是时候。"

三人沿着小路继续走了下去,来到一条鹅卵石街道跟前。突然间,一群德军士兵绕过街角,往他们这边走来。

---

① 马特和杰夫,美国著名报纸连环画 *Mutt and Jeff* 中的人物,一人瘦高,一人矮胖。——译者注

"我们该怎么做?"约西轻声问道。

德国人离得更近了。突然间一种奇怪的呼啸声响了起来,然后一发炮弹就在100码开外爆炸了。德国人四散逃去了。三人急忙跑过无人的街道,穿过维尔茨河上残损的桥梁,然后沿彭特街往北走去。

其他两名美国兵,路易斯解释道,现在藏在几栋房屋之外他弟媳美西的杂货店里。那边没有地方给第三个人住了,因此克里茨要待在60号,一名叫作尼克·山博格的面包师的家里面。

"但是只要天一黑,"路易斯承诺道,"我就会带你去和拉尔夫、乔治见面。"

3

1月19日,一场暴风雪席卷了阿登,这让来自北达科他州的士兵们想到了自己的家乡。在有些地方,积雪已经达到了一人高。美军所有可用的设备都被投入了维护道路的工作,但却还是没几条道可以通行。

如今阻止美军从"突出部"两侧向圣维特推进的已经不是德国人了,而是冬天。寒冷的大风一阵又一阵地刮过阿登,让两军的士兵、平民、动物的生活都苦不堪言。冬天就是王者,而整个战场则是一个满是白色雪堆的冰冻世界。时有时无的枪炮声都被雪给捂住了,一个白色寂静的新世界诞生了。

4

现在是1月20日的上午10点。今天是圣塞巴斯蒂安的生日,也是"维尔茨奇迹"预定要发生的一天。

维尔茨下城区半毁的教堂里,年老的卡农·普罗斯珀·科林正在吟唱大弥撒。他注意到会众中的上百人都在低声私语,感到十分生气。又是一条断章取义的战事新闻,又是一个荒唐的谣言。他正要训斥教众时,听到鞋钉踩在鹅卵石上的声音。这个声音在欧洲几乎无人不知,无人不晓:那是德国人的行军声。

一人跑进教堂里,喊道:"德国佬要走啦!"

人们又是笑又是哭,互相拥抱。卡农·科林闭上双眼,向上帝表达感谢。

尼克·山博格家的房屋里面,莱斯特·克里茨中士也听到了行军的脚步声。他从窗户里往外瞟,看到步兵正排成排地向东撤去,其中一些人还拉着装满劫来物什的儿童雪橇。

由于德国散兵还在街道上成群游荡,他便一直等到了天黑。德国人即使撤退,也和进攻时一样危险。然后他沿着彭特街跑了几码路,来到美西的杂货店里。他之前已经与另外两个美国人见过面了,他想和自己第 28 师的战友们一起庆祝庆祝。

他走进里屋时,美西正在得意扬扬地叫道:"昨天我最好的盘子给掉下摔坏了。我那时就跟你们说,这是好运的兆头呢。"

安娜小姐走了进来,她白皙的脸上因为兴奋而浮上了红晕。她熟练地把一条干净的绷带绑在卡罗尔的肩膀上,他则一脸感激地看着她。"告诉安娜,她是欧洲最好的护士,莱斯特。"他说。

克里茨将他的话翻译成了法语。安娜笑了起来:"噢,他只是说,我是他在维尔茨见到的最好的护士。"她爱怜地轻轻抚了一下卡罗尔受伤的肩膀。

门口传来了靴子的咔嗒声。

"普鲁士人!"美西叫道。她把地板上的活板门打开,三名美国人慌忙钻进地下室里。

美西关上活板门,然后把餐桌拉到上面。一个高大的德军列兵走了进来,他的脸色因为饥饿而显得苍白。"我想要点吃的东西。"他绝望地看了看周围。

美西头上披着围巾,弯曲着身子。"我只是个老妇人,"她用颤抖的声音说,"我什么吃的都没有。"

"所有卢森堡人的地下室里都有食物。"

"你这个傻瓜,没看到我太穷,连地下室都没有吗?"她把他推回杂货店里,递给他一小节香肠,"走吧,别烦我这个可怜的寡妇了。"

「全完了!」

那个德国人就像个乞求施舍的流浪汉,又跑向了下一栋房子。

5

大撤退开始了。这点最终是确信无疑了。在过去的几天里,迪特里希的第 6 装甲集团军带头往东撤退。曼陀菲尔的部队最近虽然自信满满,总是克敌制胜,但也加入了这场全面撤退。

所有的人都在往后撤,除了少数一些被选中的步兵;他们被留在残毁的建筑物里或者单个的散兵坑中,用来拖住冷酷无情的美国人。这些殿后的人被选中,大多是因为年龄太小、太大或者没什么战斗力。他们在孤独无望中,进行了英勇卓绝的战斗。他们知道自己已经被抛弃了,好让最优秀的战士能够逃过西墙①。这是再简单不过的德国逻辑:保存最优秀的。在法国也上演了同样的事情。

十四五岁的小男孩们被发现时,他们的步枪已经和手冻在了一起,双脚化脓发黑;在地下室里则会看到五十多岁的老人,他们的脸色就像葡萄酒一样,从伤口流出来的血液已经被冻住了。

那些往后撤退的人也是饱受苦痛。他们的队伍被飞机猎袭,被炮弹追逐,不少被狂轰滥炸。任何参与阿登战役的人都永远不会忘记美军那残酷无情、压倒一切的炮火。

盟军的一项新发明,于这次战役中第一次得到运用:那是带有近炸引信的炮弹。这种武器由英国人发明,在美国制造,不仅杀伤力强,而且依靠它出其不意的表现,可以重挫敌人士气。普通的炮弹接触时才会爆炸,而这种新型炮弹则在接触之前几秒钟就会爆炸,把弹片以更加致命的方式散落开来。

人员和机器的河流缓缓向"父国"流去。一支支由卡车、坦克和自行火炮组成的长队,沿着结冰、堆满雪堆的大路小道向东开去。一队队垂头丧气的步兵跋涉在粉状的积雪中,被美国人和严酷的天气一起追着,要取他们的

---

① 西墙(Westwall),德军说法,即齐格菲防线(Siegfried Line)。——译者注

性命。

6

阿登地区的德国人被一把致命的坚果钳给困住了:北面的第 1 集团军,南面的第 3 集团军,和如今的唯一统领——奥玛·布雷德利。

到 1 月 21 日的时候,暴风雪就已经结束了,到处都在大步向前推进。哈斯布鲁克第 7 装甲师的人从北面加入了进攻。一个月前,他们被从圣维特给赶了出来。如今,他们正迅速向那个重镇趋近。

巴顿的第 8 军、第 3 军和第 10 军也正从西面、西南和南面,大步向同一个目的地迈进。他们离目的地只有不到 25 英里的距离了。第 17 空降师已经参与对维尔特西面的进攻。那天一大早,四个参加过野蛮的弗莱姆艾之战的人被命令返回,他们要给坟墓登记管理处的埋葬小分队指明人都在哪儿死了:尸体现在都躺在一层厚厚的积雪之下。

一等兵库尔特·加贝尔是其中的一名志愿者。上午晚些时候,埋葬小分队的人抵达了树林边界。1 月 7 日的时候,第 513 伞兵师就是从这里发起了进攻。

"出发,沿你当初进攻时的路线。"四名志愿者被告知道,"碰到尸体的话,就把他们聚集在一起。要是发现德军尸体,就把他们另外堆起来。"

第 17 空降师的这四个人在白色荒地上开始了缓慢而悲伤的行进。加贝尔沿着自己当初的路径,很容易就找到了美国人的尸体。他把五具尸体整齐地排成一排。他努力想把第六具给拉直,但他以胎儿蜷缩的姿势给冻住了。

中午的时候,他打开 K 级补给的罐子。他一边吃着一片奶酪,一边在尸体旁边躺了下来。那些尸体的脸颊红红的,给人一种健康的假象。

他躺在那儿吃奶酪,而他们却用被冰膜遮着的眼睛盯着灿烂的太阳看,这让他觉得不公平。他也应该目光呆滞地躺在那儿。

他一次又一次地看向他们,他们好像都活了。他把一片奶酪递给最近的那个,几乎要把"想来一口吗?"说出口的时候才反应过来。

"全完了!"

加贝尔吃着奶酪，注意到眼泪开始从旁边那个的脸颊上流了下来。他脸上的那层冰正在融化。

加贝尔转过脸去，审视着那个以当初来到这个世界时的姿势被冻住的人。那个人他认识。当初在肯辛顿的迈尔斯通俱乐部里，他曾把自己从房间里给骗了出去。他们当时差点打起架来。

加贝尔看了看田野周围。埋葬小分队的其他人也正躺在雪地里吃午餐，根本无法分辨出谁是活的，谁是死的。加贝尔觉得自己从雪地上永远都起不来了。他最好还是死了算了。

一声哨声响了起来。人们慢吞吞地爬起来，继续干起阴郁的活。几辆卡车开到了这片田野中。坟墓登记管理处的人开始把冻住的尸体往车上装。一人抓住尸体的双脚，另一人抓住肩膀。"1、2、3，起！"第一个人喊道。那具尸体就像坚硬的木板一样，被扔到了卡车上。

加贝尔好像看到自己也被抓起来，被像木材一样扔到了卡车上。

空降师的一名志愿者走到那些装尸体的人跟前。他的脸色发白，满是愤怒："你们再这样干一次，我就把你们的脑浆给打出来。"

那些人什么都没说。然而当去抬另一具尸体时，他们动作很是轻柔，把尸体放在卡车上时特别地小心翼翼——好像他是个活人似的。

7

下午 4 点 30 分，维尔茨，克里茨、埃利斯和卡罗尔三名美国士兵当时正坐在杂货店后面的小房间里。美西猛地冲进来，激动地用法语喊道："美国军队！沿大街来了！"

克里茨怀疑地走到街上。说美国人要来，已经有过两次无来由的谣言了。一个班的士兵正从诺特兰基方向，以一纵队往山下行进，他们的步枪都抱在胸口。

"美国兵！"他对自己的同伴们喊道。那个班越走越近，他欣喜若狂地大声叫喊，几乎到了歇斯底里的地步。

新来的人冷冷地注视着他。

克里斯给他们看了一下自己的"狗牌",然后是他的工资本。他们领头的一名中士缓缓地笑了笑:"我们是 101 的。"

"空降师?"

"当然不是,是第 26 师 101 团的。"

"那个老牌'北佬师'。"克里茨说。

路易斯·斯坦梅茨从杂货店里跑了出来,手中挥舞着一个瓶子:"烈酒!我一直留着它,要用来庆祝。"

维尔茨的其他居民也从地下室里爬出来,围在这些美国步兵周围。这一天是向圣塞巴斯蒂安祈祷的第九天。卡农·科林承诺的所有事情都成为了现实。

但那些美国兵们却对他们冷眼相对。没有人想起来告诉他们,这里是卢森堡,他们的盟友。街道的铺排是德式的,商铺的窗户上写的也是德语。这些人讲的是德语,所以他们就是德国佬。

一名美国兵撞到了一个纤瘦的姑娘。她沿彭特街跑,要往美西那儿去。她道歉的时候,他一把把她推倒在了雪地上。"该死的德国婊子。"他说,然后向安娜小姐啐了一口。

8

第二天,也就是 1 月 22 日,对圣维特的钳形攻势蓄积起了能量。在北面,第 7 装甲师行进到了胡林根附近,距圣维特只有 3 英里远了。在南面,巴顿的人向特罗维吉集聚。第 1 集团军和第 3 集团军之间的距离每个小时都在缩短。

就在那天,盟军的飞机在菲安登和达斯堡附近的道路上,发现了成群堵在一起的坦克、装甲车和马拉火炮,便用火箭弹和烈性炸药对它们进行了攻击。破坏成果惊人:536 辆车受到损坏,另有 1177 辆被完全摧毁。

巴顿给布雷德利打去了电话。他显得急不可耐,固执坚决。他闻到了最终胜利的气息:"布雷德利,你必须催促所有部队立即全面出击。不管多么疲惫,不管我们要承受多少损失。现在正是攻击的时机!"

在维尔茨，这天是个庆祝的日子，也是个告别的日子。拉尔夫·埃利斯吻别了美西。她眼中含着泪水：拉尔夫终于安全了。她希望自己的儿子乔西也会没事儿。

卡罗尔和安娜告了别。

然后这两名士兵上了一辆救护车，一人有些犹豫，另一人则满怀期待。埃利斯急于找到一家电报室，想让自己的妻子娜丁知道自己没事儿。

至于第三个人，莱斯特·克里茨则正和维尔茨上城区的许多朋友告别：戈贝尔姐妹们，她们的两个外甥女，还有玫家具店的一家人。"从现在开始，"他告诉他们说，"卢森堡在美国将会有两位大使：官方的一个，还有我自己一个。"他们为自己做了很多，他想对此表达感谢。

"噢，已经习惯了。"小玛丽欣顽皮地笑道，"我们卢森堡的年轻人，都让我们藏了四年啦。"

9

1月23日上午，第7装甲师的A装甲战斗群停驻在胡林根附近，准备对圣维特发起最后的冲击。圣维特就在往南不到2英里的地方。

然后，哈斯布鲁克改变了主意。他打电话给还指挥着B装甲战斗群的布鲁斯·克拉克。"布鲁斯，"他说，"你被从圣维特给踹了出去，你想把它拿回来吗？"

克拉克表示想。他很快便组织了三支特遣队，命令他们在下午2点15分从三面同时发动进攻。

下午1点45分，克拉克走上圣维特以东几英里的一座山，俯视着下面残毁的城镇。突然间轰鸣声就齐作起来：那是炮火准备。几分钟后，他的攻击就要开始了。他往自己吉普车回返的路上，发现一辆几乎被雪完全盖住的车。那是他当初从艾巴赫开出来的一辆老旧的梅塞德斯-奔驰。

他若有所思地停了下来。他在忙乱的12月17日先行到达了圣维特，而那些跟在后面的将士们现在又在哪儿呢？

他们中的很多都已经死了。

还有很多人在德国当俘虏。唐·波伊尔少校还活着，他此刻正轻抚着自己酸痛的拇指。一天前，他因为反对自己所在战俘营的管理方式，而被吊了起来。

和他同在德国的还有成千上万的其他人，他们都是在圣维特之役、西尼艾弗尔山上或者克莱沃被俘的。

狄尚农上校经过一段劳累的跋涉，终于到达了13-B号军官战俘营。但他已经患上了肺结核。

于维尔茨附近被俘的霍本法官则正在写一张明信片。他在斯克兰顿的法官任期很快就会终止了，他现在要提交个人推举材料。

赫尔利·富勒正行进在波兰境内的一条道路上。俄军火炮的轰隆声越来越近，富勒在做着盘算。卫兵中有两名军官：一个是典型的纳粹；另一个则待人友好，叫作保罗·黑格尔。富勒决定吓唬那个纳粹，并与另一个友好的德国人做一个交易。差不多是时候了，他应该接管这个行进中的战俘营，然后加入冲过来的俄军盟友的队伍中。

在哈默尔堡的13-B号军官战俘营里，第106师师长的儿子小艾伦·琼斯看着又一批俘虏从卡车上下来。其中一个是他的老朋友巴德·博林，第84师的亚历山大·博林将军的儿子。两位将军的儿子握了握手。

"你最近有没有收到你在华盛顿的母亲的消息？"琼斯急切地问道。博林点了点头："我妻子生孩子了吗？"

博林想了想："生了，我母亲提过一些孩子的事情。"

"唔，男孩女孩？"

"我不知道，只知道有个孩子。"

10

那天傍晚，西尼艾弗尔山之战的一名老兵在梅耶罗德附近被发现了。在离马莱特家后面的六岔路口不远的密林中，两名村民发现了一名高大的美军中尉的尸体，他周围还围着七具德国人的尸体。那是小埃里克·伍德中尉。

往西南方几英里，克拉克的队伍正在向圣维特集聚。只配备轻武器和机关枪的德国人竭力苦战，但到了下午5点45分，美军的三支特遣队已经攻入城里。

碎石瓦砾中还隐藏着很多狙击手。圣维特直到差不多午夜的时候，才又一次完全回到了B装甲战斗群的手中。

鲍勃·艾伦布什中校疲倦地走向自己的指挥所。夺取圣维特是一个历史性的事件，但他却觉得没有人会想来个象征性的庆祝。他看着月光下的废墟残骸：那些都是倒下的战友们的坟墓。然后他走进自己的司令部：一间残毁的厨房。人们正在烤奶酪三明治。

除了苦闷的扫尾工作之外，"阿登之战"已经结束了。战斗很快转移到东方，进入了德国境内，身后留下的是两个饱受疮痍的小国家与毁坏的房屋和农田：牲畜死了，人死了，灵魂死了，心也死了。在阿登这个停尸房里，停放着超过75000具尸体。

第17空降师的骑兵们正向卢森堡的一座教堂行进。

"原地坐下。"一名连长命令道。

这些人坐在满是雪的鹅卵石上，其中一人是一等兵库尔特·加贝尔。随军教士已经向他们做出了保证，说亡灵会永远守在他们身边。

连长清了清嗓子："全体起立！"接着是"都有，立——正！举枪致敬！"

武器哗啦啦地响了起来，丧葬号由单独一个号手完成。加贝尔不禁流下了眼泪，他想起了自己死在弗莱姆艾的朋友们。他偷偷扫了一下四周。所有的人都在哭泣，连长的脊背也在剧烈地抽动着。

然后，他听到连长用颤抖的声音喊道："持枪——立正！"

战役结束了。

"守卫莱茵河"就像一个流血的巨兽，正爬回自己的"父国"。士兵们双脚用粗布麻袋包着，头上缠着女士围巾，在雪地上蹒跚行进。行进的双脚已经麻木，凛风、炸弹和炮弹都在追逐着他们。身后散落着大量的坦克、卡车和火炮，都已弃之不用了：要不是没燃料了，要不就是需要小修。

伤员和病号吃力地向东行进，一些人的内脏也腐烂了。他们的鼻子红肿，全身布满虱子，身上的溃疡虽不断流出液体，但却还在逐渐冻结；另一些人则不见了耳朵,伤口中不断有脓水流出。

队伍穿过一片片田野和树林,到处都是死人和濒死之人。一名美国士兵以站立的姿势被冻住了,他的双臂伸了出来,好像在求饶。某个有着病态幽默感的德国通信兵,把导线从他僵硬的手指间穿了过去。现在他站在那里,俨然成为了一根被冻住的电线杆。

但是在撤退的大部队中却没有人注意这些。逃跑是他们脑子里的唯一想法。悲凉的大队伍蜿蜒向东行进,呼出的气体在每人的衣领上都结了一层冰。他们用冻僵的双脚向东踱去,心已死,体已病。痢疾在队伍中蔓延,并在身后的雪地上留下了血色的痕迹。

德军士兵们的意志已经垮了。任何一个活过大撤退的人都不再相信德国会有一丁点胜利的希望。从"突出部"逃回的每一个人都往家乡带回了一个故事:自己的在劫难逃,盟军压倒一切的实力,还有阿登地区锻造的可怕武器:美国战士。

三个半月以后,也就是5月7日,德国投降了。

后　记

1

正是由于希特勒在阿登输了这场孤注一掷的赌博，成千上万的英国和美国战士才免于丢掉性命。如果希特勒没有坚持"干大事"，如果他躲在齐格菲防线内，那么盟军将不得不对敌军守卫严密的堡垒进行强攻。而这些堡垒的守卫部队正是在阿登才被打得七零八落。

如果以挽救的生命数为标准计量，"阿登之战"显然是一个伟大的胜利。

这场战役的胜利靠的不是运气，不是人员数量占优，也不是压倒性的空中力量。它的胜利靠的是美国士兵，靠的是他们身上那些难以形容的特质。独立、自大、爱享乐这些特质虽不能让他成为一个好的戍卒，但却最终使他变成了一名致命的战士。

"阿登之战"不是一场中规中矩的战斗。战线要么不存在，要么流动不定。这场战役由一系列孤立的行动组成，彼此仅靠进攻方向才联系了起来。美军被包围了，而在几英里之外，被包围的却是德军。各个部队之间的沟通联系也变得不可靠。部队以师、团、营、连，甚至有时以一个或两个人为单位进行独立战斗，但却极大地影响了战局。在这样的战斗中，美国士兵表现优异。独立这一经常让他们在军营中惹上麻烦的特质，却在"阿登之战"中起到了作用。

他们爱享乐,这使得他们刚进入战场时表现低劣。然而在"阿登之战"中,他们很快就明白,只有一种方法才能让自己活下来:他们必须战斗。他们战斗不是为了政治或者意识形态的原因,而只是为了自己的生存。

美国兵进入战场,有一个简单的处世哲学——出力越少越好。他们表现怎样,全凭形势所迫。在"阿登之战"中,他们不得不特别优秀。但他们却总是那么复杂,甚至今天大多数德国人都认为美国兵是个笨手笨脚的敌人。德国人仍然坚信,他们当初之所以失败,是因为敌军压倒性的炸弹和炮弹数量,以及大量的机械和物资。许多德国人仍然愤愤不平地认为,那种作战方式马虎没效率,是懦弱者的做法,且耗费巨大。但美国兵却不在乎什么战场上的骑士精神。他们只想获胜,然后回家。

尽管有这么多明显的缺点,第二次世界大战中的美国军队仍然是一支强大而民主的军队。它从零开始被迅速组建起来,并且安然承受住了一系列问题:其中包括愚蠢糊涂、平民的自满、官僚主义、国会的插手、无数的错误、政治操作以及成长之苦等等等等。它的许多军官都笨手笨脚,能力不足,但战争这所学校很快就摧毁了或者筛除了这些人中的大半部分。这支军队赢得了"阿登之战",驰骋于德国。它不仅勇猛而且坚毅,且为勇猛、坚毅之人所组成。要是逼不得已的话,它还可以更勇猛些,更坚毅些。

很多人都写到美军情报参谋处官员的失败:他们没有能够预见这场战役。当时相当原始、天真的美国情报系统不应该承担过错,毕竟它大多还是以美国内战中的平克顿侦探系统为基础;复杂精密的英国情报系统也同样对此无知无觉。甚至连霍奇斯、布雷德利和艾森豪威尔,以及战略的设计师罗斯福和丘吉尔都不应该受到指责。盟国所有的成员应该共同承担责任。1944年12月15日的夜晚,盟国世界里散发着自满、过分乐观以及自欺欺人的气息。

当初许多孤立的事实都指向了"守卫莱茵河",但它们却构不成一张有意义的图景。因为这张图景所包含的最基本的假设,即德国有能力发起大规模进攻,在任何位高权重的人看来,都是无法接受的。把盟军带到灾难边缘的原因更多不在于情报工作的失败,而在于想象力的失败。

2

在这场战役的许多盟军参与者的声名在后来都越发显著。艾森豪威尔成了美国总统；蒙哥马利主抓北约欧洲盟军最高司令部的工作；布鲁斯·克拉克担任驻西德第7集团军司令；麦克斯韦·泰勒升任为美国陆军参谋长；詹姆斯·加文则成为了美国陆军的公众良心。

许多人后来留在军中服务，如圣维特的唐·波伊尔，那两个兄弟村的米尔德伦和毛罗，F连的克莱顿，玛库里的霍根以及小艾伦·琼斯。许多人如今在参与公司的管理工作，如柯林斯、霍格和麦考利夫。其他人则在教育行业：特洛伊·米德尔顿是路易斯安那州立大学的校长；列兵约翰·肖在海勒姆大学担任英文教授；"公鸭嗓"厄尼·哈蒙少将成了诺威治大学的校长，这让他战时的同事们惊诧不已。

率特遣队最先抵达乌法利兹的迈克尔·格林，如今是美国陆军正规军中的一名中校。他的助手"大个子吉恩"爱伦森现在是迈阿密大学足球队的边裁。莱纳斯·霍本还在德国监狱里面的时候，就已重新当选法官，现在他仍然在宾夕法尼亚州的斯克兰顿从事旧业。贝勒海耶路障的奥林·布鲁斯特少校如今住在得克萨斯州的坦普尔市。他没有受到军事审判，这是因为理查森（他现在回到了驻扎在德国的第3装甲师）和希基（于密西西比州的帕斯克里斯琴退休）一直拒绝给罗斯将军提出的指控签字。而罗斯自己则在"阿登之战"之后不久，就和他的坦克兵在前线阵亡了。

布雷德利在出任美国退伍军人管理局局长之后，住在华盛顿特区。第106师的师长琼斯也住在华盛顿，他的心脏病在那里才最终得以康复。还有其他数百人也住在华盛顿，包括约翰·海因斯、比德尔·史密斯、罗伯特·哈斯布鲁克和罗伯特·格罗。

得克萨斯州的圣安东尼奥市是退休人员居住的另一热门地点。霍奇斯和伦纳德成了关系很好的邻居，赫尔利·富勒则是霍奇斯打猎的同伴之一。1945年1月29日，富勒不仅担任起了他那群俘虏的指挥官，而且大量被俘虏的意大利将军也归到了他的号令之下。他先是攻下东普鲁士的伍加藤村,在村庄里筑起防御工事,然后在第二天将这个村庄完整无缺地转交给了冲来的苏联红军。富勒在自己典型的冲动劲儿下,把那名友好的德国卫兵保罗·黑格尔冒充成了一名美军士兵、得州公民。黑格尔用美军制服做伪装,被安全护送出俄国,然后到达了意大利。富勒之后被调查人员以协助一名敌人为由进行了调查。但调查发现,美军俘虏正是因为黑格尔,他们的日子才好过了些,富勒就被宣布无罪了。

碰巧的是,那个因为富勒才活下来的黑格尔如今住在上乌瑟尔(陶努斯山的富勒大街)。

"阿登之战"的很多幸存者们现在都已经离世了。莫德尔自杀了;龙德施泰特在维恩豪森附近的老人院里去世了。

在1946年于达豪举行的马尔梅迪审判上,派普被判处绞刑,而迪特里希则被判处终身监禁。不幸的是,这次审判对美国的公正产生了相反的宣传效果。一些被告受到殴打,并被强迫参与模拟审判,来吓唬他们以使其认罪;动机有问题的目击者也被叫到法庭上指证。

来自佐治亚州亚特兰大的小威利斯·M.埃弗雷特被任命为了首席辩护律师。他对当时的非民主方式大为愤怒,努力为自己的当事人争取权益。他花了巨大的工夫,把远在美国的哈尔·麦考恩请了过来,让他讲述他当初在拉格莱兹村作俘虏时的所见所闻。他的证词表明那个村子里的所谓暴行纯属凭空捏造,让人对原告的诉讼产生了怀疑。尽管如此,被告中还是有42人被判绞刑,23人被判终身监禁。

一场抗议的浪潮立即就在德国,甚至美国国内爆发开来。在拥有许多选民的德裔约瑟夫·麦卡锡参议员的带领之下,一场长久且爆炸性的调查开始了。

由于准备不足,违规惊人,且热切寻求报仇而非事实,马尔梅迪审判并没有让任何人满意。许多犯下暴行的人未受惩罚;许多无辜之人却被丢进了监狱。

埃弗雷特上校坚信在此次审判中,正义流产了。他的努力并没有停下来。在接下来的十年中,他自掏腰包4万美元,为争取公正的审判而奋斗。1957年,很大程度上由于他的努力,迪特里希和派普被释放了。他们两人现在以缓刑期的条件，住在斯图加特附近。

马尔梅迪审判如今在德国仍然广受争议。1957年，《杂志》周刊对那次审判进行了耸人听闻且极不准确的描述，受到了人们的广泛阅读和讨论。美国的敌国们仍然把马尔梅迪审判当作所谓"美国公正"的一个例证。

对于德军其他人员来说，"阿登之战"以及整场战争都已变成了令人忘却的历史。当初差几分钟就要拿下巴斯托涅的拜尔莱茵，如今在维尔茨堡开了一家地毯铺。几个街区之外，冯·德·海德特男爵在著名的维尔茨堡大学教授国际法。

曼陀菲尔如今在政界。他作为他党内的几名首脑之一，直到1957年选举前，都是波恩议会大厦的成员。他那精力充沛、思维睿智和直言不讳的品质，可说是一点都没变。

斯科尔兹内凭借一张南森护照①，如今住在马德里。他的工程师事业相当成功。他一直怀有一个梦想，就是来美国教他从前的敌人突击战术。他本人正是靠他的突击战术而闻名于世。他在许多方面已经美国化了。我去他家拜访的时候，他自己做了晚餐，然后又自己洗了餐具。

本故事中提到的大多数平民都还活着。弗兰·奥兰登，也就是那个怀孕的红十字会女孩，正好及时赶到巴黎，生下了孩子。她现在又另外有了七个孩子。

在卢森堡和比利时，尽管人们没什么资金，但他们靠着自己的聪明才智和坚定意志，还在清理战争留下的废墟，并正在重建房屋、工厂和大桥。特鲁瓦蓬的桥已经快完工了，但斯塔沃洛却还没筹到足够的钱来重建那座古老的石桥。

维尔茨人已经完全把自己的城镇重建好了，它再一次成为了阿登的旅游中心。如今在城内的那座城堡后面，有一座露天剧场。在每个夏天举行的国际戏剧节上，戏剧、歌剧和音乐剧都会在这个浪漫的背景下呈现。

美西的杂货店生意十分红火。她的儿子乔希从战场上安全回来了，并

---

① 南森护照（Nansen Passport），是国际联盟推出的第一种被国际承认的身份证明，当时是面向没有国籍的难民而设置的。——译者注

有了两个孩子。她的大伯路易斯·斯坦梅茨则开着一辆美国车,杂货批发的生意经营得很成功。尤金·韦伯还在管理自己家的药店和城里的童子军,此外他还负责戏剧节的组织工作。戈贝尔姐妹们都过得很好,她们的外甥女们也一样。玫女士在最近的一场车祸中离世,而玛丽亚·玫则进了一家修道院。

虽然卡农·科林已经78岁了,但他的精神和热情却丝毫不减。当被问道他是否也如维尔茨的其他市民一样,坚信德国人会在圣塞巴斯蒂安生日的那天离开时,老人微笑着说:"我心里希望会那样。"

正如当初所承诺的,一座圣祠如今被建在了那座可以俯视维尔茨的山丘上,永远纪念着一个民族的不屈不挠。它的十字架是用美军炮弹的弹片做成的。

一位平民如今已经不在维尔茨了。那场战役结束后几周,安娜小姐就因为肺结核而离世,但她帮助过的三名士兵却永远不会忘记她。莱斯特·克里茨现在是加利福尼亚州公路部门的公共信息官;拉尔夫·埃利斯是洛克希德公司设在森尼韦尔的导弹与太空部门的工程师。碰巧的是,第三个人,也就是乔治·卡罗尔,最近也把家搬到了加利福尼亚州。他们三人目前都住在半径100英里内的一个区域。

3

为了收集这个故事的材料,我的行程差不多达到了10万英里:国会大厦的参议员听证厅;密苏里州独立市的前总统哈里·S.杜鲁门的办公室;西德波恩的议会大厦;达豪的毒气室;西点军校;纽约市格拉梅西公园的演员俱乐部;阿登地区的很多大城堡以及小屋;凡尔赛的北约欧洲盟军最高司令部;五角大楼;路易斯安那州立大学和诺威治大学;梅耶罗德村的文法学校;维尔萨姆的板岩矿;斯帕的温泉;蜿蜒曲折的齐格菲防线;维尔茨、圣维特、科林克尔特、马奈、巴斯托涅、克莱沃、塞勒、拉格莱兹和西尼艾弗尔山等地的战场。

我听到了约翰·费格博士给我讲的第11装甲师的故事,那时他在打理一头牛、一匹马和一只狗；我听到了德·拉茨斯基·德奥斯特洛维男爵的故事，那时他正在他位于瓦尔当那座美丽却被毁坏了的城堡里的仆人区吃饭；我在《布法罗信使—快信》(the Buffalo Courier-Express)的办公室里，听到了弗雷德·麦肯齐的故事；在匹兹堡的梅隆研究所里，听到了马修·里奇韦的故事；在慕林旅馆后的小木屋里，听到了鲁普的故事。

要是没有很多人和很多机构的帮忙，这本书是怎么都不可能写就的。

图书馆对我这本书助益良多：弗吉尼亚州亚历山德里亚市的历史档案馆；华盛顿特区麦克奈尔堡和德国卡尔斯鲁厄的陆军历史处图书馆；麦克斯韦空军基地的美国空军大学图书馆；国会图书馆；纽约公共图书馆主馆（查尔斯·多恩布什）；英国战争博物馆；英国陆军历史图书馆；佐治亚本宁堡的美国陆军步兵学校图书馆（鲁思·卫斯理）；新泽西州红岸镇的公共图书馆。

我读了上百本的书、事后报告和非官方的战斗叙述。其中最有价值的包括：Joseph Maertz 教授的《龙德施泰特攻势中的卢森堡》(*Luxembourg in der Rundstedt-Offensive*)；E. T. Melchers 中校的《卢森堡的两次解放》(*Les Deux Liberations du Luxembourg*)；Marcel Bovy 的《昂布莱沃河之战》(*La Bataille de l'Ambleve*)；Donald P. Boyer, Jr 的《圣维特："阿登之战"中的第 7 装甲师》(*St. Vith, the 7th Armored Division in the Battle of the Bulge*)；Percy Ernst Schramm 的《德军攻击阿登的准备工作》(*The Preparations for the German Offensive in the Ardennes*)；Robert Merriam 的《黑色十二月》(*Dark December*)；S. L. A. Marshall 的《巴斯托涅的前八天》(*Bastogne: the First Eight Days*)；R. Ernest Dupuy 上校的《圣维特：挡路的狮子》(*St. Vith: Lion in the Way*)；以及本宁堡图书馆的学生专论。

在寻找战役幸存者的过程中，一些退伍军人机构帮了大忙，包括美国军团（the American Legion）、海外战争退伍军人协会（*the Veterans of Foreign Wars*），以及下列师级协会：

步兵师：第 1 师（Arthur Chaitt），第 4 师（Gerden Johnson and Iz Goldstein），第 26 师（H. Guy Watts），第 28 师（Ray Carpenter, John McDonald 少校），第 30 师（John P. Carbin, Jr），第 35 师（Mahlon S. Weed），第 75 师，第 80 师，第 83 师（Lawrence Redmond），第 87 师，第 90 师

(Milt Sears),第 99 师(Walter Lauer 少将),第 106 师(Douglas Coffey)。

装甲师:第 2 师(R. F. Perry 上校),第 4 师(Anthony J. Pas-sanante),第 6 师(Edward Reed),第 7 师(Johnnie Walker),第 10 师(J. Edwin Grace),第 11 师(Kenneth W. Hanlon)。

空降师:第 17 师(W. A. Roncone,Charles Worrilow),第 82 师(A. R. Pattullo),第 101 师(George B. Woldt,Colonel Leo Conner)。

因为收集的材料中只有一小部分被用上了,我想对那些被采访过但他们的故事却未出现在书中的人表达感谢。Sid Salins(第 99 师),Ted Black(第 3 装甲师),Steve Prazenka,Embert Fossum 和 Paul Gaynor(第 28 师),Al Blumberg 和 James McCrorey(第 6 装甲师),Robert Bowen(第 101 空降师),以及 James Peale,Jr.(第 26 师)等人花了数小时给我讲述他们的故事。他们的口述,实际上构成了这个故事的核心内容。

我没有办法把所有帮助过我的人都列出来。下面是其中的一小部分人:Victor Walker 少校,他让我有了写这本书的想法;美国陆军情报办公室的 Harry P. Storke 少将、Chester Clifton 准将、James Chesnutt 上校和 John Chesebro 中校;James Haslam 少校,他帮我安排了欧洲的大部分会面,并在他休假时开车带我在阿登到处跑;美国空军书刊杂志部的 James Sunderman 少校;美国空军大学的 Laurence Macauley 上校和 Albert Simpson 博士;慕尼黑的 Karola Gillich;维尔茨堡的 Elisabeth Philipp;维尔茨的 Maggie Dieschbourg 和 Eugene Weber;迪基希的 Joseph Geiben;巴斯托涅的 Marcelle Koeune;维尔萨姆的 Maurice Delaval 博士;特鲁瓦蓬的 Jacques Clesse 博士;乌法利兹的 M. T. Urbain-Choffray;斯塔沃洛的 Henri Demoulin;华盛顿特区的 Herbert Trattner 少校及其夫人、Barbara Gore、Jacob Wice 法官和 Hugh Cole 博士。

最后我想感谢 Fred Stocking 教授、John Jamieson 和 Gerald Simons 对我一直的支持与鼓励;感谢 Rogers Terrill 和 Robert Loomis 对我这本书四部分的全部手稿进行了编辑。

4

"突出部"地区有许多"阿登之战"的纪念碑:埃特尔布鲁克的巴顿纪念碑;包格涅兹为纪念被屠杀之人的圣祠;巴斯托涅的那座美丽的纪念碑。我最喜欢的纪念地在梅耶罗德村村外几英里的一条幽僻的小径上。这里,在一片浓密的树林之间,有一个呈十字架形的被青苔覆盖的土丘:小埃里克·伍德中尉就是在这里死去的。在小径对面,是一座梅耶罗德村村民建起来的小纪念碑。他们用英文在上面刻道(弄错了他的军衔):"1945年1月,美国陆军上尉埃里克·费希尔·伍德在与德军进攻部队的英勇战斗中,于此处牺牲。"

每天都会有某位村民走到这座纪念碑前,在一个玻璃瓶里放上一些鲜花。

阿登也有许多其他的纪念碑:那成千上万的散兵坑,如同开口的坟墓一样点缀着田野。这些散兵坑还在述说着那场战役的故事。人们在它们里面可以发现腐烂的补给罐头、防毒面具、步枪弹夹、迷彩服的小片材料、靴子,甚至有时还能发现一具被遗忘多年的可怜残骸。这些散兵坑是对美国兵最合适的纪念碑。

索 引

A. C. 米勒中校(Miller,Lt. Col. A. C.) 357

E. G. 布尔玛斯特上校(Buhrmaster,Col. E. G.) 234

H. W. O. 金纳德中校(Kinnard,Lt. Col. H. W. O.) 88

J. 劳顿·柯林斯少将 105

M. A. 杰米尔中尉(Jamiel,Lt. M. A.) 177

T. 潘恩·凯利中校(Kelly,Lt. Col. T. Paine,Jr.) 128

W. H. G. 富勒中校(Fuller,Lt. Col. W. H. G.) 177,179,195

"大个子"辛普森[Simpson,Lt. Gen. William H. ("Big Simp")] 105

"北风行动"(Operation "Nordwind") 315,330,334

"长空大道"("Skyline Drive") 25,28,29,83

"大个子吉恩"爱伦森[Ellenson,Lt. Eugene ("Big Gene")] 372,392

"公鸭嗓"厄尼·哈蒙少将[Hannon,Maj. Gen. Ernest ("Gravel Voice")] 392

"赫尔曼行动"(Operation "Herman") 336

"马丁"(Operation "Martin") 16,17

"猛男"霍尔布鲁克准将[Holbrook,Brig. Gen. Willard,Jr. ("Hunk")] 371

"米老鼠行动"(Operation "Mickey Mouse") 16

"秋雾"(Operation "Autumn Fog") 17

"圣诞玫瑰行动"(Operation "Christrose") 1,15

"狮鹫行动"(Operation "Greif") 16,19,40,72

"守卫莱茵河"("Watch on the Rhine") 16—18,20,22,30,203,276,297,298,315

"瘦子吉姆"詹姆斯·加文少将[Gavin, Maj. Gen. James ("Slim Jim")] 235

"秃子霍拉斯"麦克布莱德[McBride, Maj. Gen. Horace ("Hairless Horace")] 217

"小胖子"巴尔顿[Barton, Maj. Gen. Raymond O. ("Tubby")] 87

"小旋风"柯林斯中尉[Collins, Lt. John ("Rip")] 130

"心碎交叉路口"(Heartbreak Crossroads) 52,73,76

"修士"迪克逊上校[Dickson, Col. Benjamin ("Monk")] 105

"泽普"约瑟夫·迪特里希[Dietrich, Col. Gen. Joseph ("Sepp")] 18

《布法罗晚报》(*Buffalo Evening News*) 88,270,293,304

阿道夫·希特勒(Hitler, Adolf) 13,335

阿德尔·布达维太太(Bodarwé, Mme. Adel) 55

阿德勒别墅(Villa Adler) 113,114,378

阿登(Ardennes) 3,5,7,10—12,14,15,17,18,20,21,25,26,33,42,43,45,48,49,55,59,62,79,86,87,97,102,106,112,115,118,120,133,134,136,138—140,149,150,152,155,162,175,211,216—218,226,229,233,234,247,248,275,277,279,290,297,298,303,304,307,308,310,314,315,326,330,334,336,343,344,348,350,351,360,361,367,368,376,380,382,383,388—398

阿尔弗莱德·约德尔大将(Jodi, Col. Gen. Alfred) 13

阿尔隆(Arlon) 220,222

阿尔萨斯(Alsace) 22,315,330,333

阿夫朗什(Avranches) 13

阿曼德·图森特(Toussaint, Armand) 257

阿瑟努瓦(Assenois) 295,296,305

阿申（Aschen） 336

阿肖夫（Achouffe） 372

埃伯哈德·科施中尉（Kosch, Lt. Eberhard） 321

埃尔泽（Erezée） 249,263,266,268

埃弗雷特·琼斯中尉（Jones, Lt. Everett） 238

埃特尔布鲁克（Ettelbruck） 217,397

埃希特纳赫（Echternach） 3,4,8,20,21,26,30,42,97,159,376

艾巴赫（Eubach） 35,48,55,176,386

艾迪将军（Eddy, Maj. Gen. Manton S.） 86

艾恩德霍芬（Eindhoven） 337

艾尔·艾廷格（Ettinger, Staff Sgt. Al） 198

艾利奥特·戈德斯坦少校（Goldstein, Maj. Elliott） 235,239

艾伦·琼斯少将（Jones, Maj. Gen. Alan） 5,225

艾森伯恩山梁（Elsenborn Ridge） 20,55,72,73,75,98,111,120,133,169,208－211,298,303

安娜小姐（Anna, Mile.） 219,292,364,377,381,385,395

安斯蒂上尉（Anstey, Capt. Walter H.） 195

安特卫普（Antwerp） 14,15,20,43,105,111,259,280

安托尼·蒂博（Thibeau, Private Anthony） 25

安托尼·麦考利夫准将（McAuliffe, Brig. Gen. Anthony） 116

昂布莱沃河（Ambleve River） 63,102,104,105,133,163,173,211,298,369,396

昂代讷（Andenne） 253　256

奥黛涅（Odeigne） 249,261

奥林·布鲁斯特少校（Brewster, Maj. Olin Findley） 249,392

奥玛·布雷德利中将（Bradley, Lt. Gen. Omar） 11

奥通（Hotton） 171,172,211,236,237,253,288,298,303,344

奥托·斯科尔兹内（Skorzeny, Lt. Col. Otto） 15,18,40,72,139,153,169,330

奥托维勒（Ortheuville） 161,162,168,171

巴尔比娜（Rupp,Balbina） 65

巴尔沃（Barvaux） 282,289

巴拉诺夫桥头堡（Baronov Bridgehead） 368

巴瑟萨-瓦格纳（Balthasar-Wagener,Jean-Pierre） 364

巴瑟萨-瓦格纳夫人（Balthasar-Wagener,Mme. Jean-Pierre） 218

巴森德（Bassend） 370

巴斯托涅（Bastogne） 10,21,28,30,35,37,44,48,53,58,79,80,83,87,112,114—120,134—138,140,143—147,149,157,159—162,167,168,170,171,203,217,219—221,223,224,230—232,234,248—250,256,259,269—272,277,291,293—296,298,303,305,306,314,315,317,318,321—324,334,340—347,354,355,361,366,368,369,371,394—398

班德（Bande） 256,259,350,366

包格涅兹（Baugnez） 55,56,60,62,63,105,206,398

保罗·J.索利斯少校（Sollis,Maj. Paul J.） 103

保罗·黑格尔（Hegel,Paul） 387,393

鲍德温·B.斯密斯（Smith,Lt. Col. Baldwin B.） 233

贝尔托涅（Bertogne） 371,372

贝豪（Beho） 195,225,227

比辰巴赫（Bütgenbach） 72,169,209

比尔·泽赫少校（Zech,Major William） 249

比泽利（Bizory） 136

彼得·马莱特（Maraite,Peter） 110

波托（Poteau） 56,58,60,67,156

伯纳德·蒙哥马利（Montgomery,Field Marshal Sir Bernard L） 150,170

博安（Bohain） 153

博维尼（Bovigny） 195

布拉斯（Bras） 323,368

布莱德（Boulaide） 219,292,317

布朗劳弗(Braunlauf)　226,228

布林根(Bullingen)　51,54,61

布鲁斯·C.克拉克准将(Clarke,Brig. Gen. Bruce)　35

布伦登·布拉肯(Bracken,Brendan)　367

布斯上校(Boos,Col. Francis H.)　98,99

查尔斯·博格斯中尉(Boggess,Lt. Charles)　295

查尔斯·德·拉茨斯基·德奥斯特洛维男爵(Radzitskyd'Ostrowick,Baron Charles de)　284

查尔斯·凯文德上校(Cavender,Col. Charles)　66

查理·卡图斯上士(Kartus,Staff Sgt. Charles)　305

查普特佩克(Chapultepec)　337

彻林(Cherain)　195

达德利·布里顿上尉(Britton,Capt. Dudley)　179

达豪(Dachau)　393,395

达内伊(Danahy)　88,89,271

达斯堡(Dasburg)　29,79,82,97,385

大卫·贝尔彻姆准将(Belchem,Brig. David)　154

丹·斯特里克勒中校(Strickler,Lt. Col. Daniel)　140,145

丹尼尔·奥尔尼(Olney,Cpl. Daniel)　270

党卫军第12装甲师(12th SS Panzer Division)　40,51,52,71,75,98,169,343

党卫军第1装甲师(希特勒的"御林师")[1st SS Panzer Division (Hitler's "Own")]　24,41,71,127,163,318,321

党卫军第2装甲师(2nd SS Panzer Division)　212,234,235,239,248,249,262

道尔·希基准将(Hickey,Brig. Gen. Doyle)　251

德·罗勒中尉(De Roller,Lt. Bernard)　346

德怀特·D.艾森豪威尔(Eisenhower,General of the Army Dwight D.)　12

德军元帅格尔德·冯·龙德施泰特(Rundstedt, Field Marshal Gerd von) 12

迪基希(Diekirch) 97,376,397

迪南(Dinant) 248

第10装甲师(10th Armored Division) 34,49,86,87,115,147,162,167,220,270

第116装甲师(116th Panzer Division) 298

第11装甲师(11th Armored Division) 318,338,371,395

第14骑兵团(14th Cavalry Group) 6,8,25,27,31,35,39,40,49,244

第17空降师(17th Airborne Division) 347,354,383

第18国民掷弹兵师(18th Volksgrenadier Division) 53,70

第26国民掷弹兵师(26th Volksgrenadier Division) 138

第27国民掷弹兵师(276th Volksgrenadier Division) 318

第2装甲师(2nd Armored Division) 29,39,70,84—86,94,97,112,114,117,118,120,138,141,162,168,171,234,237,238,247—249,254—256,276,280,297,298,306,344,371,372,374,375

第3伞兵师(3rd Parachute Division) 41

第3装甲师(3rd Armored Division) 163,171,211,212,236,237,239,248,250,251,253,266,289,344,392,397

第4装甲师(4th Armored Division) 86,217,219,230,294—296,304,306,323

第51高地步兵师团[51st Highland Division (British)] 253

第5伞兵师(5th Parachute Division) 97,120,121,142,144,368

第6空降师[6th Airborne Division (British)] 345,366

第6装甲师(6th Armored Division) 334,346,347,368,376,397

第7装甲师(7th Armored Division) 34—37,43,48,49,53,55,60,62,67—69,123,125,128,148,195,225,235,243,246,250—252,260—263,265,279,283,383,385,386,396

第82空降师(82nd Airborne Division) 87,211,250

第9装甲师(9th Armored Division) 4,7,26,36,62,112,114,116,120,125,138,156,159,167,212,255,280,297,343

二级军士长威廉·洛夫洛克(Lovelock,1st Sgt. William) 50

凡尔登(Verdun) 106,138,139,149

凡尔赛(Versailles) 11,31,33,43,55,87,106,151,216,233,246,326,329,367,395

菲安登(Vianden) 4,21,30,97,385

菲利克斯·冯·施陶芬贝格伯爵(Stauffenberg,Count Felix von) 47

费尔·德·奥利尔(De Orio,Pfc. Philip) 172,281,288,289

弗莱杜赫木屋(Baraque de Fraiture) 211,234—237,239,240,248,249

弗莱姆艾(Flamierge) 354,357,359,383,388

弗兰·奥尔登(Alden,Fran) 334

弗兰克·艾伦准将(Allen,Brig. Gen. Frank) 149

弗兰克·米尔德伦中校(Mildren,Lt. Col. Frank) 73,76

弗雷德·阿林代尔上尉(Aringdale,Capt. Fred) 7

弗雷德·麦肯齐(MacKenzie,Fred) 88,270,293,304,396

弗雷德·施罗德中校(Schroeder,Lt. Col. Fred) 156

弗雷德·提尔中士(Till,Sgt. Fred) 372

弗雷德里克·布朗上校(Brown,Col. Frederick) 266

弗雷德里克·内格尔中校(Nagle,Lt. Col. Frederick) 128

弗里茨·拜尔莱茵少将(Bayerlein,Maj. Gen. Fritz) 83

弗里德里希·奥古斯特·冯·德·海德特(Heydte,Lt. Col. Friedrich August Baron von der) 18

富兰克林·德拉诺·罗斯福(Roosevelt,Franklin Delano) 93

盖伊上将[Gay,Gen. Hobart R.("Hap")] 218

格朗梅尼尔(Grandmenil) 251,252,261—264,267,268,282

格伦·米勒少校(Miller,Maj. Glenn) 11

格明德(Gemünd) 82

古斯汀·纳尔逊上校(Nelson,Col. Gustin) 242

古维(Gouvy) 125,126,157,159,195

哈尔·麦考恩少校(McCown,Maj. Hal) 173,241,275

哈金斯上校(Harkins,Col. Paul) 230

哈朗基(Harlange) 142

哈里·S.杜鲁门(Truman,Hany S) 395

哈里·曼森少校(Munson,Maj. Harry) 360

哈伦·哈特尼斯将军(Hartness,Brig. Gen. Harlan) 332

哈罗德·马林斯上尉(Mullins,Capt. Harold) 372

哈瑟尔特(Hasselt) 313

哈索·冯·曼陀菲尔男爵(Manteuffel,Gen. Hasso von) 20,70,168

海德晒德哥伦特(Heiderscheidergrund) 142

海涅施莱特(Heinerscheid) 81,82

海因茨·古德里安(Guderian,Col. Gen. Heinz) 13

海因茨·诺瓦克上尉(Nowak,Capt. Heinz) 85

海因里希·吕特维茨将军(Lüttwitz,Gen. Heinrich von) 114

汉勒神父(Hanlet,Father C.) 164,175,207,208

汉斯-尤尔根·伊森海姆(Isenheim,Sgt. Hans-Jurgen) 330

汉斯·乌尔里克·莱斯克(Leske,Pfc. Hans Ulrich) 296

赫尔利·富勒上校(Fuller,Col. Hurley) 29,38,42,80,85,89,117,140,277

亨利·彻里中校(Cherry,Lt. Col. Henry) 117

亨利·胡贝尔少校(Huber,Maj. Henry) 308

亨利·乐洛里(Lejoly,Henri) 55,61

亨利·内森中士(Nathan,Sgt. Henry) 113

洪斯菲尔德(Honsfeld) 8,33,39—43,49,50

胡林根(Hünningen) 106,385,386

胡兹特乌姆(Holzthum) 82

霍布斯(Hobbs,Maj. Gen. Leland S.) 173,242

霍尔茨海姆(Holzcheim) 32,33,40

霍尔丁恩(Holdingen) 157

霍兰德(Holland,Lt. William R.) 196

霍辛根(Hosingen) 39,82,93,141

霍伊特·范登堡中将(Vandenberg,Lt. Gen. Hoyt) 217

吉尔布雷斯上校(Gilbreth,Col. J. H.) 117,120

吉维特(Givet) 253,255

杰斯·毛罗中尉(Morrow,Lt. Jesse) 7,77,98,100

卡尔斯鲁厄(Karlsruhe) 396

卡灵顿(Carentan) 210

卡曼斯特(Commanster) 195,197,213,214,225—227,229

卡农·普罗斯珀·科林(Colling,Canon Prosper) 380

凯·萨默斯比中尉(Summersby,Lt. Kay) 216

康泊涅(Compogne) 345

康斯图姆(Consthum) 82

考特尼·霍奇斯中将(Hodges,Lt. Gen. Courtney) 10

科莱特别墅(Villa Collette) 93

科林克尔特(Krinkelt) 52,54,71,73—76,79,98,100,133,395

科尼利厄斯·瑞安(Ryan,Cornelius) 306

克拉克·沃雷尔中尉(Worrel,Lt. Clark) 172

克莱顿·W.艾布拉姆斯上校(Abrams,Col. Creighton W) 294

克莱沃(Clervaux) 1,10,12,25,28,29,38,39,42,43,79—86,89,90,92,93,97,106,112,114,140,162,168,248,291,387,395

克劳德·德·拉努瓦伯爵(Lannoy,Count Claude de) 93

克里尔中士(Creel,Sgt. George) 50

克里温克尔(Krewinkel) 6,25,27,32

克利福德·彭罗斯中尉(Penrose,Lt. Clifford) 4

克林克中校(Klinck,Lt. Col. Earl F) 123

克龙巴赫(Krombach) 199

克鲁格将军(Krüger,Lt. Gen. Walther) 170

肯·奥尔登(Alden,Maj. Ken)　334
空军元帅戈林(Göring,Reichsmarschall Hermann)　13
拉德沙伊德(Radcheid)　124
拉尔夫·埃利斯(Ellis,Pfc. Ralph)　291,307,316,325,364－366,386,395
拉尔夫·英格索尔中校(Ingersoll,Lt. Col. Ralph)　360
拉格莱兹(La Gleize)　205,206,240,241,275,393,395
拉罗什(La Roche)　171,212,236,259,279,280
拉施塔特(Rastadt)　372
莱纳斯·T.霍本中校(Hoban,Lt. Col. Linus T.)　143
兰斯(Reims)　87,88,118,318
兰泽莱斯(Lanzerath)　41,49
狼穴(Wolfs Lair)　13,15,106,127
劳伦斯·席尔瓦中士(Silva,Sgt. Lawrence)　345
勒穆尚(Remouchamps)　132
雷阿森树林(Les Assins woods)　372
雷内·图尔奈夫人(Toumay,Mme. Rene)　257
李格诺维尔(Ligneuville)　61－64,71,79,105,169,272,273,321,330
里昂·普莱勒(Praile,Leon)　258
利普施普灵格(Lippspringe)　45
利文·艾伦少将(Allen,Maj. Gen. Leven)　87
列兵约翰·肖(Shaw,Pfc. John)　285,392
列兵詹姆斯·亨德里克斯(Hendrix,Pfc. James)　295
列日(Liege)　20,48,107,156,225,233,234,236,248－250,279,344,361
林堡(Limburg)　273
刘易斯·甘尼特(Gannett,Lewis)　153
隆珊普(Longchamps)　345,361
隆维利(Longvilly)　116－120,134,135,138,147,167,270
卢·阿兹雷尔(Azrael,Lou)　153
卢森堡城(Luxembourg City)　11,31,49,87,149,150,166,277,298,360,

鲁道夫·格尔克将军(Gercke,Gen. Rudolf)　14

鲁道夫·希伯特中尉(Siebert,Lt. Rudolph)　29,85

鲁尔区(Ruhr)　326

鲁金锯木厂(Rulkin sawmill)　257

鲁腾(Leuten)　17

陆军元帅威廉·凯特尔(Keitel,Field Marshal Wilhelm)　13

陆军元帅沃尔特·莫德尔(Model,Field Marshal Walther)　16

路易斯·施皮格尔曼上尉(Spiegelman,Capt. Louis)　281

路易斯·斯坦梅茨(Steinmetz,Louis)　293,363,379,385,395

伦纳德·杰罗(Gerow,Maj. Gen. Leonard T.)　7,30

伦纳德·拉德(Ladd,Sgt. Leonard)　197

罗伯特·艾伦布什中校(Erlenbusch,Lt. Col. Robert)　179,226

罗伯特·格罗少将(Grow,Maj. Gen. Robert)　346

罗伯特·哈斯布鲁克准将(Hasbrouck,Brig. Gen. Robert)　35,125,229

罗伯特·豪兹上校(Howze,Col. Robert)　171

罗伯特·瑞亚中校(Rhea,Lt. Col. Robert)　179

罗尔大坝(Roer Dams)　7,10,30,31,52

罗切拉斯(Rocherath)　52,54,71,73-75,79,98-100,133

罗斯巴赫(Rossbach)　17

罗谢姆格拉本(Losheimergraben)　40,51

罗谢姆峡口(Losheim Gap)　6,8,20,25,27,28,30-32,35,38-40,42,43,49

罗伊·克莱中校(Clay,Lt. Col. Roy)　124

罗伊·斯特林费洛中尉(Stringfellow,Lt. Roy)　318

洛林维利(Lorraine)　309

马尔梅迪(Malmédy)　19,45,55,56,60,64,103,164,169,171,211,242,250,272,283,349,369,393,394

马尔纳赫(Marnach)　39,80-82,85,86,93,94,97,168

马尔什(Marche) 156,170,171,237,238,253,255,256,284,285,340,344,354,355

马克·迪瓦恩上校(Devine,Col. Mark) 31,36,67

马雷港(Port Marly) 153

马林·克莱格上校(Craig,Col. Malin,Jr.) 37

马伦普雷(Malempré) 250,251,262,265,282

马奈(Manhay) 236,239,248—253,256,260—263,268,275,282,283,298,303,344,395

马维(Marvie) 223

马修·里奇韦(Ridgway,Maj. Gen. Matthew) 118,242,250,396

马耶讷(Mayenne) 216

玛尔特·蒙莉克夫人(Monrique,Mme. Marthe) 247

玛格丽特(Mageret) 119,120,134,135,138

玛库里(Marcouray) 212,236,248,280,289,392

玛丽欣·戈贝尔(Goebel,Mariechen) 377

玛琳·黛德丽(Dietrich,Marlene) 8

迈克尔·格林(Greene,Maj. Michael) 371,392

麦克斯韦·泰勒少将(Taylor,Maj. Gen. Maxwell) 116

麦特·凯恩(Kane,Lt. Col. Matt) 264

麦特·考诺普上校(Konop,Col. Matt) 51

梅尔沙伊德(Merscheid) 82

梅尔珊普(Mierchamps) 366

梅斯(Metz) 310

梅耶·莱文(Levin,Meyer) 51

梅耶罗德(Meyerode) 109,110,387,395,398

蒙绍(Monschau) 7,8,20,27,35,36,43,52,97,155,210,303

蒙斯豪森(Munshausen) 80,81,84,85,89,93,291

蒙斯特艾弗尔(Munstereifel) 18

蒙特(Mont) 167

米歇尔木屋(Baraque Michel) 19,47

莫·博伊兰中校[Boylan,Lt. Col. Vincent("Moe")] 243,245

莫里斯·罗斯将军(Rose,Maj. Gen. Maurice) 236,281

莫利·卡西迪(Cassidy,Morley) 51

莫纳维尔(Monaville) 371

墨索里尼(Mussolini,Benito) 16

默兹河(Meuse River) 14—16,20,28,39,43,50,54,55,60,71,92,102,104,111,120,139,153,156,162,168,170,201,253,255,259,276,280,284,297—299,307,315,318,351

穆尔默隆(Mourmelon) 88

纳菲(Neffe) 135

纳慕尔(Namur) 20,253,255

内德·摩尔中尉(Moore,Lt. Col. Ned) 221

尼德瓦姆巴赫(Niederwampach) 119

尼科尔(Thein,Nicole) 230

尼克·山博格(Schambourg,Nic) 380,381

诺堡(Neufchâteau) 161,162,167

诺里斯·彭斯(Burns,Sgt. Norris) 195

诺曼·科塔少将[Cota,Maj. Gen. Norman("Dutch")] 38

诺特兰基(Noertrange) 384

诺特乌姆(Nothum) 308—310,346

诺维尔(Noville) 117,118,120,136,147,160—162,167,248,294

诺因多夫(Neundorf) 158

欧文·沃登上尉(Warden,Capt. Irving) 84,89

帕德博恩(Paderborn) 45

帕克的交叉路口(Parker's Crossroad) 235

彭特街(Rue du-Pont) 325,380,381,385

普兰(Prum) 204,219,364

普罗夫德鲁(Provedroux) 244

齐格菲防线(Siegfried Line)　4—7,10,21,31,52,333,382,390,395

齐根伯格(Ziegenberg)　20,330

乔治·巴顿中将(Patton,Lt. Gen. George S.,Jr.)　34

乔治·卡罗尔(Carroll,Sgt. George)　292,364,366,395

乔治·卡特利特·马歇尔(Marshall,General of the Army George Catlett)　326

乔治·里昂斯(Lyons,George)　149

切斯特·汉森少校(Hansen,Maj. Chester)　276

切斯特·赫希菲尔德上校(Hirschfelder,Col. Chester)　52

丘吉尔(Churchill,Winston)　12,106,151,154,330,350,351,353,391

丘奇·马修斯上校(Matthews,Col. Church)　70

让-皮埃尔·基朗-阔涅(Gillen-Kohner,Jean-Pierre)　91

让·瑟尔福(Servé,Jean)　93

让·施罗德(Schroeder,Jean)　110

瑞尔森上尉(Ryerson,Capt. William F.)　270

萨尔(Saar)　10,11,33,34,104,106,211,217,218,225,228,229,234,242—245,318

萨姆·霍根中校[Hogan,Lt. Col. Sam("Bill")]　171,212,236,288

塞勒(Celles)　247,254,256,276,297,298,303,306,344,395

塞纳河(Seine River)　234

赛布勒(Sibret)　143

沙纳汉中尉(Shanahan,Lt. Charles M.)　180

珊普隆屏障(Barrière de Champion)　163

上士亚伯拉罕·林肯(Lincoln,Staff Sgt. Abraham)　64

少将肯·斯特朗(Strong,Maj. Gen. Kenneth)　33

少校亚瑟·帕克三世(Parker,Maj. Arthur III)　235

绍德方丹(Chaudfontaine)　151,153,154

绍尔河(Sauer River)　3,4,30,97,142,331

佘诺(Cheneux)　163

舍诺涅(Chenogne) 338—340

神父弗朗西斯·桑普森(Sampson,Chaplain Francis) 160

圣维特(St. Vith) 8,9,21,31,32,35—37,39,43,48,53,55—60,66—71,
79,84,88,97,106—108,110,116,119,120,123—127,131,148,149,152,
156—159,170,171,175,176,178—180,195—200,203,204,212,217,
230,234,235,250,296,297,336,361,362,369,376,380,383,385—388,
392,395,396

圣休伯特(St. Hubert) 168,223

舒曼咖啡馆(Café Schumann) 120,121,143—145,219,303,308,309,317,
324,325,328,331,341,342

斯大林(Stalin,Josef) 330,350,353,361

斯克兰顿(Scranton) 143,387,392

斯帕(Spa) 10,30,43,54,55,87,105,111,395

斯塔沃洛(Stavelot) 63,79,98,101—104,133,155,156,163,164,173,
206,211,241,321,350,369,394,397

斯图尔特·富勒少校(Fuller,Maj. Stuart) 217

斯图蒙(Stoumont) 111,132,163,171,173,174,205,207,208,211,236,
240,241

索伊(Soy) 171

唐·波伊尔少校(Boyer,Maj. Donald,Jr.) 55,67,69,124,157,177,203,
279,387

特拉维斯·布朗少校(Brown,Maj. Travis) 172

特里业农(Trianon) 154

特鲁瓦蓬(Trois Ponts) 102—104,111,211,250,251,275,350,394,397

特罗维吉(Trois Vierges) 385

特洛伊·米德尔顿少将(Middleton,Maj. Gen. Troy) 7

通格尔(Tongres) 253

托马斯·里格斯中校(Riggs,Lt. Col. Thomas,Jr.) 53

瓦尔当(Verdenne) 284,288,298,303,396

瓦尔丁(Wardin) 137,147

瓦勒罗德磨坊(Wallerode Mill) 126

瓦勒晒特(Wahlerscheid) 7,31,52,73

威尔·罗杰斯(Rogers,Will) 172,245

威廉·D.麦金利中校(McKinley,Lt. Col. William D.) 75

威廉·德索布里(Desobry,Maj. William) 118

威廉·哈里森准将(Harrison,Brig. Gen. William) 173

威廉·霍格将军(Hoge,Brig. Gen. William) 62

威廉·基恩准将(Kean,Brig. Gen. William) 156

威廉·克莱格中校(Craig,Lt. Col. William) 123

威廉·罗伯茨上校(Roberts,Col. William) 115

威廉·穆恩少校(Moon,Maj. William) 122

威廉姆斯上校(Williams,Col. J. J. B.) 371

韦尔博蒙(Werbomont) 87,88,115,116,249,251

维恩豪森(Wienhausen) 393

维尔茨(Wiltz) 80,82—84,97,112—114,116,119—121,140—146,149,217—219,230,291—293,303,307—309,316,325,328,346,361,362,364,368—371,376,377,379—381,384—387,394,395,397

维尔茨费尔德(Wirtzfeld) 51,52

维尔萨姆(Vielsalm) 8,35,43,55—58,61,67,107,125,131,155,157,158,176,194,195,197,211,212,215,225,229,234,242—245,395,397

维尔威维尔茨(Wilwerwiltz) 370

维谢当(Weicherdange) 84

维耶-拉博诺(Villers-La-Bonne-Eau) 321

魏勒(Weiler) 82

温特尔斯佩尔特(Winterspelt) 37,53

沃尔特·比德尔·史密斯(Smith,Maj. Gen. Walter Bedell) 34

沃尔特·格罗根中尉(Grogan,Lt. Walter) 146

沃尔特·理查森中校(Richardson,Lt. Col. Walter) 239,248,260

沃尔特·罗伯森少将(Robertson,Maj. Gen. Walter) 51

乌尔河(Our River) 4,5,10,25,28,29,32,39,79,82,97,163,170

乌尔斯佩尔特(Urspelt) 81,83,86,93,94,97

乌尔特河(Ourthe) 162,371,373,375

乌法利兹(Houffalize) 159,170,301,314,318,327,344—346,350,354,359,361,362,368,369,371—376,392,397

西摩·格林上尉(Green,Capt. Seymour) 62,64

西尼艾弗尔山[Schnee Eifel (Snow Mountains)] 5,6,9,21,24,25,28,30,35—38,43,48,53,66,70,97,98,106—108,120,122,124—127,131,158,170,235,274,387,395

锡奈(Ciney) 239

小埃里克·伍德中尉(Wood,Lt. Eric,Jr.) 109,235,388,398

小艾伦·琼斯中尉(Jones,Lt. Alan,Jr) 5,37,130

小乔治·狄尚农上校(Descheneaux,Col. George,Jr) 66

小威利斯·M.埃弗雷特(Everett,Col. Willis M.,Jr) 393

小威廉·莫里斯少将(Morris,Maj. Gen. William,Jr) 87

休·加菲将军(Gaffey,Maj. Gen. Hugh) 219

休·沙克(Shuck,Hugh) 353

休斯中校(Hughes,Lt. Col. J. R.) 86

许特根森林(Hürtgen Forest) 4,114

叙普(Suippes) 88

勋伯格(Schönberg) 28,33,36,37,53,54,69—71,106—110,122—124,127,177,179,180,194

雅尔塔(Yalta) 330

亚历山大·博林将军(Bolling,Maj. Gen. Alexander) 387

亚历山大·里德上校(Reid,Col. Alexander) 125

一等兵库尔特·加贝尔(Gabel,Pfc. Kurt) 354,383,388

一等兵乔·谢克特曼(Schectman,Pfc. Joseph) 5

一等兵约翰·费格(Fague,Pfc. John) 318,338

伊迪(Thein, Edy) 230, 231, 292

尤金·韦伯(Weber, Eugène) 113, 114, 395

尤卡坦(Yucatan) 87

元首护卫旅(Führer Escort Brigade) 71, 128, 157, 213, 343

院长让-巴普蒂斯特·穆思提(Musty, Abbé Jean-Baptiste) 256

约翰·班尼斯特中士(Banister, Sgt. John) 25, 27, 32, 148, 244

约翰·布莱尔上士(Blair, Staff Sgt. John E) 179

约翰·德鲁·德弗罗中尉(Devereaux, Lt. John Drew) 137

约翰·德罗什中尉(DeRoche, Lt. John) 167

约翰·海因斯上校(Hines, Col. John) 347

约翰·梅耶中校(Meyer, Lt. Col. John) 336

约翰·希金斯中尉(Higgins, Lt. John) 177

约亨·派普(Peiper, Lt. Col. Jochen) 41, 43, 49, 104, 111, 173, 206

约瑟芬·泰恩(Thein, Mme. Josephine) 230, 292, 293, 378

约瑟夫·盖本(Geiben, Joseph) 10, 26, 92

约瑟夫·哈珀上校(Harper, Col. Joseph) 220

约瑟夫·麦卡锡参议员(McCarthy, Senator Joseph) 393

约西·比尔(Bier, Josy) 379

詹姆斯·奥哈拉中校(O'Hara, Lt. Col. James) 116

詹姆斯·克莱顿中尉(Creighton, Lt. James) 309

詹姆斯·拉·普拉德中校(La Prade, Lt. Col. James) 294

詹姆斯·帕克上尉(Parker, Capt. James) 232

镇长约瑟夫·西蒙(Simon, Mayor Joseph) 113

中将布莱恩·霍洛克斯爵士(Horrocks, Lt. Gen. Sir Bryan) 345

中士奥斯瓦尔德·巴特勒(Butler, Sgt. Oswald) 220

中士华莱斯·汉考克(Hancock, Sgt. Wallace) 198

中士吉姆·瑞沃(Revell, Sgt. James) 208

中士莱斯特·克里茨(Koritz, Sgt. Lester) 113, 292, 308, 325

中尉恩斯特·哥特斯坦(Gottstein, Lt. Ernst) 163

朱利安·尤厄尔上校(Ewell,Col. Julian) 135

装甲教导师[Panzer Lehr (Tank Demonstration) Division] 82,83,97, 114,115,117,119,134,138,167,168,220,223,255,280,297,318

宗霍芬(Zondhoven) 150,352